总主编　马小红

法律文化研究

RESEARCH ON LEGAL CULTURE

第十四辑

英国法律文化专题

Symposium on English Legal Culture

主编　洪　荞

社会科学文献出版社
SOCIAL SCIENCES ACADEMIC PRESS (CHINA)

原　序
从传统中寻找力量

　　出版发行《法律文化研究》（年刊）酝酿已久，我们办刊的宗旨当然与如今许多已经面世的学术刊物是一致的，这就是繁荣法学的教育和研究、为现实中的法治实践提供历史的借鉴和理论的依据。说到"宗旨"两字，我想借用晋人杜预《左氏春秋传序》中的一段话来说明："其微显阐幽，裁成义类者，皆据旧例而发义，指行事以正褒贬。"即通过对历史上"旧例""行事"的考察，阐明社会发展的道理、端正人生的态度；记述历史、研究传统的宗旨就在于彰显复杂的历史表象背后所蕴含的深刻的"大义"。就法律文化研究而言，这个"大义"就是发掘、弘扬传统法的优秀精神，并代代相传。

　　然而，一部学术著作和学术刊物的生命力和影响力并不只取决于它的宗旨，在很大程度上，它是需要特色来立足的，需要用自身的特色力争最好地体现出宗旨。我们定名为《法律文化研究》（年刊）有这样几点考虑，第一，我们研究的对象是宽阔的，不只局限于"法律史"，从文化的角度，我们要探讨的甚至也不仅仅是"法"或"法律"。我们的研究对象包括法的本身与产生出不同模式的法的社会环境两个方面。因此，我们在考察法律的同时，要通过法律观察社会；在考察社会时，要体悟出不同国家和地区的法律特色之所在，以及这些特色形成的"所以然"。第二，在人类的历史长河中，传统文化的传承、不同文化间的交流与融合，构成了人类文明不断发展的主旋律。一个民族和国家的传统往往是文化的标志，"法律文化"研究的重点是研究不同民族和国家的不同法律传统及这些传统的传承；研究不同法律文化间的相同、相通、相异之处，以及法律文化的融合、发展规律。

因此，我们的特色在于发掘传统，利导传统，从传统中寻找力量。

在此，我们不能不对近代以来人们对中国传统法律文化的误解作一辩白。

与其他学科相比，法学界在传统文化方面的研究显得比较薄弱，其原因是复杂的。

首先，近代以来，学界在比较中西法律文化传统时对中国传统法律文化基本持否定的态度，"发明西人法律之学，以文明我中国"是当时学界的主流观点。对传统法律文化的反思、批判，一方面促进了中国法律的近代化进程，另一方面也造成了人们的误解，使许多人认为中国古代是"只有刑，没有法"的社会。

其次，近代以来人们习惯了以国力强弱为标准来评价文化的所谓"优劣"。有一些学者将西方的法律模式作为"文明""进步"的标尺，来评判不同国家和地区的法律。这种理论上的偏见，不仅阻碍了不同法律文化间的沟通与融合，而且造成了不同法律文化间的对抗和相互毁坏。在抛弃了中国古代法律制度体系后，人们对中国传统法律的理念也产生了史无前例的怀疑甚至予以否定。

最后，受社会思潮的影响，一些人过分注重法学研究的所谓"现实"性，而忽视研究的理论意义和学术价值，导致传统法律文化虚无主义的泛滥。

对一个民族和国家来说，历史和传统是不能抹掉的印记，更是不能被中断或被抛弃的标志。如果不带有偏见，我们可以发现中国传统法律文化中凝聚着人类共同的精神追求，凝聚着有利于人类发展的巨大智慧，因此在现实中我们不难寻找到传统法律文化与现代法律文明的契合点，也不难发现传统法律文化对我们的积极影响。

就法的理念而言，中西传统是不谋而合的。东西方法治文明都承认"正义"是法律的灵魂，"公正"是法律追求的目标。只不过古今中外不同的文化对正义、公正的理解以及实现正义和公正的途径不尽相同。法国启蒙思想家伏尔泰说："在别的国家法律用以治罪，而在中国其作用更大，用以褒奖善行。"西方文化传统侧重于强调法律对人之"恶性"的遏制，强调通过完善的制度设计和运行来实现社会公正与和谐。中国传统法律文化的主流更侧重于强调人们"善性"的弘扬、自觉的修养和在团体中的谦让，通过自律达到和谐的境界。在和谐中，正义、公正不只是理想，而且成为可望也可即的现实。

就法律制度而言，中国古代法律制度所体现出的一些符合人类社会发展、符合现代法治原则的精华也应该引起我们的关注。比如，尊老恤弱精神是传统法律的一个优秀之处。历代法律强调官府对穷苦民众的冤屈要格外关心，为他们"做主"。自汉文帝时开始，中国古代"养老"（或敬老）制度逐渐完善，国家对达到一定岁数的老者给予税役减免，官衙还赐予米、布、肉以示敬重。竞争中以强凌弱、以众暴寡在中国传统文化中被视为大恶，也是法律严惩的对象。这种对困难群体的体恤和关怀，不仅有利于社会矛盾的缓和，而且体现了法律的公正精神，与现代法律文明完全一致。再比如，中国古代法律中对环境开发利用的限制也值得我们借鉴。《礼记》中记载，人们应顺应季节的变化从事不同的工作和劳动，春天不得入山狩猎，不得下湖捕捞，不得进山林砍伐，以免毁坏山林和影响动植物生长。这一思想在"秦简"和其他王朝的法律典籍中被制度化、法律化。这种保护自然、保护环境的法律法规，反映的是"天人合一"的观念、对自然"敬畏"的观念及保护和善待一切生命的理念等，而这些观念与现代法治中的环境保护、可持续发展精神也是吻合的。

在现代法治的形成过程中，从理念到制度，我们并不缺乏可利用的本土资源，我们理应对中国源远流长的传统法律文化充满信心。我们进行研究的目的，也是希望能够充分发掘传统法律文化的价值，从中找到发展现代法治文明的内在力量。

我们也应该切忌将研究和弘扬传统法律文化理解为固守传统。任何一种传统的更新都不可能在故步自封中完成。只有在与现实社会相联系的淘汰与吸收中，传统才能充满活力，完成转型。传统法律文化也是如此，古今中外，概莫能外。

就中国法律而言，现代社会已经大不同于古代社会，我们的政治、经济环境和生活方式已经发生了巨大的变化，古代的一些法律制度和理念在确立和形成的当时虽然有其合理性，但随着时代的变迁，这些制度和理念有些已经失去了效用，有些甚至走向发展的反面，成为制约社会进步的因素。在对传统法律文化进行改造和更新时，我们要注意积极地、有意识地淘汰这样的制度和理念，注意学习和引进外国的一些先进的法律文化，并不断总结引进外国法律文化的经验教训。近代以来，我们在引进和学习西方法律文化方面有过成功，也有过失败。比如，罪刑法定主义的确立就值得肯定。1764 年，意大利法学家贝卡利亚出版了《论犯罪与刑罚》一书，对欧洲封建刑事法律制度的野蛮性和随意性提出了谴责，从理论上提出了一些进步的刑法学说，其中罪刑法定的原则影响最大。罪刑法定，即犯罪和刑罚应由法律明文规定，不能类推适用。近代以来，这一原则逐渐为各国刑法承认和贯彻。1948 年联合国大会通过的《世界人权宣言》和 1966 年的《公民权利和政治权利国际公约》都规定了罪刑法定原则。罪刑法定主义的学说在清末传入中国，此后，在颁行的一些刑法中也得到原则上的承认。但是，由于种种原因，这一原则在司法实践中或难以贯彻实行，或类推适用一直被允许。直到 1997 年修订《中华人民共和国刑法》，才明确规定了"法律明文规定为犯罪行为的，依照法律定罪处刑；法律没有明文规定为犯罪行为的，不得定罪处刑"。类推适用在立法上被彻底废止，司法实践则在努力的贯彻之中。罪刑法定原则的确立，对促进中国法律的发展和提升中国的国际形象有着重要的意义。

世界文明兴衰史雄辩地证明，一个民族、一种文明文化唯有在保持其文化的主体性的同时，以开放的胸襟吸收其他文明的优秀成果，不断吐故纳新，方能保持其旺盛的生命力，保持其永续发展的势头，并创造出更辉煌的文明成果。其实，近代西方法律传统转型时也经历过一个反思传统—淘汰旧制—融合东西—形成新的传统并加以弘扬的过程。在许多启蒙思想家的法学经典著作中，我们可以看到西方法学家对中国法律的赞扬和批判、分析和评价。孟德斯鸠《论法的精神》、伏尔泰《风俗论》、魁奈《中华帝国的专制制度》、梅因《古代法》、黑格尔《历史哲学》等都对中国的法律有着精湛的论述。即使现代，西方的法治传统仍然处在变化"扩容"之中，中国的一些理念不断地融入西方法治中。一些现代欧美法学家或研究者更是将中国法律制度作为专门的领域精心地进行研究。比如费正清《中国：传统与变迁》、D. 布迪等《中华帝国的法律》、高道蕴《中国早期的法治思想》以及欧中坦《千方百计上京城：清朝的京控》、史景迁《王氏之死》等。一些中国传统法律的理念，比如顺应而不是"征服"自然，弱者应该得到或享有社会公正，以和睦而不是对立为最终目标的调解，等等，在吸纳现代社会气息的基础上，在西方法治体系中被光大。如同历史上的佛教在印度本土式微而在中国的文化中被发扬一样，这些具有价值的思想和理念在中国却常常因为其是"传统"而受到漠视或批判。

因此，我们应该发扬兼容并蓄、与时俱进的精神，在融合中西、博采古今中改造和更新传统法律文化，完成传统法律文化的现代转型。

近代以来，中国传统法律文化的断裂是一个不争的事实，但是，另外一个不争的事实是，近年来，中国传统文化越来越受到社会的广泛重视，不仅政府致力于保护各种文化遗产，学术界也从哲学、史学、社会学等各个方面对传统文化进行研究。中国人民大学首创全国第一所具有教学、科研实体性质的"国学院"，招收了本科学生和硕士研究生、博士研究生，受到国人的广泛关注；此前，武汉大学在哲学院建立了"国学班"，其后，北京大学建立了"国学研究院"和"国学教室"，中山大学设立了"国学研修班"，国家图书馆开办了"部级干部历史文化讲座"。鉴于各国人民对中国传统文化的热爱和兴趣，我国在世界许多国家和地区设立了近百所"孔子学院"。2005年年底，教育部哲学社会科学重大攻关项目"中国传统法律文化研究"（十卷）正式启动，这个项目也得到国家新闻出版总署的重视，批准该项目为国家重大图书出版项目，从而为传统法律文化的研究工作注入了新的推动力。我作为项目的首席专家深感责任重大。孔子曾言"人能弘道，非道弘人"，我们希望能从传统中寻找到力量，在异质文化中汲取到法治营养，并为"中国传统法律文化研究"（十卷）这个项目的顺利进行营造学术环境，努力将这一项目做成不负时代的学术精品。

《法律文化研究》是学术年刊，每年出版一辑，每辑约50万字，这是我们献给学人的一块学术园地，祈望得到方家与广大读者的关爱和赐教。

曾宪义
2005 年

改版前言

《法律文化研究》自 2005 年至 2010 年已经出版六辑。时隔三年，我们改版续发，原因是多方面的。

《法律文化研究》停发最为直接的原因是主编曾宪义教授的不幸去世。此外，近年来我本人新增的"做事"迟疑与拖沓的毛病也是这项工作停顿的原因。

2004 年我调入中国人民大学不久，曾老师告诉我他有一个计划，就是用文集的方式整合全国法史研究的资源，展示法史研究成果。不久曾老师就联系了中国人民大学出版社并签订了六辑出版合同。后来，作为教育部重大攻关项目"中国传统法律文化研究"（十卷）的首席专家，曾老师明确将年刊与《百年回眸——法律史研究在中国》定位为重大攻关项目的配套工程。

在确定文集的名称时，曾老师斟酌再三，名称由"中国传统法律文化研究"改为"传统法律文化研究"，再改为"法律文化研究"。对此，曾老师在卷首语《从传统中寻找力量》中解释道："我们研究的对象是宽阔的，不只局限于'法律史'，从文化的角度，我们要探讨的甚至也不仅仅是'法'或'法律'。我们的研究对象包括法的本身与产生出不同模式的法的社会环境两个方面。因此，我们在考察法律的同时，要通过法律观察社会；在考察社会时，要体悟出不同国家和地区的法律特色之所在，以及这些特色形成的'所以然'。"

时光荏苒，转眼近十年过去了，当时我所感受到的只是曾老师对法史研究抱有的希望，而今天再读"卷首语"中的这段话，则更感到曾老师对法史研究方向或"出路"的深思熟虑。

感谢学界同人的支持与关注，《法律文化研究》自出版以来得到各位惠赐大作与坦诚赐教。近十年来"跨学科""多学科"研究方法的运用，已然使曾老师期冀的法律文化研究"不只局限于'法律史'"的愿望正在逐步成为现实，而唯有如此，"法律史"才能与时俱进，在学术与现实中发挥它应有的作用。我本人在编辑《法律文化研究》的过程中，在跟随曾老师的学习中，也认识到"学科"应是我们进入学术殿堂的"方便门"，而不应是学术发展的桎梏，研究没有"领地"与"边界"的限制，因为研究的对象是"问题"，研究的目的是解决学术和实践中的问题而不只是在形式上完善学科。

为此，在《法律文化研究》再续时，我与学界一些先进、后锐商议，用一个更为恰当的方式反映法律文化研究的以往与现实，于是便有了这次的改版。改版后的《法律文化研究》，不再设固定的主编，每辑结合学术前沿集中于一个专题的研究，由专题申报者负责选稿并任该辑主编，每一辑都力求能反映出当前该专题研究所具有的最高学术水准与最新研究动向。每辑前言由该辑主编撰写"导读"，后附该辑专题研究著作与论文的索引。这样的形式不仅可以使研究集中于目前的热点、难点问题，而且可以使更多的学者在《法律文化研究》这个平台上发挥作用。

编委会与编辑部的工作机构设于中国人民大学法律文化研究中心与曾宪义法律教育与文化研究基金会。希望改版后的《法律文化研究》能一如既往地得到学界的赐稿与指教。

马小红

初稿于 2013 年仲夏

再稿于 2014 年孟春

目　录

第三编　英国法的制度构建

主编导读：英国法律文化研究评析

洪　荞

在 1066 年诺曼征服之前，不列颠岛的土著凯尔特人不断地被罗马人，日耳曼族的盎格鲁人、撒克逊人和朱特人，丹麦人等入侵并短暂统治。诺曼征服后的数世纪里，英国构筑起由普通法、衡平法和制定法组成的独特法律体系，英国法的发展有力地支撑了英国的迅猛崛起。到 17 世纪，英国一跃而成世界上最早进入资本主义的国家，并在之后相当长时间内主导着现代世界的经济和主体文明。在法律体系和法治传统渐进形成的过程中，尊重传统、重视实用与平衡的民族精神与气质也得以养成。随着英国领土在世界范围内的扩张，其法律制度和法律文化向全世界输出，最终催生了世界两大法系之一的英美法系。至今，从许多国家的现行法都还能发现英国法或直接或间接的影响。

英国法的研究对大陆法系的学者而言是相对困难的。英国法具有高度历史性，最为典型地体现了法律的连续性和持续发展特征，现行法中包含大量从中世纪延续下来的晦涩的概念术语，有的产生于特定的诉讼形式，有的来源于历史上的特定分类，有的保有语词的外壳但已失去原初意义，脱离开概念演化的历史无法辨析其含义。遵循先例是判例法的核心原则，最为充分地体现了英国司法审判的特征，是理解"普通法心智"、"普通法技艺理性"和英国法司法性本质的关键，遵循先例有一整套显性与隐性相混合的复杂推演机理，没有英国法的长期浸淫很难透彻掌握。英国法中普通法、衡平法与制定法的分类迥异于大陆法系公法与私法截然的二分，依大陆法系的体系逻辑难以对英国法进行结构梳理。英国法的法治是一种平衡之治，无论是从法律结构、法律渊源，还是从审判模式、审判主体等都彰显着这种对立和统一的二元平衡观念。凡此种种，使得从大陆法系的话语体系、知识结构和研究路径直接展开对英国法的研究障碍丛生。除了研究自身的难度，由于法系的区隔，英国法的研究成果往往也很难为我们所直接借鉴。这就不难理解为何国内对英国法的研究成果众多，但我们对英国法的认知始终隔着重重迷雾。

为避免研究伊始对语词与制度的误读，避免提出文化背景差异而致的伪命题，对大陆法系学者而言，需要先有对英国法的整体性、历史性、文化性的认知，在此基础上推进的具体研究才有针对性，研究结论才能产生理论与实践意义。这种对英国法历史与文化整体性的认知需求，在一定意义上，是一种法律文化研究的视角。法律文化本身是一个有着多元内涵的概念，可以从植根于历史与文化的法律价值和观念、法律意识形态与法律制度和机构的总和、法律对社会调整的程度与状态等不同维度去理解。①正如曾宪义先生在原序中所言，从文化的角度，我们要探讨的不仅仅是法或者法律，而且包括法的本身与产出不同模式的法的社会环境两个方面。法律文化研究的重点，是研究不同民族和国家的不同法律传统及这些传统的传承，研究不同法律文化间的相同、相通、相异之处，以及法律文化的融合、发展规律。

英国法律文化是非常宏大的研究视角，包含且不限于英国法本身与法产出的社会环境的互动。编者选取了13篇文章，将研究对象作了进一步限缩，围绕英国法的历史形成、英国法的理论发展、英国法的制度构建三个范围编排。限于本书篇幅，更限于编者自身学术能力，许多问题未能涉

---

① "法律文化"是一个有着多元内涵的概念。自20世纪80年代开始，国内法学界掀起了一场关于法律文化的大讨论。有学者认为：法律文化可以理解为法律现象的精神部分，即由社会的经济基础和政治结构决定的，在历史进程中积累下来并不断创新的有关法和法律生活的群体性认知、评价、心态和行为模式的总汇（参见张文显《法律文化的释义》一文）。也有学者认为：法律文化是法律意识形态以及与法律意识形态相适应的法律制度、组织机构等的总和。一国的法律文化，就表明了法律作为社会调整器发展的程度和状态，表明了社会上人们对法律、法律机构以及司法工作者等法律现象和法律活动的认识、价值观念、态度、信仰、知识等的水平（参见刘作翔《论法律文化》一文）。还有学者认为：法律文化的概念具有独特的含义，是指特定社会中植根于历史和文化的法律价值和观念。法律文化与文化和法律制度既有联系又有区别（参见高鸿钧《法律文化的语义、语境及其中国问题》一文）。虽然学者们观点不尽一致，但总的看来，法律文化被认为是与法律构成、法律关系、法律行为、法治等概念紧密联系的基本范畴，其具体含义与法律制度、法律意识、法律传统、法律文明等有着密切联系但又有着明显不同。如何理解、研究与认同法律文化，很大程度上取决于研究者为自己设定的工作目标。

及，许多精品论著未能辑录，想要呈现英国法律文化概括而基本样态的目标恐难达到，但无论如何，读者可以通过本书，体系性增进对英国法的一些理解。

一 英国法的研究现状

自 20 世纪 90 年代开始，国内对包括英国法①在内的普通法系的研究开始兴盛。在此之前，关于英国法的研究以译著为主，代表性的如陈朝璧1948 年译注完成，后被厦门大学刊印为教材的美国阿瑟·库恩的《英美法原理》；1939 年由世界书局出版的张季忻译英国勒克斯的《英国法》；1959年沈景一译英国梅因的《古代法》等。到 20 世纪 90 年代，国内开始集中出现一批研究英国法的专著，如马克垚先生 1992 年出版的《英国封建社会研究》、潘华仿先生 1997 年出版的《英美法论》等。这一时期，陆续有一些从宏大视角研究英国法的基础问题的译著出版，如贺卫方等译的美国哈罗德·J. 伯尔曼的《法律与革命——西方法律传统的形成》、李显东等译的英国 S. F. C. 密尔松的《普通法的历史基础》、施天涛等译的英国F. H. 劳森与 B. 拉登的《财产法》等。进入 21 世纪，许多关于普通法的经典著作在国内翻译出版，如美国罗斯科·庞德的《普通法的精神》、英国威廉·布莱克斯通的《英国法释义》、雷宾南译英国戴雪的《英宪精义》、王云霞等译英国梅特兰的《普通法的诉讼形式》、英国约翰·哈德森的《英国普通法的形成——从诺曼征服到大宪章时期英格兰的法律与社会》、英国梅特兰的《国家、信托与法人》、英国詹姆斯·C. 霍尔特的《大宪

---

① 谈到对英国法的研究，需要先作一点简单说明。"英国法""普通法""判例法"在不同意义上所指不同。简要说来，英国在地域意义上是包括英格兰、苏格兰、威尔士、北爱尔兰等在内的"大不列颠及北爱尔兰联合王国"，但在不作特殊说明的情况下，"英国法"一般多指英格兰的法律。"普通法"有广义和狭义之分，广义的普通法指相对于大陆法的一种法律体系和法律传统，英国法是其中最重要的一员；狭义的普通法指从 12 世纪开始，由英格兰王室法官在司法实践中发展出来的一套可以普遍适用于全英格兰的法律。英国法三大重要渊源为普通法、衡平法和制定法，此处的普通法即指狭义普通法。为便于区分，后文中的"普通法"均指狭义普通法，广义普通法一般表述为"普通法系"。"判例法"指有法律拘束力的特定法律表现形式，英国法中的普通法、衡平法都是判例法，但英国法中不仅包括判例法，制定法与判例法都同为英国法的重要法律形式；判例法的相对概念是法典法，大陆法系国家法律主要表现为法典法。

章》、英国艾伦·麦克法兰的《英国个人主义的起源：家庭、财产权和社会转型》、英国 P. S. 阿蒂亚和美国 R. S. 萨默斯的《英美法中的形式与实质——法律推理、法律理论和法律制度的比较研究》、美国迈克尔·V. C. 亚历山大的《英国早期历史中的三次危机》、法国勒内·达维的《英国法与法国法——一种实质性比较》等。国内开始出现一批对英国法开展系统研究的成果，如高鸿钧等主编的国家哲学社会科学成果文库《英美法原论》，程汉大、李培锋的专著《英国司法制度史》，咸鸿昌的专著《英国土地法律史——以保有权为视角的考察》，李红海的专著《普通法的历史解读——从梅特兰开始》，陈绪纲的专著《法律职业与法治——以英格兰为例》，高富平、吴一鸣的专著《英美不动产法：兼与大陆法比较》，于明的专著《司法治国——英国法庭的政治史（1154—1701）》等。近年来，随着科技进步和人类面临的共同挑战的增多，英国法自身也经历着与大陆法系接近与趋同的一面，国内对英国法的研究也有一些新的转向与突破，"辨异"开始悄然向"求同"转变。

总体看来，国内对英国法的研究切入角度多元，研究成果涉及领域广泛。部门法的研究多从规则层面入手，在大陆法系相应的学科分类领域都有很多研究成果。普通法背景下的法理学问题、历史与文化问题，宪治与判例制度、司法制度、财产制度更是保持了相当热度。但客观来看，英国法的研究成果比较分散，研究结论的体系性和深入程度远不如对大陆法系肇始的罗马法的研究。近30年来，虽然研究成果数量庞大，但英国法研究整体上没有呈现泾渭分明的阶段性进展，为便于读者了解英国法研究状况，除了以上提及的译著和专著类，编者对国内已发表的论文按研究内容进行了如下粗略区分。

一是对英国法的概括研究，主要包括英国法律体系的形成、英国法特征、英国法渊源、英国法原则等。英国法具有高度历史延续性，解读现行法的基本制度，首先要从历史研究的进路，着眼于对英国法形成脉络的梳理，探求法律发展变化的过程。这一领域有很多研究成果，如叶秋华的《论英国法制传统的形成与英国法体系的确立》、沈宗灵的《论普通法和衡平法的历史发展和现状》、由嵘的《1925年改革与现代英国财产法》、胡大展的《论信托法的源流》、毛国权的《英国法中先例原则的发展》、郑云瑞的《英国普通法的令状制度》、李巍涛的《中世纪英国令状制度与普通法的发展》等论文都是对英国法形成脉络的梳理。对大陆法系的研究者而言，作为英美法系主体的英国法本身是一个整体研究对象，为将英美法系与大陆法系从整体上加以区分，需要有对英国法基本特征、主要渊源、重要原则等的研究概括。在这一领域，国内学者有很多探索，如高鸿钧的《英国法的主要特征——一个比较观察》《英国法的主要特征——与大陆法相比较》《比较法律文化视域的英美法》、叶榅平的《遵循先例原则与英国法官的审判思维和方法》、滕毅的《从英国民族性看英国法特征》等。

二是对英国法治传统形成过程的具体研究，主要包括对英国法治进程产生重要影响的特殊因素、重要人物、重要制度等的探讨。英国法一直沿着自发的道路渐进发展，但其发展轨迹受到一些特殊因素的影响，这些因素在一定程度上影响或者改变了英国法存在的样貌。高仰光的《中世纪英国法发展的教会法背景》《论英国普通法的传统主义法律历史观》、梁治平的《英国普通法中的罗马法因素》、李红海的《"水和油"抑或"水与乳"：论英国普通法与制定法的关系》等都对英国法的形成过程进行了具体探讨。英国法也被称为"法官之法"，这不仅表明法官一直处在英国整个法律发展进程和法律共同体的核心，也鲜明地指出了其不同于大陆法系的鲜明特征。英国法复杂的区别技术要求法官具备很高的素养，大法官某种程度上需要集大陆法系法学家、律师与法官的智慧和见识于一身。英国历史上很多大法官本身就是法学家，他们在英国法的关键性发展进程中不可或缺。基于法官、法学家等之于英国法的重要影响，国内对这一部分的研究成果颇为丰富，如于明的《爱德华·柯克爵士与英国法学近代化》、何永红的《公共性与宪法研究——戴雪〈英宪精义〉意图考》、仝宗锦的《从查士丁尼到黑尔——关于〈英格兰法释义〉结构来源的知识考古学考察》、冷霞的《大法官弗朗西斯·培根与英国衡平法的发展》、徐国栋的《边沁功利主义与英国法人性论特征的形成》等。英国法从1066年诺曼征服开始一直发展较为稳定，没有发生过颠覆性的波动与变化。从诺曼征服伊始，全国土地就明确规定归属于英王，在土地的名义归属与实际效用之间，发展极富特色的土地制度。土地在法律意义上是四维的存在，除了长、宽、空间之维外，土地权益还可以在时间轴上进行分割。在土地法律制度之上，生长起来具有丰富内涵的财产法律制度。顺着这条研究线索，国内学者如咸鸿昌的《论英国普通法土地保有权的建构及其内涵特征》、镡娴娴的《19世纪晚期以来英国土地所有权的变迁》、洪荞的《英国土地法悖论研究》、刘兵红的《论英国土地保有关系对债作为财产所有权客体的影响》等对土地制度、财产制度展开了探讨。

三是部门法意义上对英国法规则的探索，主要是在大陆法系学科分类框架下，从英国法具体规则出发的一些研究。这一类研究多以中国问题为导向，通过比较分析，力求对中国部门法学研究和法律实践寻找到一些可能的启示。早期受制于语言、资料、研究环境等多种原因，这一类研究成果多见于对英国法相关制度进行蜻蜓点水式的介绍。随着有英美法学习背景的部门法学者大量增多，研究问题虽然来自大陆法系的部门法框架内，但研究方法多元，研究视野也已突破大陆法系的知识结构，深入英美法知识背景下来展开对英国法具体规则的探讨。这一部分研究成果数量庞大，只能简单罗列一二，如吴至诚的《英国法传统中信托受益权的性质》、黄泷一的《英美法系的物权法定原则》、王茂祺的《论英国法履行不能规则的嬗变》、王志强的《中英先例制度的历史比较》、李红海的《普通法的司法技艺及其在我国的尝试性运用》、彭錞的《土地发展权与土地增值收益分配——中国问题与英国经验》、李蕊佚的《英国法上的人体胚胎规制体系》、王秋雯等的《论海商法对于合同相对性的突破——以英国法为视角》、张斌的《论英国法刑事证明责任的实质蕴涵——兼评"阶段说"与"分层说"》、肖永平的《论英美法系国家判例法的查明和适用》和《评英国冲突法中的"外国法院说"》、白艳的《英国冲突法晚近发展动向》、吕岩峰的《英国"适当法理论"之研究》、姜战军的《中、英名誉权侵权特殊抗辩事由评价、比较与中国法的完善——兼评英国〈诽谤法案2013〉对名誉权侵权特殊抗辩事由的改革》等。当然，部门法意义上对英国法规则的探讨也会涉及英国法的历史发展，与之前的两类研究涵盖的内容会有一些交叉，不能作截然的区分。

四是对传统英国法的延展类研究，这一部分研究在时间上关注传统英国法在现代挑战下的新近发展，在空间上关注英国法在大陆法系和更广泛地域的影响与意义。英国法虽然保持着鲜明的历史延续性，但伴随着现代科技的挑战和世界格局的变化，英国法本身也在变革以适应变化，这些新近的发展产生了大量需要研究的问题。比如关注制定法在整个法律体系中地位的提高，关注加入欧盟以来英国法的改变，研究后续与欧盟关系的变化对英国法可能的影响，思考新科技革命形势下在技术问题上的基本规制立场等。从地域范围看，英国法的影响很广，这种影响早期得益于英国大范围的殖民扩张，之后很大程度上主要是由于普通法的自身特点以及美国在世界范围的强势影响。何勤华等的《英国法社会学研究 70 年——以"社会—法律"研究的变迁为重点》、郑戈的《普通法心智与香港政改》、张惠彬等的《论〈马拉喀什条约〉在英国的实施及其启示》、石贤泽的《英国脱欧与英欧数据保护关系的新构建》、权彦敏的《"封网禁令"探析——以英国和澳大利亚为例》、苏亦工的《香港华人遗嘱的发现及其特色》、洪永红的《殖民时期加纳的本土法与英国法》、曾尔恕的《英国的法治传统及其在北美殖民地的保留》、高鸿钧的《英国法的域外移植——兼论普通法系形成和发展的特点》、翟寅生译 Cornelius G. Vander Merwe 教授的《大陆法系与普通法系在南非与苏格兰的融合》等都是这类延展性研究的成果。

国外对英国法的早期研究，有大家熟知的波洛克和梅特兰的《爱德华一世之前的英国法律史》（F. Pollock & F. W. Maitland，*The History of English Law before the Time of Edward I*，Cambridge University Press，1978）、波洛克的《土地法》（F. Pollock，*The Land Laws*，Macmillan & Co.，1896）、布莱克斯通的《英国法释义》（W. Blackstone，*Commentaries on the Laws of England*，edited by W. M. H. Browne，West Publishing Co.，1897）、爱德华·柯克的《英国法总论》（Edwards Coke，*Institute of the Laws of England*）、霍兹沃斯的《土地法律史》（Sir William Searle Holdsworth，*An History Introduction to the Land Law*，Oxford University Press，1927）、辛普森的《土地法律史》（A. W. B. Simpson，*A History of the Land Law*，Clarendon Press，1986）等。这些著作都是研究英国法历史与文化的经典之作，其中部分已被陆续翻译到国内。随着英国法体系化教学与研究的需要，也出现了大量阐释规则的教科书以及学术著作。一些有中国法研究背景的国外学者也从经济社会的角度开展比较研究，张泰苏的英文专著 *The Laws and Economics of Confucianism：Kinship and Property in Preindustrial China and England* 是其中有代表性的成果。鉴于本书侧重不同，国外的研究不一一展开列举。

二 英国法研究中的问题

从英国法进入国内学者的研究视野至今，英国法的基本面貌已愈加清晰，遵循先例、法官造法、程序先于权利等早已广为人知。但不可否认，直到今天，我们对英国法的研究还难言深入，对于西方法律文明的研究还很不平衡，已有的一些借鉴也因不能切中要害而无法产生真正的实效。①对国内学者来说，要进一步拓展和深入对英国法的研究，可能需要重点关注以下几个问题。

（一）深入理解英国法历史性的丰富内涵

英国法的起源非常复杂，有罗马法、教会法、日耳曼习惯法、国王的敕令、议会的立法等内容。当英国法随着殖民征服传播到世界各地时，普通法之外又增加了很多制定法和衡平法的内容。在这种复杂的传播过程中逐渐形成的英国法，有许多富有特色的制度，如令状制、陪审制、巡回审判制等。从制度的内容来看，许多可以溯源到欧洲大陆，比如陪审制实际上来源于加洛林王朝时期的法国，罗马法中也有令状的滥觞。到现代，英国法的某些制度也还在为非英美法系的国家所采用。基于两大法系之间这种历史与现实的相互依存，基于法律对社会生活应有的基本调整功能共性，如若以制度与规则的自身内容为研究起点，两大法系在具体制度内容和其背后的价值理念上实则具有高度共性，两大法系在制度层面上的差异可能要远小于我们的既有判断。当然不能否认这种研究也具有一定的意义，但近几十年来国内学界对英国法研究的碎片化、片面化、简单化，一定程度上反映了这种研究路径的局限。

英国法是在漫长的历史发展中点滴积累而成。如果单从英国法古老习惯的起源时间看，无论如何也不会早于印度法、中国法、罗马法、伊斯兰法。在一般意义上，每个国家的法律、每个法系都有其发展历史，都是其或和缓或激烈的历史进程的产物。那么，英国法的高度历史性在何种意义上区别于其他国家从而成为其重要特征？经典普通法理论认为，普通法起源于那些超出人们记忆之年代的古老习惯。在英格兰早期历史上，《末日审判书》《盎格鲁—撒克逊编年史》内容繁杂，但其中包含了大量的盎格鲁—撒克逊的习惯法汇编、判决书和土地权利证书，之后开始于13世纪末数目庞大的《年鉴》以及大量待整理的制定法、土地交易记录、法律报告

---

① 参见李红海《普通法研究在中国：问题与思路》，《清华法学》2007年第4期。

等历史文献数量浩如烟海，是英格兰社会与经济、宗教历史的综合记录，从英格兰社会早期延续下来未曾中断，其性质大多是法律文献资料。12世纪在早期习惯的基础上普通法开始形成，之后尽管受到14世纪衡平法的冲击、历经16~17世纪专制王权的打压、17世纪英国革命、18~19世纪法律实证主义和法典编纂派的强烈批评、19世纪直至20世纪前半期法律变革的震荡，之后又是欧洲一体化的挑战，但英国法本身却依然保持着生命力并始终能够适应其所处的政治背景，甚至在政治经济条件发生重大变化时，英国法也能够在变化与稳定之间保持良好的平衡。从英国法的整个历史进程看，英国法的古老不仅是指其具有深厚的历史，更重要的是指其从产生至今从未中断过、一直在发挥效用的这种历史延续性。基于这种历史延续性，英国法是一个连续发展的整体，任何中途的介入都很难实现对普通法的全面理解。

英国法具有的这种历史延续性，外显为英国现行法在法律制度、概念、术语、体系等法的外在形式上的历史延续，比如在英国法的法律分类中普通法与衡平法、制定法的并立，又如普通法的令状制度及诉讼格式之间的关系等，但这远非历史延续性的全部。历史延续性的隐含部分[①]，是英国社会长期以来对法律的态度、观念与意识，其中蕴含了法律是"有机体"的观念，即普通法是自发生长的，而不是人为创造的。普通法的权威和智慧不是来自人为的理性和逻辑推理，而是来自历史和传统，来自对日常生活和历史的表述，来自其历史深度以及其与国民认同感的联系。普通法是对日常经验的理性规制过程和反思过程的产物。正是在这个意义上，英美法一直有法律不是被制定的，而是被发现的观念。[②]

在对英国法的现有研究中，关于英国法历史延续性外显部分有比较多的研究成果，英国法的样貌、传统与精神等都已较为清晰，但这些探讨在很大程度上偏向事实层面的互相补全，其深度和广度由资料占有程度、研究者的知识结构和视野来决定。事实的补全很难直接激发更深入的探讨与

[①] 在学术史上，格兰维尔、布莱克斯通、福蒂斯丘、戴维斯、柯克、黑尔都非常强调习惯法的优越性。格雷教授在为黑尔的《英格兰普通法史》所作的长篇导言中将英国法律史的内容分为隐含的和外显的两部分。

[②] 参见谢鸿飞《追寻历史的"活法"——法律的历史分析理论述评》，《中国社会科学》2005年第4期。

争鸣，特别是在语言与法系的重重区隔面前。对英国法的认识缓慢进入一个知其然，但仍然不知其所以然的境地。事实上，对英国法的深入研究后续更需要关注英国法历史延续性的隐含部分，这一部分的"表达"背后贯穿着历史、文化、经济、社会发展的脉络，体现着人类社会生活的共性和差异，这一部分的研究能开启更深入意义上的学术争鸣与探讨。当然，对英国法历史延续性的探讨，研究步骤一定是脚踏实地的，研究者要把自己置于法律产生的特定历史情境中，在法律得以发挥作用的各种复杂社会因素中，发掘法律本身以及法律存在的正当性。对英国法的研究，针对的并不仅是法律事件、法律文献早期记录的历史，在更主要的意义上，研究者要致力于发现的，是过往深入在人们日常生活中的、当时是鲜活的法律，它们通过十分细碎的日常方式表现出来，构成当时社会生活实践的一部分。在此基础上，研究者要努力探寻的，是英国法的这种呈现、解释或说明往昔的法律与社会生活相作用的方式的历史。将法律回溯到历史的实际发生过程，扎扎实实地从研究英国法基础性制度和基本理念的历史发展入手，摒弃对普通法系规则的简单比较与模仿，避免用"现代"的眼光去看以前的法律，避免用大陆法系的眼光去看英国法，这样的研究结论不仅可以恢复历史中英国法的原貌，更能够给今天的法律建设提供有益的启示和借鉴。

（二）持续探索英国法司法性的本质特征

传统观念认为普通法系主要体现为判例法，大陆法系主要体现为成文法。现今这种情况已发生很大变化，判例法和成文法同为这两种法律体系的渊源，随着两大法系的趋同这一区别也在很大程度上失去了意义。在一定意义上，英国法与大陆法相区别的本质特征应是它的司法性。从英国法的司法性出发去持续探索，可以层层解开英美法研究中的许多困惑。

英国法的司法性决定了英国法事后救济的基本立场。作为英国法主体的普通法是司法实践的产物。在英国历史上，早期的王室法官了解当地习惯法主要靠当地的陪审团。通过向陪审团咨询，法官可以了解案件的事实，还可以了解当地的习惯法，并将此习惯法或其他规则适用于手头的案件。早期的英国王室法官就是从这种边学边总结的司法过程中开始了普通法的创造。在这一过程中，产生了许多对于普通法来说至关重要的司法制度，如陪审制、令状制、巡回审判制，包括后续的法官制度、律师公会制度等。在这些制度发展变化和消亡更替的过程中，普通法得以逐渐形成并不断发生着改变。但无论如何改变，在司法过程中形成的普通法有一个基本立场不变，普通法并不事先确定任何具体的规则，并不积极地为民众确立行为规范而只是被动地提供救济。这种事后救济的立场又决定和衍生了英国法的重视实用、体系性远逊于大陆法等的一些特色。

英国法在司法过程中完成了反映、总结、升华、创造社会生活普遍性规则的全流程。法律在某种程度上是对生活在某一地域、某一文化共同体的人类群体生活经验的总结和表述。作为事后救济的普通法在司法过程中不断总结与表述着英格兰的群体生活规则。比如法官中心主义的立场和陪审团制度保障了法官和普通民众之间的互动，法官可以通过陪审团了解地方习惯和民间的法律智慧，并对之进行整合从而使之升华为英国法的一部分。普通法法官们面对具体案件分析事实和先例，寻找各种不同渊源的规范，将之适用于手头的案件以解决纠纷，并在分析论证过程中将这些不同渊源的规范整合形成新的普遍性规则。这种法官通过一个又一个的具体案件来对某一规则进行重新表述的过程、思路和方法在普通法经典理论中被大法官柯克爵士称为"技艺理性"。尽管柯克提出技艺理性的概念后就不断遭到包括边沁在内的许多法学家的批判，但不可否认的是，通过这种重新的表述，法官们可以吸收并创造出新的法律智慧，从而推进法律的发展，这一点对普通法焕发生命力发挥了巨大的作用。英国法在司法过程中实现的这种与群体社会生活普遍性规则的密切互动不是封闭系统，而是具有开放性，这使得它可以在保持社会稳定的同时实现对民众法律创造性的激发，这也是英国法总是在稳定和变革之间保持适度的张力的原因所在。

关注英国法的司法性，就会注意到在整个英国法历史进程中，历代大法官们理性和智慧长期积淀和延续的脉络清晰可见，这是英国法智识的核心所在。从普通法判例入手，追溯某一领域或某一规则的发展演变历程，研究普通法法官们通过判决书对该规则所进行的不同表述，体会其中所运用的各种精妙技艺，不仅对于纠纷的解决而且对于法律的发展，都有着重要的意义。从司法性解读普通法，不仅要研究普通法静态的、外在的司法制度，更重要的还要去关注普通法司法的过程，关注法官审判案件的心理活动、思维模式和习惯，对待先例的态度以及相应采取的方法，法官在判例的类比推理及判决书的说理论证中所采取的司法技艺等。关于英国经典案例的判决过程，感兴趣的读者可以阅读吴至诚翻译的《英国法中基于过失的一般侵权责任——多诺霍诉史蒂文森案》，① 可以具体感受何谓"技艺理性"，可以快速而深刻地体会到英国法司法推演过程与大陆法系的巨大差异。

在对英国法司法性的研究中，制定法也是很重要的关联部分。英国法在司法过程中产生出了普通法与衡平法，二者都是判例法，而与普通法、衡平法同属于英国法渊源的制定法，却不是在司法判决过程中产生的。普通法最初来源于远古的习惯法，其产生于司法判决和权贵的同意，其权威由国王来保证。从17世纪开始，柯克、培根、黑尔等都明确指出，只有国王和议会才有权力制定法律，司法判决因仅约束诉讼当事人，并不是法律，而是法律的证据和根据。普通法不是制定出来的，它来源于远古习惯法，是长久以来司法判决的累积，它的存在和改变直接体现了人民的合意。国王和议会在权力归属意义上无权以制定的方式去改变普通法，基于人民的合意，国王和议会也没有权限随意更改普通法，这样，普通法与国王和议会在一般意义上切割开来。如果没有获得人民的同意，英王甚至也不能随意改变制定法，因为他的统治既来源于王权，也来源于政体。通过区分王权和政治权力划定王权的边界，从立法权力的角度进一步控制国王权力。在这种司法性特征形成过程中，普通法成了捍卫自由和权利的力量，这反过来确保了英国政制的稳定，英国法整体上也得以在漫长岁月中保持着连续性。

（三）注重对英国法的体系性研究

综观近几十年来国内对英国法的研究，虽然研究成果产出的体量很大，也有一些高质量的研究专著出版，但整体上研究的碎片化状况依然突

———

① 该案例刊载于《苏州大学学报》（法学版）2015年第1期。该案主旨为：根据苏格兰和英格兰的法律，若有食物、药品等物品由生产商出卖给销售商并逐步流转到最终购买者或真正的消费者手中，且此种出卖的形式决定了销售商、最终购买者以及实际消费者都难以发现货物可能存在的缺陷，那么该生产商对最终购买者和实际消费者都负有保证该物品不存在足以损害健康的缺陷的注意义务（Lord Atkin、Lord Thankerton 和 Lord Macmillan 三人赞同，Lord Buckmaster 和 Lord Tomlin 两人反对，上议院最终以三比二的勉强多数支持了此次上诉）。该经典案例把五位大法官的判决理由和附带意见进行了详细的全文翻译。大法官们旁征博引，不但把类似的先例进行了援引，而且对每一个先例与此案的案件事实、法律适用上的细微差别进行了详细的说明。援引的先例达到数十个。

出。有比较多的基础理论研究者和部门法研究者，往往是在自己研究的具体问题涉及英美法时，方展开一些对英国法的关联研究。学者们的研究成果像是许多的砖瓦散放各处，既未形成普遍共识，构建出体系研究的大厦，也未有进一步的争鸣与探讨，龃龉与商酌都很少见。真正以英国法为研究对象，深入英国法的历史进程、深入英国法的司法运作过程，开展系统研究的学者和研究成果依然相对较少。这种研究状况无法与对大陆法系几个典型国家的研究状况比肩，更与英国法在英美法系中的地位、与英国法在世界法律体系中的地位和重要作用形成明显的反差。

英国法的主体是在司法救济的过程中渐进形成的，从本质上来看，司法救济过程以解决纷争为中心，并不必然蕴含深厚的学理基础。而研究本身就是一个学理化的过程，学理研究与英国法自身有着天然沟壑。在英国有着悠久历史的牛津大学，法学教师分散在 35 所学院、学堂与 4 个研究机构中，① 法学院的组织形式与国内完全不同，实质上更像是虚体设置，主要是完成部分组织管理职能。虽然对研究基础理论和法律史的学生招录要求比较高，但关于法的历史、基础理论也并不是所有法科学生的必修课。在法律共同体中，纯粹意义上的法学研究者在共同体中的地位和收入都远低于法官。英国法这种先天与后天对待学理性、体系性研究的距离使得英国学者对本国法的梳理与研究模式迥异于大陆法学者，即便解决了语言的问题，也往往无法真正实现同一个维度的对话与交流。这种和英美法系学者对话的困难在我们的很多学科领域都有出现，甚至对于一些我们认为重要而基础的问题，对英美法系学者来说，这只是大陆法知识结构和体系逻辑没有涵盖的部分，而对他们来说，其实是他们的共识与自然，并没有太多探讨的意义。在提出这种问题的时候，大陆法学者得到的回应往往是一种知识性的补缺，而无法共同展开进一步的探讨。

这种大陆法学者对英国法研究的困境提示我们要注重对英国法的体系性研究。对研究者个体来说，英国法的高度历史延续性与作为民族精神与意识一部分的司法性意味着英国法是一个整体，无论从哪个点切入，背后都是一整个盘根错节的关联系统，仅通过简单的比对分析无法得出科学客观的结论。但这也并不意味着对英国法的研究进路都必须沿着法治传统的

① 这是 2016 年笔者在牛津大学做访问学者时调研的数据。

形成开始梳理，而是指无论从哪个角度切入，都要注重研究内容和研究过程的体系化。无论是对基础理论的研究，还是对基本制度的研究，都不仅要关注其在现行法上的意义，也要关注其源起与发展流变的过程，关注其与社会生活、其他法律制度和法律体系的互动及变化。通过这些体系化的研究过程来修正并推进已有的研究。

在对英国法的体系化研究中要处理好比较的问题。在英国法的研究中，比较是最常用的研究方法、研究视角，有关英国法的研究成果中，比较视角的文章占比非常大。按照体系性研究的思路去探索英国法，就会发现英国法同大陆法一样，都对全人类贡献了许多法律经验与智慧，但也都面临着巨大的挑战，都有着自己的迫切调整需求。从根本上说，比较不同法系的现行法律之间的优劣，是毫无意义的。真正需要叩问与比较的，是每一种法律与它的生存土壤是怎样一种依存关系，这种依存关系决定了会有怎样的改进或者法律移植的空间。这种法律和社会土壤之间的依存关系，体现了法律作为社会调整器发展的程度和状态，表明了社会上人们对法律、法律机构以及司法工作者等法律现象和法律活动的认识、价值观念、态度、信仰、知识等的水平。这种依存关系在一定意义上被称为一个社会的法律文化，它是一个民族自我认同的标志。在这个意义上，可以说研究者个体对英国法展开的体系性研究累积起来，共同决定了对英国法律文化的研究进展。

三　英国法的历史形成研究举例评析

任何国家的法律文化都要经由一定的历史过程逐渐形成，但英国法的高度历史延续性，使得英国法发展历史的相关研究超越了这种一般意义上的历史视角，在英国法律文化研究中占有极为重要的地位。该部分一共选编了6篇文章，主要是对英国法研究的基础性问题的回应。6篇文章的选题主要集中在英国法的特征、历史与渊源方面，具体分别围绕英国法的特点、英国法治传统的形成、英国普通法与制定法的关系、英国普通法中的罗马法因素、英国法官的审判思维和方法、中英先例制度的历史比较几个领域展开论述。6篇文章统合起来，整体回答了英国法体系是什么，如何形成，又有何特点的问题。通过该部分的阅读，可以形成对英国法较为清晰的整体认识。

关于英国法的特征。本书节选了高鸿钧教授的《比较法律文化视域的英美法》一文。① 英美法系的源头和主体在英国法，伴随着英国的对外殖民扩张，英国法曾被移植到北美、大洋洲、非洲和亚洲的许多国家和地区，从而形成了具有世界影响的英美法系。近代以来，英美法系与大陆法系一道构成了世界主要法系。20世纪90年代以来，随着经济全球化和法律全球化的展开，美国法在全球范围得到了急剧扩展，不仅压倒了英国法的影响，侵夺了大陆法系的许多领地，还影响了欧盟及其成员国法律的发展。英美法系内部的格局乃至世界法律体系的格局也随之改变。虽然美国法在某些领域的世界影响超越了英国法，但英美法系的主要特征还是集中体现在英国法上。同大陆法传统相比较，作者将英美法的特点归纳为如下几个方面：英美法的发展具有历史延续性；法律、权利与自由之间存有内在关联，并维持互动；司法具有特殊的重要性；程序正义优于实体正义；在法律价值上，更重视个人、实用和经验等。

对于具有高度历史延续性的英国法是否具有现代适应性的问题，文章引出了韦伯所谓的"英国法问题"，虽然学者们对此有不同争论，但英国法的确不仅适应了英国中世纪社会的发展，而且在没有出现历史断裂和发生革命性转型的情况下，成功应对英国现代经济、政治和社会发展的挑战。具有高度历史延续性的英国法并没有阻碍英国的现代化进程，还在现代社会依然保持生命力。究其主要原因，作者认为，这不仅源于英国现代化过程中"光荣革命"的改良性质，而且得益于英国法适应现代变革的内在张力。这种内在张力与司法在英国政治生活和法律生活中的重要地位有直接的关联。在英国，法律体制的形成和发展以及法律的统一，主要得益于法院的司法活动，而政治管理和统一则主要借助于法律的机制得以实现。相比大陆法系国家，英国法官的职业化程度更高，而且判例法体制下的英国法院具有创制法律的广阔空间，宪法性权利和自由的可诉性传统由来已久。英国的司法治理在有助于当事人和社会公众对于裁决结果的接受，防止纠纷扩大，缓解立法机构和行政机构的政治负担，并在逐渐扩展

---

① 高鸿钧教授在《比较法研究》2012年第3期、4期、5期分上、中、下三部分连续刊载了《英国法的主要特征——与大陆法相比较》这篇长文。囿于篇幅所限，本书选择辑录了高鸿钧教授在《中外法学》2012年第3期发表的《比较法律文化视域的英美法》一文。以上几篇论文是国内对于英国法整体特征研究的代表作。

社会公众对争议问题的道德宽容度等方面，具有一定的优势。在一定意义上，正是司法具有的特殊重要性赋予了高度历史延续性的英国法内在的张力。

英国法高度重视程序。在英国法早期发展中，实体法隐藏在程序的缝隙中。普通法的最初发展与令状制诉讼形式密切相联，救济先于权利，无救济则无权利，而无令状则无救济。程序的重要性也体现在庭审中所采用的对抗制程序。这种程序与大陆法的主要差异在于：当事人在法官面前解决纠纷，被告及其律师与检察官处于平等的地位；法官处于消极地位，并不主动查明事实真相，只负责把相关的法律适用于该事实，而当事人处于积极的地位，通过举证和交叉询问，积极地引导法庭认定事实真相，陪审团负责确定事实真相；当事人之间的平等横向关系反映了个人主义的法律文化。在对抗制诉讼中，当事人各方都通过律师不遗余力地举证对自己有利的事实，而事实的确定要基于证据，证据法由此得到了充分发展。在对抗制诉讼中，英美法的程序主义旨向不仅体现在诉讼程序领域，而且渗透到法律各领域，甚至超越法律的界域，遍布于政治、经济和社会领域。

美国学者伯尔曼曾归纳了西方法律传统的十个特征①，其概括虽有偏颇之处，但总体上反映了法律在西方文明演进过程中的突出地位，触及了西方法律文明的内在要素与核心特征。从各国的历史发展来看，只有英国法是基本符合上述十个特征的。就此而言，英国法对西方法治文明作出了尤为突出的贡献。深入、系统地研究英国法，从历史、理念和制度的不同层面对之加以研究解读，对当代中国合理借鉴英国法，有十分重要的价值。

关于英国法制传统的形成。本书辑录了叶秋华教授的《论英国法制传统的形成与英国法体系的确立》一文。该文对英国法制传统②与英国法体

---

① 这十个特征为：法律制度明显区别于其他制度；法律活动专职化；法律职业者经过专业训练；法学研究与法律制度保持互动；法律被作为一个融贯体系和自治系统；法律系统的存续得益于自身的发展，也得益于人们关于发展的信念；法律有其历史，变化不是随机的，而是有其内在逻辑，法律经过重构过去以适应变化之需；法律的权威高于政治，政治服从法律；在同一个时期，多种法律体制共存，法律具有多元性；法律的理想与现实、灵活与稳定以及超越与保守之间存在张力。

② 国内法学研究用语从"法制"到"法治"有一个过程。"法制"和"法治"都是在法律的框架下开展相关活动、实现相关管理，但"制"是制约，是钳制，"治"是在法律制约下的科学有效治理。在论文发表的当时，"法制传统""法制理念"等还是通行用语，还未通行"法治"的概念。

系确立的历史过程进行了清晰的梳理，阐释了普通法、衡平法和制定法的原则及内容，并着力论证了"遵循先例"与"程序优先于权利"两大特征的形成。

作者认为，1066年诺曼征服决定了英国法发展的前途与命运，诺曼人建立的中央集权政体为英国法制传统的形成奠定了政治基础。之后对英国判例法传统的形成具有决定意义的是亨利二世的司法改革，通过改革构建起英国判例法模式的基本框架，确立了由国王直接支持的皇家司法权的地位与权威，这是英国判例具有强制性约束力，形成以判例法为渊源的普通法的首要条件，英国法与西欧大陆法分道扬镳的命运也从此开始奠定。英国判例法传统形成的另一重要因素是巡回审判制度的建立。正是在强大的中央政权的支持下，通过长期的巡回审判形式，不仅逐步将司法权从封建主手中收归中央，形成国家统一的司法权，而且使英国各地分散的习惯法渐渐得以统一，并在此基础上以判例法形式形成了全国普遍适用的普通法。到中世纪时，英国人不仅创立了自己独特的判例法传统，也筑建起由普通法、衡平法和制定法构成的独特的法律体系。

英国判例法传统形成的直接产物是普通法。"遵循先例"和"程序优先于权利"最能体现普通法的本质特征。"遵循先例"原则的最终确立，与《判例集》的问世及发展有直接关系。1854年《国会法》的颁布，标志着英国"遵循先例"原则的基本确立。1898年上议院在判决中明确指出，上议院亦应受其自身判决的约束。"遵循先例"原则在法律适用上的权威地位得以巩固，"遵循先例"原则最终确立。"程序优先于权利"是英国法的突出特征，这与一系列因素有关，比如英国普通法是通过程序形成发展起来的，而诉讼形式则以令状制度为基础；英国法的分类都是历史发展中普通法诉讼形式的派生物，它们的基本原理均可以在诉讼形式中找到说明；英国法中的一些具体概念也深受诉讼形式的影响；英国传统的法学教育模式也培育出重视程序的法律观念等。

衡平法是14世纪左右由英国大法官根据公平、正义原则，对普通法不予承认的案件加以审理，并在这一审判实践中逐渐发展起来的一整套法律规则。衡平法不是一个完全独立的法律体系，它的出现只是以一种新的方式和方法为普通法填空补缺，纠偏补弊，使英国法更好地适应社会发展的需要。衡平法也是一种判例法。衡平法的灵活性与适应性在初期深受欢迎，但因其主要是靠大法官的"良心"和个人素质决定，很不稳定，标准也不统一，发展到 17 世纪便受到许多批评。从诺丁汉大法官开始，进行了将衡平法不确定规则改变为定型制度的尝试。衡平法也渐渐像普通法一样采取了先例主义原则，衡平法原理逐渐实现了规范化和条理化。1873 年英国颁布《最高法院组织法》将普通法院与衡平法院合并到新设立的最高法院，但这种合并只是司法行政上的合并，而并非是实体规则上的融合。衡平法上的救助仍属自由裁量权。普通法和衡平法同时为最高法院适用，如果对同一诉讼发生普通法和衡平法原则上的冲突时，仍是以衡平法效力优先。

自中世纪起，由国家立法机关制定的成文法也即制定法成为英国法另一个重要的法律渊源。制定法包括国王、国会和其他拥有立法权的机关颁布的法律。在中世纪的英国法体系中，制定法居于次要地位，只起补充、解释、指导或修改判例法的作用。在英国法后续的发展中，制定法的比重不断增加，地位和作用也逐渐提高，但就英国法的整体而言，如果没有判例法就不能成其为体系。制定法的地位与效力高于判例法，当两者在适用上发生冲突时，以制定法为依据。判例法传统对制定法的适用具有一定的影响，某一项制定法颁布后，先由某些法官据此判案制成判例，经过法官解释的制定法才会为后案的法官接受并普遍遵循，成为司法实践中"真正的法"。

关于英国法三大渊源彼此间的关系问题。本书辑录了李红海教授的《"水和油"抑或"水与乳"：论英国普通法与制定法的关系》一文。普通法和制定法之间的关系是英国法研究中的重要话题之一。1875 年英国司法改革之后，普通法和衡平法无论是在程序上还是在实体上均融合在一起，二者合为更宽泛意义的普通法，共同以判例法的形式区别于体现为成文形式的制定法。该文探讨的是这种包含衡平法在内的普通法与制定法之间的关系。

作者认为，普通法和制定法的关系并非如经典普通法理论所言是相互分离、彼此独立的"水和油"的关系，而是从一开始就纠缠在一起。早期普通法的很多内容都来源于制定法，如贯穿整个中世纪最主要的一种不动产诉讼形式的新近侵占之诉，就来源于 1166 年的《克拉伦敦法》；取消次级分封并代之以同级转让的《封地买卖法》、设立限嗣继承的《附条件赠与法》也都是普通法重要的规则来源。还有如普通法中陪审制的引入，在一定程度上也要归功于1166年的《克拉伦敦法》和1176年的《北安普顿法》。英国很多制定法的用语都来自普通法，普通法通过法官对制定法的解释来影响制定法的实际含义和运行。二者相互交织、相互影响的状况今天更为明显。自工业革命以来，随着社会问题的日益复杂，普通法法官从个案到个案的缓慢演进式变革已无法满足社会发展的需要，需要议会以制定法的形式来快速应对和推进社会改革，19世纪英国的制定法呈爆炸式增长。后来随着欧洲一体化进程的不断推进，欧盟的法律和指令等不断涌入英国，很多都需要由英国议会通过制定法将之具体化后再由法官适用。可以说，在某一历史时期、某种场合或某个具体的案件中，普通法或者制定法的确会占据一定优势，但从整体来看，普通法与制定法的地位是难分伯仲的。

普通法和制定法之间的关系应该是水乳交融的关系，二者相互影响，相互作用和促进。制定法会确立或转化为普通法，某些制定法确立了基本制度或揭示基本规律，因其内容的根本性而为英格兰社会所普遍接受和认可，具备了普通法的特征，融入了普通法。制定法在适用过程中还会衍生出普通法，这是基于制定法生发出普通法的最常见、最普遍的方式。普通法法官在将制定法适用于具体案件时，通过对制定法的解释，从而产生出一个适合于本案的新的具体规则或理论，这个规则或理论显然来源于但又不同于前述制定法。之后的法官依循先例总结出的规则已不是制定法中的规则。只要遵循先例的原则还继续被认可，普通法就会从制定法中源源不断地汲取营养。制定法也会改变或取消普通法，立法者对法官在司法实践中的某些做法不满时，会通过制定法来对其改变或取缔，这是制定法影响普通法最直接也是最激进的例子。总的来看，普通法是一种开放性的法律体系，可以通过判例的机制吸收其他法律渊源的精华，无论何种原因导致的规则空缺，普通法都可以通过判例发展出新的规则。只要遵循先例的判例法传统还在延续，普通法就会存在下去，且必然会持续地影响制定法。从制定法的角度来看，它在整个英国法律体系中的地位的确无法和在大陆法系中相比，过去它主要是对普通法的补充或者修正，不是整个社会或某个领域的基础性、基本性规范。今天制定法的状况已发生了很大变化，它在英国的法律体系中的地位不断上升，作用和影响也有不断增大的趋势。

关于英国普通法与罗马法的关系问题。 本书辑录了梁治平教授的《英国普通法中的罗马法因素》一文。关于英国普通法与罗马法的关系问题，学界曾有过比较集中的讨论，该文是其中的代表作，发表于 1990 年第 1 期的《比较法研究》。关于英国普通法与罗马法关系的讨论意义深远。马克思曾指出过罗马法得以传播的内在经济机制，是当工业和商业进一步发展了私有制的时候，详细拟定的罗马私法便立即得到恢复并重新取得威信。除了英国以外，这种发展到处都是以罗马法典为基础的，但是，即使在英国，为了私法特别是其中关于动产的那一部分的进一步发展，也不得不参照罗马法的诸原则。社会经济发展的共同需要决定了罗马法在世界范围内的广泛传播。今天的大陆法系全面系统地接受了罗马法的观念、体系、结构，但英美法系呈现与大陆法系迥异的样态。在源与流层面探索罗马法的作用和不同承继形态，可以对两大法系的未来发展、共通程度、借鉴可能，对法的诸多基础理论、法律的继承与移植、法律与经济的关系等的研究都会有新的启发。

作者认为，今天要切实去剥离出普通法中哪些部分来源于罗马法，哪些部分来源于教会法，哪些部分是纯粹的普通法，这在实际上已不可能，也毫无意义。但通过对英国普通法在接受和吸收罗马法时表现的种种特点的描绘，可以得出肯定的结论，罗马法对英国普通法的影响是多方面的，没有罗马法就不会有今日的普通法。

关于英国普通法中的罗马法因素问题，作者具体分析了几个阶段的情况。从源头上看，罗马法对英国普通法的影响一开始就是不可避免的，但并非直接作用的方式。1066 年的诺曼征服最直接的结果是建立了当时在欧洲独一无二的强有力的国王政府，起初地方习惯法占优势，与之并行的是国王法院适用的法律。国王法院的法律吸收了地方习惯法并加以发展，其效力高于地方习惯法。11~13 世纪，当整个欧洲还为地方习惯法所支配之时，英格兰君主已建立了统一的中央集权式的司法组织，并着手适用通行全国的划一法律。在这个过程中，从令状开始，由案件的逐个积累生发出英国普通法。这样生发出来的普通法不是由某种单一的理论或抽象的前提演绎出来的，而是高度经验式的。诺曼征服也带去了一批精通罗马法和教会法的高级僧侣，他们是学术活动包括罗马法研究的庇护人，也是知识渊博的学者和国王法院的法官。他们的活动在很大程度上维系着英格兰法学与欧洲文化主流的联系。查士丁尼的罗马法和意大利注释法学派的研究成果也通过他们被介绍到英格兰，从而影响了英国法律的产生和发展。但最为核心的是，罗马法在这个过程中一直被作为一种外国的法律制度对待，民众对其直接适用有排斥心理。英国普通法发展的经验性和实践性的特点，也决定了罗马法更多以间接而无形的方式，经由这些集法学家、法官和立法者于一身的重要人物，有机地熔铸在英国普通法之中。

英国普通法地位的最终确立是在 16 世纪末。在此之前，它经受了来自内部和外部的双重挑战。16 世纪下半叶，出现了英国普通法的复兴。这一变化与当时英国资产阶级的日益壮大和英国民族自尊心的高涨互为表里。从 11 世纪到 16 世纪，英国法学家对罗马法的态度经历了一个很大的变化：从积极的借鉴到坚决抵制。总的来说，这种变化的社会、政治方面的原因多于法律、技术方面的原因。这些原因作用的结果，便是罗马法在英格兰的传播受到阻碍。英国普通法的一般性格，以及英国普通法与罗马法的特殊关系，在这一段历史中进一步显露和确定下来。但当谈到 16 世纪英国普通法战胜罗马法，谈到它在国内地位的确立，并不意味着罗马法的影响从此便告消失，相反，罗马法的材料还是被巧妙地加以运用，与日耳曼法和封建法的材料糅合在一起，为本地风貌的诉讼外壳所掩盖。16 世纪以后，英国普通法又经历了新的发展。英国普通法吸收了商法，包括其中许多适用已久的罗马法原则、规则。由于商法在渊源上与罗马法有深刻的联系，它进入普通法不啻是罗马法间接但大量地渗入了英国法中。进入 18 世纪以后，英国社会生活有了很大的发展，在司法实践中遇到的新问题越来越多。对这些问题，法官们突然发现，几个世纪以前的布拉克顿已经为他们提供了解决这些问题的良方，特别是在契约方面。于是，引用布拉克顿乃至罗马法文本的情况越来越多。虽然这些引证在普通法法庭上没有拘束力，但它影响了法官的判决，从而影响了英国普通法的发展。相对来说，罗马法对英国普通法的影响，物法方面要多于人法方面。19 世纪以后，在许多案件特别是有关契约的案件中参考、引证、讨论罗马法的事例更是屡见不鲜。

在英国法律史上，除去个别情形，研究、参证甚至借鉴、吸收罗马法的做法几乎不曾中断过。只不过到 16 世纪英国普通法的地位确定后，英国法走上了与大陆法完全不同的道路，而不再担心被罗马法取而代之。英格兰所发生的一切并不是罗马法复兴的简单重复，而是一种有选择的"英国化"的过程。

关于判例法中遵循先例的问题。本书辑录了叶榅平教授的《遵循先例原则与英国法官的审判思维和方法》一文。与大陆法相比较，英国法特色鲜明，其中尤以坚持判例法传统，遵循先例最广为人知。遵循先例原则的适用是法官复杂的审判思维过程的体现，最为充分地体现了英国司法审判的特征，并成为判例法的核心价值要素。通过本文的论证，回答了关于先例原则的许多重要问题，如英国法遵循先例原则产生的具体制度环境有哪些？遵循先例原则的具体内涵，即组成遵循先例原则的一系列规则是什么？遵循先例在司法层面如何贯彻，即谁来遵循，遵循何种先例，遵循先例中哪一部分？出现没有先例的情况怎么办？出现很多先例，但各案判决理由互相抵牾怎么办？从而对于理解英国法何以保持判例法传统不变，英国法的传统性与灵活性等问题都有重要的启示。

关于遵循先例原则依存的司法环境，作者认为，英国判例法的传统、司法制度的统一性以及当事人主义的诉讼模式共同形成了独特的司法环境，保证了遵循先例原则的长久贯彻。在英国的法律渊源中，判例法一直占据着主导地位，议会立法至今仍然被视为补充。法官经常会从判例法提供的例子中概括出普遍适用的法律原则；在存在成文法的领域，法官一般不会公然规避成文法的规定，但会以隐蔽的方式补充或者修改成文法的缺漏或者不当。遵循先例原则很重要的保障是统一的司法权。司法的统一性意味着，不同的判例都是在同一司法体制下，由掌握相同的法律思维和方法的法官运用相同的方法和原则逐渐创立的，统一的司法体制形成了以法官为主导的法律共同体，这个共同体承继同样的判例法传统，审判思维定式亦不易发生改变。正是在这样的法制意识和环境中，先例原则才得以继承与不断发展，并得到英国法律及社会的包容和支持。

遵循先例原则的基本内涵十分丰富，包含一系列规则。根据这些规则，先前的判例对审理后诉案件的法院有约束性的效力。英国法院判决的内容主要包含判决理由和附带意见两部分。先例判决中的判决理由具有拘束力，附带意见只是一种参考性的意见，不具有约束力。判决理由是根据事实对案件进行处理所必需的法律见解，清楚地表明法官处理案件时对实质性法律问题的裁判意见。对判例本身来说，判决理由和附带意见的区分无意义，二者混合在一起，共同形成判决的结论。但当该判例成为后案的先例后，区分出判决理由就意义重大，审理后诉案件的法官需要确定哪些法律观点是属于先例判决中对案件作出裁判所必需的判决理由。审理后诉案件的法院有两种方法可以规避先例原则，坚持认为先例中的某个法律主张不属于判决理由，或者是认为先例中的事实与当前案例的事实没有法律意义上的相似性，这就为后诉法院的司法创新提供了契机。先例的适用很复杂，不是先例判决理由的简单套用。先例的多样性既是法官选择先例时面临的难题，也是法官发展法律的机遇；而先例所确立的法律原则，更为法官提供了促进法律发展的工具。即使在判例法显得比较落伍的领域，法官也可通过规避先例，探寻法律原则的例外，使判例法适应社会的发展。遵循先例原则使英国法官成为法律规则事实上的创造者。

在遵循先例原则适用的过程中，英国法官形成了一些共识。关于法律原则方面，英国法包含了很多适用范围很广的原则，这些原则比司法决策所根据的先例要强有力，但法律原则一般不直接规定在成文法中，而是隐藏在判例法中，因此将法律原则或法律理念具体化为判决理由，进而形成法律观点，也是英国法官遵循先例原则时经常采纳的思维方法。关于对待议会立法的立场方面，法官在进行司法创新的过程中，需要考虑议会对当前法律问题可能持有的态度，尽可能在议会容忍的程度内进行司法创新；在存在成文法的领域，法官一般不会轻易规避成文法的规定，相反，他们会通过法律解释弥补成文法的漏洞，促进成文法的不断发展，这正是法官尊重议会主权原则的表现；对于争议性很大的法律问题，法官往往不会擅自改变法律规则，而是提议议会立法，等待议会通过民主表决的形式更为周全地解决法律问题。关于如何把握创新的界限方面，为了避免法官专断，先例同时也是法官进行法律创新的界限，这是普通法的传统，也是法官自觉性的行为。

关于先例制度的比较问题。本书辑录了王志强教授的《中英先例制度的历史比较》一文。该文的研究对象是18～19世纪中叶中国清代和英格兰的刑事先例。作者认为，在先例的有关比较研究中，对先例的概念需要在历史和功能的意义上加深理解。中国传统的司法先例在历代有不同的称谓，性质也始终有争议。而英格兰法上的先例概念，也有一个变化的过程，对"先例"概念本身应该回到特定的历史环境中加以认识和理解。从功能角度，真正需要对比的不是概念本身，而是历史上同一时代的这两种先例制度如何以及为何按照其各自的方式运作。在方法论的意义上，作者更多地从功能主义和法社会学角度进行实证研究，更多地关注司法的实践活动而不仅仅是制度的表达，这有助于从古人的理想型概念背后揭示更丰富的历史真实，从而指导今日之实践。

18 世纪中叶至 19 世纪中叶，中英传统的刑事先例在传播的方式、影响力的程度等方面具有相似之处，两者的差别主要在于其中运用的推理方式不同。中英传统的刑事先例制度在推理模式上的差异主要体现在以下四个方面。一是在清代刑事司法中，事实类比在援引先例裁决的案件中运用最为普遍，类似案件类似处理的观念当时广为接受。英格兰法官们主要致力于从先例中总结相关的原则，并不刻意着力于比较前例与待决案件的事实性类似，先例里蕴藏的原则在先例运用的法律推理中居于主导地位。二是英格兰法官常在判决中援引经典法学著述作为权威意见，经典法学家们在论述其观点时，旁征博引，往往经过了类似司法判例被运用的论证过程。这种在普通法经典中经过系统化表述的法律概念和原则常常被作为权威直接援引，以补充其他判例。三是清代的成案运作与英国的判例制度在将待决案件与前案相区别的方面存在差异。清代的案例中，并非通过对成案自身的归纳产生区别规则，而是用一套成案本身之外先已存在的标准（如律例条文、律注等）来比较成案和待决案件。这与英国判例制度中的区别技术迥然不同，其论证过程是先将先例中抽象出来的原则作为标准，指出其所应适用的情势与待决案件不符。四是制定法在其中起到的作用不同。在清代运用前例的推理中，制定法是法律渊源的核心，清代司法中的成案主要起着补充制定法的作用，而不是完全独立的渊源。而在英格兰，先例中的规则被称为"普通法"，是案件裁决的基本依据，除个别例外情况，通常看不到成文法在法律推理中的作用。

对中英两种先例传统中法律推理存在差异的成因，可以从制定法和法学学术的角度寻找根源。此外，中英传统中不同的政治权力分配模式也起到了很大作用。在中国，完善缜密的律典是高度中央集权和等级科层制政府的产物，皇帝具有对案件的最后裁断权，并操纵着立法大权。而在英格兰，法律职业群体的社会政治地位以及职业共同体的形成，促进了判例法体系的发展。1707 年《王位继承法》更使英格兰法官获得了完全独立于王权的地位。

所以，在清代，即使根据成案作出的裁判，也往往仍旧回到成文法去寻找支撑点。而英格兰法官们则得以在其特定的权力体制下，宣示其共同的法律学识及蕴藏于先例中的法律原则，而不必过多着力于制定法。

四　英国法的理论发展研究举例评析

英国对其历史法律文献保存之丰富和齐全，全世界其他国家难出其右；英国法也常被称为法官之法，这与英国历史上诸多著名的法官、法学家的重大贡献直接相关。在这些著名人物中，有国内学者非常熟悉的梅因，他是第一个明确使用历史法学方法并为历史法学在英美赢得声誉的法学家；有在捍卫普通法，反对教会和王室特权方面功勋卓著，与英王詹姆士一世展开著名争论的柯克大法官；有使英国法从混沌混乱中具有了体系化面貌的布莱克斯通；有醉心于法律史研究与法律文献整理，主张在法律制度与社会生活的联系中发现法律的意义的梅特兰；有对衡平法发展作出重要贡献的大法官弗朗西斯·培根；有提出议会主权和经典法治理论的戴雪；有主张法律改革并创立功利主义的分析实证主义法学的边沁；还有格兰维尔、布莱克顿、利特尔顿、黑尔等。得益于这些著名人物的重要贡献，高度实践性的英国法形成了独特的理论发展脉络。国内对这一部分的研究成果相对丰富，限于本书篇幅，仅编选了4篇代表作，主要涉及对梅特兰、柯克、布莱克斯通、戴雪四位代表人物的研究论述，读者可由此管窥这个法律职业共同体在发展英国法理论、推动英国社会进程中的关键作用。

第一篇文章编选了陈灵海教授的《英国法史学的"汉马克拉维"——纪念弗里德里克·梅特兰逝世100周年》

关于梅特兰的贡献，戴雪的评价被认为最具代表性。戴雪概括梅特兰的贡献至少有三个方面：一是他使人们相信，法律对历史的贡献，可以像历史对法律的贡献一样多。梅特兰之前，法律史在历史中的地位被过于低估，正是梅特兰恢复了法史学作为法学中不可或缺的一个部门学科的重要地位。二是使法律成为一种文献，使法学著作成为一种"著作"而不仅仅是学徒手册。三是梅特兰向人们展示了他不同于布莱克斯通和梅因的地方，他既是一名渊博的历史学家，又是一名渊博的法学家，这使他可以做到许多单纯历史学家或单纯法学家难以做到的事，将法律史料和历史学方法完美地结合起来，从而使人们可以站在他的肩膀上认识这个国家曾经出现过的法律的样态。

梅特兰的贡献，以《爱德华一世之前的英国法》为代表的一系列著作和论文最为知名。《爱德华一世之前的英国法》是一部总论性作品，凡欲了解早期英国法律史，这本书是必读经典。梅特兰认为，爱德华一世时期是英国法律史的分界点。爱德华一世改革之后，英国法在6个世纪的发展中，保持着良好的连续性，以至于之后的每一部分的发展，对今天的英国人来说都不会遗忘。英国法没有因为大规模继受罗马法而招致湮没，因此，即使经历了数个世纪，它们仍不会全然地游离于当代律师和法官的认识之外。

梅特兰对英国法史学的开拓性贡献有很多方面，他提出了很多开拓性的观点，对整个英国法史学后续的研究方向产生了巨大影响。除了学术方面的影响，梅特兰通过自己的学术研究实践，对整个英国普通法系的发展发挥了难以替代的重要作用。这一作用主要是通过其在塞尔登协会的工作体现出来的。如今118卷被世界各大图书馆视若珍品的"塞尔登协会丛书"，就是从梅特兰编辑的第一卷《王室法院诉状选（1200—1255）》和第二卷《领主法院诉状选（亨利三世和爱德华二世期间）》起步的。塞尔登协会是一个纯学术协会，创建于1887年，其目的是整理和出版与英国法律史相关的资料并将它们印制成书，以供当代的历史学者、法律学者或其他研究者使用。塞尔登协会成立之前，相对于其他国家，英国的法律史史料远没有达到被系统整理的地步，难以阅读也易于损毁。正是梅特兰及其主导的塞尔登协会的早期工作，成为一个重要开端，英国法律史学界开始全面整理原始资料，将它们转化为对普通研究人员来说也是可利用的文献。塞尔登协会的创建，体现着梅特兰隐含的政治和道德思考：英国是世界上唯一将自己的法律史料保存得如此完好的国家，经由这些史料，人们可以发掘许多重要的财富，这些财富是前人积累的无意识产物，但对当代人来说，可以更好地理解当前所处的生活状况、政治制度和社会条件。在塞尔登协会的创建过程中，梅特兰起到了绝对的核心和灵魂作用。从1895年开始，直到去世，梅特兰一直是该协会的核心。梅特兰主张史料还原论。他认为，历史除了告诉真相，不承担更高尚的职责。史料是还原历史的最佳甚至唯一途径，而法律史料恰恰是还原政治史、经济史和社会史的极佳素材。梅特兰只活了 56 岁，且在 34 岁才真正开始法律史工作，但他留给英国法史学界的神奇著作，绝大部分拥有漫长的生命。

第二篇文章编选了于明教授的《爱德华·柯克爵士与英国法学近代化》

爱德华·柯克爵士是英国著名的法学家和政治人物，在捍卫普通法，反对教会和王室特权方面功勋显著。柯克爵士最出名的是他与詹姆士一世的著名争执，以及作为 1628 年权利请愿书的一名起草者。他主张普通法是最高法律，国王以本人的身份不能裁断任何案件，国王不能变更普通法的任何部分，也不能宣告以前的无罪为有罪。17 世纪的英国面临着全面继受罗马法学与继承普通法学两条道路的选择，柯克爵士明确提出了"老田生新谷"的主张，撰写《柯克报告》与《英国法总论》，在法学观、部门法学与法学形态等方面，这两部作品均呈现诸多近代性萌芽，开启了英国法学近代化历程，并在事实上开创了不同于欧陆法学近代化的另一条道路。

16～17 世纪的英格兰正处于一个逐步脱离中世纪、走向近代化大国的时期。英国中世纪以来的法学形态，无论是"判例集"还是"教科书"都遭遇了前所未有的危机，英国传统的普通法法学正处于一个为"罗马化"的版本所取代的危险之中。以爱德华·柯克爵士为代表的普通法法律人认为，全盘接受罗马法学或是撰写英国《国法大全》的主张并不具有实现的可能性。柯克主张在重新整理既有《年鉴》等"判例集"的基础上，通过增添新的判例和使用更为现代的方法，着手制定一种全新的判例汇编——《判例报告》，依据私人编纂报告的习惯，这部《判例报告》被称为《柯克报告》。此外，他通过增添新注释的方法进一步完善了利特尔顿的《论土地保有》等经典法学教科书，并对《大宪章》等进行全面的评述，从而撰写一部更完整也更适合 17 世纪学习者阅读的普通法教科书——《英国法总论》。这同样是一部《法学阶梯》，却完全是英国式的，除书名之外，看不到来自罗马法学的影响。

柯克爵士著作中蕴含着英国法学近代性的萌芽，这种萌芽突出体现在其著作中包含的"技艺理性"近代法学观。柯克指出了"技艺理性"与传统的法律理性之间的区别。真正的法律理性只能是具有权威保障的技艺理性，它是一种高于常人理性的理性，而法律也必然是这种"最高级理性"的反映。技艺理性通过长期的研究、深思与经验和很多代人的实践才得以形成，是历代法律研究与实践中经验与智慧的沉淀。柯克所诉诸的理性是一种实践能力，是一种法律人的理性，是一种法官的理性。技艺理性的学说首次明确阐述了普通法所具有的高度的内在理性，从而有效地回应了近代社会对法律确定性的需求。这一观念也蕴含了对于近代王权扩张的限制，并暗示了近代司法的独立性得以成立的理论基础。

法学近代化的另一个重要标志是形成了门类齐全、系统发达的各个部门法学。《柯克报告》与《英国法总论》对于许多具体问题的论述，事实上也开启了英国各部门法学的近代性改造，为整个法律体系的近代化奠定了基础。不仅是通过对《论土地保有》一书的评注、对《大宪章》的评注，开启了对英国土地法的近代化改造，也使几近湮没的《大宪章》逐渐恢复了往日的地位并获得了全新的近代性含义。诸如契约法等较为晚近的法学分支，普通法中的刑事法、程序法等其他法学分支，原本处于普通法领域之外的商人法的内容，陪审团、诉讼程式、英国海外诉讼等程序法学的内容等在《英国法总论》中也多有论述。

柯克的著作同时还开启了注释法学与判例法学这两种具体法学形态的近代转型。《英国法总论》在注释规范上出现了与现代学术规范相近的"引注"。在柯克的评注过程中，旁征博引地引用了英国中世纪法学史上几乎所有的经典作品，对于古代法学家在相关问题上曾有的论述都在旁注中作了精确注释。规范性引注的出现，使得柯克著作中的大多数论题都获得了细致的学术史梳理，也使读者得以追寻普通法制度的历史延续与变迁。在推进英国注释法学发展的同时，柯克的著作对判例的记录更为关注判决及其理由，而非审理的程序或辩论的技巧；在具体的判决及对判决的评论中，较多地使用判例的引证；在撰写具体判例的技术上，焦点逐渐从法庭中的辩论、询问等程序因素转向有关的法律争点及其包含的实体法内容；判例论证过程中对先例的引用，也发展为一种普遍的形式。这些因素无疑都为遵循先例原则的形成奠定了基础，也由此开启了普通法判例编纂的近代转型，从而使英国的判例法学进入了发展实体规则的新阶段。

在西方法学界，有关柯克的著作尤其是《英国法总论》的历史地位，长期以来有较多的争论。但无论如何，经过柯克等法律人的努力，英国的法学在法学观、分支法学与法学形态等诸多方面均开启了近代化的历程。由于这样一种司法中心的知识结构，英国法学的近代化并没有沿着罗马法学的体系化道路前进，法学发展的中心依然是围绕法官在司法实践中的具体知识展开，因此仍然呈现某种"非体系化"的特征。同时，这一进路也为柯克之后的英美学者所继承。

第三篇文章编选了仝宗锦教授的《从查士丁尼到黑尔——关于〈英格兰法释义〉结构来源的知识考古学考察》

布莱克斯通因其撰写的《英格兰法释义》[①] 在普通法传统和法律思想史谱系中居于重要位置。除了《英格兰法释义》出众的语言风格、对于英国法律制度的杰出阐释以及对于普通法法律制度现代化所作的重要贡献等原因外，更重要的是，《英格兰法释义》以一种清晰优美的著作结构对此前杂乱无章的英国法进行了整合。该文对《英格兰法释义》的结构来源进行考察，展现了布莱克斯通在整合英国法内容过程中所作出的努力，从而进一步加深了读者对于罗马法传统和普通法传统相互影响和交融等问题的理解。

在布莱克斯通所处的时代，英格兰已然存在两种悠久的法律传统，即罗马法传统与普通法传统。就法律教育层面而言，前者通过大学承接，而后者则通过律师会馆延续。就法律著作层面，前者主要表现为《民法大全》，特别是其中的查士丁尼《法学阶梯》，还有对罗马法经典文献进行阐释、评注、研究的著作。而后者则大致有以下几种形式：第一类是对于种种令状、判例进行整理、评注和汇编的著作，结构上都显得较为凌乱；第二类法律著作存在一定的体系性，但基本上依靠的是日常简单的分类标准，如成文法令的汇编、法律辞典；第三类是试图用罗马法结构特别是查士丁尼《法学阶梯》的结构来整合英国法内容的法律著作。布莱克斯通认识到以众多散乱的判例和令状为基础的英国法根本不适合在大学中进行讲授，但在大学讲授英国法的任务使得他必须将英国法体系化。他曾经在牛津大学获得过民法学博士学位，所以自然将查士丁尼《法学阶梯》的结构

---

① 即《英国法释义》。

以及著名的"人—物—诉讼"作为参照的模本。为了将英国法体系化，布莱克斯通将英国法中本来纠缠在一起的实体法与程序法在结构上进行了某种分离。经过艰辛的努力，《英格兰法释义》最终由导论和四卷组成，在导论之后，四卷的标题分别是"人的权利""物的权利""侵犯个人的不法行为""公共不法行为"，整个论证是从个人的权利到公共的不法行为。在利用罗马法结构整合英国法内容的学者中，布莱克斯通并非第一人，但他以查士丁尼《法学阶梯》为模本，并从黑尔那里借鉴了一些克服困难的方法，最终构建出一个适应当时英国法内容的全面细致并且优美对称的结构框架，这在形式上成功满足了英国法体系化的需求。

　　除了对英国法体系化的追求，布莱克斯通在《英格兰法释义》中蕴含阐发的法哲学和私法学理论与英美法律文化近代化之间存在密切关联。①布莱克斯通的理论在一定程度上刺激了边沁的学说的创立。正是在反思、批判布莱克斯通的理论的基础上，边沁提出了法律改革的学说，并建立起了功利主义的分析实证主义法学。边沁关于法律的功利主义、主权命令说、义务性，是18世纪末以后英国资产阶级要求进一步改革普通法，追求资产阶级的更多利益的客观反映，对英国的立法实践产生了巨大的影响。在边沁的学说中，布莱克斯通的影响随处可见。布莱克斯通的理论还对奥斯汀的学说产生了巨大的影响。布莱克斯通不满足于仅向法律实务家提供技术性的知识，而是将英国法作为一个发展的统一体看待，将法学从与其他科学分离的状态中解放出来，将其与其他社会科学结合在一起考虑，在此意义上，布莱克斯通的理论开创了一门真正的学术意义上的法学学科。

　　布莱克斯通在系统总结封建时代私法学成就的基础上，结合18世纪英国资本主义商品经济发展的实际，对私法领域的各种问题作了系统阐述。直至20世纪，布莱克斯通的理论仍为人们所尊崇。在布莱克斯通的时代，普通法已趋于稳定，从基本原则到各项具体制度，都已有充分的研究，法学家的历史使命就是将普通法予以体系化和定型化。布莱克斯通的作品为英国普通法定型化并传至后世包括世界各地奠定了非常重要的基础。虽然布莱克斯通的法学理论后来受到了边沁等人的批判，但其在英美法学史上的地位仍是不可动摇的。

---

① 何勤华教授的《布莱克斯通与英美法律文化近代化》一文对此也有论述。

第四篇文章编选了何永红教授的《公共性与宪法研究——戴雪〈英宪精义〉意图考》

戴雪（Albert. V. Dicey）是 19~20 世纪英国著名的法学家。戴雪把英国当时的宪法原则归纳为三项：议会主权、法治原则、宪法法律和宪法惯例并重。戴雪对政治主权和法律主权的划分，对法治原则的论述等，都早已成为法治理论的经典学说。100 多年来，戴雪的《英宪精义》为大陆法学者所熟知，并在建构中国的宪法学科方面发挥了重要的启蒙读本的作用。

英国的法律体系根植于其诉讼形式。1875 年司法改革对旧的诉讼形式的废止，使得在概念上重构英国法的任务尤为紧迫。英国法此时也正被输往各个殖民地，尤其是印度，如何把英国法以体系化的面貌呈现给殖民地人民便是非常现实的问题，这激励着英国法学家利用大陆法的分类方法来改组英国法，要让它看起来是能够被体系化安排的诸原则的集合，是奠基于合理的逻辑推演，而不是赤裸裸的权力。在 1870~1907 年这个阶段，英国的大学任命了一大批职业的法学教师，他们的主要任务就是要跳出当代法律教育和法律学术的混沌状态，将法律展现为由一般法律原则主导的融贯体系，并借此把看起来非理性的、混乱的普通法改造成一个内部逻辑一致的规则体。这样，法律最终就会受到与自然科学的规律类似的原则的支配，并因而有资格作为一门独立的学科在大学中占有一席之地。在大约 30 年的时间里，这场由法学家们所力主的法律教育和思想领域内的重大变革，充满自觉意识、影响广泛又史无前例。法学家们，尤其是奥斯丁、梅因、戴雪和波洛克，对法律和国家施加了空前强大的影响力。法律终于能够成为一门可以进行学术研究的专业，能够将其自身与其他学科区分开来，能够将某些主题和方法提升到法律教育和法律学术的中心，而将另外一些边缘化甚至使之归于沉寂。正是在这段时期，学术法律人与法院一道，彻底重构了英国法的形式与内容，这些法学家是现代法的真正编纂者，他们实现了混乱的普通法向清晰和精确程度的跨越。在这个意义上，戴雪也是那个时代的立法者，他的教科书就是一部新的法典。

在《英宪精义》中，戴雪的目标之一是要刻画出一种连贯一致的宪法概念，推进法律的科学化，以让"宪法"这一学科成为法律学术的持久研究对象。普通法传统观念以法官为中心，而且还把法官看成个人自由的保卫者。在《英宪精义》中，戴雪把自柯克、洛克到布莱克斯通以来的普通法传统成功地转化成那个时代所能接受的法律语言和法律思想，即当且仅当法律是为了个人自由不受其他人的侵害这一目的时，它对私人领域的干涉才是正当的。在这样一种法律框架中，司法独立与司法权威被看成英国宪治的基石，司法是否独立决定了法治的存与废，最终决定了个人自由能否得以维持，戴雪正是在这一立场上调和了议会主权和法治原则。国家的正当性正越来越依赖于一个独立自治的法律职业界的存在，这样法律教育和法律职业（尤其是律师业）的改革以及法典编纂就应运而生了，戴雪和其他法学家通过教科书的形式一道推动并引导了这一发展进程，进而重塑了普通法。在整个 20 世纪，《英宪精义》一直被英国学者赞誉为英国所拥有的唯一成文宪法。

《英宪精义》既是一部法律教科书，同时又是一篇赞美英国历史发展之独特性的华丽颂词。戴雪不仅力图将英国宪法引入公众视野，还将它与英国的历史和政治制度勾连起来，使得人们把法律作为英国民族特性的聚焦点。《英宪精义》的语言简洁，表述有力，易于传播记忆。戴雪认为，英国的法治，其权威不在于某个宪法性文件，而在于法院的日常运行，法院之所以能有效运行，又在于英国的独特历史和制度。当欧洲其他国家还不知法治为何物的时候，法治就已经在英国牢牢地确立起来了，法治就是英国宪法的真正特质或优点所在。戴雪的贡献，不只是重构了英国法，他还重构了英国的历史和政治制度，在此基础上，法律人所特有的语言和观念成为人们理解英国历史和政治制度的中心范畴。法律教育的改革、法律职业的发展和法律话语的主导，对人们理解英国历史和政制的特性，起到了形塑作用；法律语言的盛行，从根本上改变了英国人的思维和国民性格。法治从此不再是一套抽象的、外来的宏大话语，而是深入人们的骨髓中，成为日常生活的一部分。作者认为，同是维多利亚时代的学术法律人，戴雪相比梅因及梅特兰，把法律语言和法律思想置于英国人理解其自身历史和政治的中心，做得更为成功。

五　英国法的制度构建研究举例评析

法律文化在一定维度上也被认为是法律意识形态以及与法律意识形态

相适应的法律制度、组织机构等的总和。英国法中有许多极富特色的制度设计，这些制度设计与其社会土壤紧密结合，在推动英国社会经济发展和社会进步，维护社会稳定等方面发挥了巨大作用。许多特色制度作为区别于大陆法系的鲜明特征，已经成为全人类法治进程共同的有益经验。英国法特色制度的内容极为丰富，且很多还未进入国内学者的研究视野。就已有的研究成果来看，研究范畴也非常庞大，国内各个部门法领域都有涉及。编者仅围绕特色制度中最为复杂的财产法编选了 3 篇文章，帮助读者从示例中体会一二。

第一篇文章编选了咸鸿昌的《论英国普通法土地保有权的建构及其内涵特征》

该文通过追溯英国普通法上的土地保有权的建构历程，给读者展现了英美法系建构财产法律制度的独特视角。财产权是民法的基石，也是一个国家法律制度的基础。英美法系和大陆法系各自的财产法律制度在具体概念、规则和技术方面存在明显差异。英美法系的财产法是以英国普通法上的土地保有权为基础建立起来的，而大陆法系的财产法则是以所有权为基础建立起来的。两种财产法律制度的差异集中体现在两种财产权的差异上，这种差异也反映了两种不同的财产法律建构视角。

普通法法系的土地权利制度源于中世纪的英国。1066 年诺曼征服后，宣布国王为全国土地的最高领主，在法律上废除了英格兰原有的自主地这一土地法权形态，排除了在未来土地权利体系中产生土地所有权的可能性。威廉一世将征服得来的土地的一部分留作己用，其余部分以保有制的形式分封给自己的军事随从和贵族、教士等持有。后者成为国王的直属封臣，双方以土地的封赐和持有为基础结成第一等级的土地保有制关系。直属封臣将从国王处取得的土地的一部分留作己用，其余部分以某种役务为条件再次分封，与受封赐者（次级封臣）结成第二等级的封建土地保有制关系。依次类推，层层封授，直到占据并实际耕种土地的保有人。在理论上，法律对于再分封的阶梯并无限制，随着土地的再分封，在同一块土地上可以同时存在多个保有制关系。诺曼征服后建立的土地保有制涵盖了社会各个等级和不同类型的社会关系，这种普遍的土地保有制包括土地的分封与保有人对领主的身份依附关系，它既是一种土地利益的分配方式，也是一种体现分配者身份地位的法律关系模式。1925年以后，英国所有的土地保有制一律转化为自由的索克保有制。土地保有制成了各种社会利益赖以存在的基础，决定了社会各阶层在社会中的地位，也决定着各种土地权益彼此间的逻辑关系。时至今日，英国全部的土地都以自由索克保有制的形式直接或间接向国王持有，土地保有制依然是英国基本的土地法律关系模式。

诺曼征服后英格兰的土地保有制为普通法土地保有权的形成奠定了基础，而亨利二世时期的司法制度的变革则直接将这种土地保有权确认下来。亨利二世采取了一系列加强王权的措施，确立了一系列司法原则，王室司法管辖权由此得到长足发展，领主司法管辖权迅速萎缩，到14世纪时，王室法院取得了彻底的胜利，中央法院集权化进程最终完成。自由土地保有制司法管辖权的变更与集中，使得土地保有制关系逐渐摆脱各级领主法庭的控制，在内容方面逐渐消除了地区性差异，其类型和规则逐渐统一，适用于各地自由保有制的普通法逐渐形成；随着越来越多的土地案件被提交给国王法院审理，在规范土地关系的过程中，王室法院逐渐发展出一套完整的不动产诉讼程序，用以保护和规范自由土地保有制关系。普通法上的不动产诉讼程序主要有以下四种，即权利令状、新近侵占令状、收回继承地令状、进占令状。与权利令状相比，新近侵占令状在程序上更加便捷、高效，还表现出与权利令状不同的实体法思维方法。新近侵占令状通过判定土地占有的归属，将保有制下的权益在法律上确认并保护下来，于是在英国普通法上产生了实体法概念——保有（seisin）。保有权概念的产生，表明英国已经开始脱离具体的保有制下的身份依附关系，当事人在保有制下享有的权益作为一个独立的法律范畴被确认下来。随着一系列诉讼程序的不断发展完善，司法实践进一步确立了有关保有权的取得、变更和消灭等规则，确立了一套较为完整的保护土地保有权益的制度。

第二篇编选了吴至诚的《英国法传统中信托受益权的性质》

信托是英国法上非常具有特色的财产制度，对后世影响广泛。信托制度最早的萌芽出现在古代罗马，但罗马法中的信托只限于"遗产信托"，后来遗产信托因与遗赠混合而消失，在整个罗马时代始终未形成独立的信托制度。近代信托制度发源于中世纪的英国，英国信托制度的发源和罗马法"遗产信托"的起源有一个极为类似的原因，即规避严峻的法律对财产移转的烦琐限制。有不少学者认为，大陆法系国家和地区不能形成并迟延引进信托法律制度，乃囿于罗马法的"一物一权主义原则"，因为信托的法理基础是信托财产的所有权的分割，这也是罗马法在其繁盛时代，虽曾有过"遗产信托"，但未能有所发展，而直接渊源于罗马法的大陆法系诸国家和地区也未形成、发展信托法律制度的根本原因。关于信托受益人对信托财产享有信托受益权（beneficiary's interest under a trust）的性质，中国学界也一直存在争议。《中华人民共和国信托法》一方面没有明确信托财产的归属（第2条）；另一方面又突破信托法传统给予委托人大量权利（第20条至第23条）。立法上的这一模糊态度使得理论上对于信托受益权性质的物权说、债权说、物权债权并存说、特殊权利说等观点之争论越发混乱。要消除这种混乱的状态，在理论上正本清源，最好的方法莫过于直接切入信托制度的起源来进行考察。作为一个产生于英国法传统的独特制度，"信托受益权的性质在英国法中到底如何"是讨论包括"信托受益权在中国法中的性质应当如何"在内的其他衍生问题的前提。

作者认为，对于英国法中受益权的性质，中国学界存在着广泛的误读。中国信托法学界的误读，一方面，导致我国传统私法学者为此普遍产生"信托与物权法不兼容"的观点，进而不认为信托在学科归属问题上可以被纳入民法体系。这意味着它只能被单独放置于商法部门之中，使我国信托法实质上成为商事信托法。另一方面，这种误读也影响了我国信托法的立法进程。作者通过对英国法学说判例的系统梳理，力图纠正存在于我国学界的两个基本误读，并得出其结论。一是，信托受益权虽然看似具有一些不符合对人权概念的特征，但其在英国法上仍然属于债权而非财产权（物权）。二是，所谓的分割所有权（或双重所有权）理论是对英国信托本质的一种完全错误的解释，信托制度的存在并未改变财产法的基本结构和原则。

第三篇编选了彭錞的《土地发展权与土地增值收益分配——中国问题与英国经验》

不同国家的历史与法律文化虽有高度的地域性，但亦可有互相借鉴之处。在深入了解其法律制度的内涵和形成背景基础上，才能抽丝剥茧般地从异域经验中真正吸收到有益的营养为我所用。本篇论文正是沿着这样一种进路来阐释中国问题与英国经验。编者将本篇论文放在本书的最后，也正是想传递这样一个法律文化研究的基本立场。

我国目前通说认为，土地发展权是对土地利用进行再发展的权利，即变更土地用途或改变土地利用强度的权利。这一定义同英语世界中的学理和制度共识并无二致。英国1942年的《厄斯瓦特报告》，全名《英国建设与规划部补偿与增值专家委员会最终报告》，首次详细阐明了英国的土地发展权概念、1947年土地发展权国有化的动因与考虑以及土地增值收益分配机制的设计思路。半个多世纪以来，《厄斯瓦特报告》对上述问题的阐释始终未被推翻。20世纪中英两国的历史进程极为不同，社会经济制度迥异，但在土地制度设计上曾有过短暂的趋同。作者通过对《厄斯瓦特报告》进行深入解析，在历史语境下深刻把握英国现代土地发展权与土地增值收益分配的经验，从而希冀对中国问题的现实思考有所启发。

作者梳理了英国土地管理制度的早期史，其中一条主线清晰可见：从1909年规划法初步奠定政府对国土开发的规划控制开始，国家土地管制权力一步步扩大，私人土地财产权利一步步限缩。到《厄斯瓦特报告》之时，资本主义土地制度的根本逻辑已发生根本转换：在20世纪中期以前的自由竞争时代，英国的土地开发利用由私人主导、经市场调配，个人自由是前提，政府管制是例外；20世纪中期以后，英国在土地问题上进入国家管制时代，土地开发利用由国家规划主导，国家为私人和市场划定边界、提供活动空间，政府管制变成前提，个人自由成为例外。这一转换表明现代社会土地制度的设计思路发生深刻变化，自由竞争时代如何用地是财产主的自由，但到了国家管制时代，如何用地包括如何改变土地利用现状已进入了公共政策领域，土地发展权不再为个人独享而受国家干预。

《厄斯瓦特报告》的直接目的是扩张国家土地管制，便利战后重建，但报告亦无法完全放弃对私权的尊重和对特定国家干预措施造成的损失作补偿。面临价值漂浮和价值转移两大机制，政府无法及时有效地取得增值收益去支付跌价补偿。对此问题，报告提出土地国有化和复归权国有化两种可能的建议方案，经委员会研讨后，报告最终转向土地发展权国有化方案。土地发展权国有化后，对于如何解决支付补偿和土地开发问题，报告建议以特别方式有偿国有化发展权。中央政府设立补偿总基金，土地发展权被一次性、整体性买断，规划限制从此不存在补偿潜在增值损失的问题。同时，征收补偿标准调整为一般性开发禁止下的土地现用途价值，不包括任何规划限制放松后的潜在开发价值。至于如何确定全国补偿总额，报告坦承，这涉及对英国未来经济社会发展走势的预测，因为土地开发潜在价值最终由此决定。报告提出了一套从土地发展权国有到所有权国有的二阶机制：前者避免了规划/征地面临的补偿困局，后者则使国家通过成为土地所有者来管制土地开发。报告还回应了土地发展权国有化后的土地增值收益分配问题。为了补贴公共建设的成本，也为了地利共享，英国法上长期存在土地涨价归公的传统。报告提议，具体操作上，转向对全国土地每五年一轮统一估价，政府收取土地涨价的75%。1947年工党政府出台《城乡规划法》，除了两点外几乎原封不动采纳了《厄斯瓦特报告》报告。

在以1942年《厄斯瓦特报告》为中心，考察英国一个世纪以来土地管理制度变迁的基础上，作者探索了英国经验对中国的启示。现代社会城市化与工业化带来的人地关系紧张、土地利用无序和低效，要求在土地利用开发问题上以私人和市场为主导和前提，走向国家管制主导，为私人和市场划定活动空间。在此意义上，现代社会的一般性禁止制度基本都可视为对某种财产权的国有化。从这个角度观察，对于农地而言，我国现行用途管制本质上就是发展权国有制度，即农村集体自行转用开发农地面临一般性禁止。关于土地增值收益，从英国经验来看，具体分配方式和比例随时代而变化，很难说有什么可以直接移植借鉴的黄金准则。值得进一步思考的，是这些变化与其社会制度情境之间的勾连与互动，然后将此作为省察中国问题的知识框架。

六　结语

英国法律文化的研究是非常宏大的命题，相关的研究内容已伸展到广博的时间和空间范围。尽管这本书努力呈现一点过往的研究成果，提供一个观察了解的角度，但对于如此宏大的命题，是远远不够的。这本书编辑之时，正是新冠肺炎疫情在全球蔓延肆虐之际。不同国家在应对疫情中的有关做法，民众对管制规范的认同程度，社会认知层面是否产生了严重撕裂等，从某种程度看，也从不同维度呈现了不同国家法律文化的差异。读者如果在阅读此书时，能够从中观察到一些法律制度与社会生活的深层互动，并由此产生一些继续探索英国法的兴趣，或者引发一些新的思考，那都是编者十分乐意看到的事。

第一编　英国法的历史形成

比较法律文化视域的英美法

高鸿钧[*]

在人类法律文明的演进中，西方法律文明不仅源远流长，而且在当今世界影响甚巨。英美法系是西方两大法系之一，其中许多理念和制度、精神和价值、学说和理论以及方法与技艺，不仅对西方法律文明作出了突出贡献，而且对人类法律文明的发展产生了重要影响。深入研究英美法系的历史传统、运作机理、典章制度以及文化意蕴，有助于拓展对英美法的认知和理解，有助于借鉴和移植其中某些合理要素，丰富中国法学理论，推动中国法治发展。

一 传统与现代：法律演进的连续性

英美法系源于英国法。英国法虽然在盎格鲁—撒克逊时代的习惯法有其源流，但主要诞生于诺曼征服之后。自12世纪起，英国王室法院逐渐从御前会议中发展起来，并逐渐成为专业法院。王室法院以伦敦为中心，以令状为基础，以王权为后盾，通过遵循先例的方式发展出判例法，并借助于巡回审判的机制，吸收、统合和驯服了各地习惯法，并凌驾于封建法、庄园法和城市法等不同法律体制之上，成为通行于英格兰王国的普通法。狭义的普通法是指12世纪英国王室法院发展起来的判例法。[①] 相比之下，同时期欧陆各国的法律则处于高度分散状态，远没有达到英国那样的统一。

自14世纪起，普通法显示出拘泥形式的趋向，因而陷入僵化，无法有

---

* 高鸿钧，清华大学法学院教授。

① 参见〔英〕R. C. 范·卡内冈《英国普通法的诞生》，李红海译，中国政法大学出版社，2003。

效解决纠纷和及时回应社会发展的需要。一些民众开始向政府请愿，要求对其提供合理与有效的法律保护。这些请愿起初由议会等机构受理，后来国王委托大法官受理。大法官代表国王，以公平、正义和良心为依据，对于得不到普通法救济或救济不力的案件进行干预。由此，衡平法应运而生，并发展成一个独特的法律体系，成为矫正和补救普通法的重要机制。

与此同时，自诺曼征服之后，英格兰的王权不断加强，以王权为基础的制定法开始增多。议会产生之后，出现了一个推动制定法发展的新型立法权威，制定法进一步增加。

普通法、衡平法与制定法一道构成了英国法的基本渊源。广义普通法就包括上述三种法律形式。这种传统为英美法系其他国家所继承，因而英美法系也有"普通法法系"之称。历史上，这三种法律形式因不同时期而呈现复杂的关系。后来，围绕着王室法院审理案件和法律的发展，律师制度也发展起来，并形成了高度职业化的自治组织，其中伦敦四大律师会馆最为著名。以行会形式组织起来的律师，通过学徒方式进行法律教育，培养法律人才。他们不仅受当事人委托出庭辩护，而且成为法官的后备力量。在中世纪后期，英国法官和律师就实现了高度的独立化和职业化，成为捍卫法治的坚强堡垒和国家治理的社会精英。[1] 在当时世界各国前现代的法律文明史中，英国律师的职业化和司法独立于政治，是独一无二的现象。后来，这种法律职业模式传播到英美法系的其他国家，其中美国在此基础上形成了独特的法律职业模式。历史上，美国法律和法官在社会的发展中发挥了突出作用，在当代，他们面临着种种新的挑战。[2]

英国法的另一个独特现象是它的连续性。这种传统使其不仅适应了英国中世纪的社会发展，渡过了各种难关，而且经受住了社会现代化的冲击，在没有出现历史断裂的情形下，得以延续下来，并在当代保持了强健的生命力。究其主要原因，这不仅源于英国现代化过程中"光荣革命"的改良性质，而且得益于英国法适应现代变革的内在张力。在英国，法律体

---

① 参见〔英〕保罗·作布兰德《英格兰律师职业的起源》，李红海译，北京大学出版社，2009；程汉大、李培锋《英国司法制度史》，清华大学出版社，2007。

② 参见〔美〕理查德·L. 埃贝尔《美国律师》，张元元、张国峰译，中国政法大学出版社，2009；〔美〕玛丽·安·格伦顿《法律人统治下的国度——法律职业危机如何改变美国社会》，沈国琴、胡鸿雁译，中国政法大学出版，2010。

制的形成和发展以及法律的统一，主要得益于法院的司法活动，而政治管理和统一则主要借助于法律的机制得以实现。

关于英国法是否具有现代适应性的问题，学界存有不同的观点。按照韦伯对于现代法律性质的界定，英国法似乎缺乏现代形式理性，不具备现代法律的气质。但是，英国法在没有发生革命性转型的情况下，事实上成功地适应了英国现代经济、政治和社会的发展，并没有阻碍英国的现代化进程，这就引出了所谓韦伯的"英国法问题"。①

根据韦伯的研究结论，现代社会在经历了"祛魅"的理性化之后，传统型权威和"克里斯玛"型权威走向衰落，唯一具有合法性的权威是法理型权威。为了适应效率导向的市场运行和科层制的标准化行政管理，形式理性的法律将成为现代法治的主导模式，因为这种法律有助于为个人行为提供准确的尺度，从而有效地稳定人们的行为期待。② 韦伯认为形式理性的法律具有以下特征：①实在法明确和潜在地构成了"完整无缺"的规则体系；②具体案件的判决都是将抽象的法律规则适用于具体事实的过程；③法官借助法律逻辑推理能够从抽象的实在法规则出发作出前后一致的判决；④凡是未被纳入实在法体系的理论、规则或观念都不具有法律的效力；⑤每一种社会行为都受这种法律的调控，且行为者能够感受到自己在遵守、违反或适用法律规则。③ 在韦伯看来，这种"价值无涉"的形式理性法律具有稳定性、确定性、系统性和全面性，法官可以在法律中找到所有案件的标准答案。换言之，法官只要把案件事实在法律规则中"对号入座"，就可以解决一切纠纷。正是在这种意义上，他把这种形式理性的法治隐喻为"自动售货机"。④

然而，英国法并不具有典型的形式理性特征，例如判例法就缺乏明确性和系统性，陪审制诉诸大众情感，具有非理性气质。那么，英国法如何

① 参见 F. Neumann, *The Rule of Law*: *Political Theory and the Legal System in Modern Society* (Berg Publishers Ltd. , 1986), pp. 239 – 253。中国关于"英国法问题"的讨论，参见李猛《除魔的世界与禁欲者的守护神：韦伯社会理论中的"英国法"问题》，载李猛编《韦伯：法律与价值》，上海人民出版社，2001，第 111 ~ 241 页；李红海《普通法的历史解读——从梅特兰开始》，清华大学出版社，2003，第 347 ~ 375 页。

② 关于韦伯的法学理论，参见 M. Weber, *Economy and Society*: *An Outline Interpretive Sociology*, Transl. by E. Fischoff et al. (University of California Press, 1978)。

③ 参见〔德〕韦伯《法律社会学》，康乐、简惠美译，远流出版事业有限公司，2003，第 31 页。

④ 〔德〕韦伯：《法律社会学》，康乐、简惠美译，远流出版事业有限公司，2003，第 357 页。

能够具有现代适应性？其一，韦伯关于现代法律形式理性特征的概括是从大陆法出发，且主要以《德国民法典》及其形式主义法学为标准。实际上，"自动售货机"式法治只是一种理想模式，即便是在大陆法最具有形式主义特征的时期，这种理想也很难实现。其二，至 19 世纪后期，法律形式主义在大陆法国家遭遇了困境，因而这些国家作出了重要调整，社会法学的得势以及行政立法的涌现就是对法律形式主义的超越。① 其三，英国高度职业化的司法和律师组织以及遵循先例原则的采用，在很大程度上确保了法律的稳定性和确定性。其四，19 世纪后期，制定法在英国大量增加，司法组织和程序得到了简化，陪审制也趋于萎缩，在民事案件中很少被采用，这些改革无疑提高了英国法的理性化程度，使得英国法比美国法更具有形式化的气质。② 韦伯意识到了上述第二点和第三点，③ 但他对实质理性法律的出现始终心存疑虑和警惕，担心这种法律可能带来专断和独裁。韦伯对"英国法问题"的观察和分析至少存在以下不足。首先，韦伯没有意识到，西方现代法治有不同的模式和路径，至少可分为大陆法模式和英国法模式。韦伯把现代大陆法模式中德国法发展中的形式化阶段作为唯一标准，来衡量英国法是否具备现代性，自然会陷入偏颇。其次，韦伯对于现代法律确定性、稳定性、系统性以及全面性的断言也过于绝对，实际上，现代法律的稳定性和确定性也是相对的，法律的"自动售货机"只是一种不无善意的法治理想。恪守法律的稳定性和确定性可能会导致法律的僵化，无法回应社会发展的需要。同时，制定法无法做到无微不至和天衣无缝，因而法官通过法律解释填补制定法的空白，不仅难以避免，而且有其必要。最后，英国法自 19 世纪后期出现了理性化趋势，而韦伯对此没有给予足够的重视。总之，我们应对英国法的现代适应性进行具体研究，而不应生搬硬套某种理论教条或既定模式。

伴随着英国对外殖民扩张，英国法被移植到北美、大洋洲、非洲和亚

---

① 参见〔美〕邓肯·肯尼迪《法律与法律思想的三次全球化：1850—2000》，高鸿钧译，载高鸿钧、於兴中主编《清华法治论衡》第 12 辑，清华大学出版社，2009，第 47～117 页。

② 参见〔英〕P. S. 阿蒂亚、〔美〕R. S. 萨默斯《英美法中的形式与实质——法律推理、法律理论和法律制度的比较研究》，金敏、陈林林、王笑红译，中国政法大学出版社，2005。

③ 参见〔德〕马克斯·韦伯《韦伯政治著作选》，〔英〕彼得·拉斯曼、罗纳德·斯佩尔斯编，阎克文译，东方出版社，2009，第 122～123 页。

洲的许多国家和地区，从而形成了具有世界影响的英美法系。近代以来，英美法系与大陆法系一道构成了世界主要法系。据估计，当今世界至少有1/3的人口生活在其法律制度属于英美法系或深受英美法系影响的国家和地区。

在英美法系中，美国法的发展特别引人注目。在殖民地时期，英国法、殖民地议会的制定法以及《圣经》中的公平正义观念，成为移民的主要法律渊源。在独立之后，出于对英国殖民统治的旧仇新恨，美国曾欲废除具有英国"血统"的普通法，而采用大陆法模式。后来，移民的怀旧情绪开始出现，普通法在美国开始受到重视。到19世纪30年代，普通法在美国的支配地位得到确立。然而与此同时，普通法仍然受到批评，并受到"法典化运动"的冲击。这个运动虽然取得了成效，许多由律师起草的法典为一些州所接受，但最终没有从根本上改变美国法的基本模式。内战之后，普通法在美国得到了迅速发展。随着遵循先例原则的确立，各州法律比以前更为统一；而判例教学法的采用，培养了大批具有普通法思维的律师和法官。由此，普通法在美国的地位更加牢固，并出现了法律形式主义的倾向。①

在20世纪30年代的经济危机以及随后的"新政"期间，美国不得不放弃法律形式主义，而采取实质理性导向的法律。在此后一段时间里，具有本土特色的法律现实主义开始在美国占据主导地位。至20世纪60年代，民权运动风起云涌，其中既有"黑白平等"的呼求，也有"男女平权"的要求。作为对这些运动的回应，美国法强化了对公民权利的保护。尤其值得注意的是，"沃伦法院"通过司法过程，激活和确认了许多新型宪法性权利。

20世纪70年代之后，美国步入了新自由主义之路，法律的发展也发生了重大变化。根据肯尼迪的研究结论，这个时期美国法范式的主流，是权衡利益冲突的政策分析模式和公法新形式主义。② 20世纪90年代以来，随着经济全球化和法律全球化的展开，美国法在全球范围内得到了急剧扩展，压倒了英国法的影响，猎食了苏联东欧等转型国家的法律改革，侵夺

---

① 参见由嵘主编《外国法制史》（第3版），北京大学出版社，2007，第360～365页。
② 〔美〕邓肯·肯尼迪：《法律与法律思想的三次全球化：1850—2000》，高鸿钧译，载高鸿钧、於兴中主编《清华法治论衡》第12辑，清华大学出版社，2009，第104～117页。

了大陆法系的许多领地，并影响了欧盟及其成员国法律的发展。所有这一切不仅改变了英美法系内部的格局，而且改变了世界法律体系的格局。英国和美国从蕞尔岛国和分散的殖民地变成了世界强国，并相继成为世界体系的霸主。除了其他因素，这其中重要的一点是得益于它们的法治。因而英美的法治模式在当代受到了广泛的关注。

二　法官造法：司法导向之法

在英美政治和法律生活中，司法体制具有举足轻重的地位和作用。首先，欧陆各国的法院系统虽然在形式上具有独立性，但始终无法摆脱科层制的行政官僚气质。相比之下，英美法官的职业化程度更高，更少行政官僚气质。其次，在法律发展中，制定法体制下的欧陆法院虽然也发挥创制法律的作用，但毕竟空间有限。相比之下，判例法体制下的英美法院则具有创制法律的广阔空间，例如，在司法能动主义时代，美国法的发展就主要得益于法院系统。在英美法中，法律的中心实际上是法院，"法院是法律帝国的首都，法官是帝国的王侯"。① 最后，在欧陆各国，直到 20 世纪后半叶，宪法性权利和自由才具有可诉性，而在英美，宪法性权利和自由一直具有可诉性。在美国，法院通过受理宪法性诉讼，不但使得美国宪法中的权利和自由具有了现实生命，而且确认和发展出许多新型公民权利和自由。实际上，美国进入"权利的时代"② 与美国法院在权利和自由领域的司法能动主义之间，存有内在关联。美国的司法能动主义虽然引起了一些争议，被认为对民主的基础构成了挑战，但美国的司法治理（juristocracy）模式引起了广泛的关注。

与欧陆各国相比，英美更善于把道德和政治问题转变为法律问题，把法律问题转为司法问题，把司法问题转为程序问题。在某种意义上，现代西方国家的整个治理过程大体可以分为三个阶段。在自由放任阶段，承担社会治理重任的主要是各国立法机构，它们通过制定反映民意的一般法律，致力于实现"同等情况同等对待"的形式理性治理。至 19 世纪末，市场失灵影响了经济发展，贫富两极分化使得阶级冲突激化。为了矫正自

---

① 〔美〕德沃金：《法律帝国》，李常青译，中国大百科全书出版社，1996，第361页。
② 参见〔美〕L. 亨金《权利的时代》，信春鹰等译，知识出版社，1997，第138~163页。

由放任经济和形式理性法律的弊端，西方（美国稍迟）进入了福利国家阶段。鉴于议会无法担负起繁重的立法任务，行政机构便成为这个阶段社会治理的主角，通过行政立法和行使行政裁量权等形式，致力于实现"不同情况不同对待"的实质理性治理。后来，行政权的膨胀对民主构成了威胁，招来了广泛的批评，而福利的负担也日益沉重，因而从 20 世纪 60 年代末开始，美国率先重新调整航向，司法机构主动承担起社会治理的重任，试图以程序理性治理来协调形式理性与实质理性之间的冲突，做到"不同情况不同对待""同等情况同等对待"。在司法治理之维，英美具有悠久的历史，并积累了丰富的经验。托克维尔在 19 世纪 30 年代访美时，就对美国司法机构在治理社会中所发挥的突出作用印象极深，并预言"在美国，几乎所有政治问题迟早都要变成司法问题"。[①] 曾经担任过美国国务卿的韦伯斯特也认为，"人类社会最好的结局就是司法审判"。[②] 在司法主导的社会治理时期，美国司法系统成为美国政治的风暴眼，社会冲突的协调者，权利与自由的监护人，以及法律发展的主导者。美国的司法治理模式与其根深蒂固的宪治文化密不可分。

与政治治理和行政管理相比，司法治理具有以下几个优点：一是司法借助于专业技术性，具有去政治化的效果，有助于减少和弱化政治冲突；二是司法机构的中立性和解决纠纷的程序性，有助于当事人和社会公众对于裁决结果的接受和认可，从而可以防止纠纷扩大和冲突激化；三是司法机构通过具体诉讼可以把许多群体之间的冲突分解为不同的单个纠纷，而这有助于防止纠纷群体化和冲突组织化；四是司法机构在解决纠纷的过程中，借助时间的冷却效应，可以缓解当事人和公众的情绪；五是在推进社会和政治改革过程中，诉诸司法判决比通过立法和行政决策更隐蔽，从而有助于减少改革的阻力和对抗。有鉴于此，在无法实行直接民主制或民主参与不充分的现代多元社会，司法治理有助于缓解立法机构和行政机构的政治负担，并可以逐渐扩展社会公众对争议问题的道德宽容度。[③] 在这个方面，英美司法模式具有示范性效应，因而当代出现了司法治理和"司法

---

① 〔法〕托克维尔：《论美国的民主》上卷，董果良译，商务印书馆，1988，第 310 页。

② 转引自〔美〕罗斯科·庞德《普通法的精神》，唐前宏等译，法律出版社，2001，第 76 页。

③ 参见〔英〕博温托·迪·苏萨·桑托斯《迈向新法律常识——法律、全球化和解放》，刘坤轮、叶传星译，中国人民大学出版社，2009，第 423 页。

权的全球扩张"趋势。①

三 法律与正义：程序的重要性

与大陆法相比，英美法更重视程序。在英国，正当法律程序的理念可以追溯到《大宪章》时代。实际上，英国普通法的最初发展与令状制诉讼形式密切相联，当事人的实体权利要得到确认和保护，必须首先从大法官手里获得令状。这种令状是启动救济程序的"官方证书"，救济先于权利，无救济则无权利，而无令状则无救济。简言之，在英国法早期发展中，实体法隐藏在程序的缝隙中。② 直到晚近，英国才颁布了保护公民权利和自由的《人权法案》。在美国，宪法中有两个"正当程序"条款，即第5条和第14条宪法修正案，它们分别指向联邦政府和州政府，禁止它们未经"正当程序"剥夺公民个人、法人和社会组织的生命、自由和财产权。这两个条款在美国宪法和其他法律的发展中扮演了非常重要的角色。正当程序的基本含义是程序公平、公开和公正，具体包括当事人不得在涉及自己的案件中作为法官；当事人有机会充分参与审判过程；审判中应兼听双方证词；以及陪审审判、律师辩护和公开审判等。在英美法中，法律的制定、执行和适用中，涉及程序的瑕疵往往会导致实体内容无效。实际上，通过美国最高法院的解释，许多实体价值得以确立，具体权利得以拓展。"正当程序"在美国曾被用于不同目的，在20世纪初期，美国联邦最高法院和其他多个法院曾经以它为武器，宣布许多保护劳工权益的立法无效；而在20世纪后半叶，美国联邦最高法院则运用它确立了隐私权等一系列宪法性权利。③

在英美法中，程序的重要性也体现在庭审中所采用的对抗制程序。在诉讼法领域，英美法国家采取对抗制，而大陆法国家实行纠问制，这种差异由来已久，在刑事诉讼中尤其显著。如果把这两种刑事诉讼模式进行比

---

① C. N. Tate & T. Vallinder, *The Global Expansion of Judicial Power* (New York University Press, 1995).
② 参见〔英〕梅特兰《普通法的诉讼形式》，王云霞等译，商务印书馆，2009，第34页。
③ 参见〔美〕约翰·V. 奥尔特《正当法律程序简史》，杨明成、陈霜玲译，商务印书馆，2006。

较，人们就会发现它们之间至少存有以下重要差异。首先，在英美，当事人在法官面前解决纠纷，被告及其律师与检察官处于平等的地位；在欧陆，检察官代表国家指控被告，具有优于被告的地位。其次，在英美诉讼中，法官处于消极地位，并不主动查明事实真相，而当事人处于积极的地位，控辩双方通过"交叉询问"来厘清案件事实，陪审团负责确定"事实真相"，法官只负责把相关的法律适用于该事实；在欧陆，法官处于积极地位，负责查明事实真相，被告的"供认"和当事人之间确认的事实对于法官只有参考价值，法官可以超越它们，继续调查事实，直到自己满意为止。最后，在英美，当事人之间的平等横向关系反映了个人主义的法律文化；在欧陆，控辩双方不平等的纵向关系反映了国家主义的法律文化。[①]当然，在当代大陆法的诉讼中开始引入对抗制的当事人主义因素，但与英美法相比，其诉讼程序仍然具有浓重的职权主义色彩。

在对抗制诉讼中，当事人通过举证和交叉询问，积极地引导法庭认定事实真相，各方都通过律师不遗余力地举证对自己有利的事实，而事实的确立要基于证据。为了使对抗制诉讼富有成效，确保法庭审判的纯洁性、认定事实的精确性以及裁判事实的可接受性，证据法得到了充分的发展。相比之下，英美证据法更有助于保障被告的基本权利。对抗制在保护人权上的优点之一是避免了对被告的刑讯逼供，而在不实行对抗制的司法体制下，刑讯逼供则成为发现和确认"罪证"的法宝。

英美法的程序主义旨向不仅体现于诉讼程序领域，而且渗透到法律的各个领域，甚至越出了法律的界域，而遍布于政治、经济和社会领域。人们虽然对何为"正当"存有争议，但越来越多的人意识到，在大型复杂的当代多元社会，程序似乎成为摆脱形式—实质对立的有效途径。实际上，罗尔斯的《正义论》、富勒的法律道德论以及哈贝马斯的商谈论，都具有明显的程序主义气质。

四　法律价值：重视个人、实用和经验

英美法源于实践，但后来发展出系统的法学理论，并形成了具有世界

[①]　关于刑事审判的对抗制，参见〔美〕兰博约《对抗式刑事审判的起源》，王志强译，复旦大学出版社，2010。

影响的学派，其中影响最大的是古典自然法学、新自然法学、实证主义法学、社会学法学、现实主义法学、经济分析法学以及批判法学。在这些思想和学说中，某些理论无疑具有来自欧陆的影响，但大多数理论都密切结合英美法实践中出现的问题，反思法律事实与规范的关系，探讨法律自治与他治的路径，揭示法律理想与现实的差距，进而致力于对法律、法学和法治进行批判性重构与创造性超越。它们各有千秋，也各有缺陷；有些显示出持久的生命力，有些只是昙花一现；在特定时段，它们各有自己的拥戴群体，都取得了部分成功。不同学派的多元互动，以及它们所内含的法学洞识和法律智慧，也许比它们的实际影响更重要。

英美法是一种多元价值综合体，其中四种基本价值取向最为突出，即自由、个人、经验以及实用。

自由在英美政治和法律中不仅是核心价值和主流话语，而且植根于深厚的普通法的历史传统。[①] 在思想史上，自然法学、实证主义法学以及经济分析法学虽然各自的许多主张存有差异，但都把自由奉为核心价值。自然法学理论认为自由是最基本的自然权利；实证主义法学（例如哈特）主张法律具有自治性和确定性，也在于保护个人自由；至于从理性人预设出发对法律的经济分析，其自由主义的意旨不言而喻。在宪法上，英美所实行的分权制衡体制和确保公民权利的机制，很大程度上在于防止政府侵害个人自由。在话语上，自由已经成为英美精英和大众的"口头禅"，诸如消极自由与积极自由，信仰自由与表达自由，结社自由与游行自由，免于匮乏的自由与免于恐惧的自由……一句话，"不自由，毋宁死"。在当代美国，自由意味着选择的权利。据此，人们有权选择姓名、食品、服装以及发式，有权选择朋友、爱人以及子女，有权选择爱好、情趣以及信仰，有权选择就业、失业以及流浪，有权选择自己的性偏好和性伙伴，乃至有权选择自己继续生存还是结束生命。国家已经成为"选择的共和国"，而社会如同任由顾客选择的超市。[②]

与欧陆法相比，英美法更重视个人。在英美法中，"单独的个人是它

---

① 参见〔美〕小詹姆斯·R. 斯托纳《普通法与自由主义理论——柯克、霍布斯及美国宪政主义之诸源头》，姚中秋译，北京大学出版社，2005。

② 参见〔美〕弗里德曼《选择的共和国：法律、权威与文化》，高鸿钧等译，清华大学出版社，2005。

许多重要学说的核心"。① 例如，政治上的有限政府模式，背后就隐含着个人主义哲学；经济领域自由市场模式下的财产法与合同法，也鼓励个人自我决定并自我承担风险；社会领域的公民社会，则体现了个人自愿结社和自主联合的旨向。此外，英美的对抗制诉讼程序把当事人作为诉讼的中心，法官仅仅扮演消极角色，也体现了个人主义。在美国，19世纪所奉行的是功利型个人主义，经济领域突出的是自由市场中的个人博弈，以求利益最大化；政治领域强调的是对政府的控权与限权，以求小政府、大社会的个人自治；道德领域彰显的是自我控制和纪律约束，以求沉湎工作，抑制欲望，克制癖好，成功发达。美国当代流行的是表现型个人主义，重在自我表现而不是自我控制，追求偏好的生活方式而不是经济领域的成功。生活的意义在于"自己成为自己"，生命的价值在于"自己创造自己"。② 由此，权利变得更加主观化、个性化和外在化，法律变得更加宽容、宽松，开明和开放。

与大陆法相比，英美法更重视经验。首先，英美法的分类和结构不是源于某种逻辑，而是实践发展的自然结果。财产法、合同法和侵权法的大部分概念、范畴和类别都是从古老的初始令状中"生长"出来的，波洛克和梅特兰曾经用有机体的隐喻来描述这些令状制诉讼形式："他们各自过着自己的生活，有着自己的奇遇，寿命或长或短……"③ 今天的英美法中仍然存有这种诉讼形式的影响，正是在这种意义上，梅特兰才指出："我们已经埋葬了诉讼形式，但它们依然从坟墓中统治着我们。"④ 其次，奉行遵循先例原则的判例法，其运行和发展具有经验主义的典型特色，与大陆法国家基于理性设计的法典法构成了鲜明对照。再次，如前所述，英美宪法的发展不是出于理性的设计，而是经验积累的产物，例如，英国王权的削弱、议会至上原则的确立以及内阁责任制的产生，无不源于经验；美国联邦与州政府权限的界定及其调整、司法审查权的确立以及公民权利的渐进发展，也明显带有经验主义的特色。此外，英美的学徒制法律教育、法

---

① 〔美〕罗斯科·庞德：《普通法的精神》，唐前宏等译，法律出版社，2001，第9页。

② 参见〔美〕弗里德曼《选择的共和国：法律、权威与文化》，高鸿钧等译，清华大学出版社，2005。

③ F. Pollock & F. W. Maitland, *The History of English Law before the Time of Edward I*, Vol. 2, 2nd ed. (Cambridge Vniversity Press, 1978), P. 564.

④ 〔英〕梅特兰：《普通法的诉讼形式》，王云霞等译，商务印书馆，2009，第34页。

律人的技艺气质、陪审制的大众直觉以及规定了众多排除规则的证据法等，也都体现了经验主义。正是在英美法特别重视经验的意义上，霍姆斯才精辟指出：法律的生命不在于逻辑，而在于经验。① 应该指出的是，强调指出英美法重视经验，并非意味着其无视逻辑和理性，而是意指，在经验与逻辑和理性冲突时，为了实现特定目标和取得预期效果，英美法可以突破逻辑和超越理性。简言之，英美法致力于从历史之维建构现实，从效用之维保持活力，从技艺之维寻求个案公正，从行动之维产生变革力量。

大陆法中包含更多理想主义的追求，如社会公道、永久和平以及世界主义的博爱等。相比之下，英美法不关注宏大理论和宏伟理想，缺乏终极关怀，而是注重解决现实中的具体问题，因而凸显实用主义的特征。英国法的实用主义主要表现在重视经验而非逻辑，救济而非权利，先例而非原理，实践而非学术。② 相比之下，美国法的实用主义哲学基础更深厚。在法律领域，实用主义在霍姆斯的法学理论和司法判决中已经初露端倪，在法律现实主义理论中得到了明确的体现，在波斯纳的法理学中得到了系统阐发和拓展。此外，在当代美国法中流行的政策分析方法就是法律实用主义的实践形态。在英国，自边沁之后，实用主义主要表现为功利主义。在美国，实用主义涵括的范围更广。法律实用主义的主要特征是反形式主义，反本质主义，质疑法律的自主性，把法律作为一种工具和手段，以及重视法律的功能和效果。③ 在英美法中，从散乱的法律概念、杂乱的法律分类以及零乱的法律体系，到英国的君主立宪制和美国的总统制，从财产法、合同法、侵权法以及公司法，到司法体制、律师制度以及诉讼程序和证据，都具有明显的实用主义气质。在实用主义的视野中，不但公法与私法、民法与商法的区分无关宏旨，甚至民事行为与刑事行为的界限也没有必要严格划定。因而在美国，某些民事行为可能具有惩罚性赔偿的后果，而许多轻微的刑事犯罪则允许通过辩诉交易的方式予以解决。当然，在英美法发展的不同时期，实用主义的强弱程度颇为不同，例如在美国 19 世纪

① 参见〔美〕小奥利弗·温德尔·霍姆斯《普通法》，冉昊、姚中秋译，中国政法大学出版社，2006，第 1 页。

② 参见〔英〕P. S. 阿蒂亚《英国法中的实用主义与理论》，刘承韪、刘毅译，清华大学出版社，2008，第 1～119 页。

③ 参见张芝梅《美国的法律实用主义》，法律出版社，2008，第 36～100 页；〔美〕罗伯特·S. 萨默斯《美国实用工具主义法学》，柯华庆译，中国法制出版社，2010。

后期和 20 世纪初期法律形式主义盛行之时，实用主义对于法律的影响很弱，而在 20 世纪 30 年代新政之后和法律现实主义得势之时，实用主义几乎主宰了法律的发展方向。

英美法的上述价值取向，从一个角度看是优点，但从另外一个角度看可能就是缺点。例如，强调自由有助于促进竞争和张扬个人权利，但也可能加剧人际关系的不平等；张扬个人有助于个人自立、自决和自主，但也可能不利于人际合作和互助；重视经验有助于观照常情和常识，但也可能助长保守主义和反理智主义；注重实用有助于法律的灵活变通，但也可能助长功利主义、机会主义和犬儒主义。我们也许会发现，上述价值取向之间彼此存有冲突，但这种冲突非但不妨碍英美法的存在和发展，反而为英美法适应不同情境提供了内在张力。

五　英美法治：与大陆法传统的异同

历史上，不同国家和民族为了生活有序，治理有方，曾经尝试过各种治道。其中有诉诸敬畏与超越的神治，追求和谐与崇高的德治，满足激情与归属的人治，达成庄严与一致的法治。各种治道均生发于世情和人心，彼此既无高下之别，又无优劣之分。然而自现代以来，知识科学化和思维理性化解构了神灵的魔力，关系陌生化和价值多元化颠覆了道德的威力，精神自由化和行动自主化祛除了人主的魅力。鉴于神治失据，德治失灵，人治失信，各国文化传统、政治体制和意识形态差异很大，但都逐渐选择了法治之路。需要指出的是，各国选择法治，不在于它是完美之治，而在于它持之有据、行之有效和践之有信。法治并非万能，但无数经验和教训表明，在现代社会，舍法治而长治久安者，迄今并无先例。法治虽然在现代世界得到了广泛的认同和实行，但它并非起源于现代，而是具有悠久的历史传统。与其他社会相比，西方的法治历史更源远流长。早在古希腊，亚里士多德就提出了法治的概念：制定良法，人人遵守之。[①] 与此同时，古希腊和古罗马在共和时期的民主制基础上，探索了法治的最初模式，并为西方后世实行法治积累了经验。

---

① 　参见〔古希腊〕亚里士多德《政治学》，吴寿彭译，商务印书馆，1981，第 199 页。

　　纵观历史，与其他文明和社会相比，西方更注重运用法律的机制管理国家和治理社会。换言之，在西方文明的演进中，法律的地位更高，作用更为突出。美国学者伯尔曼对西方法律传统进行了深入、具体的研究，并在此基础上指出了西方法律传统的十个特征：①法律制度明显区别于其他制度；②法律活动专职化；③法律职业者经过专业训练；④法学研究与法律制度保持互动；⑤法律被作为一个融贯体系和自治系统；⑥法律系统的存续得益于自身的发展，也得益于人们关于发展的信念；⑦法律有其历史，变化不是随机的，而是有其内在逻辑，法律经过重构过去而适应变化之需；⑧法律的权威高于政治，政治服从法律；⑨在同一个时期，多种法律体制共存，法律具有多元性；⑩法律的理想与现实、灵活与稳定以及超越与保守之间存有张力。① 他的上述概括，反映了法律在西方文明演进过程中的突出地位，触及了西方法律文明的内在要素与核心特征。但是，他的概括夸大了"教皇革命"对于中世纪西方法律发展的影响，夸大了基督教对于西方法律传统的正面影响，夸大了法律在中世纪的地位和作用。更为重要的是，伯尔曼过分强调了西方法律文明的整体性，忽略了它内部的分化，尤其抹杀了英美法与大陆法之间的重要差异。

　　实质上，只有英国法基本符合上述十个特征。其一，自 12 世纪开始，随着王室法院审判权的发展，普通法得以形成并成为区别于政治、宗教和习惯的自治法律制度。在欧陆各国，中世纪的法律一直没有摆脱宗教和政治的控制；直到当代，法律的自治程度仍然低于英国和美国。其二，在王室法院，法官的审判活动最初是代表国王解决纠纷和惩治犯罪，是政治治理和行政管理的组成部分，但后来成为一种专职的司法活动，司法获得了很高程度的独立。在中世纪，欧陆各国的司法没有取得独立的地位，直到现在，其仍然带有行政官僚的一些气质。其三，围绕着独立的审判活动，专业的律师也得以发展起来，并形成了行会式职业自治。相比之下，欧陆各国则没有发展出行会式自治法律职业。其四，英国古代法学著作都出自法官或律师之手，他们在判例的基础上阐释法律学理，从而实现了法律研究与法律实践直接结合。在美国，许多法学家也都是法官和律师。在欧陆

---

① 参见〔美〕哈罗德·J. 伯尔曼《法律与革命——西方法律传统的形成》第 1 卷，贺卫方等译，法律出版社，2008，第 7~10 页。

各国，法学研究主要是学者的纯粹学理性活动，而很少从司法实践出发并与实践密切结合，因而法学理论对法律实践的影响较为间接。其五，普通法在法官判例基础上发展起来，判例法联通了过去、当下和未来，由此形成前后衔接的法律体系和相对独立的系统。这使得英国法在传统的基础上成功实现了现代转换。相比之下，欧陆各国的传统法律，在内容、形式和价值上与现代法律之间存有明显的冲突，因而受到了现代化运动的强烈冲击和颠覆。其六，英国法呈现发展的趋势，这不仅表现在早期诉讼形式在范围上的扩展，而且表现在一旦诉讼形式成为严重障碍，就会被彻底废除；不仅表现在普通法自身的延展，而且表现在当普通法出现僵化的困境时，衡平法会及时出场补偏救弊。在欧陆各国，法律的发展不是源于自身，而是主要借助于政治等外力的推动。其七，英国法以普通法为主体，借助于高度职业化和独立的法官和律师，以及判例法的机制，形成了自身发展的历史，它通过重构过去而回应现实需要，通过调动法律系统的内在要素来回应外部压力，因而避免了历史的发展过程被打断，也避免了法律内在机理为外部压力所操控。在欧陆各国，传统法律的自身发展无法适应现代社会的需要，因而只有借助革命的机制实现变革，其结果是现代法与传统之间出现了断裂。其八，在英国，普通法最初源于王权，但后来发展成为独立的系统，14 世纪，王室法院就在审判中抵制国王的命令，[①] 福蒂斯丘对法律的礼赞也包含了王权应服从法律的意蕴。[②] 到了柯克的时代，普通法竟能成为限制王权的堡垒，并迫使在"万人之上"的国王居于"法律之下"。[③] 在英美，法治的精义在于法律至上，法上无权威，法外无特权，这种理念在戴雪的法治理论中得到了突出强调。[④] 因而，在英美的法治模式中，主权为万权之首，却在人权之后；善政为万政之尊，却在宪政之内。法治之下的政治核心特征在于政治法律化，即通过法律从事政治活动，一切政治行为均应于法有据，否则便会无效，甚至会受到追究和惩罚。在欧陆各国，法律一直没有取得至上的地位，政治法律化的程度也远

---

① 参见〔美〕罗斯科·庞德《普通法的精神》，唐前宏等译，法律出版社，2001，第46页。

② 参见〔英〕约翰·福蒂斯丘《论英格兰的法律与政制》，〔英〕谢利·洛克伍德编，袁瑜珍译，北京大学出版社，2008。

③ J. M. Kelly, *A Short History of Western Legal Theory* (Clarendon Press, 1992), p. 233.

④ 参见〔英〕戴雪《英宪精义》，雷宾南译，中国法制出版社，2001，第231~245页。

不及英国和美国。其九，在英国和美国，法律多元特别明显，普通法、衡平法和制定法同时并存，彼此维持多元互动，有助于实现社群之法与体制之法的互补，并可以在统一的基础上使法律尽可能照应不同情境的复杂性。在欧陆各国，中世纪的法律主要是习惯法，虽然具有多元性，但显得过于繁杂，无法明确区分法律与非法律的边界，缺乏可操作性；现代的法律主要是作为理性结晶的法典和法规，虽有判例法作为补充，但总体而言，欧陆各国的法律透出更强的"国家性"和建构理性的气质，对于来自社群的法律关注不足，因而法律的多元互动不够充分。其十，在英美法中，普通法、衡平法与制定法并存和互动，有机地推动了法律的现实与理想、稳定与灵活以及保守与超越之间的互动。相比之下，普通法代表了现实、稳定和保守之维，而衡平法和制定法则代表了理想、灵活和超越之维。在法学理论领域，法律实证主义代表了现实、稳定和保守之维，而自然法理论则代表了理想、灵活和超越之维。此外，判例法的机制允许依循先例、重构先例、推翻先例和创制先例，由此兼顾了法律的现实和理想、稳定与灵活以及保守与超越。在欧陆各国法律中，虽然也存在稳定与灵活的张力，但其动态的韧性不足，往往趋于极端。例如在中世纪后期，法律过于稳定，以致成为社会变革的障碍；而在革命时期，法律又过于灵活，以致变化不定。

由此可见，伯尔曼所提出的西方法律传统的十个特征，在英美法中得到了典型反映。就此而言，英美法对西方法制文明作出了尤为突出的贡献。

六　英美法与中国：曲折的历程

中国与英美法接触，始于清末，主要是借助四种方式和途径。一是鸦片战争前英美传教士在华的活动，例如在他们所办介绍西方文化的书刊中，夹杂着一些关于英美法的话语和知识；二是19世纪60年代，在翻译的西方法律著作中，涉及一些英美法著作，典型的是美国学者丁韪良对《万国公法》的汉译；① 三是清末在移植西方法律过程中，涉及一些英美

---

① 参见王健《沟通两个世界的法律意义——晚清西方法的输入与法律新词初探》，中国政法大学出版社，2001，第31~186页。

法，例如 1903 年《钦定大清商律》中的公司法移植了英美的制度,① 1904
年的《商标注册试办章程》确认了英美的商标法,② 1906 年的《刑事民事
诉讼法草案》曾经"酌取英、美陪审制度"。③ 清末移植英美法的尝试尽管
没有获得成功,但英美法的许多概念、规则和制度毕竟在中国产生了重要
影响。

在民国时期,民商法主要接受的是以德国法为核心的大陆法,但在宪
法等领域仍然受到英美法的重要影响。首先,在宪治试验的实践过程中,
如《中华民国临时约法》、《天坛宪法草案》、《中华民国约法》以及后来
的"五五宪草"等宪法性文件,虽然采用了法国等宪治模式,但也明显借
鉴和移植了美国宪治模式,如总统制与分权制。④ 其次,英美法的教学在
中国受到重视,突出的例子是由美国所创办的东吴大学法学院。在 1915 ~
1927 年,该院在师资、课程、教材和语言等领域,全方位推行美国法教
育,此后,美国法教育也占据主导。⑤ 最后,在 1946 年,美国著名法学家
庞德受民国政府的正式邀请,作为法律顾问为中国法律改革提供建议。他
在为期 17 个月的访问期间,进行了多次讲演,并撰写了数份建议。⑥ 这段
故事成为美国法在中国传播的重要历史片段。

1949 年之后,新中国先是砸烂旧法统,把英美法等西方法律部分扫地
出门,随后"以俄为师",用苏式法律概念、原则和制度取代了旧法统。
在后来的几十年里,英美法在中国完全销声匿迹。伴随着改革开放和法律
改革的深入,中国法学研究和法律移植的范围不断扩大,英美法重新受到
了关注。但中国对英美法研究的恢复,相对缓慢。直到 20 世纪 90 年代,

---

① 参见〔德〕K. W. 诺尔《法律移植与 1930 年前中国对德国法的接受》,李立强、李启欣
等译,《比较法研究》1988 年第 2 期。

② 参见博良《美国商标、商标名称、版权和专利在中国》,载王健编《西法东渐——外国人
与中国法的近代变革》,中国政法大学出版社,2001,第 259 ~ 267 页。

③ 参见赵尔巽《清史稿·刑法志》,柯劭忞等著,洪氏出版社,1981。

④ 参见吴经熊、黄公觉《中国制宪史》,据商务印书馆 1937 版影印,上海书店,1989;聂
资鲁《美国宪法对近代中国立宪的影响》,法律出版社,2008;夏新华等整理《近代中国
宪政历程:史料荟萃》,中国政法大学出版社,2004。

⑤ 参见〔美〕康雅信《中国比较法学院》,张岚译,载〔美〕高道蕴等编《美国学者论中
国法律传统》(增订版),清华大学出版社,2004,第 579 ~ 655 页。

⑥ 参见翟志勇主编《罗斯科·庞德:法律与社会——生平、著述及思想》,广西师范大学出
版社,2004,第 309 ~ 352 页。

这种局面才有了实质性改变。此后，英美法在中国的影响迅速增强。无论是在立法领域还是在司法领域，无论是在法学理论之维还是在法律实务之维，无论是在法律教育中还是法律文化中，我们都可以感受到这种影响。这种影响呈现以下几个特征。第一，在商事法领域的影响大于民事法律；在民事法律中，知识产权法的影响大于其他领域。第二，在司法程序领域的影响大于司法制度，民事程序的影响大于刑事程序，例如民事诉讼中引入了对抗制的因素。第三，在行政法领域的影响大于宪法领域，后者的影响主要停留在理论层面。第四，在法律教育领域的影响大于律师体制，前者引入了美国式法律教育模式，中国的"法硕"便是美国 JD 的变种。① 第五，在一般法学理论和宪法理论领域，英美学者的影响压倒了欧陆学者的影响。第六，就英美法而言，美国法的影响远远超过了英国法。

中国重新重视英美法，可能源于以下因素。其一，在这个时期，中国随着市场经济的发展和法治的深入，法律改革任务繁重，时间紧迫，因而需要借鉴和移植包括英美法在内的西方法律。其二，这个时期恰逢法律全球化，而法律全球化的进程深受美国法的影响，世界大多数国家的法律改革都受到美国法的影响，中国的法律改革也受到这种世界潮流的影响。其三，香港地区曾经长期适用英国法，在它回归中国之后，原来的许多法律体制仍然延续下来。为了协调香港法与内地法的冲突，需要深入了解英国法的历史传统、制度形态和运作机制，而这客观上推动了中国对英国法的研究。其四，在同欧陆法的竞争中，英美在宪治、商法、司法体制和诉讼程序等领域显示出明显的优势。

中国在 20 多年借鉴和移植英美法的过程中，积累了很多经验，但也留下了不少教训。在立法领域，由于缺乏英美法的历史传统和制度环境，一些引进的英美法制度无法收到预期效果，中国公司法引进美国独立董事制度就是一个例子。② 在知识产权领域，美国法的影响十分显著。③ 在司法领域，中国引入的英美对抗制因素和证据制度，同现存司法体制存有冲突，

---

① 参见何美欢《论当代中国的普通法教育》，中国政法大学出版社，2005。
② 参见徐红菊《中国知识产权法的美国化？——美国模式的影响与走向》，载高鸿钧主编《清华法治论衡》第 14 辑，清华大学出版社，2011，第 287～311 页。
③ 参见储育明、朱庆《公司法"一体化"视野下的独立董事制度：定性、困惑与出路》，载王保树主编《商事法论集》总第 23 卷，法律出版社，2013。

因而在运作中遇到种种阻力。在法学理论领域，英美法的著作和文章层出不穷，令人眼花缭乱，学生常常感到无所适从。在法学教育领域，中国的"法硕"更多地成为法学院创收的"品种"，而没有实现职业训练的目标。

凡此种种都表明，中国对英美法的研究虽然场面很大，表面繁荣，但大多研究仍停留在简单介绍和复述格言隽语的层面。因此，中国法学界亟待深入、系统地研究英美法，从历史之维理解它的生命，从理念之维解读它的精神，从制度之维发掘它的机制，从理论之维分析它的义理，从实践之维判断它的效力，从西方和世界法律文明之维总结它的经验和教训，从中国需要之维汲取它的营养。

（本文原载《中外法学》2012 年第 3 期，收入本书时有改动）

论英国法制传统的形成与英国法体系的确立

叶秋华[*]

每每走进英国法那迷宫似的法律殿堂，追寻其历史发展的足迹，心中曾多次萌生这样的困惑：英、法两国仅相隔一个宽度不超过 34 公里的英吉利海峡，且两国在很长的历史时期内经济、政治、文化交往密切，又同属欧洲白种人的文化传统，缘何却在法制建设上分道扬镳，一个成为英美法系的发源地，一个成为大陆法系的肇始国，特别是与西欧大陆国家相比，位于不列颠岛上的英国人在法制建设上还可以说是单枪匹马，独树一帜，并终将这种法制传统发展成一支具有世界影响的法系。这的确是西方法制史上一个很有意义的学术问题，值得探究与分析。

带着这样的困惑，考察英国法的历史，得到的最深刻的印象有以下两点：其一是英国法独特的判例法传统以及由这种传统引申出的"遵循先例"与"程序优先于权利"的两大特征；其二是这种判例法传统的根深蒂固性，它自封建时代形成一直延续至今，再没有发生根本性的改变，始终是在一条平和、渐进、改良的道路上发展完善，保持了最典型的历史的连续性。

一 英国法制传统的形成

一种法制传统的形成，取决于多种因素，不仅有经济的因素，也有政治、历史、宗教以及文化等方面的因素。如果将形成时期的英国法与法国法作一番历史的分析和比较，我们就会发现，作为西方社会两大法律传统

---

* 叶秋华，中国人民大学法学院教授。

的发源国，它们之所以各自走上不同的发展道路，并不完全取决于经济，还取决于其他的条件和因素。

位于不列颠岛上的英国，土著居民是凯尔特人。公元前 1 世纪，罗马帝国曾征服此地，统治长达 4 个世纪之久，但因其主要为军事占领，仅有少数沿海城市受罗马行政控制，其他地区的凯尔特人仍保留适用自己的氏族制度，为此罗马对不列颠的几百年占领，并没有留下太多的痕迹。

公元 5 世纪初叶，因罗马帝国危机，罗马军队撤离这一地区，土著居民曾恢复了短暂的统治，但不久，公元 450 年，日耳曼族的盎格鲁人、撒克逊人和朱特人自北欧侵入不列颠岛，相继建立起十几个独立王国，至 7 世纪初合并为七个王国。此后，为反抗丹麦人的入侵，七国曾于公元 827 年形成统治联合，称英吉利王国。公元 1017 年丹麦人征服了整个英格兰，丹麦国王卡纽特将英格兰与丹麦、瑞典、挪威合并为一个松散的帝国。在他死后，长期流亡于诺曼底的爱德华在盎格鲁、撒克逊贵族的支持下恢复了英国的独立。

英吉利王国也和其他日耳曼部落在西欧大陆所建立的各"蛮族"国家一样，属于早期封建制国家，适用盎格鲁、撒克逊习惯法，并将这些习惯法陆续编成法典，例如，公元 600 年左右肯特王国制定的《埃塞尔伯特法典》，公元 694 年威撒克斯王国制定的《伊尼法典》等。这些法典的内容、原则及法律风格，与西欧大陆各国的"蛮族法典"大同小异，都是在日耳曼部落习惯的基础上形成的带有部落性和地方性的习惯法，适用法律遵循"属人主义"原则，形式主义与氏族残余相当浓厚，且非常分散和不统一。这些说明，英国法在这一时期与西欧大陆法的发展并没有明显的不同。

导致英国法走上判例法这一独特发展道路的，是公元 1066 年诺曼人对英国的征服。换言之，英国法制传统正是从诺曼人入侵英国后逐渐形成的。"诺曼入侵"决定了英国法发展的前途与命运。①

（一）诺曼人建立的中央集权政体为英国法制传统的形成奠定了政治基础

公元 1066 年，英王爱德华死后，法国北部的诺曼底公爵在哈斯丁斯战

---

① 参见〔德〕K. 茨威格特、H. 克茨《比较法总论》，潘汉典等译，贵州人民出版社，1992，第 335 页；沈宗灵《比较法总论》，北京大学出版社，1987，第 163 页。

役中战胜英军，登上英国王位，称威廉一世。由于是异族征服，民族矛盾十分尖锐，客观上使诺曼人只有建立强有力的中央集权制政体才能统治英国。为此，明智的征服者威廉在把自己宣扬为爱德华合法继承人，并采取允许盎格鲁、撒克逊人继续适用原有习惯法等让步政策的同时，通过一系列政治、经济改革，加速完成了英国在盎格鲁、撒克逊时代已开始的封建化过程，并建立起当时欧洲独一无二的以强大王权为中心的中央集权制国家政体，为英国封建法制的统一，形成以普通法、衡平法、制定法为基本形式的英国法制传统奠定了政治基础。威廉一世的改革主要包括以下三个方面。

1. 没收盎格鲁、撒克逊贵族的土地，宣布自己是全国土地的最高所有者，然后将土地封赠给亲信、侍从，并建立直接化的封建附庸关系

这一措施在当时权利与土地密切相联的欧洲封建割据时代，深远意义不可低估，对后来的英国土地所有权制度也产生了深远的影响。同当时西欧大陆国家的代表法国相比，法国建立的是间接化的封建附庸关系，即国王不得不承认"我的附庸的附庸不是我的附庸"。也就是说，只有直接从国王手中受封土地的大封建主是国王的附庸陪臣，而从大封建主手中受封土地的中小封建主则可以不向国王宣誓效忠，仅向授予自己领地的上一级领主宣誓效忠。而威廉建立的直接化封建附庸关系，不仅要求直属的附庸宣誓效忠国王，也要求臣下的附庸必须同时效忠国王，从而使地方封建主难以在所辖领地内称雄一方，与国王抗衡。

2. 在全国进行土地、牲畜及其他财产调查，制定调查清册，强化封建义务的履行

1086 年，为详细了解臣属的财产状况，以便征收财产税，威廉下令在全国范围内进行广泛的财产调查，并编成调查清册，使各大小封建主的财产分布与收入状况一览无余，无法逃避赋税。在这一过程中，许多原来是自由或半自由的农民被列入调查清册中的农奴一栏。人们面对调查如同面临末日审判，因此，调查清册又被称为"末日审判书"。这一措施为中央集权制的巩固与发展打下了坚实的经济基础。

3. 建立御前会议（Guria, Kegis, the King's Council）取代原盎格鲁、撒克逊各王国的"贤人会"

御前会议由主教、贵族、领主及高级官吏组成，既是国王咨议机关，也是处理国家行政事务的中央政府和国家最高司法机关，在国家政治生活中作用显著。

综上所述，我们已经看到，在 11 世纪，当西欧大陆尚处于分离割据状态之时，海峡彼岸的英国，已在征服者威廉推行的改革下成功地避免了封建割据局面，形成了以强大王权为中心的集权制国家政权，而这恰恰是英国之所以形成独特法制传统的政治基础。

（二）亨利二世的司法改革与英国判例法传统的基本形成

诺曼征服前，英国并无统一的国家司法机构，各类诉讼是由古老的郡法院与百户法院以及后来出现的领主法院与教会法院管辖审理。除教会法院外，这些法院审判案件的依据主要是各地分散的习惯法。诺曼征服后，威廉在实行政治、经济政策的过程中，已充分认识到法制的不统一与司法权的分散对建立和巩固中央集权政体造成的干扰和危害。出于统治策略的考虑，他一方面允许保留原有的司法机构和法律，以安抚人心；另一方面推行令状制度，要求各地司法机关必须根据国王的令状并以国王的名义进行审判，从而在一定程度上扼制了地方法院的权力。此外，威廉成立的御前会议也享有司法职能，有权受理危害国家安宁的重大案件，但不受理一般诉讼。后来随着王权的巩固和国家统治的需要，亨利一世在位时（1100~1135 年）便将财务法院从御前会议中分离出来，使之专门化，同时设巡回法庭，代表财务法院调查和受理地方上涉及国家财政收入的财务案件，以提高国王法院的地位和扩大其影响。

对英国判例法传统的形成具有决定性意义的是亨利二世在位时（1154~1189 年）的司法改革。这次具有重大历史意义的改革，不仅完善和发展了亨利一世创立的法律制度，更为重要的是，使英国法形成了自己判例法的独特风格，迈上了与西欧大陆法制发展的不同之路。

亨利二世的司法改革，体现在他先后颁发的诏令之中，其中最重要的是 1164 年和 1166 年的《克拉灵顿诏令》以及 1176 年的《诺桑普顿诏令》。改革内容主要包括以下几个方面。

1. 在御前会议内分设棋盘法院、民事诉讼高等法院和王座法院，分别审理财政、民事和刑事案件

棋盘法院（the Court of Exchequer）或称财务法院，由亨利一世开始设

立，亨利二世扩大了它的管辖权，分为两个分支机构，一个是行政的，履行征税职责；另一个是司法的，审理税收以及与税收有间接关系的臣民之间的债务、契约等诉讼。因为这里的计算方法使用筹码，而筹码在方格图案上移动犹如棋子在棋盘上移动，因而得名为"棋盘法院"。

民事诉讼高等法院（the Court of Common pleas）审理与国王利益无关的私人争讼，受理一切财产权诉讼和个人债务、契约以及非法扣留动产的诉讼。

王座法院（the Court of King's Behch）之所以具有这个名称，是因为它与国王有着直接的更紧密的联系。在王座法院里，国王经常亲自和法官一起审判，这就使它不仅有广泛的刑事案件管辖权，而且还拥有经民事诉讼高等法院同意的民事案件管辖权。同时，它还拥有监督所有低级法院活动的权力，有权发布执行令、禁止令和复审令等，以制止僭越司法管辖权；也有权发布人身保护令状，命令下级法院执行。

亨利二世还在与罗马教皇争夺权力的斗争中取得胜利，他颁发诏令，规定世俗人的一切案件以及神职人员刑事案件的最终审判权均归上述法院管辖。这一措施确立了由国王直接支持的皇家司法权的地位与权威，应当说，这是后来英国判例具有强制性约束力，形成以判例法为渊源的普通法的首要条件。而当时的西欧大陆国家，无论是王室法院，还是其他法院均不具备这样的社会条件。

2. 建立巡回审判制度

英国判例法传统的形成，还有一个极为重要的因素，即巡回审判制度的建立。亨利一世时，为了加强国王法院的地位，经常委派兼管财政和行政事务的巡回法官到各地进行审判。亨利二世则将其正式形成巡回审判制度。

全国被分为六个巡回区。从 1179 年开始，国王每年向各巡回区派遣巡回法官，代表国王行使"正义"。被委派到各地巡回审判的法官，在办案时除了依据国王的诏书、敕令外，还依据日耳曼人的习惯法。巡回法官们集中在威斯敏斯特讨论和辩论一些案件和法律观点时，综合了彼此依据的习惯和法律，然后又回到巡回审判中加以运用。国王法院在制定判决时也引用这些经过讨论并得到承认的习惯法。国王法院的判决具有最高效力。巡回法官的判决，高于地方法院适用的习惯。

正是在强大的中央政权的支持下，通过长期的巡回审判形式，不仅逐步将司法权从封建主手中收归中央，形成了国家统一的司法权，而且更为重要的是，它使英国各地分散的习惯法渐渐得以统一，并在此基础上以判例法形式形成了全国普遍适用的普通法。英国法难以改变的风格和传统即判例法传统，正是在这种巡回审判实践中孕育而生的，并由此起步，开始了它的发展历程。

综上可见，亨利二世的司法改革对英国判例法传统的形成起了至关重要的作用，正是这次改革构建起英国判例法模式的基本框架，决定了英国法将与西欧大陆法分道扬镳的命运。为此，当13世纪西欧大陆各国进入接受罗马法的火热时代，当复兴的罗马法在西欧大陆逐步取代和改造地方习惯法的时候，不列颠岛上的英国虽然也受到这一运动的冲击与影响，但由于它已在习惯法基础上形成了全国通行的判例法，且这种形式的法律已为英国社会和英国的司法界普遍接受，成为难以改变的发展方向，所以罗马法的传播注定在这里不会结出西欧大陆式的果实。正如西方学者斯莱辛格（R. B. Schlesinger）在《比较法》一书中所言："英国的这个阵地已为普通法所占领，罗马法来得太晚了。"①

二　英国法体系的确立

对于英国法来说，中世纪是一个具有特殊重要意义的时代，也是一个极具创造力的时代。在这个时代里，英国人显示了自己非凡的勇气和法律智慧，不仅创立了自己独特的法制传统，也筑建起由普通法、衡平法和制定法构成的独特的法律体系。这支法律体系又在以后的历史中得以不断发展和完善。

（一）普通法

作为英国法的主要法律渊源，普通法（Common Law）指的是12世纪前后由普通法院创制并发展起来的、通行于全国的普遍适用的法律。

---

① R. B. Schlesinger, *Comparative Law*, *Cases*, *Texts and Materials*, 5th ed. （Foundation Press, 1980）, p. 257。

普通法的形成与英国判例法传统的形成同步而行，可以说，它是英国判例法传统形成的直接结果或产物。如前所述，诺曼人征服后建立的中央集权制政体和统一的司法机构以及巡回审判制，是其形成的重要历史条件。

什么叫普通法？即普通法的概念。为何要对这一问题作出解释，主要是因为"普通法"一词在西方法学中有多种含义，[①] 并非英国法独有的概念。此外，即使在英国法中，也可以在多种含义上使用它。

从一般意义上说，"普通法"概念最初来自中世纪教会法学家所称的 jus Commune，表示教会的一般法律，以区别于各种地方习惯法。在法、德等欧洲大陆国家，"普通法"指那些区别于地方习惯、适用于整个国家的法律（droit Commun，gemeinrecht）。"普通法"也可泛指与根本法或特别法相对称的一种法律，但这种意义上的普通法在英语中通常又称 Ordinary Law 或 General Law。

就其狭义意义而言，普通法是指以判例形式构成适用于全国的英国法律。但这个意义上的普通法概念在英国法中也有多重含义。在表现形式上，作为判例法，普通法中不仅包含由普通法法院创立并发展起来的一套法律制度，也包含衡平法法院依照特有的救济方法和诉讼程序创立并发展起来的一套判例法制度，为此，普通法也有判例法之称。在救济方法与诉讼程序方面，普通法与衡平法相比又有显著区别，普通法仅指以令状制为基础由普通法院创立并发展起来的一套法律制度。还应指出，当英国法后来发展为世界法系之一时，它又被冠以"普通法法系"之称，但在"普通法法系"中不仅有普通法，还有衡平法和制定法，普通法作为英国法最早形成的主干法律，是三者的总称。

普通法有哪些特征呢？作为独具风格的一种法律制度，普通法所具有的特征是多方面的。例如，历史的连贯性与持续不断的发展、以判例法为主要法源、"法官造法"、体系庞杂无系统分类、概念术语独特等，都是普通法的基本特征。但最能体现普通法风格和内在实质的是它的两大特征，即"遵循先例"和"程序优先于权利"。

1. "遵循先例"（Stare Decisis）

"遵循先例"不仅是普通法的重要特征和根本原则，也是英国判例法

[①] 参见沈宗灵《比较法学论》，北京大学出版社，1987，第 159～160 页。

与其他国家判例法性质不同的关键所在。从宽泛意义上说，判例法作为法官通过司法判例创立和发展起来的法律，并不是英国所独有。人类文化学和行为学研究成果表明，世界各民族几乎普遍存在尊重本民族传统和崇拜权威的倾向，为此某一特定社会中的集团或个人在处理问题时，往往喜欢参照前人的解决办法；下属在处理相似问题时，也往往注意仿效具有某种权威的上司的做法。这种倾向反映在法律上，就表现为司法者在处理案件时常常参照先前的司法判决，而下级法院在审理相似案件时，也往往会遵循上级法院所作的判决。如果将这种做法称为"判例法"，无疑，在世界各国的法制中都不同程度地存在着判例法。但是，英国的判例法又不同于其他法系的判例法，关键在于，英国法官在审理案件时对司法先例不仅仅只是参照和可以遵循，而是必须遵循，且先例不只是示范的模式，也是对后来案件具有法律约束力的判例。这就是英国普通法适用的遵循先例的根本原则。

（1）遵循先例原则的确立。英国遵循先例原则的形成与发展经历了一个相当长的发展过程，直到19世纪中叶才最终正式确立。在此之前，先例的法律约束力并不明确，法官仍可以不依据先例而自由地进行判决，先例实质上只具有影响力，并不具有绝对的强制力。经过数百年的司法实践，为增加法律的稳定性，伴随着法律著作特别是判例集的出现，遵循先例原则才逐渐形成。

在判例作为先例被法官援引的初始年代，法律著作尤其是法律权威著作对普通法的形成具有十分重要的意义，可以说，它是普通法先例原则存在的原始依据。

英国中世纪有影响的普通法著作，首推格兰威尔所著的《英国的法律与习惯论》，此书用拉丁文写成，完成于1187年。主要论述了王室法院关于土地争议的程序，也涉及契约法、刑法以及世俗法院和教会法院的管辖权。第二部是布拉克顿所著的《英国法律与习惯》，完成于1268年。此书也用拉丁文写成，并以格兰威尔评论诉讼形式为模式，以判例进行阐述、评注，对当时的案例进行了广泛而深湛的评论。第三部是利特尔顿所著的《土地保有法》，用法语写成，完成于1457年。它以《年鉴》为资料依据，详细论述了各种土地占有关系。因为它是从实体法角度论述的，所以在英国法学界长期广为传播。它还以第一部刊印的权威法律著作而著称于世。

英国著名大法官爱德华·科克（1552～1634 年）称它为"普通法的光辉""登峰造极的巨著"。这些产生于中世纪的普通法著作，长期成为法院办案的依据，对英国判例法的概念、体系、范畴的定型化和条理化，起到了十分重要的作用。

英国遵循先例原则得以最终确立，应当说与《判例集》的问世及发展有着更加直接的密切的联系。因为判例的约束力，事实上是指《判例集》的约束力，随着时间的推移与历史的积累，浩如烟海的判例不可能单靠法官个人的寻觅与记忆来引用。

英国最早的一部《判例集》，成书于 1290 年前后，出于私人之手，系以爱德华一世时期律师的法庭笔记为基础编成的，因按年代顺序编排，故称《年鉴》。此后直到亨利八世在位（1509～1547 年）的 1535 年为止，《年鉴》都连续出版。《年鉴》在内容上注重律师与法官的问答，并不注重判决和判决的理由。

16 世纪时，判例作为先例引用已成惯例。随着《年鉴》停止出版，从 1535 年至 1641 年出现了许多冠以编者姓名的判例集，如《普洛登判例集》《德耶尔判例集》《科克判例集》《克洛克判例集》等。这种由私人汇编判例的状况，一直延续到 19 世纪，因而又出现了一些判例集著作，如《马罗判例集》《蒙特判例集》等。这些判例集注重汇集判决及其理由，增加了判例的论证，使判例作为先例而被援引的作用获得明显的发展。到 18 世纪下半叶，英国著名法学家布拉克斯顿提出"司法判决是构成普通法一部分的习惯存在的主要的和最权威的证据"①的论断之后，判例的约束力开始有了理论依据。1854 年英国国会正式通过一项法律，专门就判例的应用作出原则性规定，肯定了遵循先例原则，从而使先例具有约束力的权威。一般认为，1854 年《国会法》的颁布，标志着英国遵循先例原则的基本确立。1898 年上议院对 JP2 "伦敦街道有轨电车股份有限公司诉伦敦市政府"一案的判决明确指出："上议院亦应受其自身判决约束。"进一步使遵循先例原则在法律适用上的权威地位得以巩固。这个原则才最终确立。

---

① A. L. Goodhart, *Precedent in English and Continental Law* (Stevens and Sons, Ltd., 1934), p. 14。

（2）遵循先例原则的含义。英国遵循先例原则的含义比较复杂，可主要归纳为以下几点。

第一，判例具有约束力，所有法院均要受有关判例的约束。

根据英国学者克莱克尼尔的解释，遵循先例原则就是"以相似的方法处理相似的案件，并遵循既定的法律规则与实践"①。这就是说，一个法院先前的判决对以后法院处理案件具有法律约束力，必须遵照执行。

第二，判例的约束力与法院的等级结构相联系。

其一，上级法院的判例约束力。在英国，各个法院均要受较高等级法院判例的绝对约束，较高等级法院的判例只有在被更高等级的法院变更或被制定法变更时，才会丧失其约束力，这是总的原则。具体说：首先，英国上议院的判决对任何等级的英国法院都有约束力；其次，上诉法院的判决对高等法院和它以下的法院具有约束力；最后，高等法院的判决对郡法院具有约束力。在英国普通法的司法运作中，上级法院的判例约束力一般是无条件的、绝对的，除极特殊的情况外，不允许以该判例的实质上的不当为理由而拒绝接受它的约束。

其二，同一法院或同一级法院的判例约束力。首先，从英国上议院来看，在相当长的时期，英国上议院不能变更本院过去确立的判例，即不论该判例实质上多么不当，只要已经确定，就无权将其变更，变更只能依据国会的制定法来进行。这样做是为了有利于判例的固定化，以保证法律的稳定性。直至1966年，上议院通过一项决议，宣布在特定条件下上议院可以不必遵循自己先前的判决。决议指出："……过于机械地恪守先例可能导致在特定案件中的不公正，并且过分地阻碍法律的适当发展。因此……在普遍遵循自己先前判决的同时，如果认为有必要，可以违背先前的判决。"② 这一变化表明，英国统治阶级为适应社会条件的变化，在适用先例原则上采取了灵活手段，从而使英国法在稳定性与灵活性的结合上迈出了重要的一步。其次，从英国最高法院的上诉法院和高等法院来看，上诉法院也受本院以及同一级的固有的法院判例的约束，一般也不允许擅自将其

---

① 〔英〕D. G. 克莱克尼尔：《英国法律制度教科书》，第83页，转引自林榕年主编《外国法制史》，中国人民大学出版社，1999，第143页。

② 〔英〕D. G. 克莱克尼尔：《英国法律制度教科书》，第95页，转引自林榕年主编《外国法制史》，中国人民大学出版社，1999，第143页。

变更。高等法院原则上也是受本院或同一级固有法院判例的约束，除遇到先前判例明显违背现实法律精神或继续适用会导致明显不公正，可有权拒绝遵循这种先例外，高等法院极少行使这种权力，为保证法律的稳定性，轻易不会作出这样的抉择。

其三，下级法院的判例约束力。在英国，较高等级的法院不受比其等级低的法院判例的约束。相反，如果下级法院的判例被认为违反法律或不公正时，上级法院有权予以变更，作出与它不同的判决。

第三，遵循先例主要指遵守判决理由。遵循先例原则在司法实践中的适用并不是一件简单易行的事情，需要采用"区别的技术"从与具体事实交织在一起的判例中去寻找法律规则。而发现和确定法律规则的一个重要问题，就是如何区分构成判例组成部分的"判决理由"（ratio decidendi）和"附带意见"（obiter dicta）。

判决理由是判决的依据和核心，其主要包括两个方面的内容：判决中关系重大的事实；根据重大事实提出的法律上的判断。判决理由是使判例具有法律约束力的重要部分。

判决附论或附带意见是指对该判决不一定必需的法律理由和声明，一般指对某一种可能性作出的法律上的推论，它没有约束力，仅有供参考的作用。

区别判决理由和判决附论是十分重要的，因为判例之所以有约束力，后任法官之所以必须遵循，正是由判决理由决定的，而法律规则也存在于判决理由之中。但就每一具体判例来说，其本身并没有明确哪一部分为判决理由，哪一部分为判决附论，这就需要法官和律师自己去区分认定。这是一项具有技术性、复杂性与灵活性的工作，有时在下级法院认为是判决理由，很可能在上级法院被认为是判决附论，并可据此将其推翻。此外，法院与双方当事人也很有可能在案件审理适用的先例上出现意见分歧，认为法院引用的先例不适合本案。正因如此，英美国家律师的作用才显得那么重要，你必须熟悉有关案件的众多判例，方能作出有效的辩护，也才有取胜的把握。

（3）遵循先例是否会阻碍法律的发展。这是西方学术界多年争论的问题。大陆法系国家不少学者认为，遵循先例僵化守旧，难以重视和发现新的规则，有碍法律的发展，而且各个法官均从自己理解的角度适用先例，难以有统一的看法，也不利于法律的统一。但英国学者仍执着地认为，数百年积累起来的判例是取之不尽用之不竭的法律经验与法律智慧宝库，是法律发展的良方妙法。从实践中看，适用遵循先例原则的英国判例法至今也仍具有很强的生命力，并未出现衰落趋势。应当说，英国有发展法律的一套办法，判例法本身也有许多灵活的机制。例如：①在无先例可循时，法官可以及时适应社会发展需求，针对新的社会关系确定新的规则，创立先例。②由于判例中的法律规则并不是一目了然和十分确定的，且从绝对意义上讲，也不可能存在两个事实情节完全相同的案件，因此法官在援引先例时，不仅有很大的斟酌权，也必然会对先例作出扩大或限制性解释，这些解释无疑要受到当时社会条件的影响，实际上便是根据新的社会关系，发展或修改旧的先例规则，使之适应时代需要的过程，正所谓"旧瓶装新酒"。③在特定情况下，先例还可以被推翻，不必遵循。④通过国会颁布制定法可以改变先例，确立新的法律原则。

2. "程序优先于权利"（Remedies Precede Rights）

英国普通法是以程序法为中心建立起来的法律体系，程序法在普通法中有特殊重要的地位。在英国人长期的观念中，权利是自然而然地存在的，但权利的行使和救济必须依照法律程序来进行。因此，权利体现于法律程序之中，权利由程序来设定，权利因程序的存在而存在，程序甚至比权利本身更重要。直到19世纪，英国的法官和法学家仍然把注意力主要集中在程序法上，从有无救济方法出发来看待实体法规定的权利，奉行"程序优先于权利"的原则。

正如英国著名法学家梅因（Sir Henry Maine，1822～1888 年）生动而确切地描述普通法是"在程序的缝隙中渗透出来的"。[①] 法国比较法学家勒内·达维德（Rene David）也指出，"普通法不是以实现公平为目的的体系，更确切地说，它是在越来越多的案件中能保证各种纠纷解决的各种程序的堆积"。[②]

程序问题之所以在英国法中受到高度重视，还同以下几种因素密切

---

① 转引自〔法〕勒内·达维德《当代主要法律体系》，漆竹生译，上海译文出版社，1984，第 300 页。
② 转引自〔法〕勒内·达维德《当代主要法律体系》，漆竹生译，上海译文出版社，1984，第 300 页。

相关。

（1）与英国普通法是通过程序形成发展起来的不同，诉讼形式则是与以令状制度为基础有关。"程序优先于权利"，是指一项权利能否得到保护和实现，首先要看当事人所选择的程序是否正确，如果程序出现错误必然导致权利的丧失。英国普通法正是借助于诉讼救济手段发展起来的，而这种诉讼救济手段则以"令状制度"为基础。

"令状"的原义是指国王发布的成文命令或批准令，早在盎格鲁·撒克逊时期即已存在。诺曼征服后将其用于司法制度，国王为将地方领主的司法管辖权收归中央，实现司法统一化和集权化，要求臣民必须申请并获得国王签发的令状后方能起诉。至亨利二世时已基本形成"无令状则无权利"（Where there is no writ there is no right）的原则。令状有许多种类，根据原告申诉内容的不同而区分，并逐渐定型，其中原始令状，即开审令状最为重要，它是诉讼成立的前提。不同的令状分别规定了不同的诉讼形式和诉讼程序，即每一令状都规定着相应的法院管辖，相应的传唤方式、答辩方式、审理方式、判决方式和执行方式等。如果当事人申请不到相应的令状或错误地选择了令状，其诉讼请求就得不到法院的受理，其权利也就得不到保护或实现。同时，不同的令状载有不同的实体法规则，而这些规则是在"程序的缝隙中渗透出来的"，没有独立的地位，这一点从英国早期的判例汇编及法学著作中可以明显看出。除正确地选择令状外，诉讼形式也是十分严格的，例如，在某种程序中应当用哪些词语称呼原告与被告都是有规定的，如果将这些词语在另一种程序中应用就可能导致败诉。另外，原告在诉讼中还必须提出构成要件的足够重要事实，如果缺少其中一项，诉讼也不得成立。如果被告全部或部分地否定原告提出的主要事实，在否定的限度内形成事实上的争论，则要由陪审团在事实审理的基础上作出评断。此外，如果在原告提出的事实中有一个不能得到证明或被告对其中一项反证成功，原告就要败诉。

综上可见，英国普通法必须通过各种程序方可作出判决，而如何作出判决往往是难以预料的，这要看程序进行得是否符合法律要求。多少世纪以来英国法官与律师之所以将注意力集中在诉讼程序上，正是因为实体权利的实现必须以正确的程序为先导。

1875年以后，英国虽然进行了诉讼制度的改革，废除了令状制度，简化了诉讼程序,程序法的地位有所下降,实体法的地位有所提高,但古老的程序的传统观念依然根深蒂固,"正当程序"(Due Process)原则仍得到充分强调,法院判决也往往会由于程序上的疏漏而被推翻。正如法律史学家梅特兰(F. W. Maitland, 1850~1906 年)所言:"我们已经埋葬了旧的诉讼形式,但它们仍从坟墓中走出来统治着我们。"①

(2) 与英国独特的法律分类和法律概念有关。研究英国法,就会发现,在英国法中找不到我们熟悉的大陆法系关于法的分类与概念,例如公法与私法、民法、商法、经济法等,却存在财产法、契约法、侵权行为法等独特的分类和概念,而这种分类和概念的形成也是与诉讼法密切相联的。

英国法的分类是历史自然形成的产物,并且基本上是以司法实践为基础,根据诉讼程序的要求划分的,与西欧大陆各国在特定的时期建立在纯学理基础上的分类完全不同。英国财产法分为动产与不动产,这种划分源于英国诉讼形式中的对物诉讼(actio in rem)和对人诉讼(actio in pezsonam)。前者要求收回实物、特定物,后者要求特定人归还原物或赔偿损失。在 19 世纪中叶诉讼制度改革前,不动产涉及的权利一直由对物诉讼加以保护,而动产涉及的权利则由对人诉讼保护,两种诉讼形式由不同的令状加以区别。英国契约法最早源自违约损害赔偿令状,而侵权行为法也是从非法侵害令状发展而来的。这些说明,英国法的分类都是历史发展中普通法诉讼形式的派生物,它们的基本原理均可以在诉讼形式中找到说明。英国法中的一些具体概念也深受诉讼形式的影响,如普通法上的所有权概念也是从对物诉讼和损害赔偿之诉衍生而来的。

(3) 与英国传统的法学教育模式培育出的法律观念有关。法国比较法学家勒内·达维德认为:"英国法既不是大学传授的法律,也不是钻研原理的法律,而是熟悉诉讼程序者和开业律师的法律。"② 这种说法是符合英国法的状况的。在英国,一些享有盛誉的法学家大多是出身于律师行业的法官而不是大学教授,而研究和熟谙法的各种原理在法学家看来并无多大意义,他们的任务主要是寻找可以向法院起诉的诉讼程式,并必须将注意

---

① F. W. Maitland, *The Forms of Action at Common Law* (Cambridge University Press, 1936), p. 1.

② 〔法〕勒内·达维德:《当代主要法律体系》,漆竹生译,上海译文出版社,1984,第 334 页。

力全部集中在极为形式主义的诉讼程序中可能会遇到的各种情况和障碍，以求达到诉讼的终点，完成整个诉讼程序。这种法律观念的形成，在很大程度上与英国传统的法学教育模式有关。

英国律师学院的法学教育主要是法律事务教育，尤其注重"案例教学法"，课程主要以讲授和分析典型案例为主，教学也往往以诉讼程序与证据问题为中心。而教育的目的就是培养具有独立分析问题和解决问题的未来司法实务家。这种教育目的和观点自然也影响到英国的法学研究，使其应用法学和法律实用主义的研究最为繁荣和发达。这与大陆法注重法理教育，热衷于理论法学研究的观点截然相反。

英国的这种法学教育模式很自然地就培育出"程序优先于权利"的法律观念，并且根深蒂固地影响着英国人的思维方式，使人们将司法视为理智、民主和公正的体现，将程序视为法律的核心。没有程序，法律就不会存在。

（二）衡平法（Equity）

衡平法是英国法的又一重要渊源，也是英国特有的法律形式。它是 14 世纪左右由英国大法官根据所谓"公平""正义"原则，对普通法不予承认的案件加以审理，并在这一审判实践中逐渐发展起来的一整套法律规则，因此衡平法也被称为"大法官法"。

值得指出的是，衡平法不是一个完全独立的法律体系，它的出现并不是否定普通法，而只是以一种新的方式和方法为普通法填空补缺，纠偏补弊，使英国法更好地适应社会发展的需要。衡平法也是一种判例法。

1. 衡平法的兴起及其发展

普通法在发展的过程中日益显露出许多缺陷，这不仅是因为它难以适应社会经济的快速发展，还因为程序烦琐，僵化保守，不能有效地保护当事人的权利，越来越招致人们的不满。然而，恰是这些弊端，为衡平法的兴起创造了机遇与条件。

13 世纪以后，英国的封建经济不仅发展到较高水平，而且手工业与商业也有了很大发展。随着商品经济的发展和财产关系的复杂化，新产生的而在普通法范围内找不到适当诉讼形式的案件日益增多，公民在实体法上的许多权利难以实现，普通法在适用上的狭隘性与救助上的有限性已暴露无遗。在这种情况下，当事人为维护自己的利益便按照自古以来的习惯，直接请求作为"正义的源泉"（Fountain of Justice）的国王给予保护和裁决。最初，国王亲自受理这些争讼，后因不堪重负，便交由大法官审理。大法官是国王的首席大臣，又是"国王良心的守护者"，在相当长时期内由教士担任，1529 年才改由世俗人担任。

大法官在审理案件时，享有很大的自由裁量权，既不受普通法诉讼程序的约束，不要求令状，不实行陪审，也可以不遵循普通法的先例，而主要是将"正义"或"自然法公平"作为判案的根据，实际就是以大法官个人"良心"所认为的"公平""正义"原则独自处理。这样，在普通法体系之外，又产生了衡平法。

开始，大法官是以国王名义受理案件，1474 年首次出现大法官以自己的名义颁布命令的有文字记载的事例，[①] 从而产生了大法官直接接受申诉的惯例。到 16 世纪，大法官官署终于发展成为独立于国王和御前会议的常设机构，即衡平法院。从此，开始了普通法法院与衡平法法院双重司法体系并存的局面。

最初，普通法法院和衡平法法院之间的关系还较为和谐。不久，两者之间的关系趋于紧张。1615 年，民事诉讼高等法院的首席法官爱德华·科克，因处理"考特利诉格兰威尔"一案与衡平法院大法官爱尔斯密（1540～1617 年）发生了分歧。案情是：被告在清偿债务时，领取了收据，因收据丢失，普通法院作出被告败诉的判决。后来被告找到了收据，改向衡平法院请求救济，衡平法院又判决原先的被告胜诉，实际上等于宣布普通法院判决无效。科克对衡平法院的判决提出抗议，指出：普通法院裁决的讼案，衡平法院无权在当事人间进行干预，任何就普通法法院的判决向衡平法法院提起上诉的当事人，均须处以监禁。同年，在"牛津伯爵案"的审理中，爱尔斯密则辩解说：衡平法法院弃置普通法判决的权力，"不是因为判决中的错误或缺陷，而是出于衡平法法官的强烈的道德心"。这导致了争端的白热化，争端诉诸詹姆士一世（1603～1625 年）裁决。1616年，詹姆士一世迫于当时舆论的压力，不得不作出支持衡平法法院的裁决。从此，开创了衡平法法院与普通法法院在判决发生冲突时，依据衡平

---

① 参见〔英〕R. J. 沃克《英国法渊源》，夏勇、夏道虎译，西南政法学院，1984，第 53 页。

法法院判决的先例。

衡平法的灵活性与适应性在初期深受欢迎，但因其主要是靠大法官的"良心"和个人素质决定，很不稳定，标准也不统一，发展到17世纪便受到批评。正如约翰·塞尔登法官（1584~1654年）所讥讽的："衡平法随大法官脚步的大小而变化。"① 为此，从有"近代衡平法之父"之称的诺丁汉大法官（1613~1682年）起，开始了将衡平法不确定规则改变为定型制度的尝试。于是，衡平法也渐渐像普通法一样采取了先例主义原则，衡平法原理逐渐实现了规范化和条理化。1873年英国颁布《最高法院组织法》将普通法院与衡平法院合并到新设立的最高法院，但这种合并只是司法行政上的合并，而并非是实体规则上的融合。衡平法上的救助仍属自由裁量权。普通法和衡平法同时为最高法院适用，如果对同一诉讼发生普通法和衡平法原则上的冲突时，仍是以衡平法效力优先。

2. 衡平法的基本准则

在长期的司法运作中，以"公平""正义"观念为指导，衡平法逐渐形成了一些独特的基本准则，用以指导审判活动。这些基本准则表现在许多著名的"衡平法格言"之中，并在衡平法判例中得以充分体现，使之有别于普通法。其中较为重要的准则有以下几种。

（1）衡平即平等（Equity is equality）。意即对相同的人给予相同的待遇。

（2）衡平法追随法律（Equity follows the law）。意即衡平法不是对普通法的否定，只是对普通法的补充。

（3）衡平法将应履行的行为视为已履行的行为（Equity looks on as done that which ought to be done）。意为根据合法有效的契约，当事人应当做而尚未做的行为，衡平法推定其已经完成。这一准则的目的在于强调依法成立的契约必须履行。

（4）衡平法不允许有违法行为而无救济方法（Equity will noe suffer a wrong to be without a remedy）。意即衡平法不受普通法的约束，只要公民权利受到侵害并在普通法上得不到救济，或虽有救济但当事人感到不公正时，衡平法就可以给予救济。

---

① 〔英〕R. J. 沃克：《英国法渊源》，夏勇、夏道虎译，西南政法学院，1984，第57页。

（5）衡平法可对人为一定行为（Equity acts in personam）。意为衡平法可执行对人的诉讼程序，通过强制手段迫使当事人为一定行为。

（6）请求衡平的人必须为衡平之事（He who seeks equity must do equity）。意为申请衡平权利的人，在请求法院保护该权利时，也应按照衡平法的"公平"原则，使自己的言行合乎"公平""正义"的要求。

（7）衡平法重意图轻形式（Equity looks to the intention rather than the form）。该准则强调衡平法以注重案件的实质内容为特点，不看重程序。

（8）衡平法不做徒劳无益之事（Equity does nothing is vain）。意即衡平法的管辖权以其完整性为基础，不会发出一项无用或无法履行的命令。

3. 衡平法上的权利与救助方式

由于普通法固守僵化的令状及其诉讼形式，使新的社会关系下人们的诸多实体权利无法得到保护，衡平法弥补其不足，在审判实践中创制了许多新的权利和救助方式，其中比较重要的有以下几种。

（1）信托（Trust），这是英国财产法中最具特色的制度，也是衡平法对英国法的主要贡献。其含义是，一方依照契约享有转让给他的财产所有权，并允许另一方享有对该项财产的收益。前者称为受托管理人，后者称为受益人或信托受益人。

（2）衡平法上的赎回权（Equity of Redemption），指抵押人有权从抵押权人手中收回其财产。在普通法上，债务如不能按期支付，抵押人就会丧失其抵押财产（如土地或土地上的利益），从而给抵押人带来极大的损失。15世纪衡平法肯定了在法律上超过支付日期的抵押物赎回权，对抵押人的权利给予保护。

（3）特别履行（Specific Performance），指强制履行契约或信托义务的命令，是补充普通法上损害赔偿有失公平的一种援助手段。普通法上的补偿方法是"损害赔偿"，但有时受害方并不要求金钱补偿而要求继续履行契约，或在涉及土地以及稀有财产等的契约中，有时损害赔偿显然是不够的。

（4）禁令（Injunction），此为衡平法中最重要的救助方式之一，指强迫或禁止当事人实施某种行为的命令，直接由法院下达给被告人。衡平法禁令范围比普通法补救的范围广泛，普通法仅在非法行为实施之后颁发，而衡平法禁令能够用以制止担心可能发生的非法行为。

此外，衡平法上的救助方式还有纠正（Rectification）契约文书、撤销（Revocation）含有欺诈或善意错误陈述的契约、返还（Restitution）违法行为所获利益等。

4. 衡平法的诉讼程序

与僵化、烦琐的普通法程序相比，衡平法的诉讼程序简便、灵活、快速而实际，不必以令状为起点，只要有原告的起诉书，大法官就能够依照公平正义设定权利给予救助。起诉书不拘形式，请求范围也不受限制。在某些情况下，甚至只要有原告的口头申诉即可提出诉讼。大法官受理起诉后发布传唤令状，直接传被告到庭。如被告拒不到庭，可以蔑视法庭罪惩处，避免了普通法院因缺乏有效手段强制被告到庭使审判长期拖延的困境。在案件审理中，不要求使用特定的法律语言，不采用陪审制，也无须证人证言和法庭辩论，主要由大法官根据衡平法规则进行审理，然后，就事实作出判决。在最初几个世纪，大法官主要根据"公平""正义"原则作出判决，享有较大的自由裁量权，先例原则在衡平法院确立后，判决也像普通法院一样必须遵循先例。

（三）制定法（Statute Law）

与判例法形式的普通法与衡平法相对应，英国自中世纪起，也产生和发展起另一种法律渊源，即由国家立法机关制定成条文的成文法，也即制定法。制定法包括国王、国会和其他拥有立法权的机关颁布的法律。

1. 制定法的历史发展

最早的制定法，来自中世纪国王的立法权，其内容主要有涉及国家基本制度的"宪章"，指导官吏政务的诏令，晓谕全国共同遵守的规则以及通过国会制定的条例等。其中，1215 年的《大宪章》被视为英国早期最重要的制定法文献。它是在英王约翰在位期间（1199～1216 年），因其专横暴虐、强征税款，在与法国的战争中失去大部分领土，引起全国上下反对，迫于封建贵族、骑士和城市居民联合发动战争的压力签署的。其主要内容是限制王权，确认了封建贵族和僧侣的特权，规定国王不得擅自征税，任何自由民非经合法程序不得被逮捕、监禁、放逐、没收财产。《大宪章》虽然是封建性质的法律，但在英国法制史上具有重要意义。资产阶级取得政权后，它被奉为英国"宪法的基石"。此外，在国王立法史上，爱德华一世（1272～1307年）被誉为"英国的优士丁尼"，著名的三个《威斯敏斯特条例》都是由他颁布的。其中，1275年的条例规定了对教会财产的保护、禁止滥收土地税金，刑事案件必须实行陪审制等；1285年的条例扩大了令状的范围，规定大法官可以对那些与原有诉讼相似的案件颁发令状，并建立了限嗣继承制度；1290年条例规定自由民有权出卖自己的土地，而不必征得领主同意，但买主须承担卖主原承担的所有土地义务。这些条例对英国制定法的发展具有重要意义，对封建土地立法的影响也意义深远。

英国制定法作为立法机关的产物具有最高权威地位，是伴随国会的崛起和地位的加强而逐渐形成的。1265年以西蒙·德·孟福尔（Simon de Montford，约1208～1265年）为首的贵族战胜国王，在伦敦召开了不仅包括贵族、僧侣，而且首次邀请骑士和市民代表参加的会议，成为英国国会的开端。1295年英王爱德华一世召集国会，出席国会的社会阶层和1265年召开的会议一样，从此成为惯例。由于每次国会，贵族与僧侣、骑士与市民代表经常分别集会，久而久之成为定制，从1343年起国会正式划分为上下两院，上议院由贵族与僧侣组成，称贵族院（House of Lords）；下议院由骑士与市民代表组成，称平民院（House of Commons）。从1414年开始，法案必须由下议院向国王提出，征得上议院同意后方可成为法律，国王对法案拥有否决权。

伴随国会立法权的加强，制定法数量日趋增多，地位也逐渐上升。但从总体上看，在资产阶级革命前，国会并未取得至高无上的立法权，其在很大程度上仍被国王权力制约；在资产阶级革命后，它才真正成为拥有唯一立法权的国家最高立法机关。制定法也才成为英国最重要的法律渊源。

2. 制定法的基本特点

（1）在中世纪的英国法体系中，制定法居于次要地位，只起补充、解释、指导或修改判例法的作用。当时，英国法体系以判例法为主要特征，判例法构成法律体系的主体。虽然在英国法的发展中，制定法的比重在不断增加，地位和作用也逐渐提高，但就英国法的整体而言，如果没有判例法就不能成其为体系，因为英国的民法、刑法、诉讼法等基本法律均是在判例法的基础上形成的，即使是宪法中的许多原则也都是以判例和惯例形式加以规定的。直到资产阶级取得政权，国会成为唯一立法机关之后，发展至今天，这种情况才有所改变。

（2）制定法的地位与效力高于判例法。英国在中世纪即已形成制定法的地位与效力高于判例法的原则，当两者在适用上发生冲突时，以制定法为依据。同时，判例法的发展也不能否定制定法的效力，相反，制定法却可以修改包括普通法和衡平法在内的判例法。

（3）判例法传统对制定法的适用具有一定的影响。在英国司法实践中，由于受判例法传统长久的影响，使法官已习惯于将先例作为审理案件和作出判决的依据，这就使得英国制定法在适用上往往又出现这样的情况，即在某一项制定法颁布后，先由某些法官据此判案制成判例，经过法官解释的制定法才会为后诉法官接受并普遍遵循，成为司法实践中"真正的法"。

综上所述，可见英国法传统与英国法体系获得世界性影响是在其进行了资产阶级革命以后，并与其殖民征服有直接关系。作为西方两大法系发源地之一的英国法，自现代以来，因美国法的后来者居上显得多少有些失落，但其绵延至今的古老的法律文化传统和独特的法律体系，在世界法律史上却永远是一座不朽的丰碑。

（本文原载《法制现代化研究》第六卷，南京师范大学出版社，2000，收入本书时有改动）

"水和油"抑或"水与乳":
论英国普通法与制定法的关系

李红海[*]

普通法和制定法是英国法中主要的法律渊源,这二者之间的关系一直都是英美法律界的热点问题。理解这种关系不仅有助于理解普通法、英国法本身,而且对于理解司法和立法之关系等法理学问题也有帮助。因此,本文将通过梳理英美法学界在这一问题上的看法,来尝试对普通法和制定法的关系进行描述和分析。

众所周知,在英国实际上存在普通法、衡平法和制定法三种法律渊源——这是按照法律规则的来源加以分类的,即普通法来自普通法法官,衡平法来自衡平法法官,制定法来自国王加议会(king in parliament)。但如果从形式上来说,我们又可以将这里所说的普通法(狭义上的)和衡平法合称为"普通法"(广义上的)——而且事实上这二者在1875年英国的司法改革之后就融合(无论是程序上还是实体上)在一起了[①]——从而以判例法的形式共同区别于体现为成文形式的制定法。就如艾森伯格所言,普通法是法院自己建立起来的那部分法律;[②] 或如杰克·彼特森(Jack Beatson)所说,普通法是建立在判例基础上的法律,在这个意义上包含衡平法。[③] 如此,此处所谓的普通法和制定法之间的关系,实际上是指普通

---

[*] 李红海,北京大学法学院教授。

[①] 参见 F. W. Maitland, *Equity also the Forms of Action at Common Law: Two Courses of Lectures*, ed. by A. H. Chaytor and W. J. Whittaker (Cambridge University Press, 1909), pp. 15 – 17。

[②] 参见〔美〕迈尔文·艾隆·艾森伯格《普通法的本质》,张曙光等译,法律出版社,2004,第1页。引文为引者自译。

[③] 参见 Jack Beatson, "Has the Common Law a Future?" *Cambridge Law Journal*, Vol. 56 (1997): 295。

法、衡平法与议会制定法之间的关系，或曰法官法和议会立法之间的关系。

一 传统的观点："水和油"

在英美法律界，传统的观点认为普通法和制定法是两种非常不同的法律渊源，因此根本不能等同视之。这些差别主要体现为：普通法是由法官在司法实践中"创制"或"发现"的，而制定法则是议会"制定"的；普通法源于民众的社会生活，是对其间规律的总结，体现的是规律性的内容，而制定法则根基于政策和人的意志，因此带有临时性、意志性，甚至是武断性；普通法更多体现的是整个法律体系中的基本原则，因此可以从此案类推到彼案——事实上普通法也主要是通过这种方式实现发展的，而制定法由于不是扎根于原则，因此不能将制定法条款类推适用于普通法，在某些情况下甚至不能类推适用于其他制定法条款；① 普通法并无明确的边界，而制定法的适用范围一般都由其自身的条款予以了明确的限定；等等。②

这些似是而非的说法在笔者看来多少充斥着意识形态的色彩，因为其中的很多结论很难说是史实或事实。比如就法律作为社会运行的规律而言，你很难说法官的"发现"就不会或没有掺杂个人意志，而议会的"制定"就完全是个人意志作用的结果而没有建立在对社会规律的认识基础上；而某些普通法原则本身就来源于制定法的史实也反证了上述的很多结论。③ 因此，英美法律界就普通法和制定法关系的这些传统观点，与其说是事实还不如说是信条、信仰，是这个共同体千百年来一直秉持和延续的基本信念和价值观。

也许正是由于这种信念和价值观，导致了很多法律家（包括法官、律师和法学家等）对制定法采取了一种漠然置之的态度。庞德曾对此有如下

---

① 参见 Jack Beatson，"The Role of Statue in the Development of Common Law Doctrine"，*Law Quarterly Review*，Vol. 117（2001）：248。

② 参见 Trevor R. S. Allan，*Law，Liberty，and Justice——The Legal Foundations of British Constitutionalism*（Oxford University Press，1995），pp. 79 – 81。

③ 如后文提到的，普通法中的许多基础性制度实际上是来自亨利二世和爱德华一世时期的制定法。如限嗣继承制度实际上来源于 1285 年的《附条件赠与法》。

描述：

> ……我们有着太多的立法，而法院和律师却对此漠不关心。法律教科书的编写者们仔细地、从最偏远的角落里收集来那些已遭废弃的判例并加以引用，却很少去引用制定法——除非是那些已经成为我们普通法一部分的、界碑式的制定法；即使引用制定法，也是通过司法判决来适用的。同样，法院倾向于对重要的制定法置之不理：不只是裁决其为宣示性的，而且有时候会悄无声息地认定其为宣示性的而不给出任何理由，他们只是引用先前的判例而并不提及相关的制定法。①

虽然普通法在美国与英国的情况差别很大，虽然庞德为美国学者，但其对于普通法法律家对制定法之态度的这段描述，却与英国并无二致。

剑桥大学法律系的特雷弗·艾伦（Trevor Allan）认为，制定法在出台时要考虑到既有的普通法规则的存在，在这个意义上，制定法会受到普通法的影响；而普通法则有着更为深厚的法律原则基础，因此并不受制定法的影响。② 彼特森将艾伦的这种说法归纳为一种单向度的影响，"尽管普通法原则会注入制定法之中（除非后者明文排除之或明确与之相悖），但一般情况下制定法不应影响普通法"。③

类似的说法还有很多，在笔者看来其反映的都是一种对于制定法的敌视和警惕态度，即普通法法律家们生怕议会通过制定法侵蚀自己的权力而慌不迭地要和制定法保持距离，甚至是划清界限。这被彼特森形象地比喻为"油和水"（oil and water）的关系，即制定法和普通法就像油和水，二者源出不同，并肩流淌，彼此独立。④

那么，普通法法律家们为什么会对制定法采取这样一种心态呢？在笔者看来，这和普通法法律职业阶层的兴起和发展密切相关。普通法法律职

---

① 这里庞德部分地引用了他人的看法，参见 Roscoe Pound, "Common Law and Legislation", *Harvard Law Review*, Vol. 21（1908）：383。

② 参见 Trevor R. S. Allan, *Law, Liberty, and Justice— The Legal Foundations of British Constitutionalism*（Oxford University Press, 1995），pp. 79, 81。

③ 参见 Jack Beatson, "The Role of Statute in the Development of Common Law Doctrine", *Law Quarterly Review*, Vol. 117（2001）：248。

④ 参见 Jack Beatson, "Has the Common Law a Future?", *Cambridge Law Journal*, Vol. 56（1997）：300。

业阶层的兴起大概可以定位于13世纪的英格兰，作为其核心代表的是王室法官，其后又包括围绕在伦敦中央王室法院周围而出现的普通法律师。王室法官本来是国王的臣仆，是国王委以行使他固有司法权的王室官员，但一些机缘和因素使得他们逐渐趋于独立。① 有关该独立过程经常提及的一个例子是，12世纪后半期格兰维尔②的著作中还引用了优士丁尼《法学阶梯》中的话"皇帝的命令就是法律"，而到13世纪中期布拉克顿③在他的著作中则提出，"国王不在任何人之下，却在上帝和法律之下"。布兰德的研究也表明，法律的技术化和专业化使得普通法律师开始在13世纪兴起，并且和王室法官一道形成了一个分享某种共同知识、遵循某些共同职业伦理规范的共同体或职业群体。从一定意义上说，正是这个群体阻止了罗马法在英格兰的复兴（因而更不用说继受或接受了），④ 并且在后来垄断了英格兰的法律事务和掌控了英格兰法律的发展。

这个生发于国王后来却又竭力独立于国王的阶层，在16～17世纪却面临了空前的生存危机。都铎和斯图亚特王朝的专制，衡平法庭、咨议会等特权法庭（作为行使国王"所保留之"司法权的机构）对普通法法庭管辖权的侵蚀以及这两类法庭之间的对立，王权的强大（相对于以前任何时代，尤其是此前的约克和兰开斯特王朝），使得普通法法官和国王之间的关系必须得到重新明确。因为司法权本源自于国王，但普通法法律家们总是力图主张自己的独立地位。这种紧张在16世纪末17世纪初就有过许多表现，但其顶点是那场众所周知的、詹姆士一世国王和柯克之间面对面的冲突，⑤ 后来柯克被免职，普通法传统和普通法法律职业阶层面临前所未有的危机。

---

① 比如令状、格式诉讼所带来的法律技术化、专门化，实际上提高了诉讼的难度，为法律的专业化、职业化"创造"了前提。关于这一点可参见〔英〕保罗·布兰德《英格兰律师职业的起源》，李红海译，北京大学出版社，2009，第55～70页。

② 亨利二世（1154～1189年在位）后期的王室法官，据说著有《论英格兰的法律与习惯》（1190年左右成书）一书，该书被誉为英国法律史上第一部有关英国法的重要著作。

③ 亨利三世（1216～1271年在位）时期的王室法官，著有《论英格兰的法律与习惯》（1250年左右成书）一书，该书是继格兰维尔著作之后第二部关于英国法的重要著作。

④ 参见 F. W. Maitland, *English Law and the Renaissance* (Cambridge University Press, 1901), pp. 23–26。

⑤ 关于这场冲突的详情，请参见 Sir Edward Coke, 12 Coke's Reports, 63, 65（注：这是引用柯克作品的通用格式）。

正是在这样的背景下，普通法法律家们才开始全面、集中、认真地论证普通法的基本理论问题，即普通法的本质，其正当性、合理性，普通法和制定法（因而也是和主权者）之间的关系，等等，是为经典普通法理论。就和制定法的关系而言，经典普通法理论主要是通过说明普通法与制定法之间的不同、普通法自身的优点等，来与制定法划清界限的，这也是彼特森"油和水"关系说的实质。这些观点经过柯克、黑尔和布莱克斯通的论证、发展和完善，为英美的普通法法律家们所继承和接受，并成为他们的基本信念。

彼特森用"油和水"来比喻制定法和普通法的关系，其主要强调的是这二者之间的相互独立，这在前文已有论述。除此之外，在笔者看来，为经典普通法理论同样强调（至少是述及）却并未为彼特森所明示的一点是，在普通法法律家那里，普通法是高于制定法的。恰如日常所见，油总是浮于水上，并且彼此相对分离。在这个意义上，彼特森的"油和水"的隐喻其实恰好完整地体现了经典普通法理论中关于普通法和制定法之关系的内涵：一方面，二者相互分离，彼此独立；另一方面，普通法还高于制定法，是制定法的基础，如水处于油之下（因此为其基础）那样——尽管彼特森自己并未对这后一点予以明示。接下来笔者将集中讨论后一点。

关于普通法高于制定法的观点，我们可以举出许多实践和理论的例子。

首先是实践方面。在普拉克内特对 13～14 世纪中期英国制定法的解释问题进行的研究中，我们可以发现很多有关普通法高于制定法的"蛛丝马迹"。如 13 世纪晚期和 14 世纪早期，某些法官作为咨议会成员曾参与了某些法律的制定，而后来他们又在司法过程中来解释这些他们制定的法律。他们有时进行严格的字面解释，有时进行了很大的扩展，有时又大大缩小了制定法的适用范围，有时还会直接拒绝该法的适用——认为合适时会完全置制定法于不顾。① 因此，如普拉克内特所言，至少在这一时期，法官的司法并不规范，制定法之于法官只是他判案时的一种规范来源、一种资料而已，而这种来源或资料未必就比习惯、国王的令状等具有更高的神圣

———————

① 参见 T. F. T. Plucknett, *Statutes and Their Interpretation in the First Half of the Fourteenth Century* (Cambridge University Press, 1922), pp. I - XXIX, 20 - 34。

性、权威性。因此，此时法官对制定法的形塑不仅是可能的，而且作用还很大：可以扩大、缩小之，也可以不适用之，甚至还可能宣布其为无效！在这样的背景下，法官高于制定法、普通法高于制定法的结论完全是可以被接受的。

实践方面的其他典型事例，还包括 17 世纪的博纳姆（Bonham）案和后来美国联邦最高法院的司法审查权。① 在博纳姆案中，柯克引用了 14 世纪的先例说："在很多情况下，普通法会审查议会的法令，有时会裁定这些法令完全无效，因为当一项议会的法令有悖于共同理性、权利或自相矛盾或不能实施时，普通法将对其审查并裁定无效。"② 英国后来有些判例接受了这一理论，不过 18 世纪时它又被平静地抛弃了，然而它被美国接受并形成了司法审查的制度。只要法官可以审查制定法的效力，只要遵循先例的原则还在起作用，我们就可以说普通法高于制定法的结论是有意义的。

再来看理论方面的支持。经典普通法理论家之所以认为普通法高于或优于制定法，这和他们对法律概念的理解直接相关。经典普通法理论认为，法律并不是个人意志的反映，而是对社会生活规律和人们生活习惯、规则的揭示和体现；换言之，法律是被发现的，而不是被制定的。不仅普通法如此，制定法也一样，它们之间的不同仅在于揭示者（法官与立法者）和揭示之后果的体现形式不同（判例与制定法）。③

而问题恰恰在于，议会立法这种形式在完成揭示社会生活规律之任务时存在很多缺陷。如与边沁完全相反，柯克和布莱克斯通都认为导致英国法混乱、不一致和不公正的唯一或主要事由是议会立法而不是普通法。④而之所以如此，布莱克斯通认为这是因为议会立法存在某些内在而绝非偶然的缺陷。这主要体现在，作为议会立法之核心的人的意志具有临时性和武断性，而不是对现存社会秩序的理性反思，因此无法保证其合理性。更

---

① 关于此二者，参见〔美〕爱德华·S. 考文《美国宪法的"高级法"背景》，强世功译，生活·读书·新知三联书店，1996。关于博纳姆案的详情，可参见 T. F. T. Plucknett, "Bonham's Case and Judicial Review", *Harvard Law Review*, Vol. 40（1926 – 1927）：30 – 70。

② 〔美〕爱德华·S. 考文：《美国宪法的"高级法"背景》，强世功译，生活·读书·新知三联书店，1996，第 63 页。

③ 参见 G. J. Postema, *Bentham and the Common Law Tradition*（Clarendon Press, 1986），pp. 3 – 13。

④ 参见 G. J. Postema, *Bentham and the Common Law Tradition*（Clarendon Press, 1986），p. 15。

为糟糕的是，议员变动不居，无法保证其立法产品形成一个内在一致的合理体系；而不像普通法那样，法官必须从先前的资源（如判例）中寻找规则，并以此为出发点对手头案件所适用的规则予以重新表述，因而可以保持规范的一贯性和连续性。① 更为严重的是，布莱克斯通认为，制定法威胁到了法律的性质及其所提供的自由。他说，制定法是最高权力之行使的显而易见的表征，但司法决定并非权力之行使而是对其所发现之既存秩序的报告。不过该秩序并不是创设的，也非从民众共同生活之外强加的，而是自发形成的，法律毋宁说是对这一生活秩序的表述而已，因此法律应使自由成为可能而非对自由的限制。② 在此意义上，普通法可以说来源于民众并建基于民众的同意之上，而这种同意要比代议制之同意深刻得多，因为它来自这样一种认同感：规制其生活的规则是他自己的规则，它们限定其生活、赋予其生活以空间和含义，且早已施行并根深蒂固，以至于对他来说完全是自然而然的。

因此，从传统的角度而言，制定法与经典普通法理论家们所认可的法并不一致，在他们看来，制定法甚至不能算作法，因为它并不符合经典普通法理论上述关于法的定义。但即使自 17 世纪以来，经典普通法理论的上述观念就已开始受到了挑战。人们发现，一些人可以通过行使其意志而创制法律，法律不仅被视为现存社会（甚至是自然）秩序的正式和公开的表述，而且还是改变或重生这一秩序的工具。这样的现实让经典普通法理论不得不为制定法在其理论体系中重新寻找合适的位置。而在这方面，黑尔的说法更具有说服力。

黑尔认为，法要成其为法，或法是否为法，不在于其产生或引入既有法律体系的方式，而在于其现实的权威基础，即要为民众在社会生活的实践（自然也包括司法实践）中使用、检验并接受。如果不能为民众所接受，那么无论这种"法"宣称自己有多高的权威、来自何处，都只能是一纸具文。他解释说，今天的普通法有很大一部分实际上起初来自制定法，但后来它们被吸收进了普通法，成为普通法的一部分，从而成为真正的法。今天英格兰的法律中有很多规则起初是来自于罗马法或教会法的，但

---

① 参见 G. J. Postema, *Bentham and the Common Law Tradition*（Clarendon Press, 1986), pp. 15 - 16。

② 参见 Blackstone, 1 Comm. 39 - 74（注：这是引用布莱克斯通《英格兰法释义》的通用格式）。

这并不意味着我们就认可了罗马或教会的权威；它们之所以能够成为我们的法律，是因为这些规则为我们的实践所接受从而融入我们的法律中。习惯或习惯法同样如此，并不是所有的习惯都成了普通法，它们也有一个被选择、被吸纳或被放弃的过程。如此，制定法也不例外，它也需要接受实践的检验并在既有的法律体系中找到自己的位置，才能真正具有效力。①

而所谓普通法，就是这些在民众社会生活中真正起作用的规则的总和。制定法要想真正成为法，就必须为社会实践、为普通法所接纳。在这个意义上，较之于制定法，普通法更具有基础性、权威性，因而也可以说是如自然法一般地高于制定法、实在法。

显然，与柯克和布莱克斯通比起来，黑尔的解释更为圆满也更能让人信服，他使得普通法高于制定法的观点在理论上得到了强有力的论证。

综上所述，在普通法和制定法的关系问题上，英美法律界传统上采取了彼特森所谓的"油（制定法）和水（普通法）"的关系说，即普通法和制定法彼此分离，各自独立；而且普通法是制定法的基础，因此在一定意义上高于制定法。这种传统观点甚至还在主宰着今天的英美法律界，而其根源则在于普通法法律职业阶层为了自身的独立而"人为"地和制定法划清界限，在于以柯克为代表的经典普通法理论家们对于普通法立场的极力维护。

二 真实的谎言：对油水关系说的批判

源自经典普通法理论家们的这种"孤芳自赏"和"顾影自怜"，其实从一开始就遭到了质疑和反对。本着君主至上和实证主义法学的立场，霍布斯在 17 世纪就对柯克的观点进行了批判。实证主义法学认为，只有主权者制定的法律才是真正的法律。霍布斯认为，创制法律的不是智慧，而是权威；除非一个人拥有立法权，否则他就不能够创制法律；使得法律具有效力的不是法律的文本，而是那个拥有国家之力量的人的权力。因此，国

---

① 参见 Sir Matthew Hale, *The History of the Common Law of England*, 6th ed. （Butterworth, 1820）, Chapter VII – VIII。

王是我们的立法者——不仅是制定法的立法者，也是普通法的立法者。①
显然，霍布斯采取了一种和柯克完全不同的法律观：在这里，法律是权力
和意志的结果，而不必然与智慧和对社会规律的揭示有关；法官也不再是
任何法律的"发现者"或"创制者"，而只是一个执行国王意志的臣仆。
在这种法律观的主导下，作为国王意志主要体现方式的制定法自然要高于
普通法，因为后者只是作为国王之臣仆的法官的意志，是国王意志的间接
体现。用简单的公式表示为：国王产生制定法；国王产生法官（国王之臣
仆）产生普通法。

霍布斯对柯克的批判是致命的，它直接点中了经典普通法理论的要
穴，因为他的理论更能够反映当时的社会、政治现实，更为实证；而柯克
那些意识形态式的说教最多只是普通法法律家们的一厢情愿，是一个真实
的谎言——它可以成为法律家们的理想和信念，却很难说是事实！因此普
拉科内特认为，普通法高于制定法的说法属于无稽之谈；② 贝克也认为，
这只是法律家的观点而并非历史事实。③ 后来黑尔基于霍布斯对柯克的批
判有一个回应。尽管黑尔的理论较之柯克更为缓和也更具说服力，但17世
纪以来在英格兰蓬勃发展的关于主权的政治观念还是改变了人们的法律
观：中世纪的法学认为，制定法履行着与法官同样的职责——宣示、阐释
和说明早已存在于民众实践中的法律，只是更为明确和概括；而到了17世
纪，制定法则不仅被视为现存社会（甚至是自然）秩序的正式和公开的表
述，而且还是改变或再生这一秩序的工具——因为人们发现，一些人竟然
可以通过行使其意志而创制法律！④ 再加上都铎王朝以来的专制和17世纪
初的政治斗争，最终使得以柯克为代表的普通法陷入了空前的生存危
机——这一点前文已有论述。

不过令人惊异的是，普通法并未在17世纪的危机中消亡或垮塌，而
是有惊无险地渡过了难关。王权过度膨胀导致的结果是其自身受到了限

---

① 参见〔英〕托马斯·霍布斯《哲学家与英格兰法律家的对话》，姚中秋译，上海三联书
店，2006，第 1 ~ 20 页。

② 参见 T. F. T. Plucknett, *Statutes and Their Interpretation in the First Half of the Fourteenth Centu-ry* (Cambridge University Press, 1922), pp. I – XXIX, 26 – 29。

③ 参见 J. H. Baker, *An Introduction to English Legal History*, 4th ed. (Oxford University Press, 2007), p. 195。

④ 参见 G. J. Postema, *Bentham and the Common Law Tradition* (Clarendon Press, 1986), p. 15。

制，而站在王权对立面的普通法反而巩固了自己作为英国民众自由之堡垒的地位。接下来的政治斗争主要发生在议会和国王之间，普通法没有再受到此二者的特别压制。同样，经典普通法理论也并未因霍布斯的批判就销声匿迹——毕竟，普通法法律家是法律界的主流；相反，这些观念还随着普通法延续了下来，并注入和主宰了普通法法律职业阶层，直至今天。

但经典普通法理论存续下来的事实，并不意味着关于普通法与制定法关系之论述中所存在的问题就消弭了。我们还是从油水关系说的两个方面分别对之进行解构。

首先，所谓的普通法和制定法相互分离、彼此独立的状况，其实从一开始就不是事实。这其中一个突出的例证是，早期普通法的很多内容其实都来源于制定法。比如作为贯穿整个中世纪最主要的一种不动产诉讼形式的新近侵占之诉，据说就来源于 1166 年的《克拉伦敦法》（Assize of Clar-endon）；如果考虑到普通法中救济可以决定权利的特点，我们甚至可以说，普通法中对于不动产的占有从事实（如大陆法通常认为的那样，"占有"只是一种事实而非权利）上升为权利的过程也源于该法。而取消次级分封并代之以同级转让的《封地买卖法》、设立限嗣继承的《附条件赠与法》也都是普通法重要的规则来源。甚至像陪审这种最为典型的普通法制度的引入，其实在一定程度上也要归功于前述《克拉伦敦法》和 1176 年的《北安普顿法》。① 当然，站在普通法的立场上，我们也可以说这些里程碑式的制定法后来以黑尔所说的方式融入普通法中。但无论如何，我们这里所看到的是普通法和制定法紧密地交织在一起，难以区分和分离，而不是相互独立和互不干涉。而到了今天，二者的这种相互交织、相互影响的状况更为明显。比如，英国很多制定法的用语都来自普通法（如 1925 年的《财产法》），这样普通法就会通过法官对制定法的解释来影响制定法的实际含义和运行。因此，普通法和制定法之间并非像传统的油水关系说所描述的那样，相互独立、互不干涉，而是从一开始就纠缠在一起，无法分离。

---

① 有关这几则制定法的情况，请参见〔英〕S. F. C. 密尔松《普通法的历史基础》，李显冬等译，中国大百科全书出版社，1999，第 140～155 页。

其次，所谓普通法高于制定法的说法也并不总是事实——司法审查表明有的时候也许是。一个最直接和明显的证据是，制定法可以取消或改变普通法。比如《封地买卖法》对次级分封的取消，1535 年《用益权法》对受益人用益权性质的转化（从衡平法权利转化为普通法权利），1873 ~ 1875 年的《司法法》对普通法诉讼格式的废除，1925 年《财产法》对过去众多普通法地产权的取消，等等。

更为重要的是，不只是油水关系说本身受到了批评，越来越多的人已开始对其理论基础提出了怀疑和批判。早在 20 世纪初，庞德就对经典普通法理论中的某些说法提出了质疑。如有人认为，制定法"没有根基"，而只是"草率和很不审慎地被采纳"；它们很粗糙，与其所将要适用的情形很不适合，因此几乎无法执行；制定法还是"导致诉讼的渊薮"，相反，普通法并无这些缺陷，"而是奠基于公正的原则之上"，"是各种对立的利益长期斗争、协调的结果"。针对这些说法，庞德指出：

> 几乎无须认真考虑就可以断定这些经常提及的说法是不符合事实的。戴雪已经告诉我们，已婚妇女法在关于分割财产的衡平法理论中拥有很深的根基。我们能说那些取消普通法关于不适格证人之规定的制定法、那些允许被告人作证和允许刑事案件上诉的制定法，都是没有根基的吗？难道任何普通法原理都要比这些制定法或坎贝尔勋爵法、莱昂纳多勋爵法及票据法，更为坚实地建基于公正的原则基础之上吗？衡平法的精致和大法官加于受托人身上的过于道德化的不可能，就一定比受托人救济法有更深厚的根基和更代表公正和正义吗？难道任何司法判决的制作都比统一州法专员委员会或国家统一离婚立法委员会所提出法律草案更为精细认真，或与其所将适用之情形更适合吗？哪个法庭在作出与工业有关之判决时能够（甚至是假意）像立法委员会那样经常深入基层和生产第一线进行调查，并听取雇主、雇员、医生、社会工作者和经济学家关于工人和公众需求的证言？

还有人争辩说，因为普通法是习惯法而且建基于被统治者的同意，因此高于制定法。为此，庞德回应道：

今天我们看到，所谓的习惯只不过是司法裁决的习惯，而非公众行为的习惯。我们还看到，（国会）立法是一种真正也更为民主的法律制定方式，在这里民众可以更为直接和明确地表达其意志。我们还被告知，未来的立法在于将民众的认可置于社会实验室生产出的东西之上，而很显然，法院是无法操控这种实验室的。①

再次，自工业革命以来，英国的社会问题越来越复杂，这需要议会以制定法的形式来快速应对，并以带有普遍性的方式来推进和实现社会变革，而在这方面法官从个案到个案的缓慢演进式变革显然力不从心。因此在整个 19 世纪，英国的制定法呈爆炸式增长之势，其数量之巨绝不亚于任何大陆法国家。而普通法代表的是农业社会的经验，② 当工业时代（更不用说全球化时代了）到来时，它就无法适应更为复杂的社会形势了，因此它只能被淹没在制定法的汪洋之中。

最后，彼特森曾指出，随着欧洲一体化进程的不断推进，欧盟的法律和指令等不断涌入英国，它们或者需要由英国的法官直接适用（如《欧洲人权公约》），或者需要由英国议会通过制定法将之具体化后再由法官适用（如各种指令）。在第一种情况下，英国法官所需要解释的是一种以不同于英国之立法方式所起草的法律；即使在第二种情况下，英国议会在对欧盟的指令或立法进行转化时很多时候也是采取原文照抄的方式，其结果是法官面临的问题和第一种情况差不多。类似的问题在法官解释国际法规范时也会出现。大陆法性质的制定法进入英国的结果是，英国法官需要以一种不同于以往的方式（也许是大陆法的解释方式）来面对和解释这些制定法，而在大陆法的传统中是不存在所谓的"油水关系说"的，大陆法法官并不会以普通法法官的眼光来审视制定法。在这些情况下，所谓的油水关系说早已不是事实，或者从来就不是事实；而面临彼特森所说的内外压力（指国内制定法越来越多、作用越来越大、涉及的范围越来越广，国外或国际上大陆法性质的制定法不断涌入），普通法法律家必须重新定位他们

---

① 参见 Roscoe Pound，"Common Law and Legislation"，*Harvard Law Review*，Vol. 21 （1908）：404 - 407。

② 参见 Roscoe Pound，"Common Law and Legislation"，*Harvard Law Review*，Vol. 21 （1908）：404。

看待制定法的视角，作为局外者的我们，也必须重新审视普通法和制定法的关系。

三　水乳交融：普通法和制定法关系的真谛

既然传统的油水关系说已经不再适合（也许从来就没有适合过）描述当下的普通法和制定法的关系，那么我们应该如何来重新看待这个问题呢？我将这种关系定位为"水和乳"的关系，意思是普通法和制定法之间是水乳交融的关系：二者相互影响，彼此难以分开，因此也很难说谁高谁低。

（一）制定法对普通法的影响

1. 制定法确立或转化为了普通法

这指的是如下的情形：因为该制定法确立了英格兰法律体系中的某些基本制度或者揭示（或发现）了英格兰社会生活中的某些基本规律，而成为英格兰法中的基础性、根本性、恒久性的规范，从而转化为了普通法。典型者如 12 ~ 13 世纪尤其是亨利二世和爱德华一世时期的那些里程碑式的制定法，具体如曾确立早期普通法多种基本诉讼格式和引入陪审制的《克拉伦敦法》《北安普顿法》，取消次级分封制的《封地买卖法》，确立限嗣继承的《附条件赠与法》，1352 年确立基本叛逆行为的《叛逆法》，1535 年的《用益权法》，等等。我们可以在一种较弱的意义上说，这些制定法确立或创制了普通法；但更为准确的说法应该是，这些制定法因其内容（确立基本制度或揭示基本规律）的根本性而融入了这个社会，为英格兰社会所普遍接受和认可（这正是普通法所要求的或对法律概念的界定），因此具备了普通法的特征，融入了普通法，成为普通法、英格兰法的一部分。

2. 从制定法的适用过程中衍生出普通法

这是基于制定法生发出普通法最常见、最普遍的方式。具体是指，普通法法官在将制定法适用于具体案件时，通过对该制定法的解释，将抽象的制定法规则（rule）与具体的案例场景相结合，从而产生出一个适合于本案的新的、具体的规则（ruling）或理论。这后一规则、理论显然来源于前述制定法，但又不同于该制定法，因为它是该制定法适用于本案的结果，属于法律的适用而非法律本身。当后来的法官碰到类似场景之时，他所依据的可能就不是前述的制定法本身，而是前述法官总结出的那一新的具体的规则或理论；而当后来的法律学生、律师、法官阅读该先例并试图总结出其中蕴含的规则、理论之时，他们总结出的也是后面的新的具体的规则和理论，而不是前述体现在制定法中的规则（因为这个规则不需要总结和提炼而是现成的）。这集中体现了法律和法律的适用之间的不同，但更重要的是，它也揭示了普通法生命之树长青的原因所在：法律条文必然要付诸实施，因此法律条文和法律适用之间的距离必然存在；只要制定法还需要法官去适用和落实，只要遵循先例的做法或原则还存在或被认可，普通法就会从制定法中源源不断地汲取营养，普通法就有存在的空间和可能，就会永葆青春。

3. 制定法改变或取消普通法

关于这一点，前文已经举过一些例子，如《封地买卖法》对次级分封的取消，1535 年《用益权法》对受益人用益权性质的转化（从衡平法权利转化为普通法权利），1873～1875 年的《司法法》对普通法诉讼格式的废除，1925 年《财产法》对过去众多普通法地产权的取消，等等。其实质是立法者对法官在司法实践中的某些做法不满而通过制定法改变或取缔之，是制定法影响或高于普通法最直接也是最激进的例子。

（二）普通法对制定法的影响

1. 普通法通过司法审查取消制定法条款

这是所谓普通法高于制定法的最典型和最激进的例证，但它带有更多的宪政含义，因此并不是任何时期、任何英美法国家都具备的。从国别上来说，司法审查在美国最为典型，美国联邦最高法院不仅可以对政府的行政命令进行司法审查，而且还可以对国会通过的法律进行违宪性审查。从时间上来说，柯克在 17 世纪时曾主张过法院具备这样的权力——这也被后人视为司法审查权的理论和实践之源。但就英国而言，司法审查并未像美国那样发展成为宪政性的制度安排，法院最多只能对政府的行政命令进行审查，而对于议会的立法则因为戴雪所说的议会至上而一直不能予以评价。不过，自 1998 年英国议会制定《人权法》将《欧洲人权公约》转化为国内法之后，这方面也在发生变化。公约授权英国的法院可以审查国内的立法，并宣布某法与公约相悖而弃之不用。①

2. 法官自由裁量权的大小，决定着普通法对制定法影响的程度

既然制定法在适用过程中必须经过法官的解释，那么法官自由裁量权的大小，就会对制定法最终的含义产生重要影响。比如普拉科内特的研究就表明，14 世纪中期以前，法官对于制定法的形塑作用非常大：他们可以扩大、缩小其含义，或者径直搁置不用，而不必解释说制定法因为违反什么更高位阶的法律而无效。到了 14 世纪中期，法官司法时的这种随意态度开始消失，法官们开始严格解释制定法。制定法也不再被认为是宽泛的、法官可以在其间行使广泛裁量权的政策性建议；相反，它们被认为是应当予以精确执行的文本。接下来，在被剥夺裁量权之后，法官们遁入了逻辑之中，力图设计出一些规则供解释时遵循：句子的语法结构加上对制定法之性质的一般性考虑。立法和司法的分离达到了这样的地步，以至于法官认为自己所面对的是一个完全外来的文本，他只能通过其语词和文本来了解立法者的原意，也就是所谓的严格解释——这就到了近代的情况。

但伦敦经济学院的荣誉教授迈克尔·赞德（Michael Zander）在其对近年来法律解释的研究中发现，自 20 世纪以来，英国法官在制定法解释方面的总体趋势是更加自由。这集中体现在以下几个方面：法官在解释制定法过程中可以而且需要探寻立法者的本意或目的；法官不仅要落实议会所说（指字面反映出来的意思）而且还要落实其所指（指字面背后的意图）；法官对制定法的解释应该反映时代和情势的变迁；欧盟成员的身份致使英国法官有时会采用欧陆法的方法对本国的制定法进行解释；而法官对制定法的解释甚至会被认为是一种立法。② 迪普拉克勋爵（Lord Diplock）也曾举例说：法官在税法案件中经常会解释并实际上创制法律，因为现实生活中的很多情况都是立法者当时没有预料到的，而有的则是纳税人为了规避立法之规定而事后有针对性地设计出来的。③

---

① 参见 J. H. Baker, *An Introduction to English Legal History*, 4th ed.（Oxford University Press, 2007），pp. 209 – 210, 98。

② 参见 Michael Zander, *The Law-Making Process*, 6th ed.（Cambridge University Press, 2004），pp. 193 – 208。

③ 参见 Lord Diplock, "The Courts as Legislators", *Holdsworth Club Lecture*, 1965, pp. 5 – 6, 转引自 Zander, *The Law – Making Process*, 6th ed.（Cambridge University Press, 2004），pp. 211 – 212。

当法官可以探寻立法者的原意时，当法官对法律的解释是为了落实议会所指而非其所说时，当法官对制定法的解释可以甚至是应该反映时代和情势的变迁时，司法和立法之间的关系就不再是简单的前者为后者所决定的关系，而是前者会对后者产生深刻的影响。而只要遵循先例的原则存在，后一个法官就会参考甚至必须遵守前一个法官已对制定法作出的解释——此时制定法本身的重要性已经退居其次，真正重要的是法官对制定法作出的解释。正是通过遵循先例的原则，通过法官对制定法的解释，普通法在实际上强烈地影响甚至是控制了制定法的实际含义。

3. 法官个人在解释法律时保守或自由的倾向，也会强烈地影响到制定法的含义

自 14 世纪中期以来，普通法法官对于制定法的解释趋于严格，即特别强调对制定法的文义解释而不强调对其背后立法者意图的探寻。我们可以为这种现象找到很多的原因：诸如普拉科内特所提到的立法和司法在此时开始比较明显地分离——在今天分权的宪政体制下，这已成为一种要求对制定法进行严格解释的体制性的理由，否则就可能构成对立法权的"赤裸裸的侵犯"；又如，普通法法官为了排除制定法或立法的影响，也经常通过严格解释的方法将制定法限定在特定的（比如制定法自身明确规定的）范围之内；等等。但这并不排除某些持自由倾向的法官仍然可以在这样的传统之下对制定法予以较为积极的解释，这方面的一个典型人物就是丹宁勋爵。

丹宁勋爵是 20 世纪英国伟大的法官之一，他强调法官或司法在面对社会变革时应该秉持更为积极的态度和主动承担更多的责任，主张在法律缺失或不当之时法官应该发挥更多的自由裁量权，以更好地实现社会公正。这种积极主动应对社会变革的态度和传统的英国法官的保守倾向形成了鲜明的对比，这也是他后来从上议院重返上诉法院的原因所在。① 另外一个众所周知的例子是，相比之下，在面对制定法的解释、判例的推翻和发展等方面，美国的法官要比英国的法官总体上更为自由。这些例子表明，在英美的法律传统之下，法官（个人）的思想倾向也会强烈地影响到制定法的含义和适用，影响到普通法对制定法的能动性作用。

———————————

① 参见刘庸安《丹宁勋爵和他的法学思想——代中译本前言》，载〔英〕丹宁勋爵《法律的训诫》，杨百揆等译，法律出版社，1999。

4. 此外，还存在许多促使普通法影响制定法的客观因素

比如，①近代以来的很多制定法都采用了传统的普通法的术语，这方面最典型的例子是 1925 年的《财产法》(Law of Property Act)。该法虽然废除了过去纷繁复杂的（普通法上的）封建地产权利，却保留并大量使用了普通法的术语，这使得该法在解释、适用时必须采用普通法的进路，其受到普通法的影响在所难免。②近年来欧盟法开始大量涌入英国，但它们中的很多使用了英国人并不熟悉的（欧陆式的）术语和表述方式，而英国议会在通过国内的制定法落实这些欧盟法时也不假思索地直接采用了其原来的术语而未作任何解释和限定，这虽给英国法官解释这些欧盟的法律造成了困难，却也给他们恢复往日宽泛的自由裁量权、为普通法在新时代新的情势下影响制定法带来了客观上的机遇。① ③制定法中有时所使用的宽泛和模糊的术语也给普通法发挥作用创造了条件，因为它们必然需要普通法法官予以解释和限定，并因此而形成一系列的判例，而判例是普通法影响制定法最直接和明显的方式。阿蒂亚就说过，其宽泛和模糊的语言意味着宪法问题在现代美国相当程度上是判例法问题。② 美国联邦最高法院前法官奥康纳（O. Connor）也曾说过，国会希望法院能够通过借助普通法传统来形塑制定法的宽泛命令。③ ④普通法汇集了整个英国法中的许多基础性原则，如私有财产神圣不可侵犯，契约自由，未经正当程序任何人不得被剥夺生命、自由和财产，任何人不得从其违法行为中获利，等等。它们分布在各个部门法领域、贯穿于司法过程中，不仅包括实体性的，也包括程序性的，还包括一些基本的理念、共识和做法——如布莱克斯通就曾总结过关于法律解释的十大原则。④ 它们不仅构成了议会立法的前提和基础，而且也是司法过程中法官解释法律时所必须考虑的因素。如此，制定法在被解释之时也必然会受到这些普通法原则的影响。虽然制定法可以改变这些原则，但实际上它们很少这样做。⑤当制定法并无明确规定（即出现所谓的法律真空）之时，法官就不得不动用普通法来填补这样的规则空缺。

---

① 参见 Jack Beatson, "Has the Common Lawa Future?" *Cambridge Law Journal*, Vol. 56 (1997): 292。

② 参见 W. M. C. Gummow, *Change and Continuity: Statute, Equity and Federalism* (Oxford University Press, 1999), p. 63。

③ 参见 W. M. C. Gummow, *Change and Continuity: Statute, Equity and Federalism* (Oxford University Press, 1999), p. 8。

④ 参见 Blackstone, 1 Comm. 87–92。

而制定法无明确规定又分两种情况，一种是客观上尚未制定某方面的规范——这在一个传统上制定法只是起辅助和补充作用的国家是很常见的；另一种是立法者不愿意或很难就某些棘手的问题及时制定出法律——其实法院也不一定愿意处理这些问题，但他们无法像议会那样回避或搁置之，而是不得不立即处理。后一种情况，如 1989 年之前英国并无关于对精神病人是否可以予以医学治疗的立法，但法院必须立即处理就此发生的诉讼。类似的例子还有，1991 年，上议院决定婚内强奸为犯罪；1993 年，上议院规定负责医生无义务为永久性植物人提供治疗，包括人工进食喂养；1991年，上议院承认不当得利原则。无论何种原因导致的规则空缺，法院都必须解决手头的案件，这是由这个机构的性质决定的——它不可能像议会那样，一个法案通不过可以撒手作罢。而普通法本身的优点，如它可以通过判例发展出新的规则，又为它在社会变革中承担积极的角色提供了可能性。如彼特森就认为，普通法的这种活力在法院对行政机关行为的合法性进行司法审查时就体现得特别明显。① ⑥遵循先例的判例法传统也为普通法影响制定法提供了必然性。一个新的制定法生效之后，必然会有第一个法官对其进行解释、适用，此时的解释和适用可能会采用文义解释、会探寻立法者的意图；但这之后会就此制定法（准确来说是其中的某一条文）形成一个判例，后来者在解释该条文之时就不一定再重复原来的解释过程，而很可能是参照这第一个判例。如此，围绕这个条文就会形成越来越多的判例，而我们前面提到过，只要遵循先例的原则还在起作用，只要法律和法律的适用之间的差别还存在，制定法就必然无法逃脱普通法的影响。彼特森在谈到普通法对制定法的影响时说，普通法的技艺还将延续，判例还会堆积，而判例堆积越多，制定法就越失败。②

四 结论：未来属于谁

从以上的分析我们大致可以得出以下几点结论。

第一，从过去到现在，普通法和制定法之间从来都是相互影响、相互促进

---

① 参见 Jack Beatson, "Has the Common Lawa Future?" *Cambridge Law Journal*, Vol. 56 (1997)：296 – 297。

② 参见 Jack Beatson, "Has the Common Lawa Future?" *Cambridge Law Journal*, Vol. 56 (1997)：302。

的，传统的油水关系说关于二者彼此分立、相互独立的说法从来都不是事实。

第二，关于普通法高于制定法或制定法高于普通法的讨论没有太大意义，较为中肯的说法可能是，在某一历史时期、某种场合或某个具体的案件中，普通法或制定法占据了一定的优势。但这样的讨论对于理解这二者之间的关系并无太多助益。

第三，综合以上两点，我们与其将普通法和制定法的关系定位为油和水，还不如视为水与乳的关系，以体现二者相互交融、难以分离、难分高下的关系。此外，我们还必须从司法和立法的对立、从司法过程和法律解释的角度去理解这二者间的关系。

第四，从制定法的角度来看，历史上，它在整个英国法律体系中的地位的确无法和在大陆法系中相比：它不是整个社会或某个领域的基础性、基本性规范，而只是普通法的补充或修正；很多时候它只是例外，而不是常规；它不是某个领域法律发展的起点，而只是对该领域法律发展的调整；等等。但今天，制定法的状况已大大发生了变化：不仅数量、篇幅有大幅增长，而且在社会问题、责任限定、劳动法、公司法、家事法、国际私法等领域意义重大，甚至在侵权、合同这些普通法的传统领域，其影响也在不断提升。况且，欧盟法和国际法的涌入也都是以制定法的形式出现，这都增大了制定法在英国法律生活中的影响。因此，对制定法来说，它在英国的法律体系中是一个地位不断上升、作用和影响不断增大的趋势，是一种朝阳式的法律渊源：过去它曾遭到普通法法官的"歧视"，后来随着其地位的不断提升而被普通法法律家策略性地"隔离"，但今天它早已是普通法所必须面对的对手，所以它的未来是光明的，未来属于制定法。

第五，对普通法而言，我认为它经历了或正经历着一个和上述制定法相反的下降趋势。就管辖范围而言，如上所述，纯粹的普通法核心地带正在不断萎缩，其传统的领域正在不断遭到制定法的侵蚀。更为可怕的是，就法律适用而言，在普通法可以解决的问题中，英国法官也开始直接诉诸《欧洲人权公约》——这甚至是要摧毁作为整个普通法基础的判例制度！[①]彼特森在其就职演说中从国内制定法的扩张到国外欧盟法、国际法的涌

---

① 参见 Jack Beatson, "Has the Common Lawa Future?" *Cambridge Law Journal*, Vol. 56 (1997): 293 – 294。

入，描述了今天英国普通法所面临的严峻形势，甚至并非危言耸听地指出，背负普通法传统的英国有可能会沦为下一个路易斯安那、魁北克，而成为制定法汪洋中的普通法孤岛，并忧心忡忡地提出"普通法还有未来吗"的问题。但在笔者看来，普通法面临制定法（无论是国内还是国外）的挤压并非今天才有的事，而是古已有之。制定法并不是今天才有，而是一直就存在于英国，外来规则（如罗马法和教会法）的压力在 16 ~ 17 世纪也许不亚于今天，因为它还结合了国王的特权和专制。但普通法还是挺了过来，这其中虽然有一些偶然因素，如议会对国王的胜利使得普通法得以渡过难关，但它也从另一个侧面揭示了普通法所面临的真正威胁不是国内外的制定法，而是与普通法法治传统相违背的专制和特权，这并不仅仅是普通法而且是任何法律都面临的最大的敌人。至于制定法、罗马法、教会法这些敌人，梅特兰强调了普通法的技术性因素的功效，如律师公会、年鉴等。① 同样，面对今天汹涌澎湃的制定法大潮，笔者对普通法的前景并没有那么悲观。其原因在于，和梅特兰类似，笔者也强调的是普通法的技术性特点。在笔者看来，普通法是一种开放性的法律体系，它之所以能够历千年而不衰，而且扩及全球，就是因为它能够通过判例的机制将其他法律渊源的精华吸收到自身中来，从而使自己实现吐故纳新、与时俱进。而我们知道，在英国，制定法是必须经过普通法法官的解释才能适用，因此，只要立法和司法之间的差别还存在（而且今天还有扩大的迹象，2009 年10 月 1 日英国最高法院摆脱上议院而成立就是一例），只要法律和法律的适用之间还有不同，只要遵循先例的做法或原则还在延续，普通法就会存在下去。因此，普通法不仅不是一个夕阳式的法律体系，而且将永远是那艘充满活力的、从过去驶到今天并将继续驶向未来的"阿戈尔英雄的战舰"（黑尔语），所不同的，也许只是它将以一种新的形式来和制定法保持关系。而维系它如此生命和活力的，正是那些作为法律职业共同体成员的、历代和今天的普通法法律家，是它的高度的技术性和专业性，是它永保开放的宽阔的胸怀。在这个意义上来说，未来不仅属于制定法，同样也属于普通法。

（本文原载《中外法学》2011 年第 2 期，收入本书时有改动）

---

① 参见 F. W. Maitland, *English Law and the Renaissance* (Cambridge University Press, 1901),
pp. 27 – 28。

英国普通法中的罗马法因素

梁治平 *

一

由于各种各样的原因，罗马法与英国法的关系成为英国法律史上最难解决的问题之一。传统的英国法理论认为，英国普通法是一个独立发展的制度，不曾受任何外来影响。

的确，与欧洲大陆国家相比，英国法律的发展独树一帜，但这并不是说，它完全离开了欧洲历史上罗马法传播的主流。实际上，罗马法对英国普通法的影响是多方面的。只是这种影响的方式、时机、程度和性质，与欧洲大陆国家的情况迥然有别。本文的目的，正是要通过对有关历史的综合考察和对普通法制度的具体分析，尽可能深入、系统地研究这一问题。

二

大陆法系和英美法系的划分，隐含着历史渊源上的不同。一般认为，前者是在全盘继承罗马法学的基础上发展起来的。后者，特别是其核心的英国普通法，则是在此之外独立发展形成的。大陆法系又称罗马法系，即可为证。

这种划分虽有一定的历史根据，但其简单化倾向也是显而易见的。从世界史和文化史的角度来看，英国与其他欧洲国家同属一个文化体，有着共同的精神纽带，经历了相同的社会发展阶段，受到过同样的文化运动的

---

* 梁治平，中国艺术研究院艺术与人文高等研究院高级研究员。

洗礼。这一事实对欧洲诸民族法律的发展，必定产生深远的影响。

11世纪，以意大利为中心，欧洲兴起了复兴罗马法的热潮。一时间，意大利吸引了欧洲各国的学者和有志青年。他们不远千里，负笈前来，接受罗马法的训练。在当时，通过在书边空白处详加注释的方法研究罗马法成为一种专门的学问，掌握了这种方法的人则被称作注释法学者。这场运动的起因，据说是由于在亚马菲地方偶尔发现了查士丁尼《学说汇纂》的抄本。这个神奇的故事现在已经很少有人相信了。因为，与其说仅仅由于这本书的偶然发现，历史便表现出空前的热情，不如说正是历史的召唤使这部久已湮没无闻的著作重见天日。

9世纪以后，经历了几百年战乱的欧洲正在悄悄地复苏。社会生活趋于稳定，许多地方都出现了定期集市，一批中世纪的城市在罗马残破城市的基础上发展起来，特别是像热那亚、威尼斯这样一些港口城市，由于有地中海得天独厚的地理条件，迅速发展成为东西方贸易的枢纽。各地商贾云集于此，他们之间的纠纷渐渐由城市特别法院按商业惯例解决。半是由于历史传统，半是由于商业活动的性质，罗马帝国时期流行于地中海沿岸的商事法律首先在这里复活了。这些惯例和规则成为中世纪的"国际法"，传布甚广，影响极大，成为后来包括英国在内的欧洲各国海商法最重要的渊源之一。这样，到了11世纪，欧洲已经挣脱出"黑暗时代"，开始举步向前了。一切都在恢复，到处都需要秩序，需要干练的行政官员和法律实业者。当时的意大利罗马法学校向社会提供的，正是这种人才。

罗马法的第二次复兴起于德意志诸国，发生在1400～1700年，史称"罗马法的继受"（Reception）。它同后期文艺复兴和宗教改革运动遥相呼应，成为一个更为广泛的运动的一部分。[①] 从意大利学成归来的罗马法学者，先在大学，继而在帝国最高法院获得立足点，并着手取代各地粗野无知的贵族审判员，扫荡最多只是部分罗马化的中世纪习惯法。[②] 这一运动

---

① D. M. Walker 把这场运动局限于德意志诸国，Plucknett 则认为，这是欧洲各国接受古典罗马法，取代只是部分罗马化了的中世纪习惯法的广泛运动。参见 Plucknett, *A Concise History of the Common Law*（The Lawyers Cooperative Publishing Company, 1929），p. 43。本文倾向于后一种意见。此外，这场运动在较小的程度上也是教会法的复兴。在德意志，继受罗马法与教会法的复兴互为表里。

② 参见戴东雄《中世纪意大利法学和德国的继受罗马法》，载台湾大学法律学系主编《固有法制与现代法学》，成文出版社有限公司，1978。

对在欧洲大陆进一步确立罗马法的地位，有直接的作用；对于 19 世纪席卷全欧的法典编纂运动，有着深远的影响。

虽然，古代文明辉煌的大厦早已崩颓，它却留下许多有用甚至是精致的材料，后人就用这些材料建造了更巍峨、更宏伟的建筑。这就是历史，这就是文明的发展史。当中世纪的欧洲摆脱了普遍的无政府状态，当它的商业经历了复苏而日益高涨，当它的社会生活愈来愈复杂，因而感到需要更为精巧的调节手段时，它"发现"了罗马法。适应发达的简单商品生产的古代罗马法，比之中世纪分散、保守的地方习惯法，具有经济上、文化上无可比拟的优越性。"在罗马法中，凡是中世纪后期的市民阶级还在不自觉地追求的东西，都已经有了现成的了。"① 正是在这种广阔的历史背景下，罗马法在欧洲的复兴就成为不可避免的了。身为欧洲大家庭一分子的英格兰也无法躲避这洪流的冲击。

1066 年，诺曼底公爵威廉入主英格兰，是为威廉一世。在英国法律史上，这一事件具有划时代的意义。诺曼人不仅带去了法语和决斗裁判法，还带去了一批精通罗马法和教会法的高级僧侣。通过他们的活动，英格兰接触到了当时欧洲文化的主流。从此，"英国离开了北欧并跻身于法国文化和地中海文化之列"。② 这一事件决定了英国法的整个前途。

"诺曼征服"最直接、最重大的结果，是建立了一个强有力的国王政府，这在当时的欧洲是独一无二的。

1086 年，威廉一世颁布了《全国土地调查清册》，这不仅显示了中央政府的强大有力，同时也表明了它欲施行划一统治的决心。这样的政府，有力量也必定要实行统一的法制。更何况，王室立法的传统自公元 9 世纪的艾尔弗雷德之后风行不辍，威廉一世自命为盎格鲁—撒克逊人最后一位国君忏悔者爱德华的继承人，也是为了承袭这一传统。此外，就自然条件而言，英格兰境内地势平坦，河流狭窄，界限确定，也宜适用统一的法律。尽管如此，英格兰统一法制的形成还是经历了大约 200 年的时间。

诺曼人开国之初，居优势的是各地方习惯法，但是，较之欧洲大陆的情形，它又有自己的特点。首先，英格兰没有大量幸存下来的罗马裔不列

---

① 《马克思恩格斯全集》第 21 卷，人民出版社，1965，第 454 页。

② 《世界史便览——公元前 9000 年—公元 1975 年的世界》，《泰晤士世界历史地图集》中文版翻译组译，生活·读书·新知三联书店，1983，第 231～232 页。

颠居民，所以，既不曾产生"西哥特人的罗马法"一类的"摘要"，也不曾形成杂糅了许多罗马法因素的地方习惯法，这样，在当地居民的意识里，罗马法便成为外国的制度。在特定的历史条件下，这种意识就可能成为吸收罗马法的严重阻碍。其次，与各种地方习惯法并行的，还有王室法院适用的法律，这种法律虽然也吸收了某些地方习惯的因素，但它本身不是任何一种地方习惯法，它的效力高于地方习惯法，它的发展逐渐取代了地方习惯法。这个过程可以简述如下：国王定期或不定期地派出巡回法官，到各郡处理行政、司法方面的问题。王室法院除对一部分案件（主要是同王室利益有较直接关系者）有排他性管辖权外，还可以根据当事人的选择对其他案件行使管辖权。由于国王法院适用的证据规则更为合理，对判决的执行也更迅速有力，它很快就压倒了地方法院。[①] 考虑到国王政府强大的政治、经济力量，国王法院适用的法律注定要成为通行全国的普通法。当然，国王法院适用的法律也是逐步形成的。最初，受害人向国王请求救济（这是一项古老的日耳曼权利），根据他的申请，国王（通过大法官厅）颁布一纸令状（"诉讼开始令"），上面载明诉讼事由及当事人姓名等事项，责令所在地郡守协助传唤被告，到国王法院受审。开始，令状没有固定的格式，因人因事而异，后来，随着令状的增多，逐渐形成了一些固定格式。诉讼当事人必须根据自己的案情选择合适的令状，如果选择有误，就会败诉。日后蔚为大观的英国普通法，正是循着这一途径发展起来的。

纵观 11 ~ 13 世纪英格兰法律的发展，有两点特别值得注意。其一，当整个欧洲还为地方习惯法所支配的时候，英格兰的君主已经建立了统一的中央集权式的司法组织，并着手适用通行全国的划一法律。其二，英国普通法的形成是经验式的，从令状到令状，由案件的逐个积累而成，并非由某种单一的理论或抽象的前提演绎出来。前者决定了当时英格兰适用统一法律的迫切性和鲜明的实践性，后者则确定了最早的法官集立法者、法官和法学家于一身的特点，也决定了英国式法律教育的经验特点。

---

① 参见 R. C. Van Caenegem, *The Birth of the English Common Law* (Cambridge University Press, 1974), pp. 33 – 34。

那么，在英国普通法草创的过程中，是否存在罗马法的影响？如果有，是否具有独特的性质呢？

如前文所述，11世纪时，席卷欧洲大陆的罗马法复兴正如火如荼，方兴未艾。11世纪的诺曼人大举入侵也把这股罗马风带到了英格兰。当年随同威廉进入英格兰的，有一位欧洲大陆罗马法复兴的先锋人物Lonfranc，他曾以僧侣身份为诺曼人入侵赢得教皇的支持，后出任坎特伯雷大主教，极受威廉一世的信任；他的一个后继者Theobold，也很重视罗马法的研究，曾经邀请当时的意大利罗马法学者Vacarius到牛津大学讲授罗马法，在英国法律史上，这是在大学里研究、讲授罗马法的开始。实际上，爱德华一世以前的历代国王身边都有这样一些高级僧侣。他们是国务活动家，是学术活动（包括罗马法研究）的庇护人，还是知识渊博的学者和国王法院的法官。他们的活动在很大程度上维系着英格兰法学与欧洲文化主流的联系。通过他们，查士丁尼的罗马法和意大利注释法学派的研究成果才被介绍到英格兰，从而影响了英国法律的产生和发展。

现在，我们要弄清楚，那些汲汲于构筑自己的法律大厦的英格兰法学家们，究竟依靠什么来完成他们那巨大的工程呢？固然，他们熔铸了某些英格兰的地方习惯，使之成为统一的整体，但是，冶炼的催化剂从何而来呢？他们会毫不顾惜地把古代文明坚固的材料置诸一旁吗？当然不会。实际上，在英格兰最早的法律文献里，罗马法的概念、方法、格言比比皆是。正如一位学者所说："某些共同的趋向是可以觉察的。用科学方法研究的风气在波伦亚复活之后的大约一世纪后，到处都感到有必要为各种司法体系提供一种既明晰而更有有机性的结构……总之，没有波伦亚派学说遍布于欧洲，则任何学说，甚至和罗马法原则最远的学说，都不可能以极一致的形式谱写出来的。"① 当然，英格兰所发生的一切并不是欧洲大陆罗马法复兴的简单重复，而是一种有选择的"英国化"的过程。二者的区别，可以在意大利注释法学派与同时代的英国法学家的简单比较中看出。

对注释法学派来说，罗马法似乎不是一个已经死去的文明留下的遗产，而像是一种现行的法律制度。无论其中涉及的法律关系是否陈旧过

---

① 上海社会科学院法学研究所编译《各国法律概况》，知识出版社，1981，第67页。

时，他们都一视同仁地详加注释。他们的工作是读解、整理和演绎，并不是因为抽象的王国对他们具有特殊的魅力，而是因为，现实还未给他们心爱的法典提供一个广阔的天地。当时的欧洲大陆，还没有一个国王强大到能够在整个王国施行一种统一的法律，所以，尽管社会已经感到需要出自意大利法律学校训练有素的行政、法律人才，需要罗马法的某些观念、术语和原则以建立新的秩序，但还无力容纳这个庞大的法律体系，只好任它在大学的讲坛上和学者的书斋里保持其纯粹性。欧洲大陆这种学院式的、系统的和"纯粹"的罗马法同各地习惯法的对立，在英格兰从不曾发生，因为当时英格兰法律发展的主要问题是实践，是建立一个以王室法院为核心的司法体制，创造一种能取代各种地方习惯的"普通法"，以便实行有效的社会控制。所以，当英格兰的法学家接触到这股欧洲文化的潮流，并在它的启发下写出自己的法学著作时，他们主要不是像注释法学者那样汲汲于罗马法原本的解释，而是根据当时英格兰的社会状况，把所学的罗马法知识创造性地应用于法律实践。以这种方式接受的罗马法，当然不会是系统的和完整的。

这里要提到一个有代表性的人物，英国法律史上最伟大的作家之一，英国普通法之父 Bracton。他是亨利三世时的王室法院法官、副主教，《英格兰的法律与习惯》一书的作者。Bracton 对罗马法了解和掌握的程度一向是个有争议的问题，但是，在上述具有划时代意义的法学论著中，他运用了罗马法的分类、排列、原则和格言，却是学术界所公认的。据作者本人说，这部论著是以查士丁尼的《法学阶梯》为蓝本写成的。尽管如此，它论述的主题完全是英国式的，本土风光的。为了写成这部著作，Bracton 搜集了 2000 个王室法院的判决，并在书中说明性地引用了几百例。书中论述最多，也最详尽的是财产取得方式和诉讼程序两个部分，对于人法和债法（在《法学阶梯》中占有相当大的篇幅）则涉足未深。这是因为，财产取得方式和诉讼程序是当时英国社会的主要法律问题，而契约关系在当时尚不发达，至于人法，除已经过时的那部分以外，还有相当部分（如婚姻关系）正逐渐进入教会法管辖范围，需要由普通法调整的关系就相对减少了。可见，尽管 Bracton 不可避免地受到罗马法学，特别是当时的意大利罗马法学者的影响，但是，他的确不曾也不想象注释法学者那样为古本作注，他不过是想"借助于罗马法的材料，为他那个时代的英国法编纂'法学阶梯'"。①

13 世纪已具雏形的英国普通法，其地位的最终确立，是在 16 世纪末，在此之前，它还要经受来自内部和外部的双重挑战。英国法的一般性格，以及英国普通法与罗马法的特殊关系，在这一段历史中进一步显露和确定下来。

15 世纪下半叶，英格兰经历了一场封建领主内部的大厮杀，史称"玫瑰战争"，它延续了 30 年之久。战乱所及，法律和秩序荡然无存，同时，诸大封建家族的势力也在内战中消耗殆尽。这就使后起的都铎王朝可能实行稳固的开明专制。

都铎王朝伊始，在普通法法院之外，出现了一批特权法院，如星法院、小额债权法院、征收法院、监护法院、北方立法会议、威尔士立法议会等，早一些的大法官法院和海事法院亦属此类。这些法院适用的法律不同于普通法，而或多或少具有罗马法的渊源特征（有时是以教会法为媒介）。② 这不仅是因为普通法呆板缓慢的程序不能令人满意，也因为这类法院的法官职位多半由民法学家③充任。大力起用民法学家，使之出任法官、外交官和行政官：不是扩大普通法法院的管辖权，而是设立特别法院以处理特别事务。这些政策表明了国王同普通法法院之间的某种对立。亨利八世不信任普通法法官，是因为他们属于一个有严密组织和古老传统的职业集团，不会随便受人摆布；他偏爱民法学家，则是因为这些人能够成为政府部门忠于职守的官吏，更何况，罗马法中皇权至上的原则显然比尚保有某些日耳曼自由传统的普通

---

① P. Vinogradoff, *Roman Law in Medieval Europe* (Clarendon Press, 1929), p. 102. 关于 Brac-ton 创造性地运用其罗马法知识问题，请参见 C. K. Allen 为梅因的《古代法》作的序言；Plucknett, *A Concise History of the Common Law* (The Lawyers Cooperative Publishing Company, 1929), p. 180 和同一作者的 *Bracton and His Work*, *Early English Legal Literature*, 59 (1958), pp. 42 – 51; *The Cambridge Medieval History*, Vol. 5, pp. 758 – 759; Maitland, "Materials for the History of English Law", *Select Essays in Anglo-American Legal History* (Lit-tle, Brown, and Company, 1908), Vol. 2, p. 36; Brunner, "The Sources of English Law", *Select Essays in Anglo-American Legal History* (Little, Brown, and Company, 1908), Vol. 2, p. 644; M. F. Morris《法律发达史》，第 163 ~ 164 页。

② 请参见 C. P. Sherman, *Roman Law in the Modern World*, Vol. 1, pp. 364 – 365 (The Boston Book Company, 1917); A. Harding, *The Law Courts of Medieval England* (George Allen & Un-win, 1973), p. 166; Plucknett, *A Concise History of the Common Law* (The Lawyers Coopera-tive Publishing Company, 1929), p. 42; Maitland, "English Law and the Renaissance", *Select Essays in Anglo-American Legal History* (Little, Brown, and Company, 1907), Vol. 1, p. 189。

③ 在中世纪的法律词汇中，民法指罗马法，民法学家即为罗马法学者，含义与现在不同。

法更合他的口味。据说，他还打算用罗马法全面取代普通法。① 由此也可以推知当日罗马法来势之凶猛。然而，16 世纪下半叶，潮流为之一变，竟出现了英国法的复兴。这一变化与当时英国资产阶级的日益壮大和英国民族自尊心的高涨可说是互为表里的。1588 年，英国舰队一举击败西班牙的"无敌舰队"，这个事件的意义极其深远。莫尔顿写道："到一五八八年止，英国资产阶级一直为生存而斗争，从这以后，他们就为政权而斗争。因此，击败无敌舰队一事不但是外交上的转折点，也是英国国内历史上的转折点。商人用自己的船舰和自己的金钱取得胜利……这个胜利转变了一百年来阶级关系的性质。资产阶级觉得自己有了力量，而一有了这种自觉，他们与君主制度的长期联盟就开始解体。君主制度也许还需要他们的支持，但他们不再需要君主制度的保护，甚至在伊丽莎白去世以前，议会已表现出空前的独立性。"② 虽然这个阶级暂时还不能凭借自己的力量彻底打败旧势力，却可以和它对垒了。议会不喜欢罗马法，不仅是因为它被视为一种外国势力，且在传统上总被认为同一向敌视英格兰的神圣罗马帝国皇帝有关联，更主要的是因为，议会在其中看到了王权至上的原则。既然有悠久历史的普通法可以用来抑制国王的专横暴虐，议会就毫不犹豫地站在了普通法一边，把英国法律传统中最古老的权利当作摧毁国王特权的武器。至于普通法法官，他们反对罗马法几乎是一种职业的本能。因为，起用民法学家和设立特权法院直接危及他们的各种权益。这样，议会就和普通法的职业集团携起手来，共同抵制了罗马法的入侵。③

我们看到，从 11 世纪到 16 世纪，英国法学家对罗马法的态度经历了一个很大的变化：从积极借鉴到坚决抵制。其中原因有很多，总的来说，

---

① 参见 Maitland，"English Law and the Renaissance"，*Select Essays in Anglo-American Legal History*（Boston，1908），Vol. 1，pp. 176 – 178，182 – 185。

② 〔英〕莫尔顿：《人民的英国史》，谢琏造等译，三联书店，1958，第 161 页。

③ Maitland 在其"English Law and the Renaissance"一文中描述了当时的情形，认为，律师学院的存在是阻止罗马法侵入的根本原因。参见 Maitland，"English Law and the Renaissance"，*Select Essays in Anglo-American Legal History*（Boston，1908），Vol. 1，pp. 189 – 195。Plucknett 在此之外还强调了普通法关于土地的复杂制度等阻却罗马法的客观原因。参见 Plucknett，*A Concise History of the Common Law*（The Lawyers Cooperative Publishing Company，1929），pp. 43 – 44，214 – 215。Caenegem 提出"时间差"之说，认为普通法早已形成，以至于在 13 世纪时已无改变它的可能了。参见 R. C. Van Caenegem，*The Birth of the English Common Law*（Cambridge University Press，1974），pp. 92，108 – 109。此外，Maitland 和 H. Brunner 还提出了"免疫力"说，认为英国普通法早期曾吸收了罗马法，因而具有了"免疫力"。上述意见中不乏合理因素，但是总的来说偏重于技术性。

社会的、政治的原因多于法律的、技术的原因。这些原因作用的结果，便是罗马法在英格兰的传播受到阻碍。但是，当我们谈到 16 世纪英国普通法战胜罗马法，谈到它在国内地位的确立，并不意味着罗马法的影响从此便告消失，或者，普通法由此便一成不变了。任何一种社会制度，要存在就要图发展，欲发展便要有更新，普通法也不能例外。17 世纪，普通法吸收了商法，包括其中许多适用已久的罗马法原则、规则；19 世纪以后，在许多案件，特别是有关契约的案件中参考、引证、讨论罗马法的事例更是屡见不鲜（详见下文），这两个例子都可以说明罗马法对普通法的进一步渗透和普通法借罗马法而进行的自我改造。其实，在英国法律史上，除去个别情形，研究、参证甚至借鉴、吸收罗马法的做法几乎不曾中断过。而前文所说普通法地位的确立，不过是说，普通法不再担心被罗马法取而代之，而且在英格兰，除某些特别法院，罗马法并不具有强制力。相对于当时欧洲大陆法律的发展，这正是英国法律发展的特点。

三

早在 11 世纪，威廉一世在英格兰适用的法律中就有罗马法的痕迹。其中一部私人法律著述，名为《威廉一世的法律》，多为盎格鲁—诺曼法律，部分以威廉一世的制定法为依据。据说，全书 52 章中有 6 章可以看到直接、间接地引自查士丁尼的《学说汇纂》和《查士丁尼法典》的罗马法规则。[①] 类似这样的英国早期法律是否对普通法的形成产生重大影响，尚无明确答案。但是，普通法的诞生，大大得益于当时的罗马法复兴运动，这是众所公认的。有些学者认为，在英国普通法的发展初期，罗马法的影响还大量地表现在王室法院的司法判决中。比如，Amos 在其《罗马法》一书中写道，"直到 14 世纪初，罗马法的权威还被人在普通法法院征引，并非如现在那样作为说明或次要的证明，而是当作基本的，实际上是决定性的东西"。[②]
C. P. Sherman 也指出了这一点，他甚至还举出了一个 1311 年的判决作为

---

① 参见 H. Brunner, "The Sources of English Law", *Select Essays in Anglo-American Legal History*（Little, Brown, and Company, 1908）, Vol. 2, p. 22。

② 转引自 C. P. Sherman, *Roman Law in the Modern World*（The Boston Book Company, 1917）, Vol. 1, pp. 359 – 361。

例证。① 总之，这一时期的特点似乎是，罗马法的材料被巧妙地加以运用，与日耳曼法和封建法的材料糅合在一起，为本地风貌的诉讼外壳所掩盖。

16 世纪以后，普通法又经历了一个新的发展。通过 Coke、Holt 和 Mansfield 的不懈努力，商法终于成为英国普通法的一部分。由于商法在渊源上与罗马法有深刻的联系，它的进入普通法不啻是罗马法间接但大量地渗入了英国法中。② 著名的普通法法官，被誉为"英国商法之父"的 Mansfield，有精深的罗马法和商法的知识，完全不同于旧式保守的普通法法学家，③ 这大概不是偶然的。

进入 18 世纪以后，英国社会生活有了很大的发展，司法实践中遇到的新问题越来越多。对这些问题，普通法要么缺乏明确的指导，要么规定陈旧过时，不够合理。这时，法官们突然发现，几个世纪以前的 Bracton 已经为他们提供了解决这些问题的良方，特别是在契约方面。于是，引用 Bracton 乃至罗马法文本的情况越来越多。当然，这些引证在普通法法庭上是没有拘束力的，但是，它毕竟有助于解决现实问题。在某种意义上，它影响了法官的判决，从而影响了英国普通法的发展。

相对来说，罗马法对英国普通法的影响，物法方面多于人法。一方面是因为，中世纪以后古代社会某些有关的法律关系已经陈旧过时；另一方面是因为，传统上人法的事务多由教会法和衡平法管辖。尽管如此，这一领域内的罗马法因素还是有迹可循的。

早在 13 世纪，为了确定早期英国社会农奴的法律地位，诺曼法学家显然运用了他们的罗马法知识。比如，Bracton 借用了罗马时代的概念，用"附条件解放自由人"（statuliberi）指享有自由的农奴，如作为自由人居住在自由土地上的农奴。这种人实际上受法律保护，任何人若对之主张权利，都必须提起"逮捕并返还逃奴令"（de nativ habeudo）的诉讼，并负举证之责。"自然，这

---

① 参见 C. P. Sherman，*Roman Law in the Modern World*（The Boston Book Company, 1917），Vol. 1，pp. 359 - 361。

② 请参见 W. S. Holdsworth，"The Development of the Law Merchant"，*Select Essaysin Anglo-American Legal History*（Little, Brown, and Company, 1907），Vol. 1；T. E. Scrutton，"Roman Law Influence in Chancery, Church Court, Admiralty, and Law Merchant" *Select Essays in Anglo-American Legal History*（Little, Brown, and Company, 1907），Vol. 1，pp. 220 - 247；T. L. Meary，"The History of the Admiralty Jurisdiction"。

③ 请参见 J. Marke，*Viguettes of Legal History*，p. 196（1977）；J. Bryce，*Studies in History and Jurisprudence*（Oxford University Press, 1901），Vol. 2，p. 863；Plucknett，*A Concise History of the Common Law*（The Lawyers Cooperative Publishing Company, 1929），pp. 170 - 172。

不是罗马学说，它不过是用于英国学说的罗马词汇而已。"① 此外，Bracton 还注意到罗马帝国晚期关于不得虐待奴隶的法律规定。他强调，奴隶并非完全处于其主人的权力之下，领主不得对其农奴加以"残酷伤害"。② 当然，中世纪农奴地位的改善自有其政治、经济的原因，但是，为这种改善提供法理上的依据也是不可或缺的。诺曼法学家这样做时取材于罗马法，也不足为怪。取用手边的材料总要方便一些，更何况，诉诸古代权威通常较另辟蹊径更保险些。

在物法方面，最先引起我们注意的是动产（personal property）和不动产（real property）的划分。在英国，直到 1925 年以前，这种划分一直是财产法的基本原则之一，而它最初却是植根于罗马法学家关于诉讼分类的学说之中的。在罗马法中，诉讼的基本分类之一是对物之诉（action in rem）和对人之诉（action in personum），前者涉及原告享有的对世权，如所有权、役权等，后者则旨在强制被告履行因契约、私犯或准私犯所生的债，不发生获取特定物的问题。早期英国法学家了解并熟悉这种对诉讼的罗马式划分。但是，他们在此基础上又进了一步，即把这种诉讼上的划分用来区分不同种类的财产，大致说来，土地和附于其上的权益是为不动产，其他则可归于动产一类。前者受物权诉讼（real action）的保护，其权利主张直接针对特定物；后者则不然，其权利主张须以债权诉讼（personal action）的方式提出，它所针对的是特定人。这种由诉讼种类的区分进到物本身的分类经历了漫长的时日，而其起点为罗马法上的概念是没有疑义的。③

---

① P. Vinogradoff, *Roman Law in Medieval Europe* (Clarendon Press, 1929), p. 111.

② P. Vinogradoff, *Roman Law in Medieval Europe* (Clarendon Press, 1929), pp. 110 - 114; W. W. Buckland, *Roman Law and Common Law* (Cambridge University Press, 1936), p. 27。

③ 参见 P. Vinogradoff, *Roman Law in Medieval Europe* (Clarendon Press, 1929), p. 115。关于这个问题，欧洲学术界似乎没有大的争论，不过，由于语言上、习惯上的原因，中国学者要了解这个问题却多了一层障碍。实际上，罗马法关于物的分类中就有动产（res mobiles）和不动产（res immobiles）的划分，这种划分着眼于物的物理性质，与封建关系无关。所以，它与英国普通法中动产和不动产的划分有着根本的区别。按照英国法，某种土地上的权益是"动产"（如租佃持有产），而某种并非土地之物（如地契）却由不动产法调整。之所以如此，在于其划分的标准是封建性的，不能在"可移动"和"不可移动"的意义上加以理解。动产和不动产这样一对中译名常常不加说明地用于英美国家法律制度和大陆国家法律制度，这非常容易引起混乱。须知，大陆法系的动产与不动产用的是另外两个字，即 movable property 和 immovable property。从字面上看，它很像是罗马法中同一种划分的发展。考察这两对概念的不同写法很有意义，它可以为我们提供一个语义学上的证据。从罗马法的 action in rem（personum）到英国法的 real（personal）action，再到英国法的 real（personal）property，这中间的递嬗关系不难发现。

关于所有权和占有的理论，罗马法和英国法相去甚远。按照罗马法的理论，所有权是真正的和完全的物权，占有则是对物的受法律保护的享有，在很长一段时期内，它只是一种事实而非权利，二者有明确的界限。但在英国法中，这两个观念却消失在"合法占有"（seisin）的单一概念之中。按照这个概念，在土地争讼中，法院要求当事人证明的不是绝对的所有权，而是更有效的占有（better seisin）。换言之，没有人被要求证明完备的所有权来对抗一切人，只要他能够证明某种比其对手方的权利更为古老的权利就足够了。这种"相对所有权"观念对罗马法学家来说是很陌生的。12 世纪以后，"合法占有"成了英国财产法中最重要的概念之一，然而，即便在如此独特的制度中，我们也可以发现罗马法的影响。

亨利二世法律改革的主要成就之一是发展了占有观念，特别是把占有成功地置于王室法院的有效保护之下。罗马法的影响可以在这种保护占有的诉讼之中清楚地看到。最初，受侵夺的"合法占有"者欲恢复其占有，须直接申请"权利恢复令"（writ of right），但在这种诉讼中，被告总是处于更为有利的地位。他可以无限期地延宕，即使进入辩论阶段，原告还要负举证之责。为改变这种不合理的现象，教会法学者主张，受剥夺者得先行回复占有，然后再辩明案件的是非曲直。这种办法首先用于教会案件，特别是主教被逐出其管区的案件。亨利二世新的诉讼手段，著名的"新不动产回复"（novel disseisin），正是以此模式建立起来的。在这种诉讼中，被剥夺了土地的"合法占有"人可以先回复其占有，另一方当事人如果提出权利（title）问题，可随后作为原告申请"权利恢复令"。起初，"新不动产回复"只是提起"权利恢复令"诉讼的辅助性和预备性程序，但在许多案件中，当事人满足于这种裁定，逐渐地，这种诉讼形式就获得了独立的地位。①

这种占有保护的形成，主要得益于罗马法的"禁令"（interdict）。只是，这里的罗马法影响是经教会法这一媒介传达于英国法的。罗马法中的"禁令"是由裁判官发布的一种命令。最初，这种命令只在详细考虑了案件的是非曲直之后发出，并且是最终的。古罗马盖尤斯（Gaius）时，在多

---

① 参见 T. Pluckuett, *A Concise History of the Common Law* (The Lawyers Cooperative Publishing Company，1929)，pp. 274 - 275。

数情况下，可以先行发布"禁令"，并不考虑当事人的严格权利问题，然后再据令状加以审理。这里要提到的是一种名为"unde vi"的返还令状，这种令状关乎占有，属于回复占有的令状。① 中世纪的教会法学者对这种令状颇为熟悉。他们的"返还被窃物之诉"（actio spolii）就是以罗马的"unde vi"为模式建立的。许多学者进一步指出，亨利二世的"新不动产回复令"正是教会法中"返还被窃物之诉"的世俗变种。② 据说，英国普通法之父 Bracton 就曾把这种古老的英国令状与罗马的同种"禁令"（unde vi）视同一物。③

在所有权和占有之外，罗马法中还有其他各种重要的物权，在这些方面，它对英国法的影响是显而易见的。下面将依次讨论人役权和地役权方面的法律。

罗马法的人役权分为四种，其中，用益权（usufruct）与英国法中的"无继承权地产"（estate not of inheritance）或"终身地产"颇为相似。1891 年，英国大法官分院审理了一桩案件，该案涉及终身租户（tenant for life）砍伐林木的权利问题。上诉法官 Bowen 在判决中说，"在一桩肯定是新的案件中，参照用益权的法律（law of usufruct）是很合适的，英国有关损害的法律（law of waste）在很大程度上是建于其上的"。他进而引证了《学说汇纂》（Dig. 7，1，11；7，8，32），并且从 Gaius 那里找到了"再生

---

① 参见 R. W. Leage, *Roman Private Law*, 1906, pp. 401 – 405。

② 梅特兰在许多地方都持此说，其他如 P. Vinogradoff，第 99 页；W. W. Bucklaud，第 59，338 ~ 339 页；S. F. C. Milson，第 138 页；等等。

③ C. P. Sherman, Vol. 2，第 406 页。对此看法，也有持异议者。比如，H. A. Holland 认为，梅特兰固持此说，乃是一种"时代的错误"。因为，至 12 世纪末以前，教会法并未发展出 actio spolii 一类的程序。但是，Holland 并未提出充分的证据来支持他的看法，他所引用的两位法律研究者的话恰恰与他的意见相左。"任何被剥夺占有之人，得在所有权依法确定之前回复其占有。有充分的理由认为，这样一条原则是教会法的古老格言，在'伪教令'中被明确宣布，在有关文献为 Gratian 搜集并系统化因而得到广泛流传以前，它的内容在 11 世纪和 12 世纪早期即已为英国人所熟知。"（H. G. Richardsan and G. D. Sayles, "*Select Cases of Procedure Without Writ Under Henry Ⅱ.*"转引自 H. A. Holland, "*New Light on Writ and Bills, Influence of Roman Law in England in the Twelfth and Thirteenth Centuries*"（C. L. J. 1942 – 1947, V. 8 – 9, pp. 260 – 261）。我们知道，著名的"伪教令"大约出现在 9 世纪中叶，格拉提安的"教令集"则成书于 1140 年前后，正是在这个教令集中，他把上述原则应用于被逐出主教管区的主教们，可以说，这是应用 actio spolii 的起点。亨利二世登基是在 1154 年，在他统治期间，法学家们借鉴教会法这种诉讼模式，建立自己的、适合当时社会需求的占有保护，这在客观上是完全可能的。

林木"（syIva caedua）的定义（Dig. 50，16，30）以及现代注释法学家对之所作的解释。[①]

地役权方面，罗马法的影响更加突出。在这方面，甚至从 Bracton 开始，英国的理论权威就时常诉诸罗马法，所以，W. Markby 强调说，英国的地役权法律"一直，并且继续受着罗马的巨大影响"（Elements of law §403）。[②] 1843 年，财务法院审理了一桩关于土地所有人行使汲水权的案件。在这个案件中，由于被告善意地行使此项权利，使得财产位于其上方的另一土地所有人（该案原告）的水井干涸。由于没有正好适用的英国权威理论，双方律师和法官遂详细讨论了罗马法的有关部分，并引证了《学说汇纂》和《查士丁尼法典》的某些段落（Dig. 39，3；Cod. 3，34）。结果，罗马法学家 Marcellus 和 Ulpian 的"有利于被告的论点"被认为"具有决定性价值"。对此，首席法官 Tindal 说："对于王国的臣民，民法本身并不构成有拘束力的规则；但是处理关于原则的案件，而我们的文献又没有可资引证的直接权威，此时，如果我们作出的判决，能在那样一种法律——那是最博学的人的研究成果，是若干时代浓缩的智慧和欧洲大多数国家国内法的基石——中找到依据，那它便堪称完美了。"[③] 这段话很好地说明了 18 世纪以后，罗马法在英国普通法法院里的地位，因而被后来的研究者视为经典性说明。

前文曾指出，在《英格兰的法律与习惯》一书中，Bracton 用了很大篇幅讨论财产的取得方式问题，普通法这个部分的许多概念和原则是由他从罗马法中引入的，试举数例于下。

---

① 参见 *Dashwood v. Magniac* 3 ch. 306，362（1891）；60 L. J. Ch. 809；T. Oliver，"Roman Law in Modern Cases in English Courts"，*Cambridge Legal Essays*（Oxford，1926），p. 247。

② C. P. Sherman，Vol. 2，p. 169；W. W. Buckland，p. 102。

③ *Acton v. Blundell*（1843）12 M. and W. 324，353. 转引自 T. Oliver 前引文，第 246～247 页；C. P. Sherman，Vol. 2，pp. 172 – 173；F. Pollock，*A First Book of Jurisprudence*（1911）；T. E. Scrutton 前引文，第 213 页。1856 年，上议院在另一个案件中再次肯定了这一罗马法原则。参见 *Chesemore v. Richards*（H. L. Cases 349），C. P. Sherman，Vol. 2，p. 173。此外，地役权方面引证罗马法的案件还可以举出一些，如 *Mason v. Hill*（1835）5 B. and Ad.，pp. 23 – 24。早期案例，涉及河岸所有人利用流水的权利，首席法官 Denman 在判决中引证了 Vinnius 关于《法学阶梯》和《学说汇纂》有关章节的注释。参见 *Dalton v. Angus*（1881）L. R. 6 App. Ca. 740；50 L. J. Q. B. 689。该案涉及利用邻舍墙壁支撑建筑的权利，大法官 Selborne 在这一案件中引证了《法学阶梯》和《学说汇纂》的有关章节（Inst. 2，3；Dig. 8，2，24，25，33；8，5，6，8）。以上两例均见 T. Oliver 前引文，第 247 页。

先占——先占在于获取不属于任何人或不再属于任何人的财产。在英国法中，这是 Bracton 对罗马法的借鉴之一。Blackstone 认为，"……根据罗马法所承认的各民族法律规则，这（先占）是一切财产的真正基础"。①

添附——这也是英国普通法中的一种制度。Blackstons 说："这些（罗马的）学说（关于添附）被 Bratcon 完全照抄和采纳。后来，又得到法院无数判决的确证。"② 由于海洋或河流的无形作用而使土地面积增加，称作"冲积地"（aleuvion），为添附之一种。英国法承认这种添附，有关规则是由 Bracton 引入的。l821 年，在上议院审理的 Gfford v. Lord Yarborough 一案中，法官 Best 引证了 Bracton 以支持因冲积地而取得所有权的观点。③

交付——单纯的交付只能移转占有，而不足以移转所有权，除非伴有表明移转所有权的意图，如以契约或赠与。在罗马法上，这称为"恰当原因"（justa causa），Bracton 采用了这一学说，强调指出，"恰当原因"是权利移转的必要条件。据说，他所用的字眼与查士丁尼的《学说汇纂》几无二致。④

继承——1540 年亨利八世颁布了《遗嘱法令》。从此，一切不动产都可以遗嘱处分。"这就是英国普通法对于罗马民法内一种卓越的原则的采用。"⑤ 连同这一原则一同被接受的，当然不乏具体的规则，如"财产混同"（hotchpot）之制。在古代罗马，已解放之子或已出嫁之女（领有嫁资者）若参加遗产继承，就可能对其他子女构成某种不公正。为此，裁判官法规定，已解放之子或已出嫁之女若未将所得财产或嫁妆归入本产，则不得参与其他在家父权之下的兄弟姐妹之法定继承。这就是所谓"归还赠与物"（collatio）的制度。它似乎是关于"财产混同"的伦敦习惯的先声。后来为"分配条例"（Statute of Distribution. 22 and 23 Car I . c. 10 §5）所肯定。Coke 坦白地承认，英国普通法中的"财产混同"之制"实际上正

① 转引自 C. P. Sherman，Vol. 1，p. 203。得以这种方式取得的财产有活物、新形成的土地、埋藏的宝物、遗弃物等。这些方面，Bracton 重申了罗马法的原则，有时，甚至使用了"民法学家的语言"。参见 C. P. Sherman，Vol. 1，pp. 203 – 205。

② 转引自 C. P. Sherman，Vol. 1，p. 207。

③ 参见 C. P. Sherman，Vol. 1，p. 208。

④ 参见 C. P. Sherman，Vol. 1，pp. 211 – 212。

⑤ 参见〔美〕M. F. 莫理斯《法律发达史》，王学文译，商务印书馆，1939，第 166 页；C. P. Sherman，Vol. 1，p. 370。

是罗马法学家称之为'归还赠与物'（collatio bonorum）的东西"。① Black-
stone 也指出这一制度的罗马法渊源，并把"财产混同"说成"正义和公
平的规定"。②

现在，本文将转入对债法的考察。在这个领域，"引证罗马法最为司
空见惯。罗马古典法学家们成功地就这种普遍适用的关系创造出一整套学
说。时间的流逝和社会条件的变化也很少使它改变"。③ 这段引文虽然针对
英国契约法而发，移之于债法亦无不可。如其他许多领域一样，这方面的
罗马法原则也多是经由 Bracton 传来。

在讨论英国契约法中的罗马法影响时，不能忽略了二者的一个重要差
别，即英国契约法更接近一般的契约理论，用 W. Buckland 的话说，"我们
有契约法，而他们只有各种契约法律……我们的具体契约是一般类型的各
种特别种类，而在罗马法中，这个过程是颠倒过来的"。④ 这种差别部分地
表现在英国法的"对价"理论上。

要为"对价"下一个大家都能接受的定义是很困难的。传统上，对价
被视为使要约人获得利益或受约人蒙受损失的允诺。⑤ 在英国普通法中，
对价是契约的要素，它的有无至关重要。一个缺乏"对价"的允诺是不得
诉请强制执行的。"对价"理论是否渊源于罗马法，这个问题一向有争议，
且不易廓清。罗马共和国时期乃至帝国早期，契约颇重形式，缺少必要形
式的契约被称作"裸体契约"（nudum pactum），即不受诉权保护的合意。
13 世纪时，Bracton 把这个概念引入英国普通法；但是，15 世纪以后，这
个词逐渐用来指没有对价的合意。这同它在罗马法中最初的含义已相去甚
远。不过，毕竟都还是指不得诉请强制执行的合意。⑥ 这里，值得重视的
是罗马契约法中关于"要因"（causa）的学说。所谓要因，就是"法律认
许成立债的原因"。⑦ 罗马法中，订定契约的特殊方式可以被认为是恰当的

———————————

① 参见 T. E. Scrutton 前引文，第 212 页；C. P. Sherman，Vol. 2，p. 245。
② 转引自 C. P. Sherman，Vol. 2，pp. 245 – 246。
③ T. Oliver 前引文，第 247 页。
④ W. W. Buckland，导言部分。
⑤ 参见〔英〕P. S. 阿蒂亚《合同法概论》，程正康等译，法律出版社，1982，第 74～85 页。
⑥ 参见 C. P. Sherman，Vol. 1，p. 317。"裸体契约无诉权"，无论在民法还是在普通法中，这
都是重要的格言。R. W. Leage 前引书，第 263～264、292 页。
⑦ 周枏等编《罗马法》，群众出版社，1983，第 223 页。

"要因"。而在一些不拘形式的契约中，"要因"也可能是交付或互易（quid pro quo）一类东西。英国法也有类似的情形。有封印契约得被诉请强制执行，否则，必须证明有对价的存在。因此，有人认为，罗马合意契约中的要因与英国法中的对价实际上是一回事。[①]

C. P. Sherman 认为，现代的对价学说是罗马法要因概念的演变。罗马人只是部分地提出了"对价"的必要性，即只在某些契约中有此要求，现代法律则明确地使对价成为所有契约的要素，从而完成了罗马学说的发展。他还说，Backstone 也指出了英国对价学说的罗马法渊源（Comm. Vol. 2, p. 445），而且，在伊丽莎白时代，要因这个词是直接被用来指对价的。[②]在这个问题上，另一位法律史家 W. Buckland 持保留态度。在其《罗马法与普通法》一书中，他着重分析二者的不同，特别是产生这些不同的原因。但是，他同时也承认，在"互易"这种简单意义上的对价，对于许多契约都是很重要的。甚至他还承认，罗马的无名契约基本上是执行对价的契约。[③] 显然，这两位学者都同意，要因不能简单地等同于对价。问题在于，在对价学说的发展过程中，要因究竟起了什么样的作用。

中世纪的大法官们对罗马法的要因观念颇为熟悉。当普通法法院就不履行诺言发展出一般救济的时候，它们迫切地需要一种契约理论，以便决定哪些契约是应当予以强制执行的。这时，法学家们很自然地注意到由教会法学者传来的要因观念。一般来说，大多数人在作出具有法律效果的允诺时，总是期待着某种回报。这种互易的观念很可能对发展对价理论产生一定的影响。[④] 当代法律史学者 C. Milson 指出，只看到从前存在的互易或民法学家和教会法学者的要因概念是不对的，但完全忽视这些观念也是错误的。如果原告要求实现一项允诺，衡平法院和普通法法院都可能抱着类似要因的观念考虑其要求。C. Milson 认为，在一定程度上，旧的互易观念在后来集合并合理化成为对价学说的一系列判决中，乃是构成性（formative）因素。[⑤] 换言之，要因观念为对价学说提供了一个有益的起点。

---

① 参见 R. W. Leage 前引书，第 263～264、292 页；C. Black 的解释是：无特别形式或无任何对价的允诺不产生法律责任（Black's Law Dictionary, 1979, p. 516）。也是对二者不大区分的。

② 参见 C. P. Sherman, Vol. 2, p. 318。

③ 参见 W. Buckland, pp. 171 – 172, 237。

④ 参见 W. Buckland, pp. 175 – 177。

⑤ 参见 F. C. Milson, pp. 357 – 358；A. Harding, pp. 105 – 106。

如果说要因或对价是契约成立的要素之一，那么，错误则是契约得以解除的原因之一。罗马法把错误分为两类，即法律的和事实的。英国普通法和衡平法中相同的区分即源于此。英国法的格言"不知法律不得为辩护理由"就是以教会法为媒介得之于罗马法的。① 罗马法在这方面的影响尚不止此。下面提到的一个19世纪的案件即可为证，这个案件涉及由于不知不当代理（misrepresentation）而订定的契约的效力问题。该案援引了《学说汇纂》有关部分的段落，作为原则适用于判决。法官 Blackburn 说，这一原则在民法中得到了很好的解说。罗马法的一般规则是，当事人于契约主体发生错误，即无契约。这一原则也适用于物，如在奴隶买卖中关于特定的奴隶所生的错误。罗马法学家认为，若关于物的本质（substance of thing）发生误解，则无契约。若仅对某种性质（quality）或偶然因素有误解，即便这种误解成为买者的实际动机，契约仍有拘束力。Blackburn 把乌尔比安所举的一个例子与一则英国案例（Street v. Blay. 28. and Ad. 456）作了比较，并指出，英国法的原则与罗马法是一样的。②

契约得以解除的另一个原因是"意外事件"。在这方面，罗马法的一般原则是：无过错或诈欺的当事人，若其履行已不可能，则不受契约的拘束。从前，普通法所持的原则正好与之相反。"你总不至于如此愚蠢，作出一项绝对的允诺。你必须为自己的蠢行付出代价"；"如果当事人自觉自愿地承担了一项义务，即使出现了无法避免的意外事件，他仍负有履行的义务。之所以如此，是因为他理应在订立契约时为此做好准备"③ ［Paradine v. Jane（1647）Aleyn 27］。随着社会的发展，这类案件的数量日益增多。上述原则的不合理性也越来越明显。在19世纪的一些同类案件中，法官们付出了很大的努力，试图解决这一问题，结果产生了一项新的原则，即"默示条款"的原则。关于这一原则的经典性陈述是在1863年的 Tayler v. Caldwell ［32L. J.（N. S）L. B. 164，p. 166］一案中。这是一个因契约不履行而提起的损害赔偿之诉。该案原告本打算使用萨雷游乐园和音乐

---

① 参见 C. P. Sherman，Vol. 1，p. 14；罗马法的格言是："任何人将因不谙法律而非不明事实蒙受损失"；教会法的格言是："不明事实而非不谙法律得成为辩护理由"；Blackstone 表述如下："不懂法律不得成为辩护理由"。

② 参见 *Kennedy v. Panama & C. Mail Co.*（1807）L. R. 2Q. B. 580，转引自 T. Oiver 前引文，第249~250页。

③ W. W. Buckland，p. 183.

厅，但由于预定之日前几天厅堂为大火焚毁，契约遂无法履行。法官
Blackburne 在对这个案件所作的判决中提出了"默示条款"的原则。他说：
"出于契约的性质，当事人必定一开始就知道，除非某种专门载明的事项
于契约履行时继续存在，契约便无法履行。所以，订立契约时，他们必定
把这类事情的继续存在视为履行契约的基础。在这种情形之下，若无担保
有关事项存在的明示或默示的保证，这一契约便不能解释为绝对的契约。
根据默示条款，在并非因为订约人的不履行，但实际履行由于事项的消失
而变得不可能的情况下，当事人应予免责。"① 他明确指出，这也是民法的
原则。在引证了《学说汇纂》和一位民法学家关于债法专论的有关部分之
后，他又说："在英国法院里，虽然民法本身不具有权威，但对于我们弄
清法律依据的原则大有裨益。"②

这里还要提到另一桩比较有影响的案件，即 1924 年的 Cantiare San
Rocco 一案。③ 这是由上议院审理的来自苏格兰四季法院的上诉案件。据
F. P. Walton 说，审理该案时"讨论的许多问题令人想起罗马帝国后期的法
院"。④ 这一案件的大致情形如下：该案被告同意为上诉方制造一批轮机。
第一次分期付款额 2310 英镑，按契约条款支付，并有被告的收据。由于战
争爆发，契约未能履行。战争结束后，上诉方遂提出收回已付款的诉讼。
Shaw 爵士在其判决中仔细审查了罗马、苏格兰和英格兰的有关法律。法庭
辩论中还引证了 W. Buckland 的新著《罗马法教程》。最后，法院根据苏格
兰法律作出判决：已付款应予返还，其理由是"对价欠缺"（condictio of
rem dati）。有趣的是，那位被引证的 W. Buckland 对上述判决的根据提出
了异议。他认为，若将此案视为买卖契约，上述判决便非常完备了。根
据罗马法，商品处于交付状态以前，买卖的风险由卖方承担，在此期间，
他无权要求价金。所以，如果商品从未处于交付状态，而契约被毁，根
据"诚信可能"（bonae fidei endicie）的原则，卖方应返还所得一切。⑤
该案判决的理由是否恰当可以暂且不论，在这个案件中，上议院参照了罗

① W. W. Buckland 前引书，第 184～185 页；T. Oliver 前引文，第 248 页。
② T. Oliver 前引文，第 249 页。
③ 参见 T. Oliver, p. 253(1924) A. C. p. 226。
④ L. Q. R. July, 1925, p. 307；T. OLiver 前引文，第 253 页。
⑤ 参见 L. Q. R. July, 1925, pp. 253–254；W. Buckland 前引书，第 182～183 页。

马法和民法系统的苏格兰法，按其原则作出了终审判决，这个事实是显而易见的。

按照罗马法，在契约之外，私犯也是产生债的原因。一般认为，后者是近代有关侵权行为法律的古老渊源，英国的侵权行为法亦受其影响。兹仅举 18 世纪由首席法官 Holt 判决的 *Coggs v. Bernard*（1 Lord Raymonds Rep. 609〔1703〕）一案为例。在这一案件中，被告（原告的朋友）在将白兰地从一个酒窖运往另一个酒窖的时候，不慎打破了其中的一些酒桶。虽然他不是公共承运人，也没有收取服务费用，但法庭还是认为他负有责任。正是他提供了无偿服务这一事实使这一案件得以参照罗马的无偿代理契约。不过，Holt 并非直接引证《国法大全》，而是通过 Bracton 来引用罗马法。他坦白地承认："我所引证的这位 Bracton，我承认，是位古老时代的作者。但在这方面，他的学说同理性一致，也同其他国家的法律一致。"① Holt 对这个案件所作的判决被认为是根据罗马法对英国财产委托（bailment）法的重大推动。

诉讼程序是英国法最有特色的一个部分，通常被认为最少受外国法律制度的影响。如果它纯粹是一种当地制度，我们倒可以省却许多麻烦。问题是，事实似乎并非如此。

"诉"（action）的含义之一，是指主张所有权或债权的诉于法院的权利，即诉权。在这个意义上，查士丁尼《法学阶梯》为诉所下的定义是"关于何为适当之诉于法院的权利"（Inst. 46. pr. Dig. 44，7，51）。Blackstone 认为，英国法中诉的含义是由 Bracton 和 Fleta 用查士丁尼的语言加以表述的（Comm. Vol. 3，p. 116）②。

最后，作为普通法程序支柱之一的陪审制，一向是被贴上纯粹英国化的标签的。但是，最近一个世纪以来，认为它源于中世纪欧洲大陆查理曼帝国的看法占了上风。加洛林王朝的国王们为维护王室在帝国各处的利益，常常派出巡按使到各地处理行政事务，这些王室官吏还可开庭审判，召集当地臣民（通常在 12 人以上），听取证词。并且，他们还模仿罗马帝国的特别诉讼程序，采取纠问方式。这种做法被诺曼人引入英格兰，用来

---

① 转引自 F. Pollock 前引书，第 345～346 页；C. P. Sherman，Vol. 2，pp. 357，386－387。

② 参见 C. P. Shertman，Vol. 2，pp. 392－393。

加强王室的权力。陪审制就是在此基础上发展起来的。[①] 当然，英国并不是照搬这种制度，而是根据自己的需要予以创造性的发展。在许多细节方面，英国的制度都是独特的，外来的因素往往只是一个起点。这种看法也可以适用于英国法律发展的其他方面。

四

马克思指出："当工业和商业进一步发展了私有制（起初在意大利随后在其他国家）的时候，详细拟定的罗马私法便立即得到恢复并重新取得威信。后来资产阶级强大起来，国王开始保护它的利益，以便依靠它的帮助来摧毁封建贵族，这时候法便在一切国家里（法国是在 16 世纪）开始真正地发展起来了，除了英国以外，这种发展到处都是以罗马法典为基础的。但是，即使在英国，为了私法（特别是其中关于动产的那一部分）的进一步发展，也不得不参照罗马法的诸原则。"[②] 这是罗马法得以传播的内在经济机制。在此之外，这一历时千年的运动还有着深厚的文化背景。C. K. Allen 在谈到 Bracton 时指出，他"曾受到当时所公认的研究法律学的方法——一个必然是罗马式的方法——的影响，而它受这种影响，实在也是不可避免的"。[③] 之所以是不可避免的，那是因为，人类文化的传播和积累有其自身的规律。一方面，人类只能在已有的基础上从事创造；另一方面，在一切可能的条件下，前人的文化成果必然以各种各样的方式和程度传之于后世。而决定这些方式和程度的，是各个不同社会发展的具体特点。本文所竭力描绘的，正是英国普通法在接受和吸收罗马法时所表现出的种种特点。我们看到，由于英国普通法发展的经验性和实践性的特点，罗马法更多以间接而无形的方式，经由那些集法学家、法官和立法者于一身的杰出人物，有机地熔铸在英国普通法的大厦之中，而不像欧洲大陆国家，全面、系统地接受了罗马法的观念、体系、结构。而且，由于种种社

---

① 参见 R. C. Van Caenegem，他以一章篇幅对此详加论述。此外，参见 Pollock and Maitland, *The History of English Law before the Time of Edward* Ⅰ, Vol. 1, pp. 140 – 141; Vol. 2, p. 561 (1898); H. Brunner, p. 25; C. P. Sherman, Vol. 1, p. 354;〔美〕孟罗·斯密《欧陆法律发展史》，姚梅镇译，商务印书馆，1949，第 120~124 页。

② 《马克思恩格斯全集》第 3 卷，人民出版社，1965，第 71 页。

③ 转引自〔英〕梅因《古代法》，沈景一译，商务印书馆，1959，导言。

会的和政治的原因，罗马法常常受到排斥，在普通法法院完全没有拘束力。这一点也大异于欧洲大陆国家法律的发展。虽然如此，罗马法的种子毕竟撒在了英格兰的土地上，在那里开出了奇异的花朵。当然，今天要确确实实地弄明白普通法中哪些部分来源于罗马法，哪些部分来源于教会法，哪些部分是纯粹的普通法，这实际上是不可能的，而且，这种要求本身就是有悖于科学的。但是，可以肯定地说，罗马法对英国普通法的影响是多方面的，没有罗马法，就不会有今日的普通法。

（本文原载《比较法研究》1990 年第 1 期，收入本书时有改动）

遵循先例原则与英国法官的审判思维和方法

叶榅平 *

无论是从比较法还是从法理学的角度而言,英国法无疑都是独具特色的。在这种独特性形成的过程中,法官起到了至关重要的作用。英国法律是从判例开始发展起来的,而只有法官才有权宣布判例法的内容。因此,几百年来,法官一直处在法律思维的前沿位置,正如威廉·布莱克斯通(William Blackstone)勋爵所说的,法官是英国法律的"活先知"。[①] 他们在宪法发展的历史上也扮演着重要的角色。首先,自17世纪初期开始,法官便坚持认为国王的特权及行动应服从于普通法,而普通法正是由法官来宣示的;其次,自18世纪60年代开始,法官推动并参与了对行政行为的司法审查,并促进了英国司法审查制度的建立和发展。这些积极作用进一步加强了法官在英国法律体系中的权威,为法官创制法律提供了更加良好的法律意识和制度环境。

在19世纪,英国通过了一系列法规,这些法规规定先例或作为先例的判决理由对后诉的案件有法律上的约束力,这些规定大大加强了司法判决的重要性和权威性,而这些法规则构成了著名的"先例原则",有时也被称为"遵循先例"。对于外行人来说,英国人这种对待先例判决的方式不仅独具特色,而且令人费解。因为先例原则的一个最大矛盾在于它认可法官立法的合法性,即法官作出的决定可以约束之后的案件,但是它同时又对法官在法律上的创新作出严格的限制,即审理后诉案件的法官必须遵循先例对当前案件作出判决。那么,他们应该如何才能在这两者之间实现他

---

* 叶榅平,上海财经大学法学院教授。

① R. Cross & J. W. Harris, *Precedent in English Law*, 4th ed. (Clarendon Press, 1991), p. 13.

们的目标呢？

面对疑问，笔者将在本文中通过一系列判例，研究先例原则的具体适用，旨在探求英国法官遵循先例原则的思维、方法及技巧。因此，本文将从以下几个方面展开研究：首先，从判例法和成文法的关系、司法制度的统一性、司法程序的构造等方面进行制度背景分析，指出法官在英国法律体系中的地位，探求法官适用先例原则的制度理念及制度环境；其次，通过研究英国法院现在所认可的先例原则的基本内涵和功能，分析法官进行裁判所遵循的路径、原则及前提，探究法官司法创新的思想来源；最后，从先例的选择、法律原则的适用、先例原则例外的探寻以及司法民主性和公众政策的考量等方面，阐述法官遵循先例原则的若干思维方法，分析司法创新的路径选择及界限等问题，揭示英国法官进行司法创新的思维过程。

一　遵循先例原则的法制环境：法官在英国法律体系中的地位

英国法律的特殊性与英国法官的独特地位之间存在着密切的联系。对此，可以从不同的方面进行观察。为了后面能够详细分析英国法官适用先例进行审判的思维和方法，笔者将从以下三个方面说明英国司法制度与法官角色间的互动关系，并寻找法官司法创新的制度资源和背景。

（一）判例法和成文法：英国法律体系中的法官

与大陆法系国家的法律体系相比，英国法最突出的特点就是没有成文法典，尤其是没有民法典。对于大陆法系的法律人来说，分析一个法律问题总是从分析法典中的法律规范开始的，尽管这些规范可能已经被许多学者进行过详细解释，或者已经被法院娴熟而灵活地适用过许多次，但是分析法律的思维过程基本上是重复性的检讨。对于一个法律问题，法典或特别法即使没有直接规定，也为解决该法律问题提供了指导性的法律原则。此外，法典的另一功能是保障法律适用的统一性，不仅保证类似的案件得到类似的处理，而且保证不同的案件可以被区别对待。因此，尽管受到许多批评，但是作为最基本的法律渊源的法典仍然主导着大陆法系法律人的法律思维。法学著作或法院的司法解释可能会重新解释，甚至在事实上改写法典的条文,① 但是, 这些法律渊源在法律体系中仍然处在较低位阶, 尽管它们有时也起着重要的作用, 但仍然只是法典之外的补充。

与大陆法系不同, 在英国法中, 法律人首先需要考虑的是判例法, 判例法在法律渊源中处于效力较高的位阶。当然, 这也难免令人疑惑, 因为英国的法官长期以来都认为, 议会制定的成文法可以改变甚至取代判例法, 从宪法的角度而言, 这是遵循议会主权原则的必然结果。但是如果议会制定的成文法是最高的法律渊源, 为什么法官仍然应当首先考虑判例法呢?

首先, 在英国的法律渊源中, 判例法占主导地位, 议会立法至今仍然被视为补充。对此, 尼古拉斯教授有个形象的比喻, 认为成文立法在英国法律体系中不过是"孤立的火山喷发"(isolate dirruptions)。② 当然, 这并不是说成文法在英国法律体系中不重要, 也不是说它们在任何实体法领域都不起主导性的作用。实际上, 由于有议会立法的介入, 成文法也经常在已有判例法管辖的领域发生效力, 有时成文法还会明确废除判例法。③ 但是, 在通常情况下, 成文法只是作为判例法的补充, 或者对判例法作些微改变。因此, 英国法律人就不难理解, 作为立法机关的议会本身也经常使用一些只有参照判例法才能理解的概念。例如, 1967 年英国议会颁布的《虚假陈述法案》创制了一种新的救济方式, 即因虚假陈述而订立契约所遭受损失的当事人可以据此得到救济。德夫林(P. Devlin)认为, 从两方面可以看出, 这一法案是在判例法的基础上制定的:第一, 其采用了"虚假陈述"这一术语, 这是在判例法中首先出现的一个专门术语;第二, 采

---

① 例如,《法国民法典》历经 200 多年的社会、经济、政治、科技等领域沧海桑田般的变化, 至今仍然能够保持蓬勃的生命力, 正是得益于学者和法官因应社会发展对法律不断作出新的解释。现行《法国民法典》除了 2283 个法律条文之外, 编纂者还选编了大量的法院判决的概括性结论, 这些概括性的结论分别编排在相应的法律条文之后, 作为司法解释, 与法典构成一个整体。《法国民法典》在司法解释中与时俱进。同样, 在德国, 法官在"诚实信用"等原则的指引下, 创造性地解释《德国民法典》, 对法律漏洞进行填补, 创立了许多新的法律制度或法律规范, 使《德国民法典》随社会的发展而发展。但是, 尽管如此, 无论是法国还是德国, 法官对法律的解释都不能离开法典的有关规定, 必须从法典的相关规定出发来解释法律。

② R. Cross & J. W. Harris, *Precedent in English Law*, 4th ed. (Clarendon Press, 1991), p. 16.

③ 例如, 土地法中, 英国议会通过的有关土地方面的成文法就占有主导性的地位。参见 P. Devlin, "Judges and Lawmakers", 39 *Modern Law Review* (1976), p. 1。

用了"欺诈拟制"（fiction of fraud）概念，也就是将这种责任归类为侵权责任，这也是判例法的创造。①

一般情况下，英国议会制定成文法的一个主要原因在于对某一法律问题缺乏先例，并需要通过成文法引入一些新的法律概念。尽管如此，英国成文法的这种例外性和从属性对司法创新还是有影响的。这表现在以下两个方面：其一，法官一般不会从成文法的明文规定中发展出适用范围更广的一般性原则，也就是说，法官一般不会将成文法的特例普遍化，但是他们经常会从判例法提供的例子中概括出普遍适用的法律原则；其二，在存在成文法的领域，法官一般不会公然规避成文法的规定，但他们往往会通过弥补成文法的漏洞而发展法律。因此，就算是看似完整的成文法，当法官认为它有遗漏的地方时，便会进行补充；当发现适用成文法的规定会导致不公时，便会对其进行改正。②当然，在许多情况下，这种补充和改正是以很隐蔽的方式进行的。

其次，与那些以法条为起点的法律渊源相比，判例法的形式和效力具有独特性。判例法不是一个抽象而原则的独立文本，而是由许多文本组成的，可能集合了从200多年前甚至更久以前到现在的所有判决。当然，司法判决和法条在文本性质上也是完全不同的，司法判决通常是松散的或论证式的，展现法官如何对相互抵触的先例判决理由进行平衡并作出取舍的整个过程，法律规则就隐含在这些判决理由中。德夫林认为，先例判决并不仅仅是点彩画上的圆点，其本身也试图阐明它们与历史或未来的联系。在一个成文法不占主要地位的国家，作为后诉案件判决依据的先例，其本身或被保留或被否定，它们不会被固定在法律文件当中。③因此，英国法院特别是贵族院④的法官更倾向于尽力从先例中找到能够适用于当前案件的法律观点或判决根据。这样，先例因持续被适用而变得有意义，始终能够活跃在英国的法律生活中。

---

① 参见 P. Devlin, "Judges and Lawmakers", 39 *Modern Law Review* (1976), p. 1。

② 参见〔德〕K. 茨威格特、H. 克茨《比较法总论》，潘汉典等译，法律出版社，2004，第297页。

③ 参见 P. Devlin, "Judges and Lawmakers", 39 *Modern Law Review* (1976), p. 1。

④ 贵族院即英国上议院。根据2005年英国《宪法改革法》，贵族院的司法职能被废除，由新设立的英联邦最高法院取而代之。该法案于2009年生效，现在行使英国最高司法权的是英联邦最高法院。在本文中，由于所取大多是原来贵族院的判例，所以多数情况下都以"贵族院"指称原来英国的最高司法机关。

最后，英国的法律传统仍然保障着判例法的优先效力。尽管判例法中的先例原则使法官立法合法化，但是，为了避免他们侵入议会的权力范围，先例同时也是英国法官进行法律创新的界限。这是英国司法长期形成的传统，也是法官自觉性的行为。因此，英国人也无须担心，判例法的主导地位会成为法官侵犯议会权力的依据和制度缺口。尽管成文立法越来越多，却无法改变英国的法律传统。①

（二）司法的统一性：英国司法体制下的法官

英国司法历史研究表明，先例原则在英国法中的形成与司法体系、司法制度及民事和刑事诉讼程序的重大改革发生在同一个时期，即这些司法活动都发生在19世纪下半叶，这一时期，判决公开也逐渐走向制度化。司法体制的转变和改革发生在同一时期并非只是巧合，② 持续沿用至19世纪的多种管辖权法院逐渐走向统一，③ 出现了统一管辖权法院，即"英国高等法院"。尽管英国历史上出现过的不同法院演化成了高等法院的不同分院，但是它仍然是一个行使统一管辖权的法院。④ 与此同时，英国建立了新的地方法院，尽管它有特别的刑事和民事分院，但它也是一个统一的法院。最为重要的是，这一时期，贵族院的审判委员会被赋予最高司法职

---

① 参见 P. Devlin, "Judges and Lawmakers", 39 *Modern Law Review* (1976), p. 2。关于英国的这种法律传统，茨威格特和克茨在《比较法总论》中有详细的论述。参见〔德〕K. 茨威格特、H. 克茨《比较法总论》，潘汉典等译，法律出版社，2004，第 286～297 页。

② 参见 Terence Ingman, *The English Legal Process*, 12th ed. (Oxford, 2008), p. 223。

③ 普通法与衡平法的划分是英国法的显著特征，根据法律的划分，英国同时存在普通法院与衡平法院两套法院体系，彼此的诉讼程序也有很大的不同，这两大体系基本上呈并列的状态。这种体制存在诉讼程序复杂、成本高昂、不能及时有效地保护当事人的权利等弊端。英国议会于 1873 年颁布了《司法条例》，取消了普通法院和衡平法院的双重体制，创设了高等法院和上诉法院，统一了司法管辖权。参见 Terence Ingman, *The English Legal Process*, 12th ed. (Oxford, 2008), pp. 3－5。

④ 高等法院由 1873 年《司法条例》创立，为了管理上的方便，高等法院目前存在三个分院，即衡平法院（the Chancery Division）、王座法院（the Queen Bench Division）和家庭法院（the Family Court），但是，这三个分院并不是独立的法院。高等法院在创立的时候设有五个分院，与此同时，一些古老的法院也被废除了。最初的这五个分院是：衡平法院、王座法院、普通民事法院（the Court of Common Pleas）、财政法院（the Exchequer Division）与遗嘱、离婚和海事法院〔the Probate, Divorce and Admiralty Division（PDA）〕。1880 年，普通民事法院和财政法院被废除，它们原有的管辖权被并入王座法院。1971 年，遗嘱、离婚和海事法院更名为家庭法院，它原来的管辖权也被分别并入三个分院中。

能，成为真正的享有终审管辖权的司法机关。并且，贵族院的法律委员会是任何宪法问题的最高裁判者，这同样是由英国的法律传统所决定的，因为英国的宪法不是规定在某个宪法性文件中，而是规定在判例法和多个成文法案中。此后，尽管许多特殊法庭和仲裁庭以及分管特殊法律领域的法官和特殊程序相继出现，① 但是英国司法的统一性并没有受到影响。此外，由于刑事审判比较特殊且刑事案件由相对特殊的治安法院和刑事法院来审判，但是刑事上诉案件也统一由上诉法院和贵族院来审判，在上诉审法院和上诉程序上仍然实现了统一。

司法的统一性意味着，英国在处理案件及决定法律问题时有高度统一的人员，他们都受过相同的训练，掌握了相同的法律思维和方法。因此，虽然人权法、行政法或宪法等有不同的判例，但它们在制度上或管辖权上并不是相互分离的，它们都是在同一司法体制下由法官通过运用相同的方法和原则逐渐创立的。因此，判例法的传统容易受到继承，法官的审判思维定式不容易发生改变，并且，法官们的长期经验使他们更加确信，英国的法律就当如此存在于不断向前发展的判例中。

（三）当事人主义的诉讼体制：英国审判模式下的法官

正如前面所说的，先诉判决对后诉案件有拘束力，这种拘束力与法院在审判过程中所解决的法律问题以及这些问题和案件事实间的关系有着密切的联系。而这种关系的确定依赖于审判过程的性质以及法官对先例的处理方式。英国传统的民事审判模式结合了双方当事人的对抗性和法官相对的被动性等特征。民事审判的这些特征意味着：双方当事人通过辩论来确定案件的基本事实和法律问题，并以这种方式将它们提交给法院。也就是说，当事人不仅要呈交案件事实及他们对这些事实的法律定性，而且要明确提出具体的诉讼请求及他们认为能够支持该诉讼请求的法律依据。法院

① 在英国，除了通常的法院（courts）外，还有许多行使一定领域内司法权的法庭（tribunals）。不过，很难对英国法院（courts）和法庭（tribunals）进行区分，就连英国的法律人自己也很难说清楚它们之间有什么区别。这些法庭在特定的领域内处理各种各样的纠纷。近几十年来，各种法庭的大量增加是英国司法管理发展的一大特征。有学者就认为，法庭数量和重要性的增加使其变得如此重要，人们不能将这些法庭简单地看作法院系统的附属了，他们是属于司法制度及程序的重要组成部分。参见 H. Genn, "Tribunls and Informal Justice", 56 *Modern Law Review* (1993), pp. 393, 396。

的职责就是决定当事人提出的事实是否成立，以及他们的法律主张是否正确，并最终决定是否能够满足他们的诉讼请求。

由此可见，英国民事诉讼比较彻底地贯彻辩论主义，当事人不仅要向法院提交及证明案件事实，而且需要提出支持自己主张的法律依据，他们不能只是简单地提交案件事实而由法院来寻找相关法律进行判决。在这个意义上，英国法不承认大陆法系一贯遵守的"法官知法"的原则。① 英国的民事审判模式对司法先例原则的发展具有重要意义。一个案件的判决往往取决于当事人在法庭上辩论的事实和法律问题，所以，如果当事人没有明确主张适用相关的法律，他的诉讼请求可能会被削弱，法院则可以因"不知道"相关法律的存在而按自己选择的先例进行判决，而当事人则不能认为法官没有选择适用更加合适的先例而主张判决不公。②

因此，在英国的诉讼中，双方当事人的律师扮演着非常重要的角色，他们应适当地主张适用于本案的先例，并将可适用的其他法律渊源素材提交给法官，这些法律素材可以是英国的判例和英联邦其他地区的判例，还可以是比较法或是学术著作。③ 只有这样，法官才会考虑是否适用他们所主张的法律，并通过判决将先例的效力一直向后延续。当然，法官有时也会根据自己所知道的法律来判决并制作判决书，不过，这样的情况的确很少发生，因为如果法官这么做，他们很可能会受到指责，被批判为剥夺或干预当事人的辩论权。④ 在当事人主义的审判模式下，人们普遍认为，法官的宗旨就是公平公正地处理双方律师和当事人的辩论，而不应代替他们主张和答辩。

当然，英国先例原则赖以依存和运转的制度背景是多方面的。相对而言，前文所分析的三个方面，与先例原则的关系最为密切也最为重要。正是在这样的法制意识和环境中，英国法律中的先例原则才得以在法律继承中生生不息，在法律创新中不断发展，无论是继承还是发展，都能得到英

---

① 参见 Terence Ingman, *The English Legal Process*, 12th ed. （Oxford，2008），p. 246。

② 当然，若在本案判决中，法官没有遵循最恰当的先例进行判决，本案判决便不会被当作"先例"，可能会被后诉法院推翻或不被后诉法院遵循。参见 P. Devlin，"Judges and Lawmakers"，39 *Modern Law Review* （1976），p. 2。

③ 参见 R. Cranston，*How Law Works*：*The Machinery and Impact of Civil Justice* （Oxford，2006），p. 34。

④ 参见 R. Cranston，*How Law Works*：*The Machinery and Impact of Civil Justice* （Oxford，2006），p. 35。

国法律及社会的包容和支持。

二　先例原则的基本内涵：英国法官审判思维的逻辑起点

在英国法中，所谓的先例原则实际上是一系列规则，根据这些规则，先前的判例对审理后诉案件的法院有约束性的效力。法官将先例原则视为应当遵守的规则，尽管对于不遵守先例原则的法官并没有正式的制裁措施，但如果法官违反了先例原则，他们会受到同事以及其他法律人的批判。①

（一）判决理由和附带意见

英国法院判决的主要内容有两部分，即判决理由和附带意见。先例判决中的判决理由具有拘束力，附带意见只是一种参考性的意见，不具有拘束力。判决理由的重要性当然是不言自明的。但是，如果不提及附带意见的重要性，就无法全面完整地理解先例原则。例如，高等法院对法律的解释并非判决理由的一部分，一般不具有拘束力，但它是参考性意见，有时还是一种非常有影响力的参考性意见。在司法实践中，附带意见效力的大小取决于两个方面因素：一是提出该附带意见的法院的级别；二是提出该附带意见的法官的个人威望。当然，只看这两个因素还是不够的，附带意见效力的大小在根本上还是取决于该附带意见中的观点是否能够说服判案的法官。因此，如果一个法律主张被认为不属于先例的判决理由，那么它的真正效力则来自附带意见中的实质性内容。②

要理解先例原则，首先应理解并识别先例判决中哪一部分是具有约束性效力的判决理由，哪一部分是只供参考的附带意见。在判例中，一个案件的判决理由可以被理解为根据事实对案件进行处理所必需的法律见解。③

---

① 不过，对于经常不遵守先例原则的法官，也有可能会受到惩戒甚至被开除。参见 R. Cross & J. W. Harris, *Precedent in English Law*, 4th ed. （Clarendon Press, 1991）, p. 67。

② 参见 R. Cross & J. W. Harris, *Precedent in English Law*, 4th ed. （Clarendon Press, 1991）, p. 69。

③ 英国学者英格曼认为，以相对中性的词语 "法律主张" 代替判决理由（ratio decidendi）更好，因为 "理由"（ratio）也可被称为 "规则"，有时指的是一个法律概念的定义（或法律概念的某个方面），有时指的甚至是更广义上的可称为 "原则" 的法律术语。参见 Terence Ingman, *The English Legal Process*, 12th ed. （Oxford, 2008）, p. 221。

判决理由清楚地表明法官处理案件时对实质性法律问题的裁判意见。例如，一个案件的处理可能涉及这样一些问题：被告的承诺是否具有契约的拘束力？或者被告的承诺是否包含着法律救济的可行性？那么，在被告没有履行承诺的情况下，是否可以强制履行？因此，在这个意义上，一个案件需要处理的法律问题可能不止一个，对每个问题的解决都需要有明确的法律见解。在上述例子中，如果想要强制履行，原告必须证明存在具有拘束力的契约，被告没有履行契约中的某个条款，并且强制履行这个条款是可行的。法官通常会对所有在法庭上存在争议的问题进行裁判，然而，并不是对所有问题的裁判意见都是判决理由。有时，法官对其中一个问题作出决定后就会使其他问题变得没有意义，例如，如果认定契约不存在，那么被告就没有可违背的契约条款，也就不存在强制履行的问题了。因此，如果法院判决契约不存在，那么对于其他两个问题（被告是否违背契约条款和是否可以强制履行）的判定就不具有"判决理由"的效力，因为它们并不是处理本案所必需的，法官对这两个问题的处理意见就属于"附带意见"。

在先例中，一个案件的判决理由将判决中所讨论的法律观点与案件事实紧密地联系在一起。这种必要的联系也是说明一个法律主张拘束力范围大小的重要依据。只有判决理由中的法律主张具有拘束力，而判决书中判决理由之外的所有法律主张都是属于附带意见。一个判例中的案件事实不仅构成了一个判例的背景，而且在决定这个判例对后诉案件的拘束效力上起着关键性的作用。因此，在英国法中，以判决理由表现出来的先例拘束力的大小体现了法官在司法过程中所特有的审判思维特点，通过探寻和权衡当前案件与先例之间的联系，法官心中就能明确当前案件所属的情况及对该案件的判决结果。

那么，由谁来决定一个案件的判决理由呢？有时候，审理案件的法官会努力说明对判决结果起重要作用的法律观点，甚至还可能会解释它们究竟起到了多大的作用，并详细说明这些法律观点与案件事实之间的关系。尽管如此，事实上最终还是由审理后诉案件的法官来决定先例中的判决理由，也就是说，由审理后诉案件的法官来确定哪些法律观点是属于先例判决中对案件作出裁判所必需的，尤其是审理后诉案件的法院比作出先例判决的法院的级别低时，后诉法院必须判断先例判决中的哪些法律观点属于判决理由，从而按照遵循先例原则的要求对当前的案件作出裁判。

由此可知，判决理由的拘束力在两种意义上取决于案件事实：其一，判决理由与案件事实之间的联系；其二，先例中的案件事实与法官对当前案件所采纳的事实之间的相似度。但是在司法实践中，案件事实是各不相同的，虽然法院会在判决中说明其认定的案件事实是什么，但是也难免存在不同意见或模糊之处。① 因此，实际上最终还是由审理后诉案件的法官来决定哪些判决理由具备这两种联系。由此可知，先例的拘束力在事实上是比较弱的，并且具有不确定性。② 可以说，先例原则的重要意义并不在于个案判决，而是在于法院在一系列相似案件判决中适用的规则。如果法官在审判活动中对先前的判例毫不尊重，"遵从前例"也就没有意义了，但是死板地"遵从前例"，也会限制普通法的发展。③ 这就为后诉法院的司法创新提供了契机。审理后诉案件的法院有两种方法可以规避先例原则：其一是坚持认为先例中的某个法律主张不属于判决理由，从而无须遵守该先例；其二是承认先例中的法律主张属于判决理由，但坚持认为先例中的事实与当前案例的事实没有法律意义上的相似性。

（二）先例原则与审级制度

先例原则与司法审级制度有关，关于这方面的论述很多，笔者在这里只作简单的阐述。首先，一个法院要遵循比自己级别高的法院的先例；其次，上诉法院要遵循本院的先例；最后，贵族院（最高法院）一般不受本院先例的约束。这就意味着，审理一审案件的高等法院和上诉法院都要受到贵族院判例的约束，高等法院要受到上诉法院判决的拘束，上诉法院还要受到本院判例的约束。虽然贵族院认为自己并非必须遵守自己以往的判决，但是在实践中，贵族院的法官们并不愿意推翻自己的判决，若非出现重大法律问题需要改变原来的决定，他们更乐意遵循本院的先例作出判决。

---

① 参见何然《司法判例制度论要》，《中外法学》2014 年第 1 期。
② 参见 R. Cross & J. W. Harris, *Precedent in English Law*, 4th ed. （Clarendon Press, 1991），p. 69。
③ 参见何然《司法判例制度论要》，《中外法学》2014 年第 1 期。

三 先例的选择

对于先例原则的形式化描述很容易使人误解，认为英国法官在审判案件时只需要寻找到合适的先例，然后根据先例宣布的法律规则进行判决。然而，如果仔细观察英国的实体法领域，我们首先会注意到先例判决的巨大数量及他们之间的复杂关系。当然，对于相当一部分的判例，法官只需尽职尽责地根据遵循先例的规则，毫无争议地将既有的判决运用到新的或有细微差别的案件中去。但是，对于另一部分先例而言，法官并非简单地遵循先例就能解决问题。在这种情况下，可以说先例只是为法官提供了一种判决的思维模式，因为这些先例不仅对案件进行了裁判，而且在判决中展示相关的法律原则和例外、规则和方法等重要法律问题，还根据不同的法律或事实背景对它们进行区别性的分析和论证。有时，不同判例体现的判决原则和方法存在很大的差别，法官在审判案件时可以选择是否需要遵循先例。原因在于，尽管这些判决具有一定的连贯性，但是这些不同案件的事实背景可能存在很大区别，可供法官选择的思维路径也就可能是多样的。这种情况甚至在同一个案件判决中也有可能发生，例如，有时贵族院的法官不仅对于某一案件的判决结果存在很大分歧，而且对于判决理由也存在很大争论，当这种情况发生时，就很难确定在该判例中起决定性作用的判决理由了。[①] 总之，在很多时候，英国法官遇到的问题可能不是传统的理论性问题，也不是因为没有先例判决而不知如何对当前案件作出裁判的问题。他们经常遇到的问题往往是一个案件拥有过多的先例判决，而在这些先例判决中，有的可能在论证思路和对相关法律问题的评价上存在重大分歧，令法官难以取舍；或者在应当遵循的先例判决中，法官们的意见分歧巨大，并且各有所据，都能令人信服，令法官难以确定本案的判决理由或法律观点。

下面笔者将分析贵族院 2003 年判决的一个案例，揭示在存在多个先例判决的情况下，法官面临法律问题时的观点交锋及判决理由形成的过程。

---

① 参见 Terence Ingman, *The English Legal Process*, 12th ed. (Oxford, 2008), p. 225。

在 Shogun 信贷公司诉 Hudson 案①中，一个骗子来到一家汽车行，表示想用信用卡支付的方式购买一辆车，他声称自己的名字是 Durlabh Patel（骗子假冒的一个真实的人），并且提供了一张偷来的驾驶证来证明身份。于是，汽车行打电话与他们经常合作的 Shogun 信贷公司联系，随后将一份由假冒的 Patel 先生签名的表格传真给 Shogun 信贷公司。经过 Shogun 信贷公司对 Patel 的信用审查后，汽车行同意与假冒 Patel 先生的骗子订立购买汽车的分期付款协议。假冒 Patel 先生的骗子支付了 10% 的现金和一张支票（之后证明是假的）后，开走了汽车并立即将其卖给了善意购买人 Hudson。Shogun 信贷公司诉至法院，要求 Hudson 返还汽车。在此案中，贵族院需要解决的主要法律问题为：Hudson 是否已经取得汽车的所有权。审理此案的贵族院五位法官是尼克尔斯（Nicholls）、米尔特（Millett）、菲利普斯（Phillips）、霍布豪斯（Hobhouse）和沃尔克（Walker）。

案件最终以三比二的多数意见作出判决。判决结果显示，作为多数派的三位法官菲利普斯、霍布豪斯和沃尔克都认为假冒 Patel 的骗子没有取得汽车的所有权，因此他无法将汽车的所有权转让给 Hudson，也就是说 Hudson 没有取得汽车所有权。虽然他们对适用"未曾拥有则不能给付"规则没有异议，但是，三位法官在推理方式上大相径庭。而作为少数派的两位法官尼克尔斯和米尔特则认为，Hudson 取得了汽车所有权，他们的论证同样很有说服力，甚至多数派中菲利普斯法官也觉得他们的论证值得信服。此案判决公布后，许多法官认为，这两位法官的论证与近期英国的司法发展趋势相一致，更好地平衡了此类案件中双方当事人的利益冲突。②笔者接下来就对本案法官的法律观点进行分析，探究该判决形成的过程。

笔者首先分析作为少数派的尼克尔斯法官和米尔特法官的法律观点。他们认为此案涉及的实际上是一个典型的契约效力问题，即认识错误对契约效力影响的问题。也就是说，Shogun 信贷公司错误地认为签订汽车买卖契约的人就是 Patel 先生本人，这种错误对契约效力会产生什么影响呢？第三方的错误认识是使契约归于无效，还是仅仅使契约成为可撤销的契约？如果契约无效，汽车的所有权就没有转移至假冒者，也就没有转移至善意

---

① 参见 *Shogun Finance Limited*（*Respondents*）*v. Hudson*（*FC*）（*Appellant*）（2003）UKHL 62。

② 参见 Terence Ingman, *The English Legal Process*, 12th ed.（Oxford, 2008），p. 225。

第三人。如果契约可撤销，汽车的所有权便转移给了假冒者，直到契约被撤销。他们认为，尽管规定财产如涉及第三方利益则禁止撤销契约的法律"不能令人满意"，但是本案中的契约应被认定为可撤销的契约。他们还通过引用上诉法院的一些判例来论证他们的观点，认为在这些判例中，上诉法院的法律观点是：在口头交易中，一方当事人应知道与其签订契约的另一方当事人是谁。他们认为如果将口头契约改为书面契约，则本案与上诉法院判例中的情况并没有什么不同。他们还进一步认为，立约的形式只是记录契约事实的一种形式，并不是契约有效的必要条件。因此，他们更倾向于选择上诉法院那些关于口头交易的判例，而反对贵族院在 Cundy 诉 Lindsay 案中所作的判决。在 Cundy 案中，贵族院认为，签订契约的双方当事人与所签姓名者应保持一致，如果签名者并非本人，契约无效。① 两位法官都认为，不需要再遵循贵族院的这个先例，因为这个先例既不公平（如对善意第三人不公平），也不符合法律规则，而且在判决此案时，贵族院法官们的意见本来就存在较大的分歧。

与少数派的两位法官在内部取得一致意见相比，多数派的三位法官虽然在判决结果上意见一致，但是针对法律适用问题，他们内部则产生了很大的分歧。菲利普斯法官同意少数派对本案的定性，认为本案的关键问题在于判断契约是无效还是可撤销，但是他不同意少数派对这个问题的处理意见。他认为，若契约成立，首先必须客观存在英国传统意义上的"合意"。正如交易双方必须在合同条款上达成合意一样，当事人也必须同意与之交易的对方是当事人本人。如果甲向乙发出要约，丙表示同意接受，那么契约并没有成立。但是，在查阅了 11 个相关判例后，他还是对少数派的论证表示信服，包括赞成少数派认为应该推翻 Cundy 诉 Lindsay 案判决这样的观点，但他认为应当区别口头契约和书面契约。在口头订立契约的情况下，尽管当事人可能当场拒绝，但是双方都有与对方订立契约的意向；在书面订立契约的情况下，原则上契约必须包括关于契约双方当事人身份的内容。因为 Cundy 诉 Lindsay 一案显示了英国法用同样的方法处理对双方当事人身份的认定和对契约条款的认定，所以他认为应该遵循法律的"客观性原则"，并认为书面契约条款和当事人身份一致具有相当的重

---

① 参见 *Cundy v. Lindsay*（1877 – 1878）LR 3 App Cas 459。

要性，将此法律规则应用于本案事实，他认为 Shogun 信贷公司没有和假冒者口头交易，契约因认识错误而归于无效。

多数派的其他两位法官，霍布豪斯和沃尔克以不同路径得出了相同的结论。霍布豪斯认为，那些有关"认识错误"的先前判例与当前案件并不相似，他将本案的法律问题视为成文法的解释问题以及契约法原则的适用问题。他认为，本案的关键问题是：存在 Shogun 信贷公司担保关系的情况下，第三方是否取得汽车的所有权。考虑到该交易是分期付款而非一次性付清的买卖交易，当假冒者与善意第三人订立契约时，从交易表面上来看，假冒者并没有取得所有权，而只是获得了购买的选择权，于是案件的关键则变为该案是否属于 1964 年《分期付款买卖法》第 27 条的例外规定，即本案是否属于"任何人都不能转让不属于自己的物品"这一原则的例外情形。对此，霍布豪斯认为本案不属于例外情形，因为假冒者明显不是当事人，契约文件上所写的当事人是 Patel 先生。因此，适用于本案的规则应该是书面契约条款不能以口头方式进行变更的规则。他认为，这一规则是英国"商法的一个巨大优势"。最后，他认为 Patel 先生并没有对信贷公司发出有效要约，因此，双方并没有形成合意，不存在有效的契约。

上述分析表明，审理 Shogun 案的法官们对本案的处理意见存在很多分歧，那么，该案的判决理由究竟是什么呢？所有法官都认为，口头交易中的一方与在场的另一方有进行交易的意愿，尽管对于这个推定是否可被推翻需要根据具体情况进行判断，但是在本案中没有一位法官认为这个推定是可被推翻的。对于案件事实的认定，尽管大多数法官都明显支持 Shogun 信贷公司的诉讼请求，但他们支持的理由存在很大的区别。霍布豪斯的态度最明确，但他的主要论点在于交易的分期付款性质和有关分期付款的特殊法律规定，这些都与菲利普斯的看法不同，也不是沃尔克的主要观点。此外，尽管霍布豪斯和沃尔克都认为 Cundy 诉 Lindsay 一案的判决应当遵循，但是他们的理由并不是因为该判决是贵族院的先例，而是它符合契约法关于合意的客观性及其解释的基本原则。此外，霍布豪斯根本不认为此案涉及认识错误问题，而包括少数派的两位法官和菲利普斯法官都认为本案是认识错误问题，沃尔克法官也在某种程度上这么认为，但是他们对于判决结论不能达成一致意见。因此，从技术层面上来看，Shogun 信贷公司诉 Hudson 一案并没有对非口头形式交易所适用的法律作出明确的回答，也就是说，对此问题并没有形成多数人一致同意的判决理由。

对 Shogun 案的判决进行分析后可以看出，审理案件的法官可能会对以下问题产生分歧：（1）要解决的法律问题，例如，在本案中，包括认识错误，关于分期付款买卖特殊法规的适用，契约的形式，要约与承诺等；（2）案件事实与判决理由的相关性，例如，本案中讨论的口头订立的契约和书面订立的契约在以往判例中是否属于相同或相似的问题等。尽管在同一判例中法官的审判意见存在很大的分歧，但是不能认为这样的先例没有意义，这个案子恰恰反映贵族院的先例可以在处理相互矛盾的方法和原则时相互作为参照，贵族院法官的职责就是对这些方法和原则进行评价，并根据案件的具体情形以不同方式作出判决。在不同的方法和原则之间选择时，不仅要考虑解决方案本身是否公平，而且还要考虑是否存在更为公平的解决方案。恰恰是这样的先例为审理后诉案件的法官提供了审判的思维、方法和原则，让他们在综合衡量存在于各个先例中的各种判决理由或法律观点后作出恰当的选择。同时，也是在这种激辩与多样性的讨论中，法官在继承先例判决的同时也在悄悄重塑判例法。

四　法律原则的适用

判例法是由先例组成的，这些先例的约束力取决于法官作出判决所依据的判决理由和案件事实之间的关联性，因此，判例法在逻辑上看起来确实很有针对性。不过，在英国的司法裁判中，同样存在许多适用范围相对广泛的法律原则。"尽管书中很少提起，英国法实际上包含了很多适用范围很广的原则，这些原则比司法决策所根据的先例要强有力得多。"① 但是，与大陆法系不同，英国法中的法律原则一般不是直接规定在成文法中，而是隐藏在判例法中。因此，将法律原则或法律理念具体化为判决理由，进而形成法律观点，也是英国法官遵循先例原则时经常采纳的思维方法。

英国法官有时会以大胆创新的方式来适用法律原则。在著名的 Dono-

① 参见 L. Blom-Cooper & G. Drewry, *Final Appeal: A Study of Lords in Its Judicial Capacity* (Clarendon Press, 1972), p. 139。

ghue 诉 Stevenson 案①中，阿特金斯（Atkins）法官试图用"邻居规则"来论证他的裁判意见：如果产品致人损害，制造商应对受害人负过失侵权责任。一般情况下，阿特金斯法官完全可以将他的结论只限于此种情形，但他看到以往的判例将"类似的过失责任"②作为适用范围更广的法律原则时，便推翻了认为制造商不应对契约之外的第三人承担责任这样的法律观点，认为"类似的过失责任"实际上是违反"合理注意义务"所产生的责任。他的创新促使审理后诉案件的法院找到更多的判例，对前诉判决没有预见到的情形进行补充。后来，尽管法院采纳一些新方法来判断新的情况是否能够产生"谨慎行为义务"这一问题，但是该原则无论如何都让法院开始以更加广泛、统一的方法来处理过失侵权责任问题了。③此外，还可以举出两个适用法律原则的典型例子。

第一个例子发生在赔偿法领域。在 Kleinwort Benson 公司诉 Lincoln 市政府案④中，贵族院认为，当事人依据一个错误的法律缴纳了罚金，他可以要求偿还，这是不当得利原则的要求。不过，这个问题还引发了另一个更为有趣的问题，即一个人根据当时的司法判决缴纳了罚金，随后该司法判决被后诉法院废除或推翻了，那么，先前缴纳的罚金算不算是根据错误的法律呢？对此，贵族院的大多数法官认为之后的司法判决有追溯力，因此之前的罚金是误罚。而少数法官则认为，尽管法律改变了，也不能使之前缴纳的罚金变成误罚，因为"追溯不能伪造历史"。作为少数意见代表的布朗·威尔金森（Browne Wilkinson）勋爵在本案判决中对英国现代司法的功能作了很好的解释。"依据法理，法官不能造法或改变法律，他们只

①　*Donoghue v. Stevenson*（1932）UKHL 100. 在该案中，原告在她的饮料中发现了一个蜗牛从而生病，而该饮料是别人为她买的，她与饮料的销售者或制造商并无契约关系，原告向制造商起诉索赔。法院运用"邻居规则"，判决原告有权取得赔偿。在该案中，阿特金斯勋爵确立了后来被普遍适用的"谨慎行为义务"。他在判决中指出，在法律面前，每个人都必须信守承诺。如果一个人向他的邻居作出了承诺，就不得有伤害到他邻居的直接行为或过失行为。也就是说，一个人的行为应当尽可能地合理谨慎，避免邻居因为他的疏忽行为而受到影响。

②　阿特金斯法官认为，以往判例中的"类似的过失责任"实际上是因违反"合理注意义务"或"谨慎行为义务"所需承担的责任。参见 *Donoghue v. Stevenson*（1932）UKHL 100。

③　参见 L. Blom－Cooper & G. Drewry, *Final Appeal：A Study of Lords in Its Judicial Capacity*（Clarendon Press, 1972）, p. 148。

④　*Kleinwort Benson Ltd. v. Lincoln City Council*（1988）4 All ER 513.

是发现和宣布法律。据此，当一个先前的判决被否决，法律并没有改变，因为它的本质已被公开，并以此种形态一直存在。然而，这种法理就像一个童话故事，现在已没有人再相信了。实践中，法官立法并改变法律，整个判例法都是法官创造出来的，只有法官不断改变法律，判例法才能与时俱进。"① 按照他的观点，根据"童话般的法理"推理出法官对先例的改变有溯及力这样的观点是不可取的。因此，因"错误的法律"而进行赔偿的概念中就不能包含先例判决被废除或推翻的这种情况。

第二个例子发生在行政司法审查领域。在过去的半个世纪，英国法院在行政司法审查领域似乎显得格外活跃和富有创造力。在这个领域中，两个著名的原则同样可以说明问题，即"韦德内斯伯利不合理性（Wednesbury unreasonableness）"原则和保护公民的"合理期待（legitimate expectation）"原则。

第一个原则是"韦德内斯伯利不合理性"原则，该原则是由 Wednesbury 案的判决所确立的。② 在本案中，Wednesbury 小镇上的一个电影院想申请一项行政许可。根据星期天娱乐法（the Sunday Entertainment Act 1932）的授权，行政机关在发放许可时可以"加入其认为适当的条件"。当地政府便在本案申请中附加了一个条件，即要求电影院承诺周末不让 15 岁以下的未成年人独自进入该电影院。电影院认为政府附加的条件违法，于是将其告上法庭。主审法官格林（Greene）认为，当地政府的裁量是"如此荒谬，任何明智之士都不会想到它属于行政机关的权限范围"，因此，他认为法院可以宣布该行政行为无效。在判决理由中，格林明确指出，"如果一个决策太不合理了，以至于让人觉得这是个不理性的行为时，那么行政机关就无权执行这样的决策"。从这个判例中，法官提炼出"韦德内斯伯利不合理性（Wednesbury unreasonableness）"这一法律原则，该原则对英国行政司法审查界限的划定具有宪法意义上的重要性。③ 议会将行政决策权授予了行政机关而不是法院，因此行政司法审查必须在合理的

① *Kleinwort Benson Ltd. v. Lincoln City Council* (1988) 4 All ER 513.
② T. R. Hickman, "The Reasonableness Principle: Reassessing Its Place in the Public Sphere", 63 *Cambridge Law Journal* (2004), pp. 246, 251.
③ Anthony Lester, "Beyond Wednesbury: Substantive Principles of Administrative Law", *Public Law* (1987), p. 370.

界限之内，不能越权干预行政决策。法官认为，不能仅仅因为一个行政行为是错误的或者不合理的就对该行为进行干涉，他们必须证明该行政行为达到了"韦德内斯伯利不合理性"的程度，只有这样的行为才会被认为是超越了权限。因此，著名学术评论家希克曼（T. R. Hickman）认为，"韦德内斯伯利不合理性"原则是英国法院"用来控制行政自由裁量权的主要工具，目的在于防止行政自由裁量权超越法律正当性的界限"。① 然而，随后的判例表明，英国法院扩大了"不合理性"的实际含义，并补充以独立的方法来判定行政机关是否滥用职权。所以，从议会、行政机关、法院三者扮演的角色来看，法院构建了广泛的审查行政行为的理由，这些理由也逐渐经由司法判例的提炼成为法律规则。②

第二个原则是保护公民的"合理期待原则"。这个原则首先是在德国法律中发展起来的，后来被纳入欧共体法律体系。大量判例显示，该原则被引入欧共体法律后，便对英国法产生了很大的影响。③ 一般认为，2001年考夫兰（Coughlan）案的判决是英国行政法正式确立"合理期待"原则的标志。④ 在该案中，当事人考夫兰小姐于1971年的一场车祸中严重受伤，全身瘫痪，后来她被安置在一个地方医疗机构护理。1993年，卫生主管机关在征得她和另外七个同样全残病人同意后，将他们转移至一家叫 Mardon House 的医疗机构看护，并保证他们可以在此无限期地居住下去。但是，1998年，在仅经过一个公共审议程序后，地方卫生主管部门便决定关闭 Mardon House，并将当事人转移至一个地方社会机构照顾。考夫兰小姐因此提起司法审查。上诉法院认为，该案中的 Mardon House 应当成为当事人永久性的居所。主审法官海顿（Hidden）认为，如果一个行政机关的行为引起了公民的合理期待，那么对这种合理期待利益的损害就如同滥用权力一样不公正。

---

① "The Reasonableness Principle: Reassessing Its Place in the Public Sphere", 63 *Cambridge Law Journal* (2004), p. 247.

② 参见余凌云《英国行政法上的合理性原则》，《比较法研究》2011年第6期。

③ 尽管"合理期待"原则在英国法律中饱受争议，但是在2001年上诉法院对"合理期待"原则进行系统阐述之前，英国法院便在一系列判例中论及该原则，并在不同程度上认可公民在行政法律关系中的"合理期待"的正当性。参见 Richard Clayton, "Legitimate Expectations, Policy, and the Principle of Consistency", 62 *Cambridge Law Journal* (2003), pp. 378, 392。

④ *R. v. North and East Devon HA ex p. Coughlan* (2001) Q. B. 213.

在这种情形下，法院需要考量是否存在足够重大的公共利益以支持行政机关违背先前作出的承诺的正当性。在综合审查本案事实的基础上，上诉法院作出判决，卫生主管部门关闭 Mardon House 的决定无法获得正当化。

在该案中，上诉法院确立了合理期待作为行政法上的一项重要法律原则。① 尽管有很多法官支持将该原则解释为"韦德内斯伯利不合理性"原则的一个方面，即当涉及某一裁量权的行使时，将合理期待视为必须考虑的相关因素来对待。② 不过，上诉法院在考夫兰案中再次强调，没有必要将这一现代法原则置于"韦德内斯伯利不合理性"概念的框架下进行解释，尽管这有助于遵循已经作出的一些先例，但其更乐于将韦德内斯伯利体系自身视为公权力如何被滥用的主要例子。③

在此之后，在涉及行政司法审查的案件中，法官经常适用合理期待原则对政府的行政指导、行政政策、对社会承诺等行为进行司法审查，以未能实现公民"合法期待"为由对行政行为施加影响，促进了行政审查制度的进一步发展。不过，正如上诉法院所言，合理期待在公法的不同领域可能扮演不同的角色，其功能的限制应由法院决定，它的发展仍然处于从个案到个案的基础上。④

总之，在英国的司法实务中，不乏法律原则的解释和适用，但是，与大陆法系国家不同，它们在英国法中的效力依赖于司法判决，而不是立法的明确规定。因此，在英国的法律中，法律原则与司法判决之间的关系更为紧密和直接，法官既是在先例判决中逐步归纳和推演出法律原则，又是在法律原则的指引下进行司法，两者之间的互动关系既是法官遵循先例的表现，也是法官进行司法创新的写照。

---

① 此前，法官对先例中是否存在这项原则总是存在很多争论。但是现在，上议院在将来推翻该原则的可能性已经微乎其微了。参见 T. R. Hickman, "The Reasonableness Principle: Reassessing Its Place in the Public Sphere", 63 *Cambridge Law Journal* (2004), p. 249。

② 在 *R. v. Inland Revenue Commissioners ex p. Unilever* (1996) S. T. C. 681, 695 案中；布朗 (Simon Brown) 法官认为，应该把以本案为典型的滥用权力方面的案例看作 Wednesbury 不合理的一个首要方面，却不是对实体不公正加以质疑的全部基础。参见 T. R. Hickman, "The Reasonableness Principle: Reassessing Its Place in the Public Sphere", 63 *Cambridge Law Journal* (2004), p. 249。

③ 参见 T. R. Hickman, "The Reasonableness Principle: Reassessing Its Place in the Public Sphere", 63 *Cambridge Law Journal* (2004), p. 251。

④ 参见 T. R. Hickman, "The Reasonableness Principle: Reassessing Its Place in the Public Sphere", 63 *Cambridge Law Journal* (2004), p. 251。

五 挖掘法律原则的例外

司法创新的另一种形式是探求法律原则的例外，这与通过承认法律原则进行创新恰恰形成鲜明对照。当然，这也是一种与适用先例原则一致的创新形式，因为这种形式的创新首先要考虑的问题往往是当前案件与以往判例之间存在的区别，当寻找到两者之间的区别时，审理案件的法官就可能以本案与先例判决不具相关性而另行裁判，这恰恰是遵循先例原则的法律思维过程。由于后一个案件被认为是属于不同于先例的其他案件，因此不能适用先例判决中的法律规则对其进行裁判，法官需要作出新的判决。

我们首先可以通过契约对价规则的变化来进行分析。根据 200 多年前的英国法，履行现有契约义务不构成对某种承诺的有效对价。在 1809 年判决的经典判例 Stilk 诉 Myrick 案中，船长为了确保完成航海任务，承诺给海员额外的报酬。航行结束后，船长拒绝支付其所承诺的额外报酬。法院认为，船长无付款责任，海员只不过是履行了其原合同所约定的职责，这一履行，并不能对船长新的承诺构成对价。[①] 然而，在 1990 年 Williams 诉 Roffey 兄弟和 Nicholls 公司（承包商）案中，雇佣者承诺给建筑工人一笔额外的报酬以保证项目按期完成，上诉法院认为，只要承诺的内容是一种实际收益，对契约已有内容的额外承诺构成有效对价。[②] 上诉法院作出上述判决的依据是枢密院对 Pao On 诉 Lau Liu Long 案所作出的判决。[③] 尽管这两个案件比较相似，但还是存在较大区别，主要区别在于后者是对第三方履行的内容作出承诺。对于上诉法院选择适用 Pao On 案进行判决的主要原因，格莱维尔（Glidewell）法官认为，"法院更应该去寻找存在的对价来反映契约双方的意图，这种对价是由契约双方平等协商确定的，并且能

---

① 参见 R. T. Wright & W. W. Buckland, *Selection of Cases on the English Law of Contract*（Cambridge, 1996）, pp. 314 – 315。

② 参见 *Williams v. Roffey Bros & Nicholls（Contractors）Ltd.*（1989）EWCA Civ 5。

③ 参见 *Pao On v. Lau Yiu Long*（1979）UKPC 2。本案的焦点问题是主契约签订之后附加的担保协议是否具有对价支持。判决意见认为，作出付款或赠与其他利益的承诺之前存在的行为在满足一定条件时也可以作为承诺的有效对价，这些条件包括：一是这一行为必须是基于承诺人的要求作出的；二是当事人必须知道这一行为是需要通过付款或赠与其他利益获得报酬的；三是付款或赠与其他利益在法律上必须可强制执行。

够反映双方真正的意图"。① 为了达到这样的目的，上诉法院没有推翻 Stilk 诉 Myrick 一案的判决，而是将两个案件区别开来，区别的理由主要有三点：（1）从 1809 年的案件判决以来，相关法律经历了很大的变化；（2）当时为了保护契约一方免遭被迫行为侵害的法律现在已不存在了；（3）Stilk 案的判决依赖于当时的社会背景，而这个背景现在已经不存在了。②

不过，Williams 案的判决却给法律适用带来了一些麻烦，因为该案的判决理由并没有明确说明什么是"实际利益"，而 Stilk 案的判决也没有被明确推翻，并且上诉法院也没有在相关判决中明确指明 Williams 案的效力，所以，法官常会对是否应该遵循 Williams 案的判决产生疑问。在此情况下，上诉法院对 Re Selectmove 案的判决受到了法官们的特别重视。这个案件的焦点问题是：在一方因承诺而已获得实际利益的前提下，是否可以强制其同意另一方减少履行现有债务的要求呢？尽管判例法也承认实际利益的有效性，但是贵族院在 Foakes 诉 Beer 案中认为，即使债权人同意以清偿的方式接受债务人的部分清偿，也不发生债务清偿的后果。③ 这个判决在随后的很多案件中都被遵循。因此，在 Re Selectmove 案中，上诉法院认为，即使一方因承诺而已获得实际利益的前提下，也不可以强制其同意另一方减少履行现有债务的要求。皮特吉布森（Peter Gibson）法官认为，"如果遵守先例原则的话，上诉法院不可能将 Williams 一案中的原则运用到任何受 Foakes 案约束的案件中。如果要进行这样的延伸，必须由贵族院来决定，或者更准确地说，应经过法律委员会的讨论后由议会来决定"。④

因此，Williams 案的拘束效力似乎比较脆弱，但是，在没有被推翻的

① *Williams v. Roffey Bros & Nicholls （Contractors） Ltd.* （1989）EWCA Civ 5.
② 审理该案的法官认为，拿破仑战争时代航海生活艰苦，船员要挟船长可能使航行处于巨大的风险中。参见 *Williams v. Roffey Bros & Nicholls （Contractors） Ltd.* （1989）EWCA Civ 5。
③ *Foakes v. Beer* （1884）UKHL 1. 根据该案判决，即使债权人同意以清偿的方式接受债务人的部分清偿，也不会发生债务清偿的效果。但是，如果接受部分清偿的债权人不主张债务人的部分履行不存在有效对价，而是愿意将部分清偿当作全部债务清偿而接受，并同意解除债务人的全部债务或者进行全部对待履行，则具有法律效力。不过，由于这种情况下的债权人接受不是一个建立在对价基础上的清偿，所以被认为是具有赠与性质的清偿。对于这样赠与性质的清偿效果，不能进行推定，而必须有充分的依据证明债权人存在这样的真实意图。在实践中，这就往往要求债权人对债务人出具全额清偿的收据。参见〔美〕A. L. 科宾《科宾论合同》（下册），王卫国、徐国栋等译，中国大百科全书出版社，1998，第 519 页。
④ *In Re Selectmove Ltd.* （1993）EWCA Civ 8.

情况下，它仍然对上诉法院及其下级法院有约束力。不过，有些法官很不情愿这样做，如科尔曼（Colman）法官就在判决中明确说道："因为 Williams 案是上诉法院作出的判决，否则我不会遵循该判决。这个判决背离了长期以来被遵循的规则。"① 上诉法院在 Re Selectmove 案中也意识到这样的尴尬，因此，它也认为对于这种情形，法院可以考虑适用衡平法原则，它的核心就是允诺原则或禁反言原则。根据允诺原则或禁反言原则，如果债权人对债务人已表示愿意放弃部分债权，那么在符合以下两个条件时，则禁止债权人再违反先前的承诺：（1）承诺是承诺人真实的意思表示；（2）承诺在当时情况下是公平的。因此，这个原则与 Foakes 案中的对价原则比较相似，具备契约的有效对价可强制执行这样的特点。然而，从严格意义上讲，这种衡平法原则与 Foakes 案中所称对价原则还是存在差别的，因为该承诺并不完全具备契约的效力，在某些情形下，允许当事人规避该承诺。②

从以上分析可以看出，法官直接通过探求法律原则的例外来进行裁判往往会遇到许多障碍或受到批评，因此，为了减少因不支持先例原则所带来的不利影响，法官往往会选择第二种方法，即依靠案件的重新归类来规避先例。对此，我们可以通过关于第三人利益契约制度的发展变化来进行说明。传统判例法不承认第三人利益契约，"契约双方不能将契约权利授予第三方"，这个规则反映了契约的相对性原则以及受诺人必须具备对价的规则。③ 尽管英国法官经常很不情愿地遵守这一规则，并要求议会对其进行审查，但是在法律修改之前，法院还是要坚持遵守这个规则的。不过，当 1999 年契约法改革法案还没有正式生效之前，④ 法官实际上有很多规避适用第三人利益契约规则的方法，比如通过解释，将涉及第三人利益的契约问题解释为其他制度所能涵盖的法律问题，进而适用其他法律规则进行裁判。正是如此，法官创建了许多契约相对性规则的例外情形，在特定情况下赋予第三人直接请求权，使第三人可以申请强制执行契约。例

---

① 参见 R. Cross & J. W. Harris, *Precedent in English Law*, 4th ed. (Clarendon Press, 1991), p. 193。

② 参见 *In Re Selectmove Ltd.* (1993) EWCA Civ 8。

③ 参见 R. Cross & J. W. Harris, *Precedent in English Law*, 4th ed. (Clarendon Press, 1991), p. 193。

④ 英国议会 1999 年 11 月通过了《契约法改革法案》，该法对第三方履行契约及第三方契约权利进行了较为详细的规定。至此，英国正式承认了第三人利益契约的效力。

如，通过信托来规避契约的相对性原则，曾是英国法院经常采取的一种方法，法院若认为应给予第三人救济，就将当事人订立契约的行为解释为为第三人设立信托，通过信托来赋予利益第三人申请强制执行契约的权利。①此外，契约相对性规则的例外情形主要涉及代理、债权转让、海上货运、准契约、流通票据、保险、土地等方面。规避禁止第三人利益契约规则的这些方式比较明显地表现出英国法院想要创新的强烈意愿，同时也表现出对创新的自我限制。当法官觉得可以通过规避先例的方法进行创新时，他们就不会公然拒绝或违背"契约关系不涉及第三人"的原则，即使预料当事人会对判决提起上诉也是如此。②

当然，法官不愿意违背第三人利益契约原则的做法也遭到了一些著名学者的批评，认为不承认"因契约方式所生的第三人权利"的做法令人惊愕。③ 不过，法官普遍认为，法院持续不愿承认契约当事人可以将权利授予第三方，一方面是因为法官要遵循先例，另一方面也是因为法官认为司法难以正面解决规避第三人利益契约所带来的问题。尽管"契约双方能够授予第三方权利"这一个原则看起来比较简单，但是一旦承认这个原则，就会附带产生很多问题，这些问题可能无法由贵族院在一个案件的判决中一次性地得到解决。④ 实际上，英国法院通过案件的重新归类来规避"第三人利益契约"的方法也引来了很多非议，认为这样的方式容易导致解决契约问题的不确定性，从而潜在地破坏交易秩序，因此，由议会通过立法对"契约双方不能将契约权利授予第三方"的原则进行改革确实是一种更好的方式。⑤ 从1991年开始，英国法律委员会再次呼吁普遍承认第三人可申请强制执行契约的法律规则，认为依据契约当事人的意图，第三人应该可以享有起诉权，立法应规定契约当事人变更或终止契约的权利、承诺人的抗辩及第三人可得到的救济等规则。英国最终在1999年通过了《契约法改革法案》，规定了第三人申请强制执行契约的法律规则。法律委员会认为对契约法进行改革能够避免法官造法的任意性和复杂性。

---

① F. A. R. Bengham, *Statutory Interpretation*, 5th ed. (LexisNexis, 2007), p. 342.
② F. A. R. Bengham, *Statutory Interpretation*, 5th ed. (LexisNexis, 2007), p. 342.
③ F. A. R. Bengham, *Statutory Interpretation*, 5th ed. (LexisNexis, 2007), p. 343.
④ F. A. R. Bengham, *Statutory Interpretation*, 5th ed. (LexisNexis, 2007), p. 343.
⑤ F. A. R. Bengham, *Statutory Interpretation*, 5th ed. (LexisNexis, 2007), p. 343.

六　立法民主性和公共政策考量

遵循先例原则的过程实际上也是司法创新的过程。不过，与议会相比，法官的立法过程显然缺乏民主性，他们也因此受到一些批评。然而，经常发生的实际情形可能是法官要求议会对某些法律问题进行明确立法却遭到拒绝。但是，每当法官对现有权威进行挑战时，无论是以规避的方式逐渐地进行创新，还是以认可新的法律规则的方式大胆地进行创新，这种挑战总会被指责为侵犯了议会的权力。因此，法官在进行司法创新的过程中，需要考虑议会对当前法律问题可能持有的态度，尽可能在议会容忍的程度内进行司法创新。首先，在存在成文法的领域，法官一般不会轻易规避成文法的规定，相反，他们往往会通过法律解释弥补成文法的漏洞，促进成文法的不断发展，这种思维方式与大陆法系法官通过解释法典促进法律发展的方式极为相似，这正是法官尊重议会主权原则的表现。其次，尽管遵循先例原则是法官立法合法化的根据，但是，为了避免法官专断，先例同时也是法官进行法律创新的界限。这是普通法的传统，也是法官自觉性的行为。因此，尽管受到一些批评，却无法撼动判例法的制度价值，判例法的主导地位并没有成为法官侵犯议会权力的依据和制度缺口。再次，对于争议性很大的法律问题，法官往往不会擅自改变法律规则，而是提议议会立法，静静等待议会通过民主表决的形式更为周全地解决法律问题。前文关于"第三人利益契约"问题的解决过程正是法官自觉维护立法民主性的很好说明。最后，法官通过判例改变或发展法律时，需要考虑相关的成文立法背景，将自己置于立法者的情境中，设身处地地思考和论证议会立法时对解决当前问题的态度和方法。否则，法官擅自改变或发展法律的判例就会被上诉法院推翻或不被后诉法院遵循。这一点至关重要，它既是维护先例原则的程序保障，也是防止法官专断、避免法官造法严重背离民主性原则的程序保障。例如，随着社会的发展，法官应如何重新解释消费者保护法以保护消费者免遭不公平的契约条款特别是免责条款的侵害呢？英国司法界对此存在不同的观点。通说认为有两种解释方法：一是在缺少书面契约的情况下，应以衡平法原则确定其内容；二是契约条款存在两种或两种以上解释的情况下，应作出不利于要约人的解释。然而，丹宁勋爵认为，根据这两种解释方式来解除消费契约时，自动解除一个契约及其附随的免责条款应以构成根本违约为前提。这种观点与贵族院先例中的观点存在冲突。许多同行认为，丹宁勋爵对法律的这种创新解释显得比较傲慢，威伯福斯（Wilberforce）法官就认为，"据称丹宁勋爵是运用先例进行判决，但实际上他是引用了其他两位法官朋友的话来进行判决"。① 丹宁以根本违约为前提的判决被上诉到贵族院，贵族院在考虑到 1977 年《不公平契约条款法》的立法背景后认为，议会对契约法领域的干涉程度是有限的，② 丹宁的判决对契约法的干预违背了先例权威和法律原则，而这样的违背并无必要，因此拒绝接受该判决。对此，威伯福斯认为，议会避免对整个契约领域进行立法具有重要意义，1977 年的这个法案出台以后，在一般商事领域，如果契约双方具有平等的议价能力，且风险主要由保险公司承担，那么，包括司法干预在内的任何干预都是不正当的，这似乎是议会的意图，让契约双方按照他们认为合适的方式自由分摊风险。所以，1977 年法案中对议会干预契约法的限制，可以被看作法院对同样领域不进行干预的原因，从而不给未来普通法的立法造成一种先发制人的影响。③

与议会和政府相比，法院对公共政策的态度会受到社会民众更多的关注。其原因在于，法院对公共政策的回应可能会切实地改变人们的法律生活。处于判例法中心的英国法官当然无法置身于公共政策之外，他们也会关注公共政策的发展，时常在判决中讨论公共政策对当前需要解决的法律问题的影响。尽管如此，英国法官不会放弃独立思考的机会跟随公共政策进行审判，他们会综合考量法律回应公共政策变化的必须性和正当性，恰当处理公共政策变化对法律发展的需求。

在遵循先例进行裁判的过程中，贵族院有时会公开解释他们不遵循自己先例判决的原因是社会在不断变化，公共政策也在不断调整，人们改变法律规则的呼声在日益高涨，因此，司法有时需要跟进这样的改变

---

① P. Devlin, "Judges, Government and Politics", 41 *Modern Law Review* (1978), pp. 505, 513.

② 英国 1977 年《不公平契约条款法》第 1 条规定："任何人都不能通过契约或针对一般人及特定人发出的告知免除或限制自己因过失致他人伤害或死亡的赔偿责任。"但是该法中的控制责任免除条款的立法不适用于保险契约、海事救助和拖船契约、租船契约、海上货物运输契约和国际货物买卖契约等领域。

③ 参见 P. Devlin, "Judges, Government and Politics", 41 *Modern Law Review* (1978), p. 513。

对法律规则进行适当的调整。例如，在 1991 年 10 月 23 日皇室诉 R 案中，贵族院查阅了现有判例后认为，规定妻子被推定自愿同意与丈夫发生性行为的法律已经过时，"判例法应根据社会、经济、文化的发展而作出改变"，其中一个改变就是现代的婚姻被视为一种平等主体之间的关系。也就是说，关于现代婚姻的公共政策已经发生了很大的变化，这是符合社会发展潮流的，贵族院认为应当根据公共政策的变化改变原有的法律规则。所以，贵族院将判例法中关于"推定同意"的规则推翻，并认为妻子无须通过法律程序，而只要表达离开丈夫的企图，就已经撤销"婚内同意权"，有权控告丈夫强奸。① 1992 年 1 月 13 日，英格兰法律委员会发表报告，赞成落实"皇室诉 R 案"的判决，完全取消"推定同意"的理念以及"婚内强奸豁免权"。1994 年英国通过《性犯罪法案》的修正案，删除了丈夫"婚内强奸的豁免权"，即男子无论是否与受害女子有婚姻关系，在用暴力或暴力威胁与该女子发生性关系后，都要承担强奸罪的刑事责任。

相反，在关于未成年人刑事责任能力问题的讨论中，尽管随着未成年人犯罪案件的逐年上升，社会民众呼吁改变法律规则，降低刑事责任年龄，对严重犯罪的未成年人进行惩罚，政府报告也对未成年人的刑事犯罪问题给予了很大的关注并提出了修改法律规则的建议。但是，在 C 诉 DPP 一案中，贵族院明确拒绝改变关于规定未成年人刑事责任能力的相关规则，尽管其中三位法官认为应当改变，贵族院最终的判决还是认为，10～14 周岁的未成年人被推定为无刑事责任能力，只有在举出足够的反证证明该未成年人明确知道自己的行为具有严重危害性的情况下，这样的推定才能被推翻。② 在这个案件中，贵族院认为，尽管社会发展导致未成年人犯罪的概率升高，社会公共政策的考量希望能够改变关于未成年刑事责任能力的规则，但是保护未成年的法律价值更应受到尊重，尽管情况发生了一些改变，但不足以成为法律规则变化的理由。

结合上面提到的立法民主性及公共政策考量问题，洛瑞（Lowry）勋

---

① R. Stevens, *The English Judges: Their Role in the Changing Constitution* (Hart Publishing, 2002), p. 435.

② 参见 R. Stevens, *The English Judges: Their Role in the Changing Constitution* (Hart Publishing, 2002), p. 436。

爵提出了一些确保法官造法具有适当性的原则：（1）如果对解决方案存在疑问，法官应避免按自己的个人看法进行裁判；（2）应提高警惕防止议会拒绝解决疑难法律问题的机会或不提及疑难问题而直接立法；（3）与解决纯粹的法律问题相比，司法更不适于干预社会政策纠纷；（4）对于根本的法律原则，法官不应置之不理；（5）除非能够达到终局性和确定性地解决疑难法律问题，法官不应该改变法律。① 当然，这些原则并不是对法官进行司法决策的一种限制，更不是法官审判案件时必须遵守的规则，但这些建议反映出贵族院对法官立法所持的谨慎态度。

七　结语

当我们了解先例原则的含义及其大致内容，并深入研究英国法律中任一领域的实体法时，我们就会清楚地发现英国司法对待先例的态度实际上是比较宽容和大胆的，比先例原则的字面含义要灵活得多。并且，不同历史时期，不同领域的实体法，甚至法官的个人偏好都可能会影响到法官对于先例的处理方式。对此，已故的著名法官丹宁（Denning）勋爵可以作为一个较好的例证。他的著名主要在于他所作出的各种创新举措和创新性判例。他的这些创新有的受到很高赞誉并被流传了下来，而另外一些则饱受评判并被完全否定。英国学者认为，无论从好的或坏的方面讲，丹宁勋爵所作出的贡献都是特殊的，但必须承认，一些高级法官更倾向于采纳较为大众化的创新。② 因此，对于先例原则的解释和实际应用，也是一种法官个性化的表现。并且，值得注意的是，除了个别判例所体现的法官个性造成了对相同案件作不同处理而令人无法忍受外，这种个性化的判决并没有成为法律人重点批判的对象。③

英国的先例原则强调以往判例的权威性，这也是由判例法的特性决定的，英国法官将这种权威性归结于先例中的案件事实和判决理由之间存在

① 参见 R. Stevens, *The English Judges: Their Role in the Changing Constitution* (Hart Publishing, 2002), p. 436。
② 参见 H. Carty, "Precedent and the Court of Appeal: Lord Denning's Views Explored", 1 *Legal Studies* (1981), pp. 68, 73。
③ 参见 H. Carty, "Precedent and the Court of Appeal: Lord Denning's Views Explored", 1 *Legal Studies* (1981), pp. 68, 73。

的密切联系。在英国，很多判例，尤其是在上诉法院和贵族院的判例中，法官们不仅仅遵循先例的判决理由和法官的附带意见，他们还试图运用多种方法、技巧和原则，结合以往判例所考虑的理由和论据来评判当前的案件，并重新塑造着英国的判例法。正如庞德所言，"普通法的遵照先例原则之所以取得成功，主要在于它糅合了确定性与进化力之双重功能"。① 实际上，遵循先例原则非常尊重法官的独创精神，目的不在于要以先例束缚法官的手脚。因此，英国的司法决策过程其实远比先例原则的表层含义复杂得多，因为法官需要综合考虑先例中的各种法律主张，遵循先例原则背后的公平性，并且需要根据变化的事实对法律进行相应调整以适应社会发展的需要。

（本文原载《比较法研究》2015 年第 1 期，收入本书时有改动）

---

① R. Cross & J. W. Harris, *Precedent in English Law*, 4th ed. (Clarendon Press, 1991), p. 6.

中英先例制度的历史比较

王志强[*]

　　近年来，随着案例指导制度在理论和实践领域的热议，判例在我国司法实践中的作用引起越来越多的关注。在法律史学者中也展开了能否运用判例法概念看待中国古代某些司法现象，以及中国古代是否有判例法传统的讨论。[①] 问题的焦点在于：中国古代是否具有一套与普通法中的判例法这一概念相对应的制度，以及这一概念移用于中国是否会引起歧义。

　　既有研究显示，依据先例裁判案件的方式确实曾在中国历代的司法实践中发挥了相当的作用。[②] 以普通法发源地英格兰的先例制度为参照系进行比较研究，将有助于深化对中国本土制度的理解。相对于民事审判，在古代中国，刑事司法居于整个司法系统特别是高级司法审判的核心地位。与古代先例相关的文献，特别是中央和省级的司法资料，基本上都是刑事案件的记录，民事方面的相关文献极为单薄。由于较晚近的历史资料更为丰富细致，且鉴于英国 1875 年司法改革使传统制度发生较大变化，故本文选取 18 世纪中叶至 19 世纪中叶这一时段，以刑事司法为中心，对中英审判中的先例的概况、推理技术及其历史背景进行比较研究，以期对古代中国先例制度的特色有更深入的理解。

---

　　[*]　王志强，复旦大学法学院教授。

　　[①]　参见武树臣《中国古代法律样式的理论诠释》，《中国社会科学》1997 年第 1 期；杨师群《中国古代法律样式的历史考察——与武树臣先生商榷》，《中国社会科学》2001 年第 1 期。最新的论述，参见刘笃才《中国古代判例考论》，《中国社会科学》2007 年第 4 期。该文廓清了以案例、条例为判例等诸多误区，但其中涉及面相当广泛，另文详论。

　　[②]　对清代以前状况的研究，参见王志强《清代成案的效力和其运用中的论证方式——以〈刑案汇览〉为中心》，《法学研究》2003 年第 3 期。

一 刑事先例的编集、援引和性质

在中国清代，作为刑事先例的成案有大量编辑成册。在 1751～1850 年间编订的成案汇编中，存世的至少有 20 种，分别是《成案续编》、《例案续增全集》、《驳案成编》、《驳案新编》、《成案所见集》、《成案备考》（三种）、《新增成案所见集》、《例案备较》、《成案新编》、《刑案汇览》、《刑部比照加减成案》、《刑部比照加减成案续编》、《续增刑案汇览》、《成案》、《刑案摘要》、《粤东省例成案》（三种）。①

关于中国清代司法的研究显示，成案在当时刑事司法中具有重要作用。② 以成书于 1834 年的《刑案汇览》为例，在 18～19 世纪前期近 5000 件疑难案件的判决中，有至少近 400 件引用成案作为法律渊源。③ 这在中国成文法传统的背景下显得格外引人注目。

成案大行其道，是否因为其已经过特定程序，成为"通行"了呢？因为根据《大清律例》："除正律、正例而外，凡属成案未经通行、著为定例，一概严禁，毋得混行牵引，致罪有出入。"④ 既然如此，这些成案的性质便值得进一步探讨。

《刑案汇览》中这些被援引的成案，大部分未经过特定的法律程序上升为通行。首先，有的被引成案判决犹在，可以考知其并非通行。有的在原案中明确声明其不得援引，如在道光元年浙江"樊魁案"中，刑部声明"例无明文，援引浙江省龚奴才成案奏请"，同年山东"翟小良案"再度援引，但所引"龚奴才成案"的上谕中说得很清楚："此系法外施仁，不得

---

① 关于这些编集的详细情况，参见 Wang Zhiqiang, *Case Precedent in the Qing China: Rethinking Traditional Case Law*, 19 *Columbia Journal of Asian Law* (2005): 323, 327 – 333。事实上，以各种抄本形式流传的成案汇编应该远不止此。

② 参见〔日〕小口彦太《清朝时代の裁判における成案の役割について》，《早稻田法学》57卷 3 号，1982; Geoffrey MacCormack, *The Spirit of Traditional Chinese Law* (University of Georgia Press, 1996), pp. 175 – 176; R. Randle Edwards, "The Role of Case Precedent in the Qing Judicial Process as Reflected in Appellate Rulings", in C. Stephen Hsu (ed.), *Understanding China's Legal System* (New York University Press, 2003); 前引王志强文，注释[18]。

③ 关于引用成案的数量统计及其分析，参见前引王志强文，注释[18]。

④ 《大清律例·刑律》断狱篇的断罪引律令条例。

援以为例。"① 所引当然不是通行。即使原案中没有这样明确否认，但在一般情况下，通行案件在裁决过程中就会由皇帝首肯或刑部长官认可、确认其"通行"地位，如果原案记载中没有提及这一程序，则其性质基本可以确认不是通行成案，例如道光七年吉林刘文魁案中援引"江苏等省武开忠等各成案"等。②

其次，被引成案原貌虽不可考，但目前案件判决中的用语已明确透露出其所引旧案并非通行。有的明确否认其通行地位，如乾隆五年安徽"蒋凡案"中，刑部明确指出："虽林宣旧案未经著为定例，但此案两家各毙一命，实与林宣旧案相合"；③ 道光五年直隶"刘五案"中，称乾隆五十六年、五十七年两件旧案"虽系远年成案，非定例可比，惟立论与例意相符，引断自应照办"。④ 有的成案被建议通行，如嘉庆二十四年江西"严久荣案"中，"该省于疏内援引十二年刘幗珮一案，似应申明律意，通行遵办，免致各省援引歧误"。⑤ 这样的成案显然也不是通行。又如道光六年贵州"小何田氏案"中援引该省嘉庆十一年钦定"田宗保案"，指出："检查馆存说帖。惟田宗保一案；复查存馆十年档案内，亦无似此之案"，并要求"应传知各司将此案抄录存记，以便将勿（疑当为'来'——引者注）仿照办理"；其中所引旧案显然并非通行，否则不必在陈年说帖中大肆翻检，更不必将本案"抄录存记"。⑥

再次，从目前案件引用时的论证过程看，即使没有明示，亦可推知不少被引成案并非通行。有的成案经过御批，但并未经过特定程序确认为通行。如嘉庆二十五年江苏"徐还大留养案"中援引嘉庆二十一年四川成案时指出，"臣部照拟具题、奉旨允准在案。此案……"⑦ 有的成案只是刑部

---

① 《刑案汇览》卷二《误伤父母拟斩改缓后请留养》《误伤父母拟斩随案声请承桃》。
② 《刑案汇览》卷八《抢夺居丧改嫁成婚之妇奸污》《抢居丧改嫁妇分别曾否成婚》。类似情况甚多，不能具列。
③ 《刑案汇览》卷三十《两家互殴各毙一命分别减等》。
④ 《刑案汇览》卷二四《杀死强奸伊妻堂叔犯时不知》。
⑤ 《刑案汇览》卷四二《疑贼误杀兄不得照犯时不知》。
⑥ 《刑案汇览》卷三四《训责其子致姑痛孙气忿自尽》。
⑦ 《刑案汇览》卷二《误杀胞伯孀妇独子补请留养》。类似的情况还可参见《刑案汇览》卷十《私枭聚众拒伤商巡秋审酌缓》、卷二三《夫欲寻死图赖其妻代抹伤轻》、卷三三《妻詈骂姑供证虽确但未亲告》、卷四四《救母起衅殴死其人父子二命》、卷五九《停勾之年赶入之案归入下次》等。

对个案的处理意见，如"检查道光四年江苏省咨李继周等伙众强抢李贵买休之妇已成一案，该省因例无明文，咨请部示。经本部咨行该省，比照'抢夺犯奸妇女'之例问拟"。① 还有的在案件裁决中，特别强调成案实质内容的正当性，以便援引该案，如嘉庆十五年江苏"徐贵长案"中援引乾隆二十年河南"贾士桀案"："虽系远年成案，第立论甚为平允。"② 有的在论证过程中将条例、通行和成案并提，如嘉庆二十四年广东"陈蚬纪案"中引用十六年直隶"阎昶案"后指出："该司议驳勿论，既与例意未符，亦与本部通行及阎昶成案显有歧异。"③ 可见其所引成案均非通行。

最后，未注明"通行"的被援引成案，应该都不是通行。因为如果已是通行，则完全有理由在裁判中明确说明，以加强说服力，而没有必要隐去其性质，仅称之为"某年某案""题结在案""咨结在案"。而这种未说明所引成案是"通行"的裁决，是更普遍的情况。

在近400件援引前例的判决中，所引成案具有普遍约束力的，目前明确可论定者仅有42件，仅占1/10。除重复者外，共引通行成案32件。在形式上，这些具有普遍约束力的成案也有不同的表现形式。其中大多数不像《大清律例》所要求的那样已被正式修为条例，而是根据御批或刑部要求"著为通行"，其中乾隆四十四年杜二观案、乾隆六十年刘七案、嘉庆元年姜小年案等被援引的三案则仅是"各司抄存"或"传知各司画一遵办"。④ 后者应是《刑案汇览·凡例》中所提及的"遵行"，即"系部中通传各司遵办，并不通行外省"，专供刑部内部掌握和使用。如时人所言："是贴（指说帖——引者注）有因之定例者，有就案通行各省及分司存记者，皆可比引遵循。"⑤ 可见，当时在司法实践中所认可的"通行"，其范围也比当时的成文法规定要更广。

因此，在清代司法实践中广泛使用的"题结在案""咨结在案"的成案，绝大多数是经过钦定或由刑部批复的旧案，但并未经过通行的程序，没有获得当时体制正式要求的普遍、严格的约束力，更没有被"著为定例"。

---

① 《刑案汇览》卷八《兴贩卖休妇女亦应作犯奸论》。类似的情况还可参见《刑案汇览》卷十《弃兵放枪致毙贩私拒捕之人》、卷十二《逆案缘坐妇女老疾不准收赎》。

② 《刑案汇览》卷二十《发掘已埋席包尸身》。

③ 《刑案汇览》卷二四《杀死强奸伊妻堂叔犯时不知》。

④ 《刑案汇览》卷五七《准释准免流犯未奉部复逃走》、卷八《娶未婚弟妻主婚媒人俱收赎》、卷五三《遣奴调奸旧家长之母未成》。

⑤ （清）汪进之辑《说帖辨例新编·凡例》，道光十六年刻本。

与同时代的中国相比，在先例的编集、引用数量及效力等方面，18～19 世纪英格兰的刑事先例其实并无重大差别。援引先例作为法律渊源，是英格兰司法的重要历史特色。① 在 16～17 世纪，随着遵循先例原则的逐步发展，先例在司法中的地位得到普遍承认。② 然而，当时仍有一些因素阻碍着遵循先例原则的严格确立，司法审级制度一直到 18 世纪仍处于不稳定的模糊状态，没有一个被普遍接受的最高法院，这使法官们无法确认先例的权威性。③ 同时，判例的公开性和可靠性也存在相当多的问题，阻碍了既有判决的广泛传播及约束力。④ 这些阻碍判例制度发展的因素，有些直到 19 世纪才有了根本性改变，而今天普遍接受和适用的遵循先例原则也才得以逐步巩固。⑤ 在很长一段时期内，这一原则也并不被严格执行。直到 19 世纪六七十年代，一名一审法官仍可在判决中通篇宣称大法官在审理上诉案件时有明显的错误，因此他不必受其约束。⑥

这是英格兰法先例制度演进的大致历程，只是与民事相比，刑事判例数量显得相当单薄。涉及 18～19 世纪中叶这一时段的刑事先例报告专集，一共只有 6 种，即《丹尼森》（Denison）⑦、《福斯特》（Foster）、《利奇》（Leach）、《卢因刑事案件》（Lewin's Crown Cases）、《蒙迪》（Moody）和《拉塞尔和瑞安》（Russell & Ryan），分别收录于《英国法律报告全集》（English Reports）的第 168 册和第 169 册。另外还有一些刑事判例散见于其他报告集中，如《卡林顿和柯万》（Carrington & Kirwan）、《卡林顿和马什曼》（Carrington & Marshman）、《卡林顿和潘恩》（Carrington & Payne）

---

① 关于早期先例作为法律渊源的适用状况，参见 T. E. Lewis, "The History of Judicial Precedent", *The Law Quarterly Review*, V. 46 – 48（1930 – 1932）；12 William Holdsworth, *A History of English Law*, 1938, pp. 146 – 162；T. F. T. Plucknett, *A Concise History of the Common Law*, 5th ed.（Little, Brown, and Company, 1956），pp. 315 – 341；J. P. Dawson, *The Oracles of the Law*（University of Michigan Press, 1968），pp. 57 – 60. 不过这些研究主要侧重于民事审判而非刑事司法。

② 参见 C. K. Allen, *Law in the Making*, 7th ed.（Oxford University Press, 1964），pp. 203 – 210。

③ 前引 Allen 书，第 220～230 页。

④ 当然，反过来也可以说，是因为理论和实践还没有充分的需要，可获得的判例才不那么充分。所以要确定因果关系至为不易，前引 Dawson 书，第 19 页。

⑤ 前引 Allen 书，第 219 页。

⑥ 参见 Cross & Harris, *Precedent in English Law*, 4th ed.（Oxford University Press, 1991），p. 25。

⑦ 本文英语人名的音译，根据新华通讯社译名资料组编《英语姓名译名手册》（第四版），商务印书馆，2004。

等，分别收录于《英国法律报告全集》的第 171～174 册。

本文对英格兰 18～19 世纪这一特定时期的刑事判例研究主要基于《伦敦老贝利法院审判记录》（the Old Bailey Session Papers）[①] 和《英国法律报告全集》所收录的案件。由于案件数量庞大，因此选取谋杀（murder）案件作为典型种类进行例示性探讨。[②] 根据初步统计，共有 654 件谋杀案件于 1751～1834 年在伦敦老贝利法院审理，[③] 其中仅有 4 件显示，法官曾在给陪审团的指导意见中援引先例。这一比例实际上微乎其微，仅占 0.6%。而在卷帙浩繁的《英国法律报告全集》中，共收录了这一时期的谋杀案件 220 件。其中法官在判决过程中援引先例的有 50 件，比例较高，占全部案件的 22.7%。这些引用先例的案件，绝大部分出现于 19 世纪以后。

从这一状况可以看出，在一般案件和疑难案件中，英格兰先例的影响力明显不同。老贝利法院是伦敦地区刑事案件的审判机构，裁决大量常规案件。而《英国法律报告全集》所收录的仅是报告人认为值得记录的案件，通常是具有法律争议的疑难案件，有些还是全体法官会审案件（twelve judges' cases）。[④]

---

① 1674～1834 年伦敦老贝利法院审判记录的详细内容，参见 http://www.oldbaileyonline.org/。老贝利法院是历史上伦敦地区刑事案件的审判地。

② 谋杀是传统的"普通法罪名"（Common Law Crime）。根据经典著作的解释，这是指"一个具有健全记忆和判断的人，基于明示或可推知的预谋，在国王的辖区（under the king's peace）非法杀害任何其他人（any reasonable creature inbeing）"；3 Coke, *Institutes of the Laws of English*, 1817, p. 47；4 William Blackstone, *Commentaries on the Laws of England*, 1765 – 1769, Clarendon Press, p. 195。本文的统计包括以"谋杀"罪名被起诉、提起上诉或被判决的案件，但不包括以一般杀人罪（Manslaughter）、自杀（Self－murder），以及以其他制定法罪名（Statutory Crime）起诉的案件，如不义罪（Petit Treason）（根据爱德华三世 25 年第 2 号法令（25 Edw. III. C. 2.），这一罪名专指仆佣杀害主人、妻子杀害丈夫以及神职人员杀害上司的案件；上引 Blackstone 书，第 203 页。因谋杀案附带审理的其他性质诉讼，如 *Rex v. Edward Barnett*（1829）（3 CAR. & P. 600, 172 ER 563）中被告随身财物的归属争议，也不包括在内。另外，同一案件出现两种法律报告的，计为两件，因为其记述的内容并不相同，对本文可能有不同意义。但如记述的内容完全相同的，则仅计为一件，如 *Reg v. Eduljee Byremjee and Seveteen Others*（1846）（分别出现在 5 Moore 276, 13 ER 496 和 3 Moore Ind. App. 467, 18 ER 577）。

③ 根据 1834 年《中央刑事法院法案》（*Central Criminal Court Act*），设立中央刑事法院以取代伦敦老贝利法院。后者的审判档案因此也就在该年终结。

④ 这是一些特殊的疑难案件，当陪审团作出有罪判决后，如果主审法官不同意，可以暂缓执行，将案件移送全体 12 名普通法法官共同参加的讨论会，就案件的法律争点作进一步讨论，并作出终审判决。D. R. Bentley, *Introduction*, *Selected Cases From the Twelve Judges' Notebooks*, 1995。

在疑难案件中，先例的引用率要高得多。法官在同行讨论中更习惯于援引先例。在提交全体法官讨论的一个案件中，承审法官引用的先例达 12 件之多。①

另外，在英格兰司法中，刑事先例并非具有绝对约束力。例如，在晚至 1831 年的"国王诉贝尔案"（*Rex v. Bell*）中，被告律师援引加罗男爵（B. Garrow）在"国王诉法格案"（*Rex v. Fagg*）中宣示的原则，即被告在获悉不利于他的证据之前所作的任何陈述，不能用来判定被告有罪。但法官盖斯利（Gaselee J.）与首席法官滕特登勋爵（Lord Tendterden C. J.）交换意见后认为，先例中所确立的这一原则太过于宽泛，将导致被告向治安官所作的任何供述都被排斥在证据之外。因此，证据的效力依然得到认可。②这一情况，与前述先例不具有严格和绝对约束力的描述可以相互印证。

从上述情况来看，18 至 19 世纪中叶，中英刑事先例在许多方面具有相似之处。在司法实践中，先例特别是中央司法机构的裁决，并不需要官方再度认可即可产生影响力，为后来法曹同行所仿效；同时，这些旧案普遍由私人编集，广泛流传。当时英格兰先例制度的这种状况，在清代中国的司法实践中也并无重大差别。至于刑事先例的编集数量，中国更是有过之而无不及。

同时，先例的影响力程度也有类似之处。在常规案件中，英格兰司法并不倚重先例，引用率相当低。即使在法律报告所记载的疑难案件中，先例的引用也并不普遍。而且，先例并不具有绝对和严格的约束力。这与中国清代也很相似。

当然，这些相似性不能进一步夸大。在清代司法中，成案往往解释性甚至实质性改变了制定法的规则。如果要取得进一步巩固的权威地位，它们需要通过特别程序取得"通行"的地位，否则其效力随时可能受到质疑。而在英格兰，先例的效力则并不因此而受到质疑，立法在当时通常也不直接干预先例的效力。

二　运用先例的法律推理

中英传统的刑事先例制度之间更深刻的差异体现在运用先例的推

① 参见 *R. v. Perkins*（1840），2 Mood 138，169 ER 55。
② 参见 *Rex v. Bell*（1831），5 Car. & P. 163，172 ER 923。

理模式上。在援引先例时，中英刑事案件的合法性论证都运用类比推理的方式。类似情况类似处理，是人类司法文明的共同价值倾向，中英皆然，但差异也正产生于此。在理论上，如果有一件判例可能适用于待决案件时，其类比推理过程在逻辑上往往包括三个环节：认定前例 K 与待决案件 K' 的相似性；确定判例中的规则 R；将该规则 R 适用于待决案件 K'。

在清代刑事司法中，事实类比在援引先例裁决的案件中运用得最为普遍。类似案件类似处理的观念当时广为接受。道光九年的李明案即是一例。案犯从同一房内但并无关系的两位事主处各窃得财产若干。这两人是否应被视为同居共财者，引起了一定争议。因为根据制定法，如作为一家对待，则应并赃定罪；否则将从赃重者论。在引用成案后，后一观点被采纳。事实类比在判决中发挥了决定性作用："此案李明行窃同窑居住之事主，核与浙江省王泳先行窃同船事主胡义裕、姚茂立两人财物之案情事相同，自应画一办理。"① 本案中，律例规则非常明确，与成案事实的类似性成为裁判中至关重要的因素。然而，何以这种情况应适用"从赃重者"的规定，裁判中完全没有提及。

当成案与待决案件的事实类似性并不明显时，清代司法官员则努力通过制定法规则的结果等同性等方式加以论证；在个别情况下，刑部官员仅通过直觉判断完成类比。②

刑部官员在运用成案时也存在援引成案中的特定原则，或从成案中归纳出新的原则再适用于问题案件的情况。成案被抽象后的判决理由往往直接在原案中被明确提出，其中不少具有通行性质，可以在处理后案时直接援引。高度抽象地提炼成案中法律原则的例子较少。③

相比之下，在同时代的英格兰，第一环节的案情类似性认定被极度简化，常常吸收进此后的两个步骤；即使有事实类比，也往往置于确定规则的环节之后。在绝大多数援引先例的案件中，先例的案情并不被明确表述，一般仅是提及其案名（即原、被告双方）、出处和对某一特定案件问

---

① 《刑案汇览》卷十七《同窑与同船不便照一主赃论》；前引 Edwards 文，第 192～193、205、209 页。

② 具体例证，参见前引王志强文。

③ 参见前引王志强文。

题的裁断原则。其中，通过第二环节确定适用规则或原则，即判决理由（*ratio decidendi*），这一过程的作用尤为突出。正如 1833 年帕克男爵（Parke B.）所指出的："我们的普通法制度的特色就在于能够将我们从法律原则和司法先例中提炼出来的法律规则适用于新的情势。"①

在援引先例进行判决的案件中，除了少数的例外，② 英格兰法官们并未刻意着力于比较前例与待决案件的事实性类似，而是主要致力于从先例中总结出相关的原则。有的原则在先例中已经被明确表达，如格尼男爵（Gurney B.）曾直接在判决中援引"国王诉范德科姆案"（*Rex v. Vandercomb*）中表述的原则：在出现对被告的两项指控时，"除非第一项指控的成立仰赖于第二项指控中包含的事实证据，否则，即使宣告第一项指控无罪，也不影响第二项指控继续进行"。③

在大多数情况下，先例中包含的原则由目前待决案件的承审法官来进行总结。在"英格兰案"（England）（1796）中，鲁克法官（Justice Rooke）根据塔弗纳案（Taverner）、莫格里奇案（Moggeridge）和霍德利案（Hoadley）等先例，在其指导意见里提出明确的法律原则："根据法律，如果双方有意相约，而非激于一时冲动，旨在剥夺对方生命，那么无论哪一方动手，只要其中一方因此死亡，即构成谋杀。"④ 塔弗纳案与本案情况相似，都涉及决斗杀人后潜逃出国、被缺席判决剥夺法权（outlawry）后，被告又再度回国。但在其他两案中并无潜逃和被判剥夺法权的情节。这些案件在事实方面都各有特殊之处，但法官所总结的原则并不拘泥于事实的细枝末节，而是将重点放在"并非基于冲动的决斗杀人"这一核心问题上，将相关原则作为裁决案件的关键依据。这种提炼法律原则的过程，在当时许多英格兰刑事案件中普遍存在。⑤

---

① *Mirehouse v. Rennell*（1833），1CI. & F. 527，546；转引自前引 Cross & Harris 书，第 26 页。

② 如在简·登顿案（Jane Denton）（1823）中，调查记录只有验尸官（coroner）的签名，但没有陪审员的签名，其效力受到质疑。法官引用了一个抄本记录的先例"国王诉诺福克案"（*Rex v. Norfolk*），指出先例中的调查记录有验尸官和首席陪审团（foreman of thejury）的签名和盖章，都被认为是不充分的；本案中仅有前者签名，显然更存在效力瑕疵。1 Lewin 52，168 ER 956.

③ *Rex v. Birchenough & Another*（1836），1 Mood 480，168 ER 1352.

④ *R. v. England*（1796），http：//www. oldbaileyonline. org/html_units/1780s/t17840915 – 66. html.

⑤ 例如"国王诉本杰明·奥尔德罗伊德案"［*Rex v. Benjamin Oldroyd*（1805），Russ. & Ry 87，168 ER 698］中引用玛格丽特·廷克勒（Margaret Tinckler）案；"国王诉史密斯案"［*Rex v. Smith*（1816），2 Stark 207，171 ER 622］中引"国王诉拉德波恩案"（*King v. Radburne*）等。

判决理由的概念和理论是普通法至关重要的组成部分。早在 17 世纪，判决理由及其意义就得到确认。① 在先例中居于主导地位的是其中表达的根本性原则而不是判例本身。如 1880 年乔治·杰塞尔爵士（Sir George Jessel）所说：判例的权威性就在于其中所含原则的可靠性。② 先例的这种特色在当代普通法的刑法教科书中仍被特别强调，以提示初学法律的学子们："大多数学生在开始法律学习时一般都认为，法律推理是凭借类比的直觉过程。按照这种说法，如果两个案件的事实在法官看来足够类似，他就会作出类似判决。这个印象基本正确，但忽略了法律推理的一个重要方面。法官仅仅关注相关的类似性……为区别相关的和无关的类似性，法官强调规则以及规则的理由。通常这些理由（或原理，如我们所称）诉诸一些公平或社会效用的考量……当律师和法官们引用先例时，他们不仅宣称这些先例与待决案件的情形类似，更强调这些先例的规则或原理适用于待决案件……法律推理的惯例要求，当援引一个案件作为先例时，要从中导出一项规则或原理。正是这种规则或原理，而不是前例的事实本身，适用于待决的案件。"③

因此，在英格兰法中，埋藏在先例里的真金是原则而非事实的具体情节。它在先例运用的法律推理中居于主导地位。在这一推理过程中，尽管判决理由如何确定的问题在普通法学界存在多种理论，④ 但这一确定过程的必要性和重要性无可置疑。它实际上已包含了对先例和待决案件之间类似性认定的前提。与中国的模式相比，显然这里的重点不是放在事实类似性的比较上，而是更侧重于从先例中归纳出原则和理由。

与中国的状况不同的是，法官还常常在判决中援引经典法学著述作为权威意见。表面上，这与先例制度并没有直接联系，但实际上，被频繁援

---

① "一项法庭的意见，如果对记录在案的判决不是必不可少，即使没有它也不影响判决结果，或者它与此前的理由相矛盾，就不构成司法意见（judicial opinion），而只不过是附带意见（gratis dictum）。而一项意见，尽管错误，但直接引导判决结果，它就是一项司法意见，因为它经过法官誓言的认可，经过深思熟虑，以保证它在作出之时代表或曾经代表法官的观点。然而，如果一个法庭依法作出一项裁决，其他法庭并不必然受其约束，除非后者认为先前的判决是符合法律的。"*Bole v. Horton*（1673），Vaughan Reports 382；转引自前引 Allen 书，第 209 页。

② 前引 Allen 书，第 285 页。

③ Kaplan et al., *Criminal Law: Cases and Materials*（Aspen Publishers, 2004），pp. 11 – 12.

④ 前引 Cross & Harris 书，第 39 ~ 81 页。

引的法学著述，如黑尔《王室诉讼》（*Hale's Pleas of the Crown*）和伊斯特《王室诉讼》（*East's Pleas of the Crown*），都在广泛研究判例的基础上建构起其庞大的刑法体系。例如，在"杀人"一章中，黑尔援引布雷姆案（Brame）：甲口出秽言侮辱乙因而被杀，乙仍然构成谋杀罪，其中的法律原则和理由是"并无激怒情势下（without provocation）杀人，构成谋杀"；汉姆登案（Hamden）和扬案（Young）中，"巡夜人或巡警或其他协助他们的人，在履行公务职责时被杀，即使杀人者并不知道他们的公务身份，仍构成谋杀"，这是因为"杀人者存在可推知的恶意（malice）"。[1]

黑尔以后，伊斯特的著作更多地诉诸先例，并详细描述案情。例如，在 1784 年威瑟案（*R v. Wither*）中，法庭认为"当执行逮捕的官员或其他个人并未获得相应的法律许可、不能向法庭提供相应的证据时，如果身罹非法逮捕的受害者将他们杀死，仅构成一般杀人罪"，因为"对自由的侵犯或限制的情形（并非被告所诉称的激情犯罪），已足以使被告减为一般杀人罪"。[2] 在伊斯特著作中，谋杀罪的不少原则都是以类似方式从先例中总结出来的。[3] 在这些情况下，"激情""恶意""对自由的侵犯或限制"等法律概念和原则，由经典法学家们从个案中提炼，就像司法中判例被运用的论证过程。这些普通法经典中经过系统化表述的法律概念和原则常常被作为权威直接援引，以补充其他判例，因为它们实际上具有相同的渊源和逻辑论证过程。

除了在推理过程中对各环节的侧重各有不同之外，清代的成案运作与英国的判例制度在将待决案件与前案相区别的方面，也存在相应的差异。清代刑部在将成案与待决案件相区别时，通常是将案件事实逐项类比以示区别，与前述情节类比一致后援照办理的思维模式一脉相承。由于任何两案都不可能完全相同，如果必须区别，总是能够实现。而清代司法官所揭示的某一方面情节的区别何以成为关键性的环节，以至于足以影响案件的实质性裁量，在大多数案例中并未加以深究，而完全依靠直觉判断。有的

---

① Matthew Hale, *Pleas of the Crown* (1682, London), p. 45.
② Edward Hyde East, *A Treatise of the Pleas of the Crown* (1803, London), p. 295. 陪审团对这种案件所作的谋杀罪裁决，最后被十二法官讨论会推翻。参见该书第 360 页。
③ Edward Hyde East, *A Treatise of the Pleas of the Crown* (1803, London), p. 230 (Mary Tinckler, 1781), p. 245 (Brown, 1776), p. 323 (Baker, 1775).

情况下，区别的要点以制定法为主导。① 在这些案例中，并非通过对成案本身的细致分析、强调其中某一环节的实质重要性，即通过对成案自身的归纳产生区别规则，而是用一套成案本身之外先已存在的标准（如律例条文、律注等）来比较成案和待决案件。

这与英国判例制度中的区别技术迥然不同。在国王诉玛丽·阿迪案（*R. v. Mary Adey*，1779）中，为与先例"托蒂案"（Toddy）相区别，其论证过程是将先例中抽象出来的原则作为标准，指出其所应适用的情势与待决案件不符。该案清晰地体现出从先例中提炼法律原则，并用以区别待决案件的过程：一位助理公务官与一名巡警一起闯入被告所在房间，在未出示有效逮捕令的情况下，试图逮捕房主。与该房主有同居关系的被告当场用手中的餐刀将助理公务官刺死。

在给陪审团的指导意见中，阿希赫斯特法官（Justice Ashhurst）援引了此前的托蒂案（Toddy）：其中作为被害人的一名巡警非法逮捕和羁押一名妇女，数名士兵在试图解救该妇女的过程中与巡警发生冲突，致其重伤后死亡。法官否认了激情原则（doctrine of provocation）的适用性，强调先例中所体现的核心法律原则："（先例的）判决并非基于'因王国臣民的自由受到非法侵犯，故当时有充分的激情可据，而立即对侵害者施以重手'，而是基于这样的原则：因为合法的介入理由，在保护自由不受非法侵害的过程中遭到对抗，在这种冲突中产生激情（愤），因此伤害对方，这类案件可以减为一般杀人。"②

法官认为，在本案中，由于并未遭遇类似的反抗，因而缺乏支持激情成立的关键性要素，所以本案与先例有显著差别，其原则不能适用于本案，最后判决被告的行为构成谋杀罪。法官确实也比较了事实的细节，指出"被告袖手于侧，并无意解救，也并未与巡警等人发生可能导致其激情的相互肢体冲突"。③ 但显然，这些事实的判别标准和判断重点都是基于已

---

① 参见前引王志强文。

② *R. v. Adey*（1779），http：//www. Oldbaileyonline. org/html_units/1770s/t 17790915 - 74. html。该案曾受到进一步的关注和讨论："如果一名治安官持非法许可证试图逮捕一名男子，与该男子同居的妇女立即将治安官刺死，这一行为是谋杀还是一般杀人，这仍然存疑。如果她是合法妻子，她就可能被减为一般杀人。"参见 Joseph Chitty, *A Practical Treatise on the Criminal Law*（1816, London），p. 732。

③ *R. v. Adey*（1779），http：//www. Oldbaileyonline. org/html_units/1770s/t 17790915 - 74. html。

经从先例中提炼出来的法律原则。这一区别过程，与判断相似性的过程一样，都是以判决理由的宣示这一环节为基础。待决案件在何种程度上应该相似处理或区别对待，其实已经蕴含其间。

此外，两种法律传统在推理中的另一差别，是制定法在这一过程中的作用。在清代运用前例的推理中，制定法不可或缺。一般而言，如果事实的类似性得到确认，则在成案中适用的制定法规则通常就是待决案件要适用的规则。当然，在某些情况下，官员会适用轻重相明的原则，将制定法规则类推适用于待决案件。在这里，制定法依然是法律渊源的核心，虽然它是通过成案论证后的类推适用而非直接援引。而且，在事实比较的过程中，相似性和区别性的判断都常常以制定法的规则为标准。① 因此，清代司法中的成案实际上只是起着补充制定法的作用，而不是完全独立的法律渊源。而在英格兰，先例中的规则被称为"普通法"，是案件裁判的基本依据；在这些案件的裁判中，除个别例外，② 通常成文法在法律推理中的作用难觅踪影。

三 两大先例传统异同的成因

中国古代具有悠久的制定法传统，但参考前例裁断案件的现象不绝如缕。这是成文法有限性与客观案件复杂性之间的紧张关系所带来的必然结果。同时，在清代，笞杖刑以上的案件经过县级初审后，都必须接受审转复核，根据案件的严重程度，分别由省级、中央刑部官员甚至皇帝最终核准。因此，在制定法未作明确规定或适用存疑的案件中，官员们常常诉诸于广为传播的成案，以解释制定法、加强论证的说服力。当时的刑部官员曾在案卷中明确提到："既有成案足依，似可照复。"③ 连皇帝在面对疑难

---

① 参见前引王志强文。
② 如"国王诉萨拉·戈德思罗普案"［*Regina v. Sarah Goldthrope* (1841)，2 Mood，244，169 ER 97］中援引"国王诉斯内尔案"（*R. v. Snell*）等三件判例解释制定法的含义，并用以裁决目前的案件。
③ 《刑案汇览》卷二十《发掘已埋席包尸身》。类似尊重成案的说法很多，如《刑案汇览》卷十四《行劫衙署伙盗接赃免死发遣》、卷二十《买主知情伙拐拟徒不知不坐》、卷二四《谋杀纵奸本夫奸妇实发》、卷三五《调戏妇女致本妇与本夫自尽》、卷三九《婢女与人通奸家长被人谋杀》、卷四八《诬告女婿殴毙伊女尸遭蒸检》等。

案件时都会要求刑部详查成案，① 甚至有皇帝亲自引用成案进行裁决的现象。② "同样问题同样处理" 的理性需要和刑部官员相当程度的司法专业化，要求前例的做法得到遵循；这与君主专制中央集权立法机制之间的紧张，造成了成案的援用和效力的不稳定性。

作为判例法国家，何以英格兰的刑事先例并不像其民事判例一样数量庞大而影响广泛？

英格兰的传统刑事审判的核心特色是其陪审团制度。③ 案件事实的判断实际上由陪审团完成，通常以概括裁决（general verdict）的形式，即不必说明事实判断和法律推理的过程，直接作出有罪或无罪的裁决。在他们作出裁决之前，法官无法预料将认定的案件事实究竟为何。因此他也就不能在事实类比方面投入太多心力。简单两分的 "有罪" 和 "无罪" 的被告答辩以及陪审团概括裁决，使事实和法律的推理都显得模糊不清。另外，由于概括裁决，司法对陪审团的影响力受到限制。法官不必在裁判中扮演太积极的角色，或给陪审团太过专业化、充满法律推理的指导意见。陪审团在审判中往往起主导作用，并高效地结案。直到 19 世纪早期，伦敦老贝利法院每个陪审团一上午要审理 10~12 个案件，对每个案件，陪审团考虑的时间通常只有两三分钟。④ 因此，在刑事审判中，除非是法律争点格外突出的疑难案件，法官基本上无须频繁引用先例。

此外，英格兰当时的刑事判例本身在数量和质量方面都非常有限，这也与陪审团制度有关。在更早些时候，被告所主张的辩护理由可以使陪审团作出无罪判决，但由于他们的这些抗辩不能记录在案，因此并不向全席审判（the court in banc）提出任何法律问题，也不为将来创设任何先例。⑤ 同时，中世纪英格兰法官在刑事审判中的意见无记录

① 参见《刑案汇览》卷十《习教改悔复用教内音乐吹打》。
② 参见《刑案汇览》卷五三《强奸子妇被妇咬落唇皮》；其案情又见于同卷《翁媳通奸因夫被杀将翁谋毙》《子妇拒奸致毙伊翁请奏定例》《子妇拒奸后致毙被氏父殴死》。
③ 刑事陪审团 18 世纪后期的状况，参见 Thomas Andrew Green, *Verdict According to Conscience*（University of Chicago Press, 1985），pp. 271 – 317。
④ 参见 Charles Cottu, *On the Administration of Criminal Justice in England*, 1822, pp. 75, 99; cited from John H. Langbein, *The Origin of Adversary Criminal Trial*（Oxford University Press, 2003），p. 18。
⑤ 参见 J. H. Baker, *An Introduction to English Legal History*, 4th ed.（Oxford University Press, 2007），p. 403。

可查，也不载入法律报告。《英国法律报告全集》的记载也证实了这一情况的延续。1751~1800 年的谋杀案件仅有 10 件被当时的《法律报告》收载；[①] 而实际上这一时期仅伦敦老贝利这一处法院就审判了 400 起谋杀案。[②] 即使其他法官在别郡的审判中对陪审团提出不同的指导意见，被告也并没有对此提起上诉的合法途径。刑法的发展就此仰赖于法官们对庭审案件的集中讨论。[③]

直到 18~19 世纪之交，这种极端的状况才开始有所改变。当时，刑事案件的法律辩护完全向律师开放，律师开始大量介入刑事审判，并在法庭辩论中援引先例。[④]《英国法律报告全集》所载 1801~1850 年的 210 件谋杀案中，法官未引用先例，但律师在辩论中援引先例的达 40 件，数量已较可观。法官与律师就先例的理解和内容进行辩答的例子也时常可见。[⑤] 与此相应，1770 年出现了第一部重要的刑事法律报告《利奇（报告）》，到 19 世纪初，刑事法律报告进一步增多。[⑥] 尽管如此，在英格兰传统司法中，相对于民事判例而言，刑事先例的编集数量仍然少得可怜，其影响力也相当有限。

对中英两种先例传统中法律推理的内在差异，则要从制定法和法律学术的角度寻找根源。仍以杀人罪为例，在《大清律例》中，有 19 条律文规范各种杀人罪，[⑦] 并被总结为学理上的"七杀"，即谋杀、斗杀、故杀、戏杀、误杀、过失杀、威逼杀。[⑧] 以这七种基本形态为基础，根据被害人的不同身份，又衍生一系列不同的处罚规则。如对制使、上级官员和尊亲属的侵犯将加重处罚，而对奸夫、有罪妻妾、卑幼和奴婢的侵犯则减轻甚至没有处罚。杀人的手段，如采生折割、造畜蛊毒、逼迫等，也影响到刑

---

① 根据 Justis 的 English Reports 数据库统计。
② 根据 http://www.oldbaileyonline.org 统计。
③ 前引 Baker 书，第 522 页。
④ 关于律师在英格兰刑事诉讼中的作用及其演进，参见前引 Langbein 书，第 67~177、284~310 页。
⑤ E. g., *Regina v. Mary Evans* (1839), 8 Car. & P. 765, 173 ER 708; *Regina v. Joseph Azzopardi* (1843), 2 Mood 288, 169 ER 115.
⑥ 前引 Langbein 书，第 306 页。
⑦ 参见《大清律例·刑律》人命条。
⑧ 七杀之说起源于元代徐元瑞编《律学指南》；参见郭建等编《中华文化通志·法律志》，上海人民出版社，1998，第 226 页。但清代可能有新的变化。清抄本《七杀成案》（日本京都大学法学部藏，承寺田浩明教授示阅）中，将"威逼杀"列为专类，但无"劫杀"。本文据此调整"七杀"的具体内容。

罚的不同。同时，另有 140 余条单行例文附于律条之后，[①] 使法律规则日益复杂而全面，司法官员往往可以直接从中找到要适用的具体规范以裁断案件。尽管在司法过程中，官员会参考一些律学著作以保证更准确地适用法律，但这些学说的地位并未得到官方正式认可，因此并不具有稳定效力。[②]

相比而言，布莱克斯通（Blackstone）时代的英国立法中，杀人罪的有关成文法散见于各种单行法规中，[③] 缺乏系统的立法。在学理上，杀人行为被分为正当（justifiable）、可恕（executable）和重罪（felonious homicide）。其中重罪杀人又分为一般杀人和谋杀。[④] 这些原则基本上都以普通法学术为基础，制定法在其中的作用相当有限。中世纪以后，支撑普通法体系的是"另一种法律形态，可能并不容易把握，有时甚至是有意的晦涩，却切实地发挥着作用"，[⑤] 这就是所谓的"共同学识"（common learning）。援引一件以上的先例特别是更具有权威性的先例，以提升其数量和质量，往往可以使先例中总结出的原则更具有说服力。在引用判例时，法官们强调："我并不是宣称我自己的权威，这种意见是得到全体十二名法官首肯的。"[⑥] "我这么说，不是仅仅基于现在法官的权威；你们将看到，有一系列的权威意见来自于我们国家历史上最出类拔萃的法律大家们，从柯克勋爵（Lord Coke）直至现在。"[⑦]

由全体法官或柯克这样的法律大家所裁决的案件，显得具有更普遍、更权威的约束效力。如果法官们进行裁判时觉得对法律把握不准，他们会休庭，将案件提交到高级律师会馆（Serjeants' Inn）或财政署内室法庭（Exchequer Chamber），与同行们一起讨论。如果这样依然没有获得普遍的意见，在 16 世纪以前，他们竟会将案件束之高阁、不予裁断！[⑧] 正是教授

---

① 参见（清）薛允升《读例存疑》，卷三二至三四，光绪三十一年刻本。

② 参见 Fu - mei Chang Chen, "*The Influence of Shen Chih - chis Chi - Chu Commentary upon Ching Judicial Decisions*", in Jerome Alan Cohen et al. (eds.), *Essays in Chinese Legal Tradition*, 1980, pp. 170 - 221.

③ E. g., Sta. Ijac. I, 21 Jac. I, 14 Edw. III, 1 Edw. VI and 25 Geo. II, etc.; 前引 Blackstone 书，第 193、195、196、198、202 页。

④ 前引 Blackstone 书，第 176 ~ 204 页。

⑤ John H. Baker, *The Law's Two Bodies*, 2001, p. 90.

⑥ *R. v. Maciniss* (1783), http：//www. oldbileyonie. org/html - units/1780s/t17830117 - 1 - html.

⑦ 前引 *R. v. England* (1796)。

⑧ 参见〔英〕约翰·汉密尔顿·贝克《英国法与文艺复兴》，杜颖译，载《法史学刊》第 1 卷，社会科学文献出版社，2006，第 228、230 页。

于法律会馆（Inns of Court）、传播于职业实习、经权威法律大家们写定的这种共同学识，塑造着传统英格兰法的原理和规则。"四百年来，法官们自由地以口头形式，向职业化的律师表述他们的判决理由。与餐桌上同僚讨论的思想一起，这些理由被吸收进普通法的共同学识而保留下来。法律实践的这种成就是无法抹煞的。"①

如果进一步探究这种法律渊源的差异，相当程度上应归因于中英传统中不同的政治权力分配模式。② 在中国，完善缜密的律典是高度中央集权和等级科层制政府的产物。皇帝具有对案件的最后裁断权，并操控着立法大权。而在英格兰，法律职业群体的社会政治地位以及职业共同体的形成，③ 促进了判例法体系的发展。1707 年《王位继承法》更使英格兰法官获得了完全独立于王权的地位。④ 所以，在清代，即使根据成案作出的裁判，也往往仍回到成文法去寻找支撑点。而英格兰法官们则得以在其特定的权力体制下，宣示其共同的法律学识及蕴藏于先例中的法律原则，而不必过多着力于那些本身即并不完善的制定法。

其实，在历史上，中国古代的执法者并非不具备从已判案件中归纳原则、再适用于待决案件的思维方式和能力。董仲舒所身体力行的春秋决狱，即是明证。例如，其所断"误伤己父"一案，即从《春秋》"许止进药"的事例中抽象出"君子原心、赦而不诛"的法律原则，再适用于前往救助而误伤父亲的案件，最后判定"不当坐"。⑤ 这一做法在当时盛行一时，仅"死罪决事比"即已多达13472 件。⑥ 但一方面，由于经典解释的灵活性，加之数量庞大的汉代群吏和后世法吏们，又并未经历英伦高度精英化法律共同体数百年的传统陶冶和观念认同，⑦

---

① 前引 Dawson 书，第 82 页。

② 参见前引王志强文，第 341 页。

③ 英格兰法律职业集团在中世纪的形成及其状况，参见 John Baker, *The Oxford History of the Laws of England*（Oxford University Press, 2003），pp. 411 - 472。

④ 前引 Holdsworth 书，第 500 ~ 501 页。

⑤ 本案的内容及分析，参见程树德《九朝律考》，中华书局，1963，第 164 页；黄源盛《两汉春秋折狱"原心定罪"的刑法理论》，《政大法学评论》2005 年第 6 期。

⑥ 《汉书·刑法志》。

⑦ 13 世纪初至 18 世纪末，普通法院和衡平法院的法官合计平均不超过 15 人。14 世纪初，王室律师（King's Serjeant）不超过 4 人，有资格在民事诉讼法院出庭的律师（Pleader）仅17 ~ 25 人，而此后垄断该项出庭业务的高级律师（Serjeant - at - law）人数一般为 10 ~ 12人，但有时因去世或升任法官而仅剩 4 人，甚至更少。1453 ~ 1510 年，总人数不超过 6 人，其中还包括处理国王事务的王室律师。前引 Dawson 书，第 3、16、31 页。

这种做法显示出诸多弊端，《汉书·刑法志》所谓"奸吏因缘为市，所欲活则傅生议，所欲陷则予死比"。另一方面，这种推理方式实际上意味着司法者在一定程度上享有立法权，而在皇权不断加强的情势之下，皇帝不可能将创法之权如此轻易地随意假手于人。因此，这种以抽象出法律原则为核心的先例推理方式在后世逐步萎缩，而成案的运用由于客观需要不能尽废，但主要被限缩在事实类比的推理方式下。

四　结论

清代成案取得司法中的实际影响力，未必要经过"通行"的程序。绝大部分流通中的成案，是并未取得这一地位的判例，但依然被大量编集、广泛流传，在司法实践中具有普遍影响力。而在传统英格兰刑事司法中，援引先例作为法律渊源的比例并不高；而且，在遵循先例原则严格确立之前的这一时期，刑事先例也并无严格的法律约束力。这种情形与当时中国的情形有一定类似之处。在 18 至 19 世纪中叶，英格兰刑事判例的编集，甚至少于同时代的中国。如果按照现代的遵循先例的标准，即使在当时英格兰法庭中也并未执行所谓"判例法"。

同时，中英刑事先例传统的差别，不在于先例效力的认定程序、实际约束力和影响力，而在于其运用中的推理方式。在英格兰，特别强调的是先例中蕴含的原则；而在清代司法推理中，更多关注事实的相似性。英格兰的传统刑事先例，虽然在其他许多方面并未明显区别于同时代的中国，但其运用中长于提炼法律原则的推理方式，使所有先例都可能在法官笔下成为抽象原则。而侧重事实类比的清代成案推理技术，则使先例更多地停留在经验层面，难以更进一步地完全取得独立地位，而只能满足于立法附庸的状态。

这些认识值得进一步的思考。首先，它有助于我们重新认识和运用现代的"先例"概念。历史研究在某种意义上都具有比较的意义，因为在此过程中常常必须借助当下的概念来描述和理解从前。对于中国而言尤其如此，因为文化的隔断和重塑，传统的概念和内容都必须以现代的话语加以解说，才能够使人理解。中国传统中的"司法先例"在历代有不同的称谓，从秦代的廷行事①、汉魏晋的比和故事、唐宋元的例，到清代的成案，其性质在学界始终存在争议。关键问题在于这些案例的性质和作用是否可以按照普通法意义上的判例来理解。但实际上这本身似乎是一个假问题。因为这是建立在对普通法传统中判例或先例的一种错误预设基础上，即判例本身，从形式到意义，在普通法中都是一以贯之、未尝变化的，一如现代英美法制度中的状态：判例被大量编集，是裁决案件所必需的、重要和基本的法律渊源，具有对同级和下级法院的强大约束力。但这种描述是非历史的误解。因此，英格兰法上的先例等概念，完全应该在特定的历史环境中去认识和理解。在这一视野下，概念的难题实际上已经被消解。② 如果暂时搁置现代概念的困扰，其实我们完全可以不必再纠缠于中国古代这些"成案故事"究竟是不是西洋意义上的判例。真正需要解释的是历史上同一时代的这两种先例制度如何以及为何按照其各自的方式运作。这将有助于使中国历史上的真实从西洋概念化的判例法、先例等语汇背后显现真实的面目。

其次，本土概念诉求的方法和角度也值得进一步思考。有学者提出："中国传统法中的判例，是指经过特殊程序认定，具有普遍约束力的司法判决。"③ 还有学者尝试以一种新的定义来探究该问题，"判例是可以援引作为审理类似案件（依据）的判决"，并以历代部分实例为基础，总结为三方面的要素，包括"判例需要特殊的批准程序"等。④ 但如果我们不执着于《大清律例》的概念表达，而更多地将视野转向司法的实践领域，就会发现实践中的判例远远多于制度设计。这里并无意于概念之争，因为更重要的是理解其真正的运作机制和实态，而不是名目之辩。在方法论的意义上，更多地从功能主义和法社会学角度进行实证研究，更多地关注司法的实践活动而不仅仅是制度的表达，将有助于从古人的理想型概念背后揭示更丰富的历史真实。

---

① 目前文献尚难证明秦简中的廷行事具有司法先例的效力，参见刘笃才、杨一凡《秦简廷行事考辨》，《法学研究》2007 年第 3 期。

② 当然，将明清的例从判例的误区中澄清，这是极有意义的，因为它虽然可能与具体案件有各种联系，但实际上已完全不具备"先例"应该是具体案件裁决这一前提条件。参见王侃、吕丽《明清例辨析》，《法学研究》1998 年第 2 期。

③ 汪世荣：《判例在中国传统法中的功能》，《法学研究》2006 年第 1 期。

④ 刘笃才：《中国古代判例考论》，《中国社会科学》2007 年第 4 期。

最后，如果将视野转向当前中国的判例制度建设，历史的经验也不乏启发意义。基于制定法传统和法律共同体认同这些在历史上曾经使中英判例制度相异其趣，在当代仍然深刻存在的传统差异，直接承认判例的权威、移植与普通法制度类似的判例规则，显然难以与中国已有的制度相适配。在司法实践中，早在 20 世纪 80 年代，《最高人民法院公报》中所载案例即具有相当的影响力，但其推理方式仍明显基于事实类比。[1] 近年在各地司法实践中陆续推出的判例制度，[2] 在相当程度上仍蹈袭了"从案到例"的清代条例立法模式，而不同于普通法式的判例推理方式。如何在目前的体制下推动中国式的案例指导制度，也许需要在深刻理解传统的背景下逐步推进。

（本文原载《法学研究》2008 年第 3 期，收入本书时有改动）

---

[1] 参见 Nanping Liu，"'Legal Precedents' with Chinese Characteristics: Published Cases in the Gazette of the Supreme People's Court"，5 Journal of Chinese Law（1991）: 107，124 – 125。

[2] 参见徐景和编著《中国判例制度研究》，中国检察出版社，2006，附录。

第二编　英国法的理论发展

英国法史学的"汉马克拉维"

——纪念弗里德里克·梅特兰逝世100周年

陈灵海[*]

1906年12月6日，时任剑桥大学唐宁英国法教授的弗里德里克·威廉·梅特兰（Frederic William Maitland，1850～1906年）最后一次离开剑桥，踏上赴加纳利岛（Canaries）过冬的瑟瑟行程。途中，他被流感和肺炎病毒击倒，于20日清晨在岛上的拉斯帕尔马斯市（Las Palmas）的一家旅馆中逝世，次日被安葬在那里的英国公墓。[①] 有感于梅特兰对英国法史学所作出的无与伦比的贡献，笔者撰写了这篇文章，简要介绍梅特兰的生平、主要成就与历史观，并谨致纪念。

一

对梅特兰了解稍少的人可能会认为，像波洛克爵士（Sir F. Pollock，1845～1937年）[②]那样将梅特兰奉为英国法史学中的一座难以逾越的高峰，很可能有过誉之嫌。但是，当我们深入了解梅特兰的作品及其贡献，我们

---

[*] 陈灵海，华东政法大学教授。

[①] 参见 S. F. C. Milsom, "Maitland, Frederic William (1850—1906)", *Oxford Dictionary of National Biography* (Oxford University Press, 2004), http://www.oxforddnb.com/view/article/34837。

[②] 弗里德里克·波洛克，英国著名法史学家，曾任牛津大学 Corpus 法理学教授（1883～1903年），《法学季评》（*Law Quarterly Review*）编辑。他除了与梅特兰合著《爱德华一世之前的英国法》之外，还著有《合同法原理》（*Principles of Contract*）、《斯宾诺莎：生平与哲学》（*Spinoza, His Life and Philosophy*）、《侵权法》（*The Law of Torts*）、《普通法中的继承》（*Possession in the Common Law*）、《法理学初步》（*A First Book of Jurisprudence*）等。

就会同意，即使像美国历史学会前会长斯凯勒（R. L. Schuyler）那样，将梅特兰称为"历史精神的化身"，也并不算溢美之词。[①]

自格劳秀斯以来，法学界不到而立之年即携重头作品耀世而出者，一直不乏其人，而早年的梅特兰，却像许多寂寂无闻的中下层贵族那样，徘徊于没落的边缘。他的父亲约翰·戈汉姆·梅特兰（J. G. Maitland，1818～1863年）是一名律师，就像后来梅特兰的经历一样，执业很不成功，并且英年早逝。父亲去世后，梅特兰跟祖父萨缪尔·罗菲·梅特兰（S. R. Maitland，1792～1866年）一起生活。祖父是一名牧师，同时也是一位历史学家，在此期间，梅特兰受到祖父的历史学思想、观念和方法的影响。早在他于剑桥大学攻读道德哲学时，他参加论文竞赛的题目就是《自由和道德的历史纲要》，显示出他虽然尚未踏入历史学的大门，却已拥有了看待社会政治问题时异于常人的历史眼光。

直到 34 岁时（1884 年），梅特兰才将法史学研究确定为其终身为之奋斗的事业。正如波洛克在评价梅特兰时所说的那样，尽管梅特兰在法史学方面的工作时间并不长，但是"也许有人，但绝对不会太多，能像梅特兰那样在 22 年时间内完成如此令人震惊的著作"。波洛克又说："能以如此高的质量完成这些著作，更是我闻所未闻。"[②] 就在这对学者来说短短的 22 年间，梅特兰共完成各类著述 82 种，包括主要著作如《爱德华一世之前的英国法》、讲义如《衡平法》、演讲如《为什么英国法律史还没被写》以及塞尔登协会丛书等诸多作品，总计超过 100 万字。他不但精通拉丁语，整理了许多拉丁文法律史料（如《布拉克顿笔记》），而且精通法语，他与波洛克通信时，时而用法语，时而用英语，就好像用的是同一种语言似的。[③] 他还精通德语，而且水平相当高，他于 1890 年翻译的祁克（O. Gierke）的《中世纪政治思想》（*Political Theories of the Middle Ages*）至今仍是该书最经典的英译本。[④]

[①] R. L. Schuyler, "The Historical Spirit Incarnate", *American Historical Review*, Vol. 57（1952），p. 303.

[②] Sir Frederick Pollock, "Frederic William Maitland", in V. T. H. Delany（edited），*Frederic William Maitland Reader*（Oceana Publications, 1957），p. 34.

[③] 参见 C. H. S. Fifoot（edited），*The Letters of Frederic William Maitland*, in Jan. 1881, pp. 7, 222。

[④] 参见 O. F. Von Gierke, *Political Theories of the Middle Ages*, translated and introduced by F. W. Maitland（Cambridge University Press, 1900）。

令人遗憾的是，从19世纪90年代中期起，梅特兰就陷入了健康危机，他的胸肺功能非常虚弱。在给朋友的信中，他不止一次流露出这种担忧，说自己不知道还有多少时间可以工作。从1898年起，他每年都必须到加纳利岛上一个名叫泰尔德（Telde）的小镇上过冬，以避免寒冷潮湿的天气进一步威胁他的健康。这个岛隶属于西班牙，据去过那里的波洛克回忆，梅特兰所住的房子位于小镇中央，那里的环境非常优美，梅特兰拥有一个不错的花园，种着各种植物。

处身于大西洋小岛明媚阳光中的梅特兰，当然不会忘记这些优渥的生活并不是来自学术，而是得益于祖父留给他的不动产。虽然英国的贵族传统保持得相当完好，但像梅特兰家族那样，祖孙三代均在剑桥接受教育并以律师为业、均著书立说并入选英国皇家学会、均在《国家传记辞典》留有传记，恐怕也不是很多。当然，如果与来自奥匈名门达尔堡家族（Dalbergs）的阿克顿勋爵①（Sir J. E. E. D. Acton，1834～1902年）相比，或者与出身英国望族的波洛克爵士相比，梅特兰的出身仍是再平凡不过了。可以这么说，很大程度上正是因为梅特兰在法史学界的显赫地位，才使梅特兰家族更多地为人所知。

除了作为法史学家外，作为教师的梅特兰也受到高度的尊重。他教授的课程总量不算多，但范围非常广泛，包括合同法、侵权法、不动产法、衡平法、宪法史、法律史概论等，如果不考虑一些新兴法学部门的话，几乎涵盖了英国法的全部。② 梅特兰对授课非常重视，备课极为认真，哪怕每年冬天要远离剑桥，他也没有忘记利用暑假，补完那些本该在冬天完成的课程。③ 不过，梅特兰始终对教学工作对时间的耗费保持警醒，他曾向波洛克抱怨说，"连续几个星期的备课花去了太多的时间"，并举例说，许多很有才华的教师因为将身心投入到讲座课（lecture）和辅导课（tutorial）中，失去了写作大部头作品从而更为人所知的机会。对此，评论家波拉德（A. F. Pollard）甚至说，梅特兰过于认真地准备他的课程"完全是在浪费

---

① 阿克顿勋爵，英国历史学家，曾任剑桥大学钦定近代史教授（1895～1902年），他策划并启动了著名的《剑桥近代史》的编辑工作。

② 参见 H. E. Bell, *Maitland: A Critical Examination and Assessment* (Adam & Charles Black Limited, 1965), p. 140。

③ 参见 H. E. Bell, *Maitland: A Critical Examination and Assessment* (Adam & Charles Black Limited, 1965), p. 140。

他的天才"。①

梅特兰不但泽被后世，开创了英国法史学的崭新时代，而且光耀了家族的门庭。他有两个女儿，次女弗蕾德贡德（Fredegonde Maitland，1889～1949 年）是一位诗人，出版过《梦与旅行》等诗集，后来嫁给了经济学家杰拉德·肖夫（G. Shove）。② 长女埃芒加德（Ermengarde Maitland，1887～1968 年）则为塞尔登协会作过题为"孩子眼中的梅特兰"的报告，让人们了解了这位大师在家庭生活中的形象。③ 梅特兰的妻子名叫弗罗伦丝（Florence），梅特兰去世后的第 8 年（1913 年），她改嫁给了《物种起源》的作者查尔斯·罗伯特·达尔文（C. R. Darwin，1809～1882 年）的第 7 个儿子，植物学家弗朗西斯·达尔文爵士（Sir F. Darwin，1848～1925 年）。

二

梅特兰的贡献，主要是以《爱德华一世之前的英国法》为代表的一系列著作和论文。《爱德华一世之前的英国法》无疑是梅特兰的代表作，虽然作者是由他与波洛克联署，而且波洛克为第一著者，但实际上其中的大部分内容是由梅特兰完成的，梅特兰甚至对波洛克完成的部分不甚满意。《爱德华一世之前的英国法》是一部总论性作品，其贡献之大，即使后来牛津维纳里安教授霍兹沃兹（W. Holdsworth）在完成 16 卷本的大部头《英国法律史》之后，仍然承认凡欲了解早期英国法律史者，梅特兰的这本书仍是必读之经典。

为什么是"爱德华一世之前"呢？梅特兰解释道，自爱德华一世（Edward I，Longshanks，1272～1307 年）改革之后，英国法在 6 个世纪的发展中，保持了如此良好的连续性，以至于之后的每一部分的发展，对今天的英国人来说都是不会被遗忘的。英国法没有因为大规模继受罗马法而招致湮没，因此，即使经历了数个世纪，它们仍不会全然地游离出（utterly outside of）当代律师和法官的认识之外，因此，英国法史学家完全没有

---

① H. E. Bell, *Maitland: A Critical Examination and Assessment* (Adam & Charles Black Limited, 1965), p. 140.

② 参见 http: //fredegond - shove. biography. ms/。

③ 参见 http: //www. geocities. com/edgarbook/names/e/ermengard. html。

必要像他们的德国同行研究中世纪德国法那样，从泥土中将他们的中世纪法重新挖掘出来。直到布莱克斯通（Sir W. Blackstone，1723～1780 年）的著作，仍然每每要求读者返回中世纪，而且即使到现在，英国的法院和法官仍然会为了解释法案而追溯到爱德华一世时代。①

包括《爱德华一世之前的英国法》所包含的丰富内容和深刻剖析在内，梅特兰对英国法史学的开拓性贡献可大致概括为以下八个方面。

一是爱德华一世时期的议会备忘录（Memoranda de Parliamento）。1893年，梅特兰编辑出版了《1305 年 2 月 8 日威斯敏斯特议会记录》，并为之撰写了长达 72 页的导言。② 在《爱德华一世之前的英国法》中，极少提到议会问题，正是这篇导言，挑战了当时英国史学界以威廉·斯塔布斯（W. Stubbs）的《宪政史》（Constitutional History）为代表的关于英国议会起源问题的正统观点。尽管此后，梅特兰几乎不再对这一主题感兴趣，没有再触及这一主题，但在梅特兰去世之后，麦基尔韦恩（McIlwain）、鲍德温（Baldwin）、波拉德（Pollard）等后起历史学家进一步论证了这个问题，然而梅特兰的绝大部分观点仍然被证明是正确的，而且，正如法史学家海伦·卡姆（H. Cam）指出的那样，如果梅特兰有什么差错的话，那只是因为他过多地强调了他所看到的那些资料所反映的时代特征。③

二是普通法法院起源。梅特兰关于英国普通法法院起源的论述，主要集中于他在塞尔登协会编辑的第一部作品《王室法院诉状选》、前文提到的《威斯敏斯特议会记录》的导言以及《爱德华一世之前的英国法》第一卷第 6～7 章中。在梅特兰之前，传统观点认为，普通法法院起源于亨利二世时期（Henry，II，1154～1189 年）的 1178 年诏令，这一观点的支持者，前有爱德华·科克（Sri E. Coke，1552～1664 年），后有布莱克斯通，包括不少与梅特兰同时代的学者。但梅特兰争辩道，直到“失土王”约翰时期（John the Lackland，1199～1216 年），上述的起源才真正开始，而且，直到亨利三世（Henry III，1216～1272 年）时期的 1234 年，普通法法院（Court

---

① 参见 Pollock and Maitland, *The History of English Law before Edward* I, Vol. 1, p. civ。

② 参见 F. W. Maitland（edited），*Records of the Parliament Holden at Westmister*, on the 28th Day of Februry, 1305（Eyreand Son, 1893）；F. W. Maitland, "Introduction to the Memoranda de Parliamento", in H. D. Hazeltine, G. Lapsley and P. H. Winfild（edited），*Maitland: Selected Essays*（Cambridge University Press, 1936），p. 71。

③ 参见 James R. Cameron, *Frederic William Maitland and the History of English Law*, pp. 46–47。

of Common）才第一次从王室法院（Court of King's Bench）中区分出来。

三是英格兰的教会法。梅特兰对中世纪英格兰的教会法有极为浓厚的兴趣，在 1896～1901 年，他四次在《英国历史学评论》（*The English Historical Review*）上连载其论文《英格兰的教会法》。① 1898 年，他出版了《英国圣公会中的罗马教会法》。② 梅特兰之前的通说认为，英国教会法院中的罗马教会法，就如同美国或爱尔兰判例在当代英国法院中的地位一样，只是参考性的，并不具有制定法的地位。但梅特兰认为，这种观点是不具有权威性的，他以充分的证据证明，尽管人们并不承认罗马教会法的合法地位，但实际上它们早已融入了英国教会法院的条规之中。这一观点甚至得到了当时最权威的教会法学家斯塔布斯主教（Bishop Stubbs）的认可，后者在演讲中多次提醒人们要充分尊重梅特兰的结论，因为它们确实是充分的证据加上严密的论证的产物。③

四是市镇和自治市镇（Township and Borough）。市镇史研究是梅特兰的重要贡献之一，这些研究的成果主要包括：1897 年福特讲座（Ford Lecture）"市镇与自治市镇"、《末日审判书及其他》的部分章节、《爱德华一世之前的英国法》的第三章，以及发表在 1896 年《英国历史学评论》上的书评《自治市镇的起源》。④ 但是，在很大程度上，由于时代过于久远，语言的变迁又掩盖了许多事实的真相，使梅特兰对市镇史的研究成果需要相当程度的修正，有一些甚至是错误的。梅特兰熟知欧洲大陆学者的市镇史研究成果，但他认为那些在大陆促成自治市镇的因素并不能在英国发现，因此，欧洲大陆学者的论证并不能适用于英国市镇史。在《爱德华一世之前的英国法》中，梅特兰指出，早在诺曼征服之前 150 年的不列颠法律中，市镇就被区分为三类——"burh" "port" "moot - stow of a shire"，

---

① 参见 F. W. Maitland, "Canon Law in England", *The English Historical Review*, Vol. 11, No. 43 (1896), pp. 446 - 478; Vol. 11, No. 44 (1896), pp. 641 - 672; Vol. 12, No. 48 (1897), pp. 625 - 658; Vol. 16, No. 61 (1901), pp. 35 - 45。

② 参见 F. W. Maitland, *Roman Canon Law in the Church of England*: Six Essays (Methuen Press, 1898)。

③ 参见 William Stubbs, *Serenteen Lectures on the Study of Medieval and Modern History*, 3rd ed. (Clarendon Press, 1900)。

④ 参见 F. W. Maitland, *Township and Borough* (Cambridge University Press, 1898); F. W. Maitland, *Domesday Book and Beyond* (Cambridge University Press, 1897); F. W. Maitland, "The Origin of the Borough", *The English Historical Review*, Vol. 11, No. 41 (1896), pp. 13 - 19。

其中"burh"是后来自治市镇的主要起源。然而事实情况远比这复杂，"burh"一词本来就是从欧洲大陆德语中引入的，在不列颠岛曾有250个村落不采用"村"（hamlet）的提法，还有各种"burgh"、"borough"或"bury"，它们都与"burh"含义相近，甚至一座被栅栏围起来的大房子，有时也会被称为"burh"。正如传记作家卡梅伦指出的那样，任何历史学家都戴着一副过于现代的眼镜，却总缺乏一副历史的眼镜，他们在发现史实的过程中，或多或少带着自己的目的进入历史，或者只是在寻找证明他已有的假设的东西，在这点上，梅特兰亦莫能外。①

五是村庄的起源（Origin of the Village）。在《末日审判书及其他》、《爱德华一世之前的英国法》以及论文《英国村庄的命名》中，梅特兰阐述了他关于英国村庄起源的观点。② 他认为，诺曼征服之前，自由的、无领主的村庄的存在，在英国已经是一个很平常的现象，就像那些顺从于某位领主的村庄的存在一样平常。在那里，没有法院、没有头人、没有长官、没有长老，完全信赖于自然的自治。梅特兰说："古代农业社会的自治技能是一直被我们低估的。"③ 在这些关于封建主义起源与含义的讨论，以及关于原始日耳曼民主在英国的自生自发过程的论证中，都体现出梅特兰极为浓厚的日耳曼主义的情怀。④ 他站在威廉·斯塔布斯一边，反驳"罗马主义"的主要代表弗里德里克·西伯姆（F. Seebohm）在《英国村庄共同体》（The English Village Comment）中的观点。但是，正如折中派的维诺格拉道夫后来总结的那样，梅特兰的日耳曼主义和西伯姆的罗马主义都有"过犹不及"之嫌，这些内含的"主义"很大程度上成了他们发现更真实的历史现象的阻力。⑤

六是英国法的渊源。梅特兰认为，尽管罗马人曾经征服不列颠岛，

---

① 参见 James R. Cameron, *Frederic William Maitland and the History of English Law*, pp. 83 – 85。

② 参见 F. W. Maitland, "The Surnames of English Village", *Coolected Papers*, Vol. 1, pp. 90 – 93。"surname"本意是"姓"，梅特兰在这里意指一个村庄是被叫作"vill"、"villa"、"vllein""vllani""vllata"还是其他名称，因此"surname"在这里是"叫法"的意思，相当于某村是被叫作"李村"、"李庄"、"李闾"还是"李里"，故姑且译为"命名"。

③ F. W. Maitland, *Township and Borough* (Cambridge University Press, 1898), p. 25.

④ 参见 H. A. L. Fisher, *Frederic William Maitland: A Biographical Sketch* (Cambridge University Press, 1910), pp. 94 – 95。

⑤ 参见 James R. Cameron, *Frederic William Maitland and the History of English Law*, p. 100。

但几乎没有任何"可以看到的法律方面的影响（visible influence）"，直到诺曼征服之后的一段时间里，英国的法律模式仍然是古盎格鲁—撒克逊式的。[①] 1066 年诺曼征服之后，虽然建立了属于王室的法院，但仍然试图用英国法统治英国，直到近一个世纪之后，人们才形成了这样的印象：从那个讲法语的被称为王室法院的地方，可以获得正义的、高效的、统一的和隶属于中央权力的救济。因此，从法律史意义上甚至可以说，诺曼征服并不发生在 1066 年，而发生在 1066 年前后，[②] 换句话说，英国法的真正构建，始于格兰维尔（Glanville，? ~1190 年）和布拉克顿（Bracton，? ~1268 年）。梅特兰说："格兰维尔的作品受到了罗马法的影响，布拉克顿的作品则受到了罗马法的深刻影响。"[③] 但是，1895 年，当梅特兰专门就布拉克顿的笔记和中世纪意大利著名罗马法学家阿佐（Azo）的著作进行对勘时，他发现，梅因此前的说法"布拉克顿的作品的所有形式和 1/3 的内容来自《国法大全》"，其实并不准确。[④] 梅特兰指出，在布拉克顿的作品中，来自《国法大全》的甚至不到 1/30，而来自阿佐的则多于 1/15。但是，布拉克顿显然并没有真正受过罗马法的训练，尽管采用了罗马法的框架，但他所描述的是建立在王室法院诉讼形式和规则的真正意义上的英国法，因此，布拉克顿是"中世纪英国法学的王冠和鲜花"（crown and flower of English medieval jurisprudence）。[⑤] 正如霍兹沃兹总结梅特兰的观点时所说的那样，"布拉克顿处在这样一个时期，英国法正从由那些了解一些教会法和民法的人发展，转由那些了解一些律师行和法庭中通常适用的那些知识的人发展转变"。[⑥] 也正是这种转变，使得英国法在 16 世纪真正面对罗马法复兴的冲击时，由于普通法法院的长期运作和由律师学院完成

---

① 参见 F. W. Maitland, "The Materials for English Legal History", *Collected Papers*, Vol. 2, p. 20。

② 参见 F. W. Maitland, *History of English Law before the Time of Edward I*, Vol. 1, p. 84。

③ F. W. Maitland, "The Materials for English Legal History", *Collected Papers*, Vol. 2, p. 32.

④ F. W. Maitland, *Selected Passages from the Works of Bracton and Azo* (Selden Society, 1895).

⑤ James R. Cameron, *Frederic William Maitland and the History of English Law*, p. 126. 在《布拉克顿和阿佐》中，梅特兰得出三点结论：首先，布拉克顿从罗马法学中获得的东西，比此前梅因所说的少得多；其次，布拉克顿并不是一位训练有素的罗马法学家，他只是知道罗马法，但并不十分精通和崇拜，以至于有意将罗马法搬运到英国法之中；最后，只有在英国法的既有判决中无例可循的时候，布拉克顿才会求诸罗马法，因此他只是将罗马法作为许多可供使用的资料中的一种而已。

⑥ Sir William Holdsworh, *A History of English Law*, Vol. 2, p. 244.

的法学教育而幸免于被彻底地改变。[①]

七是爱德华二世时期（1307～1327 年）的年鉴。[②] 尽管从 1898 年起，梅特兰就因健康原因不得不在加纳利岛过冬，但他对整理法律史料的热情并没有被阻止。1904 年，他出版了塞尔登协会丛书第 19 卷《爱德华二世年鉴 2 & 3（1308～1310）》。[③] 次年，他又出版了丛书第 20 卷《爱德华二世年鉴 3（1309～1310）》。[④] 这是梅特兰生前出版的除其好友的传记《莱斯利·斯蒂芬：生平与信件》之外的最后两部大部头作品。尽管如此，他的工作仍远未完成，1907 年，塞尔登协会的特纳（G. J. Turner）完成了梅特兰的未尽工作，出版了《爱德华二世年鉴 3 & 4（1310）》。[⑤] 如前所述，梅特兰的全部研究时间只有 22 年，除了极个别时段（如晚年编写斯蒂芬的传记）的例外，完全是一个整体，但是，如果把这 22 年分为两个阶段的话，那么，前期他尤其注重爱德华一世时期在英国法发展中的重要意义，后期，则注重爱德华二世及之后的发展状况。

八是伊丽莎白一世时代（Elizabeth，1558～1603 年）的宗教政策。1898 年，梅特兰受阿克顿勋爵之邀，参与后者主编的《剑桥近代史》（*Cambridge Modern History*）的编写工作，同时承担一些评审工作。但是，很大程度上因为梅特兰早在 1896 年就开始研究英国教会法院中的罗马教会法问题，因此，阿克顿委托梅特兰撰写的章节，并不是梅特兰最拿手的法律制度史，而是"英国国教的确定"（The Anglican Settlement）。起初，梅特兰想向阿克顿提议，等他写完这一节，可以继续写"罗马法的继受"（Reception of Roman Law），但是他猜测，阿克顿之所以请他，除了因为看重他的史学功底外，也是希望撰写者对于其所撰写的部分内容没有太多的

---

① 参见 F. W. Maitland，"Records of the Honourable Society of Lincoln's Inn"，*Collected Papers*，Vol. 2，p. 79。

② 1307 年，爱德华一世去世，爱德华二世继承王位，但其昏庸且同性恋，出征苏格兰失败并承认其独立。1326 年，王后伊莎贝拉与其弟法王查理四世策动政变，推翻爱德华二世，并于次年操纵国会将其废黜、放逐并杀害。

③ 参见 F. W. Maitland（edited），*Year Books 2 & 3 Edward II*（1308 - 1310），（Selden Society，1904）。

④ 参见 F. W. Maitland（edited），*Year Books 3 Edward II*（1309 - 1310），（Selden Society，1905）。

⑤ 参见 F. W. Maitland and G. J. Turner（edited），*Year Books 3 & 4 Edward II*（1310），（Selden Society，1907）。

成见或偏见。于是他放弃了这一提议。① 不过，这次编写经历也给梅特兰带来一件副产品，那就是1900年发表于《英国历史学评论》的长文《伊丽莎白时代拾遗》。② 尽管关于伊丽莎白时代宗教政策的情况已经广为人知，但梅特兰还是发掘出不少之前人们并不知道的情况，例如，人们通常认为教皇 Pius IV 曾三次努力使伊丽莎白回心转意，但其实是四次。令人感到惊异的是，梅特兰竟然把广受尊敬的伊丽莎白的行为称作"泼妇行径"（a shrewd meneuver），但他的这种观点还是得到了后世许多知名历史学家如布莱克（J. B. Black）的肯定。③

关于梅特兰的贡献，不同学者曾从不同角度作出过评价，其中，牛津大学维纳里安教授戴雪（A. V. Dicey，1835～1922年）的评价被认为是最具代表性的。他说，梅特兰的贡献至少有如下三个方面：一是他使人们相信，法律对历史的贡献，可以像历史对法律的贡献一样多。在梅特兰之前，法律史在历史中的地位被过于低估，以至于即使是最优秀的历史学家，也对这项对历史影响深远的事物知之甚少，正是梅特兰恢复了法史学作为法学中不可或缺的一个部门学科的重要地位。二是使法律成为一种文献，使法学著作成为一种"著作"而不仅仅是学徒手册。在梅特兰之前，只有布莱克斯通和梅因试图在这点上获得成功，但他们的成功都非常有限，并且没有直接的继承者，而梅特兰则在这点上获得了成功。三是梅特兰向人们展示了他不同于布莱克斯通和梅因的地方，他既是一名渊博的历史学家，同时是一名渊博的法学家，这使他可以做到许多单纯的历史学家或单纯的法学家难以做到的事，其将法律史料和历史学方法完美地结合起来，从而使人们可以站在他巨人的肩膀上认识这个国家曾经出现过的法律的样态。④

---

① 参见 P. N. R. Zutshi（edited），"The Lettters of Frederic William Maitland"，Vol. 2，p. 15。

② 参见 F. W. Maitland，"Elizabethan Cleanings"，*Collected Papers*，Vol. 2，pp. 157 – 209。

③ 参见 James R. Cameron，*Frederic William Maitland and the History of Englsh Law*，p. 162。按：伊丽莎白一世于1559年恢复《至尊法案》和《统一法案》，修订1552年版《公祷书》，确立圣公会主教制。1563年将《四十二条信纲》修改为《三十九条信纲》，作为英格兰国教会的正式信条。伊丽莎白在教义上容纳某些新教观点，而在组织制度、礼仪等方面尽量保留天主教旧制，从而避免了法国、德国发生过的宗教战争。但加尔文派新教徒不满足于伊丽莎白"不彻底的改教"，要求清除国教会中的天主教残余，发起了以"纯洁教会"为号召的清教徒运动。参见《中国大百科全书·宗教》，中国大百科全书出版社，1988。

④ 参见 A. V. Dicey，"Maitland's Services to Law"，in V. T. H. Delany（edited），*Frederic William Maitland Reader*（Oceana Publications，1957），pp. 30 – 31。

三

与大多数英国上层人士一样，梅特兰为人和蔼，擅长交际，善于通过学术研究活动结交其他一流学者。例如 1892 年，他读到了黑斯廷斯·拉什道尔（H. Rashdall，1858～1924 年）关于中世纪大学史的著作，非常感兴趣，立刻将自己的阅读笔记寄给了拉什道尔，并与之建立了深厚的友谊。

梅特兰的一生都是在剑桥、伦敦和加纳利岛度过的，尤其是剑桥。他的终身密友，除了书籍，就是那些与他通信的朋友们，包括阿克顿勋爵、维诺格拉道夫、波洛克、塞耶（J. B. Thayer）[①]、洛克（B. F. Lock）[②]、普尔（R. L. Poole）[③]、斯蒂芬（L. Stephen）[④] 以及他的妻弟菲舍尔（H. A. L. Fisher）[⑤]。晚年，他还曾与美国联邦最高法院大法官霍姆斯（O. W. Holmes）通信，不过并不涉及法律问题，而是为他编写的《莱斯利·斯蒂芬：生平与信件》一书向霍姆斯索借斯蒂芬的信件，[⑥] 按照米尔松的说法，这可以算是梅特兰 22 年紧锣密鼓的学术生涯中唯一一次"离题"（the only

---

[①] 詹姆斯·B. 塞耶（James Bradley Thayer，1831～1902 年），美国著名证据法学家，曾任哈佛大学 Royall 教授（1873～1893 年）、Weld 教授（1893～1902 年），著有《证据法判例集》（*Cases on Evidence*）、《宪法判例集》（*Cases on Constitutional Law*）、《普通法证据初论》（*A Preliminary Treaties on Evidence at the Common Law*）等。

[②] 本杰明·F. 洛克（Benjamin Fossett Lock，1847～1922 年），伦敦林肯律师学院出庭律师，曾在塞尔登协会任职（1895～1913 年），后担任法官。

[③] 雷金纳德·L. 普尔（Reginald Lane Poole，1857～1939 年），英国历史学家，牛津大学默德林学院教员，曾任《英国历史学评论》（*The English Historical Review*）编辑，著有《插图本中世纪思想史》（*Illustrations of the History of Medieval Thought*）、《12 世纪的财物署》（*The Exchequer in the 12th Century*）、《教皇法庭史讲演录》（*Lectures on the History of the Papal Chancery*）等。

[④] 莱斯利·斯蒂芬（Sir Leslie Stephen，1832～1904 年），英国文献学家，剑桥大学三一学堂教员，著有《欧洲的运动场》（*The Playground of Europe*）、《在图书馆的时间》（*Hours in Library*）、《18 世纪英国思想史》（*History of English Thought in the Eighteenth Century*）、《一个传记作者的研究》（*Studies of a Biographer*）、《英国的功利主义者》（*The English Uilitarians*）等。

[⑤] 赫伯特·A. L. 菲舍尔（Herbert Albert Laurens Fisher，1865～1940 年），英国历史学家，牛津大学新学院教员，后曾任谢菲尔德大学副校长（1912～1916 年）、英国教育委员会主席（1916～1922 年）等职。曾著有《中世纪的帝国》（*The Medieral Empire*）、《梅特兰传》（*Frederic Wiliam Maitland：A Biographical Sketch*）。

[⑥] 参见 C. H. S. Fifoot, *The Letters of Frederic William Maitland* （Cambridge University Press, 1965）, pp. 317－318, 358, 381。

digression）。①

也许正是得益于善于交友这一品质，梅特兰后来创建塞尔登协会的工作不但没有遇到太多阻力，而且得到了相当多的友人的支持，包括英美两国各级法院的法官与伦敦的四大律师学院中的导师和律师的资助。值得一提的是，协会还得到了英国王室的鼎力相助，维多利亚皇后是协会的第一位资助者。②

塞尔登协会是一个纯学术协会，创建于 1887 年。③ 在创建过程中，梅特兰起到了绝对的核心作用，正如波洛克毫不夸张地赞誉的那样："梅特兰是塞尔登协会移动的灵魂（moving spirit）"。④ 塞尔登协会的名称，来自梅特兰崇敬的 17 世纪英国著名历史及语言学家、律师约翰·塞尔登（J. Seldon，1584～1654 年）。协会的目的，是整理和出版与英国法律史相关的资料，包括法律思想史、法律职业、法院和其他法务部门、法官和律师，甚至包括法官和律师的服饰和肖像，并将它们印制成书，以供当代的历史学者、法律学者或其他研究者使用。塞尔登协会的创建，体现了梅特兰隐含着的政治和道德思考：英国是世界上唯一一个将自己的法律史料保存得如此完好的国家，经由这些史料，人们可以发掘出许多重要的财富，这些财富是前人积累的无意识产物，但对当代人来说，可以更好地理解当前所处的生活状况、政治制度和社会条件。

从 1895 年开始，直到去世，梅特兰一直是该协会的学术总监，并为之付出了极大的心血。作为一名学者，梅特兰拥有令人艳羡的组织才华和美妙的外交辞令，在之后的 100 多年间，塞尔登协会能得以持续和成功，很大程度上应归功于梅特兰在创业阶段打下的良好基础。1895 年，B. F. 洛克加入塞尔登协会，协助梅特兰工作，并与梅特兰结下深厚友谊。但是，有一次，梅特兰过于细致的工作激怒了他，他谴责梅特兰同意接纳玛丽·比特森（M. Beatson）篇幅过长的《自治市镇惯例》，梅特兰虽然明显被冒犯了，但他温文尔雅地答复了洛克，向他解释了原因，使两人的友谊得到

---

① S. F. C. Milsom, "Maitland", *Cambridge Law Joural*, 60 (2), July 2001, p. 270.

② 参见 Selden Society Homepage, http：//www. selden – society. qmw. ac. uk/。

③ 参见 Paul Chrisitian, "Selden, John (1584 – 1654)", *Oxford Dictionary of National Biography* (Oxford University Press, 2004), http：//www. oxforddnb. com/view/article/25052。

④ Sir Frederick Pollock, "Frederic William Maitland", in V. T. H. Delany (edited), *Frederic William Maitland Reader* (Oceana Publications, 1957), p. 26.

了良好的维续。[①]

梅特兰的友善态度和斡旋能力，不但为塞尔登协会赢得了经济上的灵活性，而且也拥有了越来越多的朋友、拥护者和后来人。大西洋彼岸的霍姆斯大法官也由此知道了梅特兰，1888 年，他在给波洛克的信中提到，"如果我认识梅特兰的话，我会给他写信。如果有机会，请向梅特兰先生转达我的意见：对于解决那些具有哲学上的重要性的问题来说，他的法律史研究是真正科学的、精确的"。[②] 在 1907 年撰写的梅特兰纪念文章中，霍姆斯说，梅特兰广博的知识和深刻的洞察力，不仅通过他卓著的表达能力展现给世人，而且还为后人树起了一盏法律史学的智识明灯。[③]

著名法官伯克利（H. B. Buckley，1845～1935 年）曾于 1916～1918 年担任塞尔登协会副主席。[④] 著名法学家温菲尔德爵士（Sir P. H. Winfield）也曾于 1944～1946 年担任塞尔登协会副主席。[⑤] 还有著名历史学家埃尔登爵士（Sir G. R. Elton，1921～1994 年）曾在塞尔登协会担任主席。[⑥] 更为引人注目的是，梅特兰之后两位最重要的英国法史学家维诺格拉道夫（P. Vinogradoff)[⑦] 和普鲁克奈特也曾分别在塞尔登协会任职。1907 年，维诺格拉道夫继梅特兰之后，担任塞尔登协会的学术总监。[⑧] 1937～1946 年，

---

① P. N. R. Zutshi（edited），*The Letters of Frederic William Maitland*，Vol. 2（Seldon Society，1995），p. 13.

② De Wolfe Howe（edited），*The Pollock – Holmes Letters*，1942，Vol. 1，p. 36.

③ V. T. H. Delany（edited），*Frederic William Maitland Reader*（Oceana Publications，1957），p. 40.

④ D. E. C. Yale，"Buckley, Henry Burton, First Baron Wrenbury（1845 – 1935）"，*Orxford Dictionary of National Biography*（Oxford University Press，2004），http：//www. oxforddnb. com/view/article/32158.

⑤ S. J. Bailey，"Winfield, Sir Percy Henry（1878 – 1953）"，*Oxford Dictionary of National Biography*（Oxford University Press，2004），http：//www. oxforddnb. com/view/article/36976.

⑥ Patrick Collinson，"Elton, Sir Geoffrey Rudolph（1921 – 1994）"，*Oxford Dictionary of National Biography*（Oxford University Press，2004），http：//www. oxforddnb. com/view/article/54946.

⑦ 保罗·维诺格拉道夫（Sir Paul Vinogradoff，1854～1925 年），俄裔英国历史学家，曾继波洛克之后担任牛津大学 Corpus 法理学教授（1903～1925 年），著有《英格兰的农奴》（*Villainage in England*）、《采邑的成长》（*The Growth of the Manor*）、《11 世纪的英国社会》（*English Society in the Eleventh Century*）和《历史法理学概要》（*Outlines of Historical Jurisprudence*）等，他是历史法学派的代表人物之一。

⑧ Peter Stein，"Vingradoff, Sir Paul Gavrilovitch（1854 – 1925）"，*Oxford Dictionary of National Biography*（Oxford University Press，2004），http：//www. oxforddnb. com/view/article/36664.

以《普通法简史》蜚声学界的普鲁克奈特担任塞尔登协会学术总监一职。①
他们都为塞尔登协会持续传承梅特兰所倡导的历史文献整理工作作出了重
要的贡献。当然，谁也不会忘记，如今洋洋 118 卷、被世界各大图书馆视
若珍品的"塞尔登协会丛书"，就是从梅特兰编辑的第一卷《王室法院诉
状选（1200—1225）》和第二卷《领主法院诉状选（亨利三世和爱德华二
世期间）》起步的。② 另外，第 4 卷、第 8 卷、第 17 卷、第 19 卷也是由梅
特兰编辑的，还有第 22 卷、第 27 卷等是他生前未完成编辑，他去世后由
特纳（G. H. Turner）等人续成的。

四

尽管塞尔登协会的创建相当程度上反映了梅特兰的法律和历史观，但
是，任何人，如果想要将这种法律和历史观划入某个法学或历史学流派，
都会遇到前所未有的困难。当梅特兰从容地游弋于那些属于不同流派甚至
可能相互冲突的史学方法中时，他不但不会受制于这些方法本身，相反，
他会完全超越原来的方法框架，用丰富的素材使这些方法比它们在前人那
里更熠熠生辉，从而使这些方法所属的学派也反过来从他那里受益，汲取
到新的养料。

然而，梅特兰毕竟是一位法史学家，只要承认这一点，就不可能回避
下面这个问题：如何在历史学科大师如林的名人廊中确定属于梅特兰的一
席之地？在笔者看来，梅特兰史学中特别值得注意的乃是如下三点。

一是史料还原论。提到史料还原，很容易让人想到兰克学派（Lanke-
School）。以利奥波德·冯·兰克（L. Von Lanke，1795~1886 年）为创始
人的兰克学派是西方史学史上最重要的流派之一，他们要求"小心翼翼而
又大胆地从特殊推出一般"，坚决反对"从一般推出特殊"。19 世纪 80 年
代，兰克学派的影响已经波及不列颠。梅特兰显然读过兰克的著作，他在

---

① 参见 S. F. C. Milsom，"Plucknett, Theodore Frank Thomas（1897－1965）"，*Oxford Dictionary of National Biography*（Oxford University Press，2004），http：//www.oxforddnb.com/view/article/35544。

② 参见 F. W. Maitland（edited），Select Pleas of the Crown（A. D. 1200－1225），*Seldon Society Series* Vol. 1，1887；F. W. Maitland（edited），Select Pleas in Manorial Courts（reigns of Henry III and Edward I），*Seldon Society Series* Vol. 2（Seldon Society，1888）。

《伊丽莎白时代拾遗》（*Elizabethan Gleaning*）一文中谈到伊丽莎白一世与教皇保罗四世的关系时，就曾两次提到兰克。① 不过，这两处都只是附带地提到而已，而且在梅特兰的其他作品中，再也没有发现任何对兰克史学的引证或评论，这似乎证明，梅特兰受到兰克的影响相当有限。

确实，梅特兰较少谈及史学的具体方法和观念，但对于兰克的下述主张，他必定持肯定态度，"也许有人认为，历史应当判断过去、指导现在、构想未来，但事实上，历史除了告诉真相（how it really was），不承担更高尚的职责"。尽管从未在任何场合流露出这种态度，但在主持塞尔登协会的英国法律史料整理工作时，梅特兰事实上已将兰克的原则直接运用于其中。塞尔登协会成立之前，相对于其他国家，英国的法律史史料保存相当完好，但远没有达到被系统整理的地步，既难以阅读，也易于损毁。正是梅特兰及其主导的塞尔登协会的早期工作，成为一个重要开端，英国法律史学界开始全面整理原始资料，将它们转化为对普通研究人员来说也是可以利用的文献。

尽管梅特兰为学生讲授过许多法律类而非历史类课程，但他显然认为，就史料而言，是法律史为历史学提供素材，而非相反。在他看来，史料是还原历史的最佳甚至唯一途径，而法律史料恰恰是还原政治史、经济史和社会史的极佳素材，其重要程度，值得专门史家为此付出毕生的精力和才华。在一封写给牛津历史学家史密斯（A. L. Smith, 1850 ~ 1924 年）的信中，梅特兰表达了他对于这些原始文献的无与伦比的热情："我敢说，大量英国教会法院的文献资料应当仍然被保存着，只是我不知道它们被保存在哪里。如果有一天你正好发现它们的藏身之处，请你一定记得这里的塞尔登协会，如果我们能看到一套新编的《教会法院诉状选》，那该是多么美妙的事。"②

除了兰克之外，在梅特兰的作品中，较多被提及的历史学家有斯塔布斯、祁克、梅因以及萨维尼。越是对史学方法有较多论述的学者，他引述越少，反之，越是通过史料本身还原史实的学者，他引述越多。他并不迷信任何一派，更不像兰克那样有意识地创建某种学术方针，而是从这些前辈历史学家那里分别汲取养料，形成自己的学术风格（见表1）。

---

① 参见 F. W. Maitland, "Elizabethan Gleaning", in *Collected Papers*, Vol. 3, pp. 165 – 166。

② P. N. R. Zutshi（edited）, *The Letters of Frederic William Maitland*, Vol. 2, p. 13.

表 1　引证情况

单位：次

	斯塔布斯	祁克	梅因	萨维尼	兰克
《英国法律史》（2 卷）	0	0	0	1	0
《英国宪政史》（1 卷）	0	0	0	0	0
《论文选》（3 卷）	18	6	6	5	2
《书信集》（3 卷）	16	11	7	4	0
合　计	34	17	13	10	2

除了从前辈学者那里继承和学习，梅特兰的历史技艺几乎都是从他对历史探索的如火热情中培养起来的。他曾对历史学家乔治·尼尔森（G. Nelson）说：“最令人高兴的事莫过于发现，任何有助于《布拉克顿笔记》编辑工作的一小点点证据，都会令我兴奋莫名。”① 梅特兰相信，过去时代的法律应当尽可能被放到它所处时代的语境下去研究，而不是从研究者本人的立场出发，否则，其结论必然只是些歪曲的幻象（distorted vision）。法史学既不应该是说教的，也不应该是功利的，其唯一的功用，正如他在致戴雪的信中所言，是“展示每个时代都拥有一种权力，用这种力量，型构它们那个时代的法律”。②

二是日耳曼主义。除了法律史料还原论，梅特兰的著述中还隐藏着一种深深的、不易被发现的日耳曼主义情怀。这种情怀很少在字里行间轻易展现，却在梅特兰的生活中流露出来。他多次到德国访学，在那里居住。他的两个女儿，一个叫埃芒加德，另一个叫弗蕾德贡德，据梅特兰说，这两个名字都取自《布拉克顿笔记》中的中世纪日耳曼语。在一封写给维诺格拉道夫的信中，梅特兰曾半开玩笑地说：“（竟然给女儿起这么怪异的名字，）你说我是不是从日耳曼学校里毕业的！”③

梅特兰法史学中的日耳曼主义，与萨维尼（F. Von Savigny，1781 ~ 1861 年）为代表的德国历史法学派有着千丝万缕的关系。1878 年前后，为了准备《英国宪政史》的课程讲义，梅特兰先阅读了斯塔布斯的《宪政史》（Constitutional History），继而读到了萨维尼的《罗马法的精神》

---

① P. N. R. Zutshi（edited），*The Letters of Frederic William Maitland*，Vol. 2，p. 162.

② P. N. R. Zutshi（edited），*The Letters of Frederic William Mailand*，Vol. 2，p. 105.

③ C. H. S. Fifoot（edited），*The Letters of Frederic William Mailand*（Cambridge University Press，1965），p. 60.

（*Gesehichte des Römischen Rechts*）。尽管梅特兰用一句 "我完全信赖萨维尼" 来描述他当时的感受，[①] 听起来似乎语焉不详，但梅特兰后来承认，正是萨维尼开启了他的视野，在这种视野中，法律应当被这样看待：它们是人类生活的产品、人类需求的表达、社会意志的宣告，因此对于法律的理性视角，只有从历史的高度看待法律，从《十二铜表法》（*Twelve Tables*）到《德国民法典》，再到登载在早报上的法官报告。[②] 梅特兰发现，在一个宏伟的框架下，萨维尼为人们展示了一条法律发展之路，这个框架是将拉丁和条顿民族文化的兴起作为西欧国家的组织发展的一部分。

梅特兰对萨维尼的评价之高，到了令人惊诧的地步，他甚至没有说萨维尼是 "19 世纪的阿佐"，而是说阿佐是 "13 世纪的萨维尼"。[③] 他一度怀着狂热的崇拜，试图翻译萨维尼的作品，但是，这些翻译并没有完成，也没有任何未完成稿被出版。1990 年，他突然转向了祁克。对此，费弗特评论道："梅特兰对祁克非常钦佩，正是从祁克那里，他感受到中世纪法人格问题的理论诱惑。"[④] 此后的 4 年间，梅特兰不但翻译了祁克的《中世纪政治思想》并为之撰写了导言，而且连续发表了 4 篇讨论法人格问题的文章。梅特兰认为，萨维尼关于法人格的 "拟制理论"（Fiction Theory）虽然颇具吸引力，却无法放之四海而皆准，因为这种拟制是由国家完成的，究其实质仍是一种 "特许理论"（Concession Theory），使法人成为国家主权的某种创生物，而只有由拜塞勒（Beseler）提出、由祁克发展了的现实主义理论，才更具有 "哲学上的真实性、方法上的可靠性、道德上的正当性、法典和判例中的合法性、历史上的确定性和真正的日耳曼风格，或者说唯有日耳曼才有的风格"。[⑤]

---

① P. N. R. Zutshi（edited），*The Lettlers of Frederic William Mailand*，Vol. 2，p. 55.

② 参见 H. A. L. Fisher，*Frederic William Maitland：A Biographical Sketch*（Cambridge University Pressm，1910），p. 19。

③ H. A. L. Fisher，*Frederic William Maitland：A Biographical Sketch*（Cambridge University Press，1910），p. 19.

④ C. H. S. Fifoot，*Frederic William Maitland：A Life*（Harvard University Press，1971），p. 150.

⑤ The new theory was to be philosophically true, scientifically sound, morally righteous, legally implicit in codes and decisions, practically convenient, historical destined, genuinely German and perhaps exclusively Germanistic. 参见 O. F. Von Gierke，*Political Theories of the Middle Ages*，translated and introduced by F. W. Maitland（Cambridge University Press，1900），Introduction，pp. xl – xli。

梅特兰对萨维尼和祁克的态度，与其在《爱德华一世之前的英国法》中所主张的观点是一脉相承的。在梅特兰看来，德国和英国这两个日耳曼国家由于对待罗马法的不同态度，不但走上了不同的法律之路，并且型构了不同的国家形式。梅特兰从萨维尼那里获得了深邃的历史视角，得以将视线放诸日耳曼民族的不同支派在面临异文化冲击时所表现出的不同态度。作为日耳曼民族的德国民族已经罗马化了，作为日耳曼文化的德国文化已经半拉丁化了，唯有不列颠岛的盎格鲁—撒克逊民族抵御住了罗马法的同化，得以保持"荷戟独彷徨"的自由灵魂，并承担起日耳曼文化世世传承的历史使命。

三是自由史学观。除了祁克之外，对梅特兰影响最大的史学家非阿克顿莫属。阿克顿是著名的保守派自由主义者，以知识丰富、藏书无数以及担任女王私人顾问而知名。1895 年，阿克顿被聘为剑桥大学钦定近代史教授，次年，剑桥大学出版社理事会（梅特兰是理事之一）希望由阿克顿主持，利用他私人馆藏的法国地方史、意大利和西班牙教会史、基督教社团史资料，编写一部近代史。阿克顿与梅特兰商议撰稿人选，并请梅特兰撰写第二卷中的一章"英国国教的确定"。

阿克顿对梅特兰非常器重。他曾经说："我们剑桥有三位历史学家：梅因、赖特福特（Lightfoot）和梅特兰。"① 但从梅特兰给阿克顿的信中看，梅特兰的自信心略显不足，他写道："尽管我无法拒绝您的邀请，因为在您的主持下工作、将自己的工作成果交由您来修订，那将是一件多么伟大、荣耀和愉悦的事。但是，对于我的无知程度，您肯定也知道个八九不离十，我几乎没听说过有过那么一位伊丽莎白女王！事实上 30 岁之前我没有读过任何历史著作，除了一些哲学史，那些不能算是历史……也许我需要花 4 年时间来阅读伊丽莎白及教会方面的资料，因此对您来说，即使由您自己来写这一章，也比您教我该读哪些资料、该怎么写来得省事。"②

1898 年 10 月，梅特兰开始到加纳利岛过冬，启程前，他交出了第一稿，并于次年对该稿进行了修订。此前，他对与他一起参与撰写《剑桥近代史》的其他史家（阿克顿除外）颇有些微词。例如，在致杰克逊的信

① H. A. L. Fisher, *Frederic William Maitland: A Biographical Sketch*, p. 174.
② C. H. S. Fifoot, *Frederic William Maitland: A Life* (Harvard University Press, 1971), pp. 214 – 215; P. N. R. Zutshi (edited), *The Letters of Frederic William Maitland*, Vol. 2, p. 122.

中，他说："《剑桥近代史》肯定是一本很奇怪的书。我看到的许多章节，风格上都是大不相同的，难以想象它们竟然是出自同一本书。我不知道阿克顿勋爵在面对这些风格难以协调的章节时，是怎么保持他那从容不迫的风度的。"① 但是，在与阿克顿交往的过程中，梅特兰对阿克顿的看法也有了转变，他对阿克顿越来越多地表示钦佩和赞美，阿克顿不为世易时移、不为外界因素而改变的自由思想深深地打动了梅特兰。已经站上史学高峰的梅特兰进一步意识到，即使是苍白的史料，也可能因为利用方法的不同而变得失去自由，从而支撑某种偏见。唯有内心真正的自由，才能确保其史学成果的无偏无错。② 然而，不幸迅速袭来，1902 年 6 月，梅特兰与阿克顿不断成长的友谊被阿克顿因心脏病逝世而打断，《剑桥评论》（*The Cambridge Review*）随即发表了梅特兰为阿克顿撰写的讣告。随后，在给普尔的信中，梅特兰说，在提升历史学的地位这方面，阿克顿做得比任何人都要多。如果我们能早 10 年拥有他，他能够为我们贡献的甚至更加无法估量。这种评价远远超过了他对另一位著名史学权威梅因（Sir H. J. S. Maine，1822 ~ 1888 年）的评价。

1901 年，在一封致波洛克的信中，梅特兰这样表达他对梅因的看法："你提到了梅因。我倒是不太愿意谈梅因。我读了一些他的作品，一些他记忆中很确信的东西，在他读过的或引证的书中，竟然难以找到或根本没有。他关于'同父异母或同母异父关系'（half – blood）在诺曼底法中的位置的论述，在我看来仅仅是臆测，与当时的习惯正好相反。"③ 梅特兰发现，梅因的一些理论，看起来雄心勃勃，然而一旦放到证据的显微镜下，就立刻变得不那么站得住脚了，例如他关于法律发展的结论是错误的、不可接受的。④ 梅特兰认为，梅因过多地受制于他先前已经设定好了的结论，据此寻找资料，他的研究就变得不再自由了，当然免不了为结论所束缚从而无法用更全面的史料审慎地考验其结论的可靠性。

1902 年 10 月，首相巴尔弗（Arthur James Balfour）给梅特兰写信，请

① C. H. S. Fifoot（edited），*The Letters of Frederic William Maitland*，Vol. 1（Cambridge University Press，1965），pp. 211 – 212.

② 参见 H. A. L. Fisher，*Frederick William Maitland：A Biographical Sketch*，p. 19。

③ C. H. S. Fifoot（edited），*The Letters of Frederic William Maitland*，in Jan. 1881，p. 222.

④ Peter Stein，*Legal Evolution：The Story of an Idea*（Cambridge University Press，1980），pp. 106 – 109.

他接任阿克顿的钦定教授职位，但梅特兰谢绝了。他说，我有许多理由，每一条都是充分的，但只需一条就够了，由于身体原因，我每年都要离开英国去加纳利岛过冬，这使我只能做很少量的工作。为此我甚至两次辞职唐宁教授席位。因此我这样一个"非法教授"，已无能力再去承担主持我们正在崛起的历史学科的重任。但您的美意我将没齿难忘。① 同年稍晚些时候，这个讲席被授予了《思想自由史》的作者、英国实证主义历史学家、剑桥历史学派重要代表人物柏里（J. B. Bury，1861～1927 年）。梅特兰不像梅因这么热衷于过去，也不像柏里那样强调"历史是一门科学，不多也不少"，他怀带着一种异乎寻常的开放的、公正无偏的心态，超然于宗派或政党的偏见之外。梅特兰应该会把自己归入自由联合主义者（Liberal Unionist），尽管他的思想的独立性其实与党派所要求的忠诚和限制相去甚远。他曾对大学教育、南非战争、自由贸易等政治问题感兴趣，有时也发表意见，但并不多，并且绝不涉及党派问题，这与他在教学中体现出来的特点毫无二致：清晰，明确，斩钉截铁。②

五

最后解释一下本文的标题。《汉马克拉维》是贝多芬第 29 号钢琴奏鸣曲的曲名。"汉马克拉维"的原意是"椎子琴"。这首奏鸣曲难度极大，要求演奏家进行单人双手四独立声部的演奏，迄今未有钢琴家能够独立完成。据说贝多芬创作这首曲子，就是为了那些技术越来越好的钢琴家们"五十年里都有事可做"。将梅特兰称喻为"英国法史学的汉马克拉维"，不是因为梅特兰热衷钢琴音乐，也不是因为他去世时的年龄正好是贝多芬创作《汉马克拉维》时的年龄，而是因为梅特兰曾被称为"历史学家中的历史学家"（historian's historian），③ 而这首《汉马克拉维》恰恰是"钢琴

---

① 参见 C. H. S. Fifoot, *Frederic William Maitland: A Life* (Harvard University Press, 1971), p. 268；P. N. R. Zutshi (edited), *The Letters of Frederic William Maitland*, Vol. 2, pp. 218 - 219。

② 参见 H. A. L. Fisher, *Frederic William Maitland: A Biographical Sketch* (Cambridge University Press, 1910), p. 175。

③ James R. Cameron, *Frederic William Maitland and the History of English Law* (University of Oklahoma Press, 1958), introduction, xiii.

曲中的钢琴曲"。他们拥有某些共同点：体系丰厚完整，内容博大精深，无论铿锵处电闪雷鸣，抑或轻柔处如诗如画，都能成一家之言，当世同侪罕能相匹。

梅特兰的女儿埃芒加德曾回忆说，梅特兰确实精通音乐，并且终身保持着这一爱好，每天，只要梅特兰在家，总能听到他哼着莫扎特、贝多芬、勃拉姆斯或舒伯特的曲子。1893 年，梅特兰曾代表剑桥音乐协会（Cambridge Musical Society）邀请俄国音乐家柴可夫斯基（P. Tchaikovsky，1840～1893 年）到剑桥访问。在致柴可夫斯基的信中，梅特兰还请柴可夫斯基"无论如何也要在他家里住一晚"，以便向他请教一些音乐方面的知识。[1] 1873 年，梅特兰曾独自在慕尼黑（Munich）、波恩等地小住，欣赏舒曼、瓦格纳等人的音乐作品，甚至成了瓦格纳迷（Wagnerian）。在伦敦期间，他也是圣詹姆斯音乐厅（St. James' Hall）的常客。[2] 波洛克曾说，梅特兰不但喜欢音乐，而且对音乐知之甚多。[3]

梅特兰的文章读起来引人入胜，就像贝多芬的作品一样，似乎作者就在听者的身旁，对着听者说话。他经常使用长句，但语意通畅，很容易读懂。埃芒加德还曾回忆道，"他写作或准备讲义时，总是一边写，一边嘴里大声朗读，好像不用看、只用听似的"。[4] 在这种行云流水的风格中，我们可以看到与"汉马克拉维"的乐风颇有相通之处。梅特兰并不是完美主义者，他的作品有一种类似口述作品的清新风格，因为他主要是依靠大量阅读之后的记忆，常常落笔如飞，纸上生风。这一点，普鲁克奈特曾不无嫉妒地说梅特兰的作品很适合阅读，但并不很适合推敲。[5] 这其实与梅特兰并没有受过正规的历史学训练有关，他在大学里念的是道德科学，在律师学院学的是法律。除了《爱德华一世之前的英国法》之外，梅特兰对自己的许多作品都不甚满意，他曾说："我的《末日审判书及其他》其实是一本远未完成的书，尽管我希望能有 2～3 年的时间对它进行大幅修改，但

---

① P. N. R. Zutshi（edited），*The Letters of Frederic William Maitland*，Vol. 2，pp. 57 – 58.

② 参见 H. A. L. Fisher，*Frederic William Maitland：A Biographical Sketch*（Cambridge University Press，1910），p. 21。

③ 参见 Sir Frederick Pollock，"Frederic William Maitland"，in V. T. H. Delany（edited），*Frederic William Maitland Reader*，p. 26。

④ Ermengard Maitland，*F. W. Maitland：From a Child's Eyes*（Seldon Society，1957），p. 8.

⑤ 参见 S. F. C. Milsom，"Maitland"，*Cambridge Law Journal*，60（2）July 2001，p. 265。

我又不愿意在如此偏远的题目上花上这么多时间。"①

　　无论如何，虽然梅特兰的生命是短暂的，他只活了 56 岁，而且直到 34 岁，他才真正开始他的法律史工作，但他留给英国法史学界的神奇著作，绝大部分将拥有漫长的生命，就像贝多芬的《汉马克拉维》一样，总能令一代代后人产生浓厚的兴趣，"有事可干"。22 年，对一位学者来说，毕竟太短了些，更何况，在生命的最后 8 年中，他必须到加纳利岛去，那里有阳光，有花园，有音乐，但没有图书馆。

　　（本文原载《中外法学》2006 年第 4 期，收入本书时有改动）

---

① P. N. R. Zutshi（edited），*The Letters of Frederic William Maitland*，Vol. 2，p. 233.

爱德华·柯克爵士与英国法学近代化

于 明[*]

爱德华·柯克爵士（Sir Edward Coke，1552~1634 年），也许是最早被引介到中国法学界的英国法学家之一，他的许多思想与观点都为中国法律人所熟知，尤其是他与詹姆斯国王抗争的故事更是成为西方宪政与法治观念在中国传播过程中的经典事例与象征。[①] 但与此不相适应的是，柯克本人的著作长期以来并未得到应有的重视与研究。本文试图重返柯克一生最伟大的两部作品——《柯克报告》（Coke's Report）[②]（以下简称《报告》）与《英国法总论》（The Institutes of the Laws of England）[③]（以下简称《总论》），在解读其写作背景与原始文本的基础上，集中讨论柯克对 17 世

---

[*] 于明，华东政法大学教授。

① 参见〔美〕乔治·霍兰·萨拜因《政治学说史》（下），刘山译，商务印书馆，1986，第 509~510 页；贺卫方《柯克的故事》，载贺卫方《司法的理念与制度》，中国政法大学出版社，1998；于明《法律传统、国家形态与法理学谱系——重读柯克法官与詹姆斯国王的故事》，《法制与社会发展》2007 年第 2 期。

② 《柯克报告》原名即为《判例报告》（Report），为区分于其他编纂者的判例汇编，故后世称为《柯克报告》。全书共 13 卷，前 11 卷分别出版于 1600~1615 年，每卷均由柯克的序言及其对判例的评注组成。第 12 卷和第 13 卷则是在英国内战结束后，由后人依据柯克生前的手稿整理而成，分别于 1655 年与 1658 年出版。报告记载的判例主要来源于 1572~1616 年普通法法院的重大案件，少部分来自衡平法院或王室法院。其简介与篇章选集，可参见 Sheppard Steveeds, *The Selected Writings and Speeches of Sir Edward Coke* (Liberty Fund, 2003), Vol. 1。

③ 《英国法总论》共 4 卷，第 1 卷是对于利特尔顿《论土地保有》的评注，出版于 1628 年，又称为《柯克评注利特尔顿》。此后，柯克陆续完成了后 3 卷的写作，其中，第 2 卷是对于《大宪章》及其他制定法的评注；第 3 卷是关于普通法中的罪名与刑罚；第 4 卷则是关于英格兰国会与各种法院的管辖权。但由于查理一世的禁令，这些手稿在柯克生前未能出版，并于柯克逝世前为国务大臣温德斑克所查封。直至英国内战爆发后，在国会长期的支持下，后 3 卷《总论》才得以重新面世，并由柯克的继承人分别于 1642 年和 1644 年出版。其简介与篇章选集，可参见 Sheppard Steveeds, *The Selected Writings and Speeches of Sir Edward Coke* (Liberty Fund, 2003), Vol. 2。

纪以来的英国法学近代化所作出的开创性的贡献，最后对于柯克著作的"缺陷"及其成因作简要评述与解读。

一　英国法学的十字路口——《报告》与《总论》的诞生及背景

一般观点认为，英国的法学近代化是"自发型"模式的典型，[①] 是在格兰维尔、布拉克顿等人开创的中世纪法学的基础上，通过对传统法学成果的继承与改造逐步实现的；这一历程的起点是 17 世纪初爱德华·柯克爵士《总论》（1628 年）的出版。[②] 不过，需要进一步指出的是，尽管从历史的长时段来看，英国的法学近代化确实是"自生自发"的，但就柯克爵士所处的历史语境而言，英国的法学同样面临着是否全盘继受罗马法学的选择。换言之，在法学近代化的启动之初，又并非纯粹地"自生"或"自发"，而很大程度上受到来自罗马法学的触动与影响。因此，对于柯克及其法学的讨论，首先应当回到 16 ~ 17 世纪的英格兰，从英国法学所面临的基本问题与选择入手，探寻柯克之所以选择撰写《报告》与《总论》这两部著作的深层背景与动因。

总体而言，16 ~ 17 世纪的英格兰正处于一个"逐步脱离中世纪、走向近代化大国的时期"。[③] 这一历史进程的突出表现是英格兰近代工商业的兴起与民主国家的形成；同时，反映在法学的领域，也要求清除英国中世纪法学中的混乱、模糊与不确定的因素，实现法学的统一性与确定性，以满足资本主义经济发展与主权国家建构的需求。因此，如何对传统的普通法法学进行变革与改造，以推进英国法学的近代化，就成为摆在柯克及其同时代法律人面前的最基本的"时代命题"。

（一）撰写英国的《国法大全》

对于这一问题，首先一种回答是主张全面继受正在欧洲大陆复兴的罗

---

① 法学近代化是自中世纪后期开始的波及整个世界的一场法学变革与进化运动；就各国不同的发展道路而言，又大体可以分为"自发型"与"继受型"两种模式。参见何勤华《法学近代化考论》，载何勤华《法律文化史谭》，商务印书馆，2006，第 281 页。

② 参见何勤华《法学近代化考论》，载何勤华《法律文化史谭》，商务印书馆，2006，第 282 页。

③ 张广智：《西方史学史》，复旦大学出版社，2004，第 131 页。

马法学；其最初的倡导者是来自欧洲大陆的托马斯·斯塔基（Thomas Star-key）等人文主义学者。在他们眼中，中世纪的英国法学"充满了混乱与争议，缺乏权威与可靠的基础"，[①] 因而必须"以查士丁尼的作品为范例"，[②] 对之进行彻底的否弃与变革。此后，英国本土的人文主义学者，如弗朗西斯·培根爵士（Sir Francis Bacon）等人，也接受了这一观点。他们同样将中世纪英国法学的不确定性与缺乏权威视作其最大的缺陷，主张撰写"英国的《国法大全》"。

培根等人对查士丁尼《国法大全》的模仿，首先来自其确定的形式。他们主张，对于英国法学中的"判例集"与"教科书"，都应当分别予以清理与简化，并依据《学说汇纂》与《法学阶梯》中的体例进行重新编排。同时，他们也从这一罗马法的模型中汲取了"权威的观念"，始终将法学著作的构建视为从属于国王，试图从君主的权威中获得法学的形式化秩序。正如赫尔格森（Helgerson）所指出的："与查士丁尼'撰写'罗马法一样，伊丽莎白或詹姆斯一世应当撰写英格兰的法律，而培根则希望自己能成为英国的特里波尼安。"[③]

此外，培根的追随者亨利·芬奇爵士（Sir Henry Finch）与约翰·考威尔爵士（Sir John Cowell）还直接撰写了以《法学阶梯》为蓝本的英国法著作。前者的作品为四卷本的《英格兰普通法概要》（1603年），其结构基本上是对《法学阶梯》的模仿，逻辑结构严密，被霍兹沃思称赞为"布莱克斯通之前最为完整与系统化的著作"。[④] 考威尔的模仿则更为彻底，其著作《英国法阶梯》严格按照"人—物—诉讼"的篇章结构组织而成，以至于倡导英国法律体系化的布莱克斯通（Blackstone）也认为："这样的结构安排是不自然与存在缺陷的"。[⑤]

总之，在斯塔基、培根等人看来，要想摆脱中世纪以来英国法学中的

---

① F. W. Maitland, *English Law and the Renaissance*，中国社会科学出版社，1999，第41~42页。

② Richard Helgerson, "Writing the Law", in *Law*, *Liberty*, *and Parliament*, *Selected Essays on the Writings of Sir Edward Coke*, edited by Allen D. Boyer（Liberty Fund, 2004），p. 32.

③ Richard Helgerson, "Writing the Law", in *Law*, *Liberty*, *and Parliament*, *Selected Essays on the Writings of Sir Edward Coke*, edited by Allen D. Boyer（Liberty Fund, 2004），p. 33.

④ Sir William Holdsworth, *A History of English Law*, Vol. 5（Methuen Co. Ltd. and Sweet Maxwell Ltd., 1945），p. 401.

⑤ 参见全宗锦《威廉·布莱克斯通爵士和他的〈英格兰法释义〉——以英格兰法体系化为中心》，博士学位论文，北京大学，2004，第64页。

混乱、不确定与缺乏权威，实现法学著作的统一与明确，唯一的方法就是以查士丁尼的《国法大全》为蓝本，对英国既有的普通法与制定法进行法典式的编纂，并撰写出《法学阶梯》式的英国法教科书。面对法学的近代化，是全盘接受罗马法学的体系，还是在普通法法学的基础上继续前行，英国的法学走到了十字路口。

（二）"老田里会生出新谷子"

但这一主张很快遭到了以爱德华·柯克爵士为代表的普通法法律人的反对。柯克认为，全盘继受罗马法学或是撰写英国《国法大全》的主张，无异于一种"痴人说梦"，① 并不具有实现的可能性。尽管柯克也同样意识到了中世纪法学所存在的不足，并提出了要对普通法著作进行"重新撰写"的主张；但与培根等人借助于欧陆的罗马法学不同，他将目光投向了往昔，试图从中世纪普通法的经典著作中寻求英国法学的新生。正如他本人曾经写道："我们现在来读一读古代作家吧，因为老田里会长出新谷子的。"②

对于英国的普通法法学而言，这里的"古代作家"既包括了古代《年鉴》等"判例集"的撰写人，也包括了布拉克顿、利特尔顿等早期法学"教科书"的作者；而柯克所要培育的"老田"，正是中世纪以来被称为《年鉴》的"判例集"，以及利特尔顿的《论土地保有》等经典法学"教科书"。

首先，是对于《年鉴》等"判例集"的改造。从13世纪开始，普通法即出现了《年鉴》等判例编纂的传统，③ 但这种《年鉴》在很大程度上又不同于现代的判例集，因为其内容的关注点主要集中在法庭的诉讼程序、调查事实的方法以及辩论的技巧之上，而较少涉及判决的理由及法律论证的过程。④ 这样一种特点，也使得人们很难从判例的本身发展出一般的法律规则，

---

① 比如，他在培根的《伟大的复兴》一书的扉页上写道："这本书完全不适合在法学院里阅读，倒适合将其送到一艘疯人船上去。如果你想修正古代先哲的教义，你最好还是先修正你自己的法律与正义观念。"参见 Catherine Drinker Bowen，*The Lion and the Throne*：*The Life and Times of Sir Edward Coke*（Brown & Company Limited，1956），pp. 549 – 550。

② Sir Edward Coke，*Institutes of the Laws of England*，Vol. 4，in Sheppard Steveeds，*The Selected Writings and Speeches of Sir Edward Coke*，Vol. 2（Liberty Fund，2003），p. 522.

③ 参见何勤华《西方法学史》，中国政法大学出版社，1996，第 291 ~ 292 页。

④ 参见 T. F. T. Plucknett，*A Concise History of the Common Law*，5th ed.（Butterworth & Co. Ltd.，1956），p. 270。

亦难以构成拘束后来司法审判的先例。当然，这并不排除少数的法律人在熟读所有《年鉴》的基础上灵活地引用判例（比如柯克法官本人），但这对大多数人而言只能是一种例外，仍然无法制度化地回应社会对法律确定性的常规性要求。柯克显然也意识到了《年鉴》的上述弊端，因此，尽管他反对全盘继受罗马法学的主张，但也并不打算恢复已中断半个多世纪的《年鉴》编纂，而是在重新整理既有《年鉴》的基础上，通过增添新的判例和使用更为现代的方法，着手制定一种全新的判例汇编——《判例报告》。① 依据私人编纂报告的习惯，这部《判例报告》被称为《柯克报告》（Coke's Report）。

其次，是对于《论土地保有》等经典法学教科书的改造。在普通法的经典著作中，柯克最为欣赏与推崇的显然是利特尔顿的《论土地保有》；② 而直接促使柯克选择对这部作品进行重新评注的原因，同样来自罗马法学的挑战。当时，法国的罗马法学家贺特曼就曾指责《论土地保有》一书是"完全混乱无序与愚蠢可笑的著作"。③ 对此，柯克在《报告》的序言中作出了激烈的回应，他"坚决反对一切对于《论土地保有》的指责，坚信这部完美作品中不可能含有任何的错误"，并认为"由民法学者来撰写英格兰普通法将是极端危险的选择"。④

当然，由于论战的激烈，柯克的言辞不免言过其实。至少在 17 世纪初的英国，《论土地保有》一书也已经呈现了许多落后于时代的迹象：一方面，该书从内容上看，主要局限于封建土地保有制度，对许多内容的论述也与时代脱节；另一方面，该书缺乏必要的引注，也几乎没有援引判例，"法学知识完全建立在学说的基础上，而缺乏统一的权威"。⑤ 事实上，柯

---

① 实际上，在柯克之前已经出现了这种由私人编纂的判例集。比如最早的一部私人判例报告《戴尔报告》（Dyer's Reports）就编纂于 1537 年，这一时期著名的《报告》还有两卷本的《普洛登报告》（Plowden's Reports，1550 – 1580）。但这一阶段的报告在编纂的技术上尚不成熟，也很少被作为先例引用。

② 柯克赞誉其为"普通法的荣誉，是迄今为止人文学科领域中最完善、最纯粹的一部作品"。参见 Sir Edward Coke, *Institutes of the Laws of England*, Vol. 1, in Sheppard Steveeds, *The Selected Writings and Speeches of Sir Edward Coke*, Vol. 2 (Liberty Fund, 2003), p. 584。

③ Sir Edward Coke, *Part Ten of the Reports*, in Sheppard Steveeds, *The Selected Writings and Speeches of Sir Edward Coke*, Vol. 1 (Liberty Fund, 2003), p. 340.

④ Sir Edward Coke, *Part Ten of the Reports*, in Sheppard Steveeds, *The Selected Writings and Speeches of Sir Edward Coke*, Vol. 1 (Liberty Fund, 2003), p. 341.

⑤ J. H. Baker, "English Law and the Renaissance", *Cambridge Law Journal*, 44 (1), March 1985, pp. 46 – 61.

克本人对于这些缺陷也并非"视而不见"；他此后的行为也表明，他同样认为有必要对普通法进行重新撰写。只是与贺特曼的彻底否定不同，他决定通过增添新的注释的方法进一步完善这部伟大的作品，并同时对《大宪章》等古代制定法以及犯罪刑罚与法院管辖等内容进行全面的评述，以撰写出一部更为完整的、也更适合 17 世纪的学习者阅读的普通法教科书——《英国法总论》。这同样是一部《法学阶梯》，却完全是英国式的；除书名之外，几乎再也看不到来自罗马法学的影响。

总之，英国中世纪以来的法学形态，无论是"判例集"还是"教科书"，在 16 世纪的历史条件下，都遭遇了前所未有的危机。"即便英国法并不存在被罗马法完全取代的危险，但也不能否认，英国传统的普通法法学正处于一个为'罗马化'的版本所取代的危险之中。"① 在这一紧要关头，是柯克爵士以"老田生新谷"的方式，对中世纪以来的英国法学进行了新的改造，从而维系了普通法的法学传统，将古老的普通法法学带入了近代。

二 英国法学的近代性萌芽——对《报告》与《总论》的文本解读

在接下来的论述中，笔者将分别从"法学观"、"部门法学"与"法学形态"三个方面入手，在重新解析与诠释《报告》与《总论》的文本细节的基础上，② 具体地揭示柯克著作中所蕴含的英国法学"近代性"的萌芽，以及柯克爵士对于英国法学近代化所作出的开创性贡献。

（一）"技艺理性"与近代法学观

法学近代化的首要标志是"形成近代资产阶级的法学世界观"。③ 尽管在柯克的著作中，我们还看不到"天赋人权""三权分立"等近代法学观

---

① Richard Helgerson, "Writing the Law", in *Law*, *Liberty*, *and Parliament*, *Selected Essays on the Writings of Sir Edward Coke*, edited by Allen D. Boyer（Liberty Fund, 2004）, p. 32.

② 当然，由于《报告》与《总论》的卷帙浩繁，且包含大量的法律法语与拉丁语，历史上也存在多个版本，笔者此处使用的版本参见 Sheppard Steveeds, *The Selected Writings and Speeches of Sir Edward Coke*（Liberty Fund, 2003）。

③ 何勤华：《法学近代化考论》，载何勤华《法律文化史谭》，商务印书馆，2006，第 288 ~ 289 页。

的经典表述，但其中许多核心理念已经包含在柯克著作的文字之中，尤其是柯克在其著作中作出系统阐述的"技艺理性"学说，最为集中地体现了柯克法学观中的近代性因素。

正如美国学者斯托纳所指出的，"在柯克对于法律的理解之中，最为重要的原则是他坚持法律等于理性"。① 尽管利特尔顿在《论土地保有》中也曾多次提及"理性"一词，但始终未能对法律与理性的关系作出明确的说明，只是笼统地认为法律不可"有悖理性"。在《总论》的评注中，柯克继承了这一思想，并对于"理性"概念作了进一步的阐释。

比如，在《论土地保有》第80节中，利特尔顿指出，对于地方的习惯，"只要不有悖理性，就完全可以承认和允许"。对于这里所谓的"有悖理性"，柯克在注释中写道：

> 这不能被理解为没有学识的常人的理性，而是由法律的权威所保证的技艺理性和法律的理性：法律乃是最高级的理性。②

在随后的第138节中，柯克又进一步对"技艺理性"的观点作出了更为全面与深入的阐释：

> 理性乃是法律的生命，因而普通法无非就是理性而已，它可以被理解为通过长期的研究、深思和经验而实现的理性之技艺性的完美成就，而不是普通人的天生的理性，因为没有人一生下来就技艺娴熟，这种法律理性乃是最高的理性，因而即使分散在如此众多的头脑中的全部理性都集中于一人头脑中，也不可能造出像英国法这样的一套法律，因为通过很多代人的实践，英国法才由无数伟大的、博学的人予以完善和细化，借助于漫长的历史，才成长得对治理本王国而言是如此完美，就像古老的规则可以公正地证明的：没有人会比普通法更有智慧，因为法律乃是理性之圆满状态。③

---

① 〔美〕小詹姆斯·R. 斯托纳：《普通法与自由主义理论——柯克、霍布斯及美国宪政主义之诸源头》，姚中秋译，北京大学出版社，2005，第35页。

② Sir Edward Coke, *Institutes of the Laws of England*, Vol. 1, in Sheppard Steveeds, *The Selected Writings and Speeches of Sir Edward Coke*, Vol. 2（Liberty Fund, 2003），p. 684.

③ Sir Edward Coke, *Institutes of the Laws of England*, Vol. 1, in Sheppard Steveeds, *The Selected Writings and Speeches of Sir Edward Coke*, Vol. 2（Liberty Fund, 2003），p. 710.

在这里，柯克指出了"技艺理性"与传统的法律理性之间的区别。在源自古希腊与古罗马的法律观念中，法律是具有理性的；但这种"理性"更多的是一种"常人理性"，是任何人固有的"自然理性"。① 与之相反的是，在柯克看来，真正的法律理性只能是具有权威保障的"技艺理性"；它是一种高于"常人理性"的理性，而法律也必然是这种"最高级的理性"的反映。② 与"常人理性"的与生俱来不同，"技艺理性"是"通过长期的研究、深思与经验"与"很多代人的实践"才得以形成的，是历代法律研究与实践中的经验与智慧的沉淀。换言之，"柯克所诉诸的理性，并不是一种理论天赋，而是一种实践能力"；③ 它不是一种"常人的理性"，而是一种"法律人的理性"，更准确地说，是一种"法官的理性"。

对于柯克的"技艺理性"学说，尽管许多学者曾提出不同的反对与批评，甚至被认为是法律职业阶层对于既得利益的一种维护与保守；但事实上，这一理论的提出又并非源于历史或传统，而更多地来自对近代英国社会转型的语境化回应，来自柯克从近代性的视角对于英国的政治与法律问题进行的重新审视与思考，因而同样是一种具有近代色彩的法学世界观。正是"技艺理性"的学说，首次明确阐述了普通法所具有的高度的内在理性，从而有效地回应了近代社会对法律确定性的需求。④ 同时，这一观念也蕴含了对于近代王权扩张的限制，并暗示了近代司法独立得以成立的理论基础。⑤ 总之，"技艺理

---

① John Lewis, "Sir Edward Coke (1552 – 1634): His Theory of Artificial Reason as a Context for Modern Basic Legal Theory", in *Law*, *Liberty*, *and Parliament*, *Selected Essays on the Writings of Sir Edward Coke*, edited by Allen D. Boyer (Liberty Fund, 2004), p. 113.

② John Lewis, "Sir Edward Coke (1552 – 1634): His Theory of Artificial Reason as a Context for Modern Basic Legal Theory", in *Law*, *Liberty*, *and Parliament*, *Selected Essays on the Writings of Sir Edward Coke*, edited by Allen D. Boyer (Liberty Fund, 2004), p. 108.

③ 〔美〕小詹姆斯·R. 斯托纳：《普通法与自由主义理论——柯克、霍布斯及美国宪政主义之诸源头》，姚中秋译，北京大学出版社，2005，第36页。

④ 与罗马法学将法律的确定性等同于形式逻辑不同，柯克将历史的"一贯性"看作对法律确定性更为根本的规定。法律乃是法官们多少年来的一贯行动，而绝非立法者一时的恣意之举。参见李猛《除魔的世界与禁欲者的守护神：韦伯社会理论中的"英国法"问题》，载李猛编《韦伯：法律与价值》，上海人民出版社，2001，第163~176页。

⑤ 正如希尔（Christopher Hill）所指出的："技艺理性的学说为16世纪末的英国提供了这样一种技术，它使得历史上的判例对当下具有拘束力，也使得普通法得以成为一个统一的整体。柯克运用它重新锻造了普通法，使其成为更为坚固、具有内在一致性的法律，从而可以充当起对抗国王特权的强大武器。"参见 Christopher Hill, *Intellectual Origin of the English Revolution* (Clarendon Press, 1997), p. 22。

性"学说所试图解决的问题及其所依凭的立场都完全是近代的，"它力图以此改造中世纪以来的英国法，以适应那个正在形成中的新社会的需求"。①

（二）"部门法学" 的近代因素

除法学观之外，法学近代化的另一个重要标志是"形成了门类齐全、系统发达的各个部门法学"。② 在柯克的时代，尽管尚未出现严格的"部门法学"，但各领域的法学分支已经大体形成；而《报告》与《总论》对于许多具体问题的论述，在事实上也开启了各"部门法学"的近代性改造，为整个法律体系的近代化奠定了基础。

首先，是对于英国土地法的近代化改造。自中世纪以来，土地法一直处于英国普通法的核心领域，整个普通法的体系都是围绕土地权益而展开的。如前所述，利特尔顿的《论土地保有》即是对这一理论体系的总结，而柯克对于英国法学的近代化改造也同样是从土地法领域入手的，集中体现于《总论》第一卷，即对《论土地保有》一书的评注之中。从结构上看，《柯克评注利特尔顿》完全承袭了中世纪的封建土地法体系，但就其评注的内容而言，柯克却"把重点放在非封建性的产权形态上，比如公簿地产保有权、完全保有地产权"等。③ 即使是对于一些古老的封建保有，柯克也将更多的笔墨用于描述这些制度在近代以来的变迁。

比如，在英国的封建土地保有中，并不存在严格的所有权概念，但已经出现了最为接近于所有权的非限定继承地产权。在《论土地保有》中，尽管利特尔顿已经对非限定继承地产权作出了论述，但对于该保有权人自由买卖与处置的权利仍较少涉及。④ 而柯克对于"非限定继承地产权"的评注，不仅在篇幅上数十倍于利特尔顿，且着重对于涉及保有人处置权能的词句进行了详尽的阐述。⑤ 如在"购买土地"的词条之下，柯克即全面

---

① Sir William Holdsworth, *Sources and Literature of English Law*（Oxford University Press，1925），p. 140.

② 何勤华：《法学近代化考论》，载何勤华《法律文化史谭》，商务印书馆，2006，第291页。

③ 〔美〕小詹姆斯·R. 斯托纳：《普通法与自由主义理论——柯克、霍布斯及美国宪政主义之诸源头》，姚中秋译，北京大学出版社，2005，第32页。

④ 参见 Sir William Holdsworth，*A History of English Law*，Vol. 2（Methuen Co. Ltd. and Sweet Maxwell Ltd.，1945），p. 574。

⑤ 参见 Sir Edward Coke，*Institutes of the Laws of England*，Vol. 1，in Sheppard Steveeds，*The Selected Writings and Speeches of Sir Edward Coke*，Vol. 2（Liberty Fund，2003），pp. 591 – 643。

论及了在诸如外国人、异教徒、维兰等不同保有人在买卖非限定土地的过程中所适用的规则，并引用了伊丽莎白时期的判例，以说明土地买卖规则在16世纪所发生的变化。① 又如，在对"土地授予与赠与"这一词条的评注中，柯克较利特尔顿更为详尽地阐明了非限定继承土地保有人对其土地按照本人意愿自由转让和赠与的权利，并援引16世纪的"林肯学院案"（Linconinn's Case）和"博拉斯顿案"（Borastons Case）对其中的规则进行了新的诠释。②

再如，英国土地制度的近代变迁还伴随着农奴身份的逐渐放松，最初的维兰保有权逐渐转变为公簿地产保有权。相比前者而言，公簿持有人享有更多的自由；但他们在性质上仍然属于不自由土地保有，并长期被排除在普通法的管辖之外，因而往往容易导致权益上的纠纷。③ 因此，如何保护公簿持有农的权利，成为近代英国土地法中所面临的主要问题。对此，柯克明确地指出，"公簿持有农应当具有稳固的地位，普通法应提供有利于他们的救济方法"。④ 同时，在"法律和国王令状"等词条的评注中，柯克还详细地论证了普通法对公簿持有农实施管辖的理由、情形及其所适用的令状。⑤ 尽管这样一种保护并没有从根本上改变公簿持有保有权的性质，却在很大程度上适应了近代英国农业资本主义发展的需求，也为公簿持有农在法律上最终向自由持有农的转变奠定了基础。⑥

除《总论》之外，柯克在《报告》中的许多判例也涉及了对于土地法的近代化改造，其中最为突出的是"谢利案"（Shelley's Case）报告中确立的"谢利案规则"。在该案中，亨利·谢利与他的叔叔理查德·谢利就其

---

① 参见 Sir Edward Coke, *Institutes of the Laws of England*, Vol. 1, in Sheppard Steveeds, *The Selected Writings and Speeches of Sir Edward Coke*, Vol. 2（Liberty Fund, 2003），pp. 596 – 604。

② 参见 Sir Edward Coke, *Institutes of the Laws of England*, Vol. 1, in Sheppard Steveeds, *The Selected Writings and Speeches of Sir Edward Coke*, Vol. 2（Liberty Fund, 2003），pp. 596 – 604。

③ "这就使得公簿持有农的地位具有两重性，它有受法律保护的一面，另一方面，又隐藏着某种不确定性，公簿持有农的使用权和继承权极易产生争议。"沈汉：《英国土地制度史》，学林出版社，2005，第102页。

④ Sir Edward Coke, *The Comple at Copyholder*, in Sheppard Steveeds, *The Selected Writings and Speeches of Sir Edward Coke*, Vol. 2（Liberty Fund, 2003），p. 564.

⑤ Sir Edward Coke, *Institutes of the Laws of England*, Vol. 1, in Sheppard Steveeds, *The Selected Writings and Speeches of Sir Edward Coke*, Vol. 2（Liberty Fund, 2003），pp. 712 – 723.

⑥ 关于公簿持有农的法律地位的变迁，参见沈汉《英国土地制度史》，学林出版社，2005，第96~104页。

祖父爱德华·谢利遗留的土地权益产生了纠纷，其分歧主要集中于爱德华在遗嘱中将土地转让给"他本人及他的男性继承人"的意义之上。最终，在柯克的辩护下，亨利赢得了这场诉讼，"遗赠与转让协议书中的限定性词语获得了直接对抗违反赠与人与出让人意图的行为的效力"。① 这一结果在事实上承认了土地保有人的意志在土地流转中的权利，使地产权的权能越来越倾向于"非限嗣继承地产权"。在随后的"判例报告"中，柯克进一步将该案隐含的规则表述如下：

> 如果在一次地产权授予中，A 被授予完全保有地产权，并由其继承人享有剩余地产权，则剩余地产权应属于 A 所指定的人享有，而不是其继承人，因此 A 在实际上享有绝对的非限嗣继承地产权。②

这一规则此后即被视为英美财产法上具有里程碑意义的"谢利案规则"。尽管该规则在柯克之前就已经存在，但"柯克在《报告》中的详细论述与精确阐释使得这一规则被 17 世纪的英国法院正式接受为一个具有拘束力的规则，它实际上表达出了当时的英格兰法院有意将对土地流转的限制减小到最低限度的努力"，③ "这在很大程度上构成了英国中世纪财产法向近代财产法演进的关键环节"。④

其次，在宪法学领域，柯克的贡献集中体现在对《大宪章》的评注之上。1215 年的《大宪章》是英国历史上的重要文件，它明确限制了国王的特权，并对贵族的自由权利作了清晰的规定，长期以来被视作英国宪法的源头。但在中世纪，《大宪章》真正发挥效力的时间只持续了 100 余年，此后就"陷入无人问津的湮没之境"。⑤ 直到 17 世纪，为了对抗日益强大

---

① John Hostettler, *Sir Edward Coke*: *A Force for Freedom* (Barry Rose Law Publishers Ltd., 1997), p. 8.

② Sir Edward Coke, *Part One of the Reports*, in Sheppard Steveeds, *The Selected Writings and Speeches of Sir Edward Coke*, Vol. 2 (Liberty Fund, 2003), p. 19.

③ Sir Edward Coke, *Part One of the Reports*, in Sheppard Steveeds, *The Selected Writings and Speeches of Sir Edward Coke*, Vol. 2 (Liberty Fund, 2003), p. 7.

④ John Hostettler, *Sir Edward Coke*: *A Force for Freedom* (Barry Rose Law Publishers Ltd., 1997), p. 8.

⑤ 〔美〕爱德华·S. 考文：《美国宪法的"高级法"背景》，强世功译，三联书店，1996，第 28~29 页。

的绝对主义，《大宪章》才再度进入人们的视野，这就是被波科克（Pocock）称为"古代宪法复兴"的运动。① "而这场复兴在很大程度上又应归功于柯克爵士"，② 归功于柯克在《总论》中对于《大宪章》的重新评注。

当然，柯克之所以花费了大量的篇幅用于《大宪章》的评注，其目的又并非仅仅是恢复人们对于古老宪法的关注，同时还试图将其适用范围从原有的封建贵族扩展至全体英国人民。正如柯克在序言中写道："它之所以被称为《大宪章》，并不是由于它的篇幅巨大，而是由于它的内容至关重要且范围广泛，它是整个王国所有的居民的基本权利的源泉。"③

比如，《大宪章》中著名的第29条是对"自由民"的人身自由权利的列举与规定，柯克在对于"任何自由民"这一概念进行评注时，即作出了明确的扩张解释，将妇女也纳入《大宪章》的保护范围之内；并在一定程度上对农奴提供了类似的保护，认为"这里的自由民还延伸至维兰（农奴），因为除了相对于他们的领主，他们对于任何人都是自由的"。④ 这一规定显然也与中世纪后期农奴制瓦解的趋势相适应。

又如，《大宪章》中的"自由权与自由习俗"，原本的含义主要是指个人不受非法扣押、逮捕与剥夺财产的自由。但随着近代商品经济的兴起，英国公民对自由权利的追求也不再仅仅局限于人身或财产的领域，他们同时希冀打破都铎王朝以来的商品专卖权制度，以获得自由贸易的权利。因此，柯克在对"自由权与自由习俗"的评注中，又明确地指出，"所有的专卖垄断行为都是与《大宪章》相违背的，因为它们违反了臣民的自由权利，违反了本土的法律"。⑤ 总之，经过柯克的努力，几近湮没的《大宪章》逐渐恢复了往日的地位，并获得了全新的近代性含义。正如谢泼德所

---

① J. G. A, Pocock, *The Ancient Constitution and the Feudal Law: A Study of English Historical Thought in the Seventeenth Century* (Cambridge University Press, 1987).

② 〔美〕爱德华·S. 考文：《美国宪法的"高级法"背景》，强世功译，三联书店，1996，第25页。

③ Sir Edward Coke, *Institutes of the Laws of England*, Vol. 2, in Sheppard Steveeds, *The Selected Writings and Speeches of Sir Edward Coke*, Vol. 2, (Liberty Fund, 2003), p. 720.

④ Sir Edward Coke, *Institutes of the Laws of England*, Vol. 2, in Sheppard Steveeds, *The Selected Writings and Speeches of Sir Edward Coke*, Vol. 2, (Liberty Fund, 2003), p. 746.

⑤ Sir Edward Coke, *Institutes of the Laws of England*, Vol. 2, in Sheppard Steveeds, *The Selected Writings and Speeches of Sir Edward Coke*, Vol. 2, (Liberty Fund, 2003), p. 746.

指出的："这些评注在此后的三百年中几乎成为人们对《大宪章》之含义的最基本与最权威的理解。"①

再次，柯克的贡献还体现在诸如契约法等较为晚近的法学分支中。尽管作为普通法的学者，柯克本人并未对契约法学作过专门的研究，甚至严格意义的契约法学乃是在柯克之后才最终发展起来的。但这并不意味着柯克对契约法学知之甚少，实际上，由于柯克本人作为律师与法官的实践经历，使得他本人亲身参与了许多有关契约的案件审理，在他的《报告》中亦记录了数个与之相关的案件，而其中对后世影响最为深远的，是第四卷《报告》中记录的"史莱德案件"（Slade's Case）。正如密尔松（Milsom）教授所指出的："在英国契约法发展的历史上，没有哪一个案件像史莱德案一样引起人们如此广泛的讨论。"②

在进入柯克对史莱德案的讨论之前，有必要简单回顾一下英美契约法的早期历史。最初，英国的契约法来自普通法中的各种复杂的诉讼形式。其中，早期的契约案件主要是通过对人诉讼，尤其是专约之诉和清偿债务之诉来审理的，但这些诉讼令状具有明显的弊端：一方面，它们往往有赖于盖印书面的形式主义；另一方面，它们只局限于实际履行之后的契约，而对于待履行的合同则难以提供救济。③ 针对专约之诉与清偿债务之诉的不足，普通法开始寻求更好的办法加以解决。后来，普通法法律人开始尝试用侵权法中的侵害赔偿之诉对契约诉讼提供救济，并从中逐渐发展出违约赔偿之诉这样一种新型的诉讼形式。最早的违约赔偿之诉出现于 1348 年的"洪伯摆渡案"（Case of the Humber Ferryman）。④

但需要指出的是，该案的违约赔偿之诉在很大程度上仍然属于侵权性质的诉讼，而要使违约赔偿之诉成为一种成熟而统一的契约诉讼模式，还

---

① Sir Edward Coke, *Institutes of the Laws of England*, Vol. 2, in Sheppard Steveeds, *The Selected Writings and Speeches of Sir Edward Coke*, Vol. 2 (Liberty Fund, 2003), p. 745.

② 〔英〕S. F. C. 密尔松：《普通法的历史基础》，李显冬等译，中国大百科全书出版社，1999，第 395 页。

③ 参见 A. W. Simpson, *A History of the Common Law of Contract: The Rise of Action of Assumpsit* (Clarendon Press, 1975), pp. 17 – 18.

④ 参见杨桢《英美契约法论》，北京大学出版社，2003，第 279～280 页；刘承韪《英美法对价原则研究：解读英美合同法王国中的"理论与规则之王"》，法律出版社，2006，第 60 页。

需要使清偿债务之诉的情形被完全纳入违约赔偿之诉的范围中，即"使一定金额的债务与一般损害的赔偿金额均可在违约赔偿之诉中获得救济"，①而这一工作即是在柯克《报告》所讨论的"史莱德案"中完成的。依据柯克的记录，该案的案情大体如下：原告约翰·史莱德（John Slade）应被告莫利（Morley）的特定要求，经过讨价还价把一定数量的尚未收获的粮食卖给了被告，同时被告承诺在约定的日期付给原告货款。但是，被告蓄意欺诈原告，没有履行付款义务，并使原告遭受了损失。对于原告要求损害赔偿的主张，被告答辩称他没有赔偿的义务。法院的特别裁定说明，被告确实曾经承诺购买粮食，但除了前述交易之外，他并没有作出其他承诺或者承担其他义务。所以，如果法庭认定原告所指控的责任，那么陪审团就会作出对原告有利的判决，要求被告支付相应的损害赔偿。②

　　鉴于该案的复杂与重大，与谢利案一样，该案被王座法院提交至由所有英格兰大法官共同参与的财政署内室法庭审理。"在那儿，当时身为总检察长的柯克支持原告，而培根爵士则支持被告的主张，最终，原告的请求，即以违约赔偿之诉取代清偿债务之诉的主张就获得了胜利，并且通过违约赔偿之诉，原告不仅得以补偿损失，还可以恢复原始债务。"③ 依据柯克在《报告》中的分析，该判决的实质，是使得给付之承诺可以被推定而构成违约赔偿之诉，即任何待履行的有效契约，推定含有给付之承诺在内。换言之，一方当事人一旦同意支付钱款或运送货物，就表示其承诺有支付或运送的责任，如果拒不履行，对方即可以提起违约赔偿之诉，以救济契约不履行的情形，④ 从而使得违约赔偿之诉逐渐突破了其与清偿债务之诉的传统边界。⑤ 也正是在这个意义上，一般性的契约上的诉讼形式开

---

① 杨桢：《英美契约法论》，北京大学出版社，2003，第280页。
② 参见 Sir Edward Coke, *Part Eight of the Reports*, in Sheppard Steveeds, *The Selected Writings and Speeches of Sir Edward Coke*, Vol. 2（Liberty Fund, 2003），pp. 116 – 124。另参见刘承韪《英美法对价原则研究：解读英美合同法王国中的"理论与规则之王"》，法律出版社，2006，第71页。
③ T. F. T. Plucknett, *A Concise History of the Common Law*, 5th ed.（Butterworth & Co. Ltd., 1956），pp. 645 – 646.
④ 杨桢：《英美契约法论》，北京大学出版社，2003，第281页。
⑤ 参见 A. W. Simpson, *A History of the Common Law of Contract：The Rise of Action of Assumpsit*（Clarendon Press, 1975），p. 301。

始形成，史莱德案亦成为"现代契约法之滥觞"。① 尽管围绕该案的事实与审判，英美学界直至今天依然存在着广泛的争论，但不可否认的是，该案在英美契约法历史上具有划时代的意义，它标志着违约赔偿之诉的成熟与英美现代契约法历程的开端。

最后，除上述三个方面之外，柯克的著作对于普通法中的刑事法、程序法等其他分支法学的内容也都作了较为全面的阐述，甚至原本处于普通法领域之外的商人法也同样被纳入了柯克的论题之中，并较多地反映了这些领域在近代的发展与衍化。比如，柯克的评注中多处涉及了英国刑法学中的基本概念，如重罪（392a）、过失（246a）、胁迫（253a）等。以"重罪"一条为例，柯克在随后的评注中，其一，从历史的角度分析了"重罪"与"叛国罪"之间的关系，描述了叛国罪逐渐从重罪中分离出来的趋势与过程。其二，柯克还对罗马法上的重罪作了简要的论述，指出了普通法的重罪与民法上的重罪在范围以及是否使用陪审团等程序上的差别。其三，柯克还援引了亨利八世第28年颁布的有关重罪的制定法，并对该法令对重罪赦免的影响及其在伊丽莎白时期的实施情况作了分析。②

又如，对于陪审团、诉讼程式、英国海外诉讼等程序法学的内容，柯克同样在《总论》中有许多论述。在柯克看来，程序法学是英国法学的核心，也是使土地财产法中的权益规定能够实现的重要保障。以"陪审团"为例，利特尔顿在《论土地保有》第366节《论附条件地产权》中出现了"12人的裁决"，柯克在其后的评论中对陪审团与法官的职能作了很好的区分：

> Verdict 是对事实的判断，而 judgement 是对法律的判断。也就是说，法律的问题不是由陪审团而是由法官来回答的，而事实的判断则不由法官而由陪审团作出。因为陪审团审判的是事实，而法官则应当在这些事实的基础上对法律问题作出裁决。因为法律起源于事实。③

---

① 杨桢：《英美契约法论》，北京大学出版社，2003，第281页。
② 参见 Sir Edward Coke, *Institutes of the Laws of England*, Vol. 1 (Hargrave, 1975 – 1978), 392a。
③ Sir Edward Coke, *Institutes of the Laws of England*, Vol. 2, in Sheppard Steveeds, *The Selected Writings and Speeches of Sir Edward Coke*, Vol. 2 (Liberty Fund, 2003), pp. 725 – 756.

随后，柯克还对"verdict"的两种形式及"一般裁决"与"特殊裁决"展开了充分的论述。从英国程序法学发展的历史上来看，陪审团与法官在诉讼过程中的分工是长期混杂不清的。正如贝克所指出的，"直到16世纪以后，英国的法官才越来越倾向于在案件中作出确定的法律判决"。[①]因此，柯克的这一论述无疑是对英国诉讼法学的最新发展的总结，也构成了英国近代程序法得以展开的基础。

此外，尤其值得一提的是，柯克在《总论》中还对于近代商法进行了论述。与土地法、刑法或程序法等领域不同，商人法在近代之前始终独立于普通法的发展。因此，商法学的内容在过去一直属于罗马法学或衡平法学涉及的领域，柯克之前的传统普通法著述也几乎不包含商法学的知识。直到17世纪初，随着近代工商业在英国的发展，在普通法内部才出现了将商人法吸收到普通法中来的声音，而柯克正是这一主张的最初倡导者。比如，他本人在1600年就曾宣布商人法为普通法的一部分，要求"普通法律师和普通法法庭从此以后要为商人利益服务"。[②]反映在其个人的著作上，柯克也努力将对商法的研究纳入普通法法学的体系之中，为此，他在《总论》评注中的许多章节都论述了当时的普通法学者所不熟悉的商法知识，如第172a、182a、250a等。

例如，在对"Corpspolitique"的评注中，柯克对英国法律中新出现的"公司"这一术语进行了解析，指出"这是一种依据政策构成的实施特定功能的集合体，在利特尔顿的时代被视为一种政治集合体，如今也可以被称为公司。它是由多人组成的一个集合体，可以从事各种交易，包括商业贸易。它主要可以通过三种形式创立，即国王法令、特许状或议会法案"。[③]之后，柯克还对公司的世俗性质，及其在罗马民法学中的状况作了说明。虽然柯克对于商法的这些论述较之当时罗马法学学者的作品还是比较简单与不系统的，但在普通法法学的内部迈出了具有近代性的第一步。

（三）法学形态的近代特征

柯克对于近代化的贡献，并不局限于法学观与部门法学等内容性要

---

① J. H. Baker, "English Lawand the Renaissance", *Cambridge Law Journal*, 44 (1), March 1985, p. 59.
② 〔美〕泰格、利维：《法律与资本主义的兴起》，纪琨译，学林出版社，1996，第209页。
③ Sir Edward Coke, *Institutes of the Laws of England*, Vol. 1 (Hargrave, 1975 – 1978), 172a.

素；从形式性的角度来看，柯克的著作还同时开启了注释法学与判例法学这两种具体法学形态的近代转型。

首先，是注释法学的发展。"作为一种学术形态，法学的重要构成要素是法律注释学。""近代法律注释学逐渐从神学和经学的体系中解放了出来，并具有了规范化、技术化和科学化的特征，这也是法学近代化的一个重要标志。"① 而柯克的著作，尤其是《总论》一书，即集中体现了英国注释法学的近代转型，在注释技术与引证规范上都呈现新的特征。

一方面是注释方法的技术化与多样化。以《总论》第一卷为例，柯克对于《论土地保有》的注释并没有拘泥于单纯的词义阐释，而是从更为广阔的视野出发，对于概念或术语的实践形态、具体事例与历史沿革，都作出了精细而全面的解说。比如，对于"Feesimple"（非限定继承权），利特尔顿的论述并没有涉及它们在实际法律生活中的类型，而柯克明确指出了Feesimple 在历史上存在的类别，并具体指出了这些不同类型的 Feesimple 分散在《论土地保有》中的章节位置。② 依据继承人的客体不同，柯克又进一步将 Feesimple 区分为地产、身份和混合三种。在解说"人身继承"与"混合继承"时，柯克具体引述了爱德华一世与亨利三世颁发的令状，以此说明除土地之外，司法管辖权等人身权利以及混合权利同样可以成为继承的对象。③ 这些具体事例的援引，在利特尔顿的作品中都是不多见的。又如，利特尔顿在《论土地保有》第 108 节对"Knight's Service"（服役土地保有）的论述中提到了著名的《大宪章》，在随后的注释中，柯克亦对《大宪章》的制定及历代颁行的情形作了简要的梳理回顾。④

另一方面是在注释规范上，柯克著作中出现了与现代学术规范相近的"引注"。仍以《总论》第一卷为例，在柯克的评注过程中，旁征博引，引用了英国中世纪法学史上几乎所有的经典作品，对于古代法学家在相关问

---

① 何勤华：《法学近代化考论》，载何勤华《法律文化史谭》，商务印书馆，2006，第290页。

② Sir Edward Coke, *Institutes of the Laws of England*, Vol. 2, in Sheppard Steveeds, *The Selected Writings and Speeches of Sir Edward Coke*, Vol. 2（Liberty Fund, 2003），p. 593.

③ Sir Edward Coke, *Institutes of the Laws of England*, Vol. 2, in Sheppard Steveeds, *The Selected Writings and Speeches of Sir Edward Coke*, Vol. 2（Liberty Fund, 2003），p. 594.

④ Sir Edward Coke, *Institutes of the Laws of England*, Vol. 2, in Sheppard Steveeds, *The Selected Writings and Speeches of Sir Edward Coke*, Vol. 2（Liberty Fund, 2003），p. 696.

题上曾经作出的论述都在旁注中作了精确的注释。而相比之下，在利特尔顿的《论土地保有》中，却绝少提及历史上的经典著作。① 而一旦进入柯克的评注部分，古代著名法学家与作品的名称几乎密密麻麻地占据了大部分的旁注。其中，既有我们熟悉的经典作品，如格兰维尔、布拉克顿、福特斯库等，也有一些后世较少引用的作品，如 1285 年的《司法之镜》(*Mirror of Jutices*)、1290 年的《布利顿法律汇编》(*Britton*) 以及《弗莱塔英格兰法律摘要》(*Fleta seu Gomm en tarius Iuris Anglicani*)② 等。此外，诸如卡姆登的《不列颠志》③ 等法学之外的作品，也经常出现在柯克评注的注释中。

对于这些古代作品，柯克往往是在评述某一具体制度时，将它们之中对此问题作出论述的章节或页码附于旁注中；有时，在一个旁注中引用的书籍就多达五六部。比如，柯克在对"长子继承"这一问题作出解释时，即在旁注中指出，在"《布利顿》第 119 章、《布拉克顿》第 2 章、《弗莱塔》第 6 章、《格兰维尔》第 7 章、《司法之镜》第 1 章第 3 节"，④ 古代作家亦对此问题作出过相关的论述。这样一种规范性引注的出现，使得柯克著作中的大多数论题都获得了细致的学术史梳理，也使读者得以追寻普通法制度在历史中的连续与变迁。从近代化的视角来看，这样一种对既有文献的规范引证，也同样构成了近代学术的重要标志之一。

其次，更重要的是判例法学的近代转型。与罗马法学以法典注释学为主要形态不同，普通法法学的主要形态是判例法学。⑤ 面对来自罗马法学

① 比如，柯克在第 96 节《随军出征役》中曾对利特尔顿引用爱德华三世时期的 H. Gray 一书评论道："这大概是我们的作者所引用的第一部书籍"。参见 Sir Edward Coke, *Institutes of the Laws of England*, Vol. 2, in Sheppard Steveeds, *The Selected Writings and Speeches of Sir Edward Coke*, Vol. 2 (Liberty Fund, 2003), p. 685。

② 参见 Sir Edward Coke, *Institutes of the Laws of England*, Vol. 2, in Sheppard Steveeds, *The Selected Writings and Speeches of Sir Edward Coke*, Vol. 2 (Liberty Fund, 2003), pp. 591 – 592。

③ 参见 Sir Edward Coke, *Institutes of the Laws of England*, Vol. 2, in Sheppard Steveeds, *The Selected Writings and Speeches of Sir Edward Coke*, Vol. 2 (Liberty Fund, 2003), p. 611。

④ Sir Edward Coke, *Institutes of the Laws of England*, Vol. 2, in Sheppard Steveeds, *The Selected Writings and Speeches of Sir Edward Coke*, Vol. 2 (Liberty Fund, 2003), p. 660.

⑤ 尽管严格意义上的"判例法"的形成是 19 世纪以后的事情，但以判例为主要研究对象的"判例法学"早在英国法学诞生之初就已经产生了，其代表即 13 世纪以来《年鉴》的撰写。参见毛国权《英国法中先例原则的发展》，载《北大法律评论》第 1 卷第 1 辑，法律出版社，1998，第 31 ~ 64 页。

的挑战，柯克的著作在推进英国注释法学发展的同时，也在很大程度上实现了英国判例法学的近代转型。

一方面，《报告》的撰写以及对于判例编纂技术的改造使英国的判例法学进入了"一个新的纪元"。① 较之中世纪的《年鉴》和早期的一些私人报告，《报告》在具体判例的撰写上表现出两点实质性的不同：一是柯克对判例的记录更为关注判决及其理由，而非审理的程序或辩论的技巧；二是在这些具体的判决以及对判决的评论中，较多地使用了判例的引证。

以著名的"邦汉姆医生案"（Dr. Bonham's Case）为例。在柯克的报告中，对于案情及庭审过程的描述，不到全篇的 1/3；其大部分的篇幅是柯克法官对于判决理由的分析与论证。比如，为了证明伦敦医师行会监禁邦汉姆的行为是错误的，柯克法官将他的论证分为两步：（1）检察员不拥有监禁邦汉姆的权力；（2）即使医师行会拥有监禁权，也并没有正确地行使。② 随后，围绕这两个论点，柯克在《报告》中又分别论述了 5 点和 6 点理由，展开了环环相扣的论证。因此，仅就论证过程的严密而言，柯克的报告已经与我们今天的《判例报告》相差无几；而之前的《年鉴》则很少在判例的编纂中完整地记录判决的理由与论证。

同样是在这篇报告中，我们还看到了柯克对于判例的引证。比如，在论证检察员不拥有监禁权的理由时，柯克曾写下了被后世视为司法审查起源的著名论断："检察员不能同时充当法官和当事人……因为一个人不能同时充当自己的法官……当议会的法案违背普遍的权力和理性时，普通法得审查它，并宣布该法案无效。"③ 随后，为论证这一观点，柯克先后引证了四个判例：Tregor 案、Cessavit 案、Annuity 41 案和 Strowd 案。其中，前三个判例引自《年鉴》，而最后一个则出自《戴尔报告》（Dyer's Report）。尽管后世一些学者认为，柯克在援引这些判例时都存在一定的问题，④ 但可

① L. W. Abbort, *Law Reporting in England，1485 – 1585*（The Athlone Press，1973），pp. 240 – 256.

② 参见 Sir Edward Coke，*Institutes of the Laws of England*，Vol. 2，in Sheppard Steveeds，*The Selected Writings and Speeches of Sir Edward Coke*，Vol. 2（Liberty Fund，2003），p. 273。

③ Sheppard Steveeds，*The Selected Writings and Speeches of Sir Edward Coke*，Vol. 1（Liberty Fund，2003），p. 275.

④ 参见 T. F. T. Plucknett，"Bonham's Case and Judicial Review"，in *Law，Liberty，and Parliament，Selected Essays on the Writings of Sir Edward Coke*，edited by Allen D. Boyer（Liberty Fund，2004），pp. 151 – 185。

以肯定的是，较之《年鉴》，《报告》中已经较为频繁地引用了历史上的先前判例。

总之，《报告》在撰写具体判例的技术上，已经较之传统的判例有了实质性的变化。判例所关心的焦点逐渐从法庭中的辩论、询问等程序因素转向了有关的法律争点及其中包含的实体法的内容。① 同时，判例论证过程中对先例的引用，也发展为一种普遍的形式。② 这些因素无疑都为遵循先例原则的形成奠定了基础；也由此开启了普通法判例编纂的近代转型，从而使英国的判例法学进入了发展实体规则的新阶段。

另一方面，柯克对于判例法学的贡献，还在于《总论》的评注中对于判例的引证，从而使判例法学直接进入英国法学的教科书之中。正如贝克（J. H. Baker）所指出的：文艺复兴时代的英国法所发生的最深刻的历史变迁，即在于法律知识的来源由中世纪的"共同学识"演变成权威性的判决；反映在法学教科书上，即表现为对判例的引证开始出现在教科书的注释中，成为法学知识的权威来源。③ 而这一趋势正发端于柯克的《总论》。

从表面上看，利特尔顿的著作中同样存在一些案例，但这些案例的本身是假设的，④ 它们都未被标明具体的人物、时间与出处，"更多属于课堂而非现实的世界"。⑤ 相比之下，柯克的评注则为我们呈献一幅完全不同的图景。在旁注中，除了上述古代作家的名字之外，还出现了许多诸如

---

① "法律的争点被揭示得越明确，人们就越关心判决理由，也认识到决定胜负的是包含在这些判决中的法律规则。" 参见 Sir William Holdsworth, *A History of English Law*, Vol. 5, （Methuen Co. Ltd. and Sweet Maxwell Ltd. , 1945）, pp. 371 – 372。

② "它导致人们开始用现代的眼光来看待已决案件的权威，并反过来又促进人们更为频繁地在司法审判中引用先例。" 参见 Sir William Holdsworth, *A History of English Law*, Vol. 5, （Methuen Co. Ltd. and Sweet Maxwell Ltd. , 1945）, p. 372。

③ 反映在判例的编纂上，即上述注重既定判决的《报告》取代了中世纪的《年鉴》为标志。参见 J. H. Baker, "English Law and the Renaissance", *Cambridge Law Journal*, 44（1）, March 1985, p. 53。

④ 比如，在《论土地保有》第 3 节中，利特尔顿即举出了如下一个案例：如果一个父亲有一个儿子，父亲同时又有一个兄弟，即这个儿子的叔叔。假如儿子购买了一块不限嗣继承的土地，并没有留下子嗣即去世了，那么他的父亲与叔叔将如何继承这块土地？参见 Sir Edward Coke, *Institutes of the Laws of England*, Vol. 1, in Sheppard Steveeds, *The Selected Writings and Speeches of Sir Edward Coke*, Vol. 2（Liberty Fund, 2003）, p. 645。

⑤ 参见 J. H. Baker, "English Law and the Renaissance", *Cambridge Law Journal*, 44（1）, March 1985, p. 52。

"Vinters Case"与"Wroteslyes Case"①等真实的判例。在这些判例名称之前，都明确地标注了该案例所出自的判例集，如上述两个案例即分别出自《布鲁克判例集》与《普洛登报告》。此外，对于自己撰写的《报告》中的判例，柯克在《总论》中也多有引证。比如，在评注《论土地保有》中的"买卖"一词时，柯克曾写道："在利特尔顿写下这些内容之后，又增添了一些新的判例，你们可以在我的《报告》中很容易地找到它们。"②并在注释的右侧指出了这些判例的出处："参见《柯克报告》第 3 卷的 Twine's Case、第 5 卷的 Gooche's Case 以及第 6 卷的 Burrel's Case。"对于这些判例的引证，柯克显然意在说明英国土地法在利特尔顿之后出现的一些新的发展。从其引用的规范程度来看，与我们今天读到的英美法学作品中对判例的援引和注释也相差无几了。

　　总之，与利特尔顿的作品缺乏判例不同，在柯克的评注中，法律更多地"通过大量的判例表现出来"，法律知识的权威来源是法官们作出的真实判决；而法学的任务，就不仅仅在于将法律人的共同学识写下来，更重要的，是将法官们在审理具体案例中形成的"技艺性"知识以可认知、可交流的形式表达出来，③并最终付诸一部"总论"性质的权威作品之中。借用贝克教授的话来说，在这个意义上，柯克的《总论》是第一部近代的法律教科书，"他的作品属于我们的时代，而利特尔顿的作品属于我们已经失去的那个世界"。④

三　另一种近代化？——有关柯克作品的"缺陷"

　　综上所述，本文认为，柯克所提出的"老田生新谷"式的法学近代化道路是基本成功的，《报告》与《总论》也由此构成了英国法学近代化的

---

① Sir Edward Coke, *Institutes of the Laws of England*, Vol. 2, in Sheppard Steveeds, *The Selected Writings and Speeches of Sir Edward Coke*, Vol. 2（Liberty Fund, 2003）, pp. 603, 619.

② Sir Edward Coke, *Institutes of the Laws of England*, Vol. 2, in Sheppard Steveeds, *The Selected Writings and Speeches of Sir Edward Coke*, Vol. 2（Liberty Fund, 2003）, p. 605.

③ 参见苏力《知识的分类与法治》，载苏力《制度是如何形成的》，中山大学出版社，1999，第 172 页。

④ J. H. Baker, "English Law and the Renaissance", *Cambridge Law Journal*, 44（1）, March 1985, p. 59.

开端与起点。但需要指出的是，在西方法学界，有关柯克的著作，尤其是《总论》的历史地位，长期以来仍存在较多的争论。对于《总论》是否构成"近代性"的法学作品，又有许多学者从不同的方面提出了批评与质疑，也从而构成了对于本文论点的挑战。因此，在最后的部分，本文还有必要对这些批评作出简要的回应。

（一）对于"体系缺陷"的批评——"前近代"的作品？

在对于柯克的诸多批评中，最为集中的一点，是有关《总论》在"体系"与"条理"上所存在的重大缺陷。正如赫尔格森（Helgerson）所写的："与对柯克的渊博学识的赞颂同时存在的另一种观点，是几个世纪以来对其作品的隐晦不明与缺乏条理的抱怨。"① 这种声音不仅来自诸如霍布斯、边沁等主张体系化的学者，即使在普通法学者内部，对于柯克缺乏条理的批评也始终不曾中断。

比如，美国的建国之父托马斯·杰弗逊（Thomas Jeffeson）在学生时代就曾经因厌恶《总论》的杂乱无章而咒骂柯克为"一个无趣的老家伙"。② 诺斯爵士（Sir Lord North）也曾公开指出："《总论》完全不适合学生阅读，因为它比利特尔顿的《论土地保有》更加费解难懂，没有任何其他著作比它更容易搞糊涂学生的脑袋了。"③ 甚至于对柯克思想推崇有加的考文教授，也对《总论》的结构颇有微词，认为"柯克仍是彻头彻尾的中世纪式的人物。他所采用的论述方法，即使在其《总论》中，也是那种令人心烦的片断式论述，其结果是，他那些比别人开阔的见解经常要从一大堆不同的叙述中挖掘出来，再拼凑在一起"。④ 总之，在这些批评者的眼中，柯克的《总论》和中世纪的法律文献一样，都充满了模糊与混乱的成分，在体系性与条理性的方面同样的拙劣不堪，完全与追求"体系化"和

---

① Richard Helgerson, "Writing the Law", in *Law*, *Liberty*, *and Parliament*, *Selected Essays on the Writings of Sir Edward Coke*, edited by Allen D. Boyer (Liberty Fund, 2004), p. 60.

② 〔美〕小詹姆斯·R. 斯托纳：《普通法与自由主义理论——柯克、霍布斯及美国宪政主义之诸源头》，姚中秋译，北京大学出版社，2005，第 19 页。

③ Sir William Holdsworth, *A History of English Law*, Vol. 5 (Methuen Co. Ltd. and Sweet Maxwell Ltd., 1945), p. 482.

④ 〔美〕爱德华·S. 考文：《美国宪法的"高级法"背景》，强世功译，三联书店，1996，第 40 页。

"逻辑化"的"现代性"学术标准背道而驰，因而依旧是一部"前近代"的作品。

回到柯克著作的文本，上述的批评也并非毫无依据。无论相对于体系化的罗马法学作品，还是此后布莱克斯通的《英国法释义》，《总论》在条理性上都存在明显的欠缺。甚至较之其所评注的《论土地保有》，在体系化方面也是一种"倒退"；至少利特尔顿的著作在每一章节之下的论题是相对集中的，人们可以依据目录的指引找到相应的内容，但这在柯克的评注中是完全不可能的。例如，在一个"法律格言"的标题之中，既包括了"格言"的定义与相关问题的讨论，也包括一张英国法15种主体的清单，还穿插了《论土地保有》的24份来源的列表。[1] 以至于当人们在柯克的评注中寻找某一方面的内容时，"唯一的办法就是将其全部通读一遍。任何熟悉利特尔顿的人都无法说出这部分内容在评论中的哪个位置可以找到"。[2]

（二）对批评的回应——"自由主义"与"知识社会学"

那么，究竟是什么原因造成了《总论》在体系上存在的重大"缺陷"呢？这一缺陷又是否意味着《总论》在本质上依然属于"中世纪"，而非"近代"呢？事实上，围绕这一问题，英美学术界的学者已经展开了深入的讨论，并对这一所谓的"体系缺陷"提出了截然相反的观点。在他们看来，柯克作品所呈现出的这种"非体系化"的特征，"与其说是由于他的不严谨，不如说是由于作者刻意的选择"；甚至在这一"缺陷"的背后，实际上隐藏了"一把打开柯克思想大门的钥匙"。[3] 其中，最具影响力的观点来自"自由主义"的学者。在他们看来，在柯克著作的非体系化结构中，实际上隐含着维系自由传统与抵制专制主义的努力，因而，在实质上，仍然服务于法学近代化的主题。

比如，早年曾对柯克颇有微词的杰弗逊，在晚年写给麦迪逊的书信中，就曾经给予《总论》极高的评价，认为"在英国宪法的理论或有关

---

① Sir Edward Coke, *Institutes of the Laws of England*, Vol. 2, in Sheppard Steveeds, *The Selected Writings and Speeches of Sir Edward Coke*, Vol. 2 (Liberty Fund, 2003), p. 685.

② Richard Helgerson, "Writing the Law", in *Law, Liberty, and Parliament, Selected Essays on the Writings of Sir Edward Coke*, edited by Allen D. Boyer (Liberty Fund, 2004), p. 61.

③ 〔美〕小詹姆斯·R. 斯托纳：《普通法与自由主义理论——柯克、霍布斯及美国宪政主义之诸源头》，姚中秋译，北京大学出版社，2005，第25页。

'英国人自由'的学术领域，没有一个辉格党人比柯克表达得更有力"。同时，杰弗逊还对布莱克斯通等人的体系化作品感到担忧，在他看来，"当柯克的古老的著作与凌乱却珍贵的学识开始为人们所轻视，而布莱克斯通的著作开始成为法律人青睐的教科书时，我们的法律职业阶层就开始滑向了托利主义"。① 换言之，在晚年杰弗逊的眼中，尽管《总论》的结构仍然是"凌乱"的，但实质上仍捍卫了普通法中所蕴藏的自由主义价值。而布莱克斯通的《英国法释义》虽然具有体系化的优点，但他的结构来源于查士丁尼的《法学阶梯》，因而可能导向推崇绝对君主制的托利主义，甚至损害古老普通法中的自由主义传统。

此外，美国早期的著名法官沙伍德（George Sharwood），也曾明确地反对托马斯等人依据《法学阶梯》的结构对《总论》进行重新编排，认为《总论》的"非体系化"结构是普通法职业精神的一种体现；因此，它一旦被代之以"人—物—诉讼"的结构体系，其中所蕴含的抵抗专制主义的价值也就彻底丧失了。总之，正如赫尔格森指出的："在柯克与布莱克斯通或托马斯的竞争背后，实际上还是与查士丁尼的竞争。"② 而柯克著作缺乏条理的真正原因，"绝非是头脑混乱的结果，而实际上是基于其政治上的动机与追求政治上的效果"。③

这的确是一种具有说服力的解说，但并非无可置疑。即使是出于对"辉格历史学"的必要的警惕，我们也不得不怀疑其中可能的虚构。④ 至少

————————

① Julian S. Waterman, "Thomas Jeffers on and Blackstones Commentaries", *Illinois Law Review* 27（1933），p. 635.

② Richard Helgerson, "Writing the Law", in *Law, Liberty, and Parliament, Selected Essays on the Writings of Sir Edward Coke*, edited by Allen D. Boyer（Liberty Fund, 2004），p. 67.

③ Richard Helgerson, "Writing the Law", in *Law, Liberty, and Parliament, Selected Essays on the Writings of Sir Edward Coke*, edited by Allen D. Boyer（Liberty Fund, 2004），p. 65. 关于普通法传统与自由主义价值之间的重大关系，最早的论述可以追溯至 15 世纪的福特斯库（Sir John Fostecue），此后，又经由柯克、黑尔（Hale）等人的发展，尤其是在 17 世纪的政治斗争中，成为辉格党人有力的思想武器，并进而成为美国建国的基础理论。直至今天，这一理论依然为哈耶克、莱奥尼等自由主义学者所信奉，认为"真正的自由主义，主要是那种植根于普通法学中的思想传统"。〔英〕弗里德利希·冯·哈耶克：《自由秩序原理》，邓正来译，三联书店，1997，第 63 页。

④ 19 世纪初期，辉格党的一些历史学家，用历史作为工具来论证辉格党的政见。但这样一种历史学同时也存在致命的缺陷，往往把历史上的人物分成推进进步的人和试图阻碍进步的人，甚至为了论证其观点而任意地选择历史。Herbert Butterfield, *The Whig Interpretation of History*（G. Bell and Sons, 1931）。

我们不能仅仅将"非体系化"的成因归结为一种价值追求或主观动机，而应当更多地运用"知识社会学"的眼光，从更为"唯物"的历史语境中寻求进一步的解说。从这一视角切入，我们也不难发现，柯克的《总论》之所以呈现"非体系化"的"缺陷"，尽管可能包含了抵制专制主义的努力，但最根本的原因，还是来自英国法学知识的独特性质，来自柯克所身处的"以司法为中心"的、"经验型"的知识结构对法学著作的体系所产生的制约性影响。

尽管有如前述，经过柯克等法律人的努力，英国的法学在法学观、部门法学与法学形态等诸多方面均开启了近代化的历程；但由于这样一种司法中心的知识结构，法学的近代化并没有沿着罗马法学的体系化道路前进，法学发展的中心依然是围绕法官在司法实践中的具体知识展开的，也因此仍然呈现某种"非体系化"的特征。

同时，这一进路也为柯克之后的英美学者所继承。从 17 世纪的黑尔与 18 世纪的布莱克斯通，[①] 到 19 世纪的霍姆斯、卡多佐等美国法律人，都很大程度上延续了英美法学近代化中的"非体系化"道路；而霍姆斯的名言"法律的生命从来都是经验，而不是逻辑"，[②] 更是为近代以来的英美法学的非体系化特征作了最好的辩护。进入 20 世纪以来，知识社会学的发展也越来越多地重视"知识的弥散性"，[③] 强调"无言之知"与"司法的知识"，也使得人们日益接受了英美法学的非体系化的合理性，承认法学知识更多的是一种"实践理性"，[④] "往往散落在针对具体问题的司法意见和学术议论中"，[⑤] 而很难获得体系化的表达。

在这个意义上，我们也重新理解了柯克著作的"体系缺陷"的意义，它实际上构成了柯克对近代以来罗马法学所享有的强大话语霸权的一种挑

① 尽管布莱克斯通曾尝试以罗马法的结构来实现英国法的体系化，但他的努力在很大程度上失败了，也最终证明将普通法学的知识永远整合成某种一劳永逸的演绎推理体系是不可能的。参见仝宗锦《布莱克斯通爵士与他的〈英格兰法释义〉》，博士学位论文，北京大学，2004，第 93 页。

② 〔美〕小奥利弗·温德尔·霍姆斯：《普通法》，冉昊、姚中秋译，中国政法大学出版社，2006，第 1 页。

③ 〔奥〕冯·哈耶克：《个人主义与经济秩序》，贾湛、文跃然译，北京经济学院出版社，1991。

④ 〔美〕理查德·A.波斯纳：《法理学问题》，苏力译，中国政法大学出版社，2002，第二章。

⑤ 苏力：《什么是法理学》，载苏力《波斯纳及其他：译后之书》，法律出版社，2004，第 21 页。

战，它试图证明在罗马法的体系化的近代化道路之外，还存在同样可以达到近代化的法学发展道路。无论是对于"技艺理性"的阐释，还是判例引证方法的建构，我们同样看到了"司法"权力对于英美近代法学的规训，它同样致力于实现法学知识的确定与统一，以回应资本主义经济与民族国家构建的需求。因此，这依然是一种法学的近代化，却是不同于欧陆法学的"另一种近代化"。也正是在这个意义上，柯克著作的"非体系化"或许也就不再成为一种缺陷；相反，它实际上开创了法学近代化的"另一条道路"，因而同样构成了柯克对于英国法学近代化的贡献，尽管他本人并不曾清醒地意识到这一点。

（本文原载《环球法律评论》2009 年第 2 期，收入本书时有改动）

从查士丁尼到黑尔

——关于《英格兰法释义》结构来源的知识考古学考察

仝宗锦 *

威廉·布莱克斯通爵士（Sir William Blackstone，1723～1780年）因撰写《英格兰法释义》（*Commentaries on the Laws of England*）（以下简称《释义》，英文简称 Comm.），在普通法传统和法律思想史谱系中居于重要位置。① 布莱克斯通之所以重要，除了因为《释义》出众的语言风格、对于英国法律制度的杰出阐释以及对于普通法法律制度现代化所作的重要贡献等原因外，还在于《释义》以一种清晰优美的著作结构对此前杂乱无章的英国法进行了整合。

本文试图对《释义》的结构来源进行知识考古学层面的考察，以此展现布莱克斯通在整合英国法内容过程中所面临的困难，并加深对于罗马法传统和普通法传统相互影响和交融等问题的理解。

一 《英格兰法释义》的篇章结构

布莱克斯通是第一位在英国大学中讲授普通法的学者。他在牛津大学的讲座之所以获得巨大成功，原因就在于他做了许多人认为根本无法做的事情，即努力将普通法整合成一个逻辑清晰而富于条理的

* 仝宗锦，中国政法大学法学院副教授。

① 本文依据的《释义》版本是：William Blackstone, *Commentaries on the Laws of England*, with notes selected from the editions of Archbold, Christian, Coleridge, Chitty, Stewart, Kerr, and others, Barron Field's analysis, and additional notes and a life of the author by George Sharswood（J. B. Lippincott Company，1859）。

体系。

布莱克斯通的《释义》一书由导论和四卷组成。在导论之后，四卷的标题分别是"人的权利""物的权利""侵犯个人的不法行为""公共不法行为"，整个论证是从个人的权利到公共的不法行为。导论共包括四个部分，第一部分"关于法律之研习"是布莱克斯通就任牛津大学瓦伊纳英国法讲座教授时的演讲，可以作为理解他的动机和使命的一个最为重要的材料，其余三个部分分别是"法律的一般性质""英格兰法""受英格兰法支配之国家"。由于导论部分直接反映了布莱克斯通对待法律、历史和哲学的基本观点，所以边沁对布莱克斯通的批评主要是针对这一部分。[1] 第一卷首先从被布莱克斯通称的"个人的绝对权利"开始，这些绝对权利指那些附属于个人并且在自然状态下也只属于他们个人的权利。人类法律的首要目的便是保持和调整这些绝对权利。接着布莱克斯通讨论公民权利并具体地讨论英国人的绝对权利，他采用了洛克的经典概括，即生命、自由和财产。作为其主要内容的第一卷的其他部分讨论了相对权利，也即当个人与其他个人发生法律上的关系（如国王与人民、主人和仆人、丈夫和妻子、父母和子女等）时具有的种种权利。第二卷的标题是"物的权利"，不过需要注意的是，这与大陆法系中的"物权"概念并不一致。英国法中有自己独特的财产权利体系。在本卷中，布莱克斯通在谈到地产权之前，首先阐述了英格兰的封建制度。他认为英国法的许多概念和内容只有从历史中才能够得到解释。第三卷主要论述违反个人权利的不法行为以及相应的救济手段。第四卷是关于公共违法行为，从罪与刑的本质谈到法庭审判的种种程序。可以看出，《释义》就导论加上四卷的结构而言，在直观感觉上有些类似查士丁尼的《法学阶梯》，后者的结构也是一篇序言加上四卷，而且也是先从人法和物法讲起。

从某种意义上说，普通法自身并无所谓的结构。布莱克斯通为了讲授

---

[1] 边沁说："像这样一部篇幅巨大的书，是不可能逐一地全部加以论述的。所以我打算把足以代表该书的性质与面貌的那部分拿来加以讨论。就这一目的而言，我认为在这儿所提出的这个部分就已经足够了。这一部分的篇幅虽短，然而却是该书中最显著和最富特性的部分，也是作者独出心裁的部分。其余部分差不多都是编纂的东西。"参见边沁《政府片论》，沈叔平等译，商务印书馆，1995，第 95 页。

英国法，不得不用某种外在的结构来对普通法的内容进行包装。事实上，如果仅仅将法律建立在一个个判例的基础之上，根本无法形成一个逻辑清晰的结构。不过，对布莱克斯通来说，幸运的是存在查士丁尼《法学阶梯》这样一个罗马法的结构来作为整合普通法内容的模本。事实上，许多学者在研究布莱克斯通的时候，都认为《释义》的结构受到了查士丁尼《法学阶梯》的影响。①

这个影响可以从布莱克斯通本人的经历以及当时英国法律教育的两种模式中得到说明。首先，就布莱克斯通的学术经历来看，他曾经获得过牛津大学的民法博士学位，接受过系统的罗马法知识，而且他在牛津大学学习勤勉而认真，对古代希腊和罗马的古典文学尤其感兴趣，因此应该有较为扎实的拉丁文的基础。其次，据考证，某个图书馆现存有布莱克斯通捐赠的一本查士丁尼的《法学阶梯》，这可以作为布莱克斯通阅读过这本罗马法经典文本的直接证据。② 最后，可以从罗马法对于英格兰法律教育的影响中，从英格兰历史中的法律著作受到来自罗马法（包括罗马法经典文献结构）的影响中去寻求进一步的线索。事实上，只有在这种历史背景的梳理和比较中，才可以清晰而准确地把握《释义》的结构。

二 《英格兰法释义》结构来源考

查士丁尼《法学阶梯》（*The Institutes of Justinian*）是东罗马帝国拜占庭皇帝查士丁尼（Flavius Anicius Justinianus，公元 483～565 年）在位期间（公元 527～565 年）编写的一部法学教科书。《法学阶梯》一名取自罗马帝国鼎盛时期大法学家盖尤斯（Gaius，公元 117～180 年）、保罗（Pau-

① 参见 Alan Watson, "The Structure of Blackstone's Commentaries", *The Yale Law Journal*, Vol. 97, 1987; Michael Lobban, "Blackstone and the Science of Law", *The Historical Journal*, 30, 2 (1987), pp. 311–335。另外，伍达德的文章认为布莱克斯通受到了盖尤斯的影响，不过我们知道，查士丁尼《法学阶梯》的结构就直接来源于盖尤斯的《法学阶梯》，因此来源于盖尤斯或查士丁尼，这二者之间并没有实质性的分歧。参见〔美〕卡尔文·伍达德《威廉·布莱克斯通爵士与英美法理学》，载〔美〕肯尼思·W. 汤普森编《宪法的政治理论》，张志铭译，三联书店，1997，第 80 页。

② 参见 Alan Watson, "The Structure of Blackstone's Commentaries", *The Yale Law Journal*, Vol. 97, 1987, p. 809。

lus，公元 121 ~ 180 年）、乌尔比安（Ulpianus，公元 170 ~ 228 年）以及其他法学家弗洛伦丁（Florentinus）和马其安（Marcienus）的同名著作，并以它们为蓝本，其中特别是以盖尤斯的《法学阶梯》和《日常事件》为蓝本于 533 年底编写而成。所谓"法学阶梯"，即法学入门之意。① 而这也的确是一本为"有志学习法律的青年们"编纂的教科书。查士丁尼皇帝规定，《法学阶梯》要成为学习法学第一个学期的教科书，以便学生们不在学习课程的初期就为过多的困难所折磨，而可以通过渐进的方式来处理这些困难，并首先了解被收集在这四卷书中的全部法律科学的基础和第一原理。②

查士丁尼的《法学阶梯》在形式上分为一篇序言和四卷，每卷下又分为若干篇。《法学阶梯》第一卷首先说明正义与法律的关联，这其实表明了自然法在其中的影响，然后指出法律渊源的几种形式，而其余的绝大部分则是关于"人"。第二卷主要关于"物"以及遗产继承的部分内容。第三卷则是关于遗产继承的部分内容以及契约或准契约。第四卷则关于侵权、准侵权、诉讼、犯罪。

《法学阶梯》卷的划分与内容之间并无直接的逻辑关系。事实上，《法学阶梯》的结构是著名的"人—物—诉讼"三大块，这一划分来自书中第一卷第二篇，"我们所适用的全部法律，或是关于人的法律，或是关于物的法律，或是关于诉讼的法律"。③ 但在三大块之中，"诉讼"的部分只占很小的篇幅。就内容而言，《法学阶梯》主要是关于私法。查士丁尼明确提到，"这里所谈的是私法"，从全书的目录也可以看出这一点。④

由于《法学阶梯》最主要的功能是充当教科书，这一功能决定了它的大多数特征，尤其是包括结构方面的特征。与《学说汇纂》和《法典》的百科全书式的结构不同，《法学阶梯》表现出一种法学教科书式

---

① 参见〔罗马〕查士丁尼《法学总论——法学阶梯》，张企泰译，商务印书馆，1989，编者前言。
② 参见斯奇巴尼教授为徐国栋教授翻译的《法学阶梯》中译本所撰写的序言，参见〔古罗马〕优士丁尼《法学阶梯》，徐国栋译，中国政法大学出版社，1999。
③ 〔罗马〕查士丁尼：《法学总论——法学阶梯》，张企泰译，商务印书馆，1989，第 11 页。
④ 《法学阶梯》第 1 篇中谈道，"法律学习分为两部分，即公法与私法。公法涉及罗马帝国的政体，私法则涉及个人利益。这里所谈的是私法，包括三部分，由自然法、万民法和市民法的基本原则所构成"。参见〔罗马〕查士丁尼《法学总论——法学阶梯》，张企泰译，商务印书馆，1989，第 5 页。

的结构：① 首先，它的内容有限，篇幅不大；其次，作为法律学校一年级学生的教材，查士丁尼不想在开始就让学生被法律的复杂吓退，因此在编纂此书时力图简洁明了。在结构上它具有高度的体系化特征，遵循严格的层次划分，从总到分，从一般到具体。在文本之中，时时突出各部分在结构上的关系。事实上，《法学阶梯》之所以孜孜以求实现最大限度的体系化，并且法律材料的组织必须具有可以理解的逻辑性和体系性，其原因就在于它是作为教科书而使用这一前提。② 与此类似的是，教科书的功能与它的体系化特征之间的这种紧密关联也同样体现在了布莱克斯通的《释义》上。③

---

① 薛军将查士丁尼《学说汇纂》《法典》的结构称为"法律全书式"结构，将《法学阶梯》的体系称为"法律教科书式"的结构，并且认为与后者严密的体系化特征相比，前者的结构几乎可以看成一团混乱的体系和一大堆法律材料的堆砌。同时，他认为法律全书式结构与法律教科书式结构这一差别的内涵在于：（1）它们分别设定了不同的编纂目的。前者所要解决的是服务于法律实践之法律形式渊源问题，它所要实现的目标是为法律的实践活动提供"法律在哪里"之答案的法律文本。后者的编纂目的在于为法律的学习者提供一部教材，它所要解答的是"法律是什么"的问题。由于这一不同的编纂目的，导致它们设定的阅读主体的不同。（2）阅读主体不同。前者面向的是实际法律工作者，或者说是法律从业人员；而后者的阅读主体为普通人。他们之间的区别在于前者可以推定为已具有了相当程度的法律知识，而后者则不具备。在这样的前提下，它又预示了以下的区别。（3）前者在体系化的程度上没有后者严格。二者在体系化程度上的差异是编纂目标和阅读主体的不同设定的一种结果。在这些差异中，可以看到二者对"法律"的不同角色定位，一种是"职业化"法律形态，它考虑得更多的是法律适用的目的以及为此而追求的完整、全面；另一种是"大众化"的法律形态，它认为法律必须能为普通大众理解和接受，为此法律必须具有可接近性。体系化的建构可以视为了为了达到这一目的的所作的努力。概括而言，查士丁尼法典编纂遵循了两条路径：第一条路径是以法律实践为目的，为了表明现行有效法律之整体的编纂活动，它的成果是查士丁尼的《法典》和《学说汇纂》；第二条路径是以法律教育为目的，向法律的学习者提供的法律教科书，它的成果是查士丁尼的《法学阶梯》。这两种不同的结构类型基本上可以与现代的两种法典类型相对应：前者对应于汇编式（consolidation）的法典编纂类型；后者对应于边沁定义的体系化之建构（codification）的法典编纂类型。参见薛军《优士丁尼法典编纂中"法典"的概念》，载徐国栋主编《罗马法与现代民法》第 2 卷，中国法制出版社，2001，第 52～59 页。笔者之所以大段引述这位学者的观点，主要是由于这和我们当下讨论的主题密切关联。薛军讨论的虽然主要是罗马法以及受罗马法影响的大陆法系的法典编纂的类型，但这种类型的区分对于我们理解英格兰的情形也有很大的启发。实际上，虽然在布莱克斯通之前的英格兰并无大规模的立法活动甚至法典编纂，但是英格兰的法律著作大略也可以用这两种类型来概括，一种是法律汇编形式的；另一种是教科书形式的。

② 参见薛军《优士丁尼法典编纂中"法典"的概念》，载徐国栋主编《罗马法与现代民法》第 2 卷，中国法制出版社，2001，第 52 页。

③ 关于教科书功能与它的体系化结构之间的关联方面，在查士丁尼《法学阶梯》和布莱克斯通《释义》之间的这种相似性绝非偶然，实际上，这一现象可以从结构功能主义方法论的功能决定结构的观点得到相应解释。

随着 11 世纪末查士丁尼《民法大全》手抄本的发现和波伦亚大学法学院注释学派的兴起，以查士丁尼《民法大全》为主要文本的罗马法对整个欧洲法律教育以及法律制度产生了广泛而深入的影响。在此过程中，查士丁尼《法学阶梯》扮演了一种特殊的角色。艾伦·沃森指出，"不可避免地，迟早——也许较早而不是较迟——任何社会一旦把《民法大全》的基本组成部分当成本地的法律，或者承认它在找法过程中的直接重要性，就会把查士丁尼的《法学阶梯》奉到一个特殊的荣耀地位"。他又紧接着说明了其中的原因，"之所以这样，倒不是因为《法学阶梯》里的法律比《民法大全》其他部分所包含的法律，对于实践者来说更顺手或对于学者来说更称心；真正的理由在教育方面；在这一过程中，《法学阶梯》受到巨大的重视。一个解释是，一方面，像《民法大全》的其他部分一样，《法学阶梯》是作为法规而公布的；另一方面，它是本着向学生提供一本基础教科书的宗旨而编纂的。进一步说，正如查士丁尼本人清楚地认识到的那样，《学说汇纂》和《法典》令初学法律者读起来觉得深奥难懂。随着罗马法研究的复苏，《法学阶梯》重新扮演它昔日作为学生初级教科书的角色，为众目所期待"。①

如果说沃森主要侧重于解释《法学阶梯》在罗马法复兴过程中以及在法律教育方面的重要性，那么斯奇巴尼则侧重于解释《法学阶梯》在更晚一些时候（14 世纪，特别是 17 世纪之后）并且特别是对法典编纂的意义。他指出："但在后来的岁月中，《法学阶梯》的重要性增长了，这要归于几个原因……首先，存在于从 17 世纪开始的现代的被强调的体系化精神在《法学阶梯》中找到了比《民法大全》的其他部分更得到发展的基础。其次是简短的需要，它导致把规则与规则的理由分离开来并编订纯粹的定义与规则的汇集。对法作出的体系化和公理化的重塑打开了一条这样的道路：人们通过它超越先前的解释并提出一些被认为更能满足新需要的，同时是对罗马法原则的一种更忠实的理解之成果的新解释"。② 于是，在 17～18 世纪，查士丁尼《法学阶梯》经常被根据"阐述的最大程度的简短和

① 〔美〕艾伦·沃森：《民法法系的演变及形成》，李静冰、姚新华译，中国政法大学出版社，1992，第 89～90 页。

② 斯奇巴尼教授为《法学阶梯》中译本所撰写的序言，载〔古罗马〕优士丁尼《法学阶梯》，徐国栋译，中国政法大学出版社，1999，第 III 页。

内容的最大程度的完整"的原则重写，并成为一种类型作品的模本。在某些情况下，《法学阶梯》成了把罗马法与各国的特别规范进行比较的处所。有时则相反，《法学阶梯》建构了阐述和整合各个国家的法的基础，有时也提供了阐述作为道德和法律的理性主义运用于罗马法之成果的"自然法"的基础，而这些途径又为现代法典编纂作了准备。①

不过，欧洲的法学家们在制定本国法典或是撰写法律著作的时候发现，查士丁尼的《法学阶梯》的结构安排并没有完美到可以直接照搬的地步。首先，查士丁尼《法学阶梯》的主要内容是私法，这就意味着，倘若法学家们试图撰写涉及公法方面的内容，就需要首先考虑《法学阶梯》的结构是否也同样适用于公法的内容。其次，《法学阶梯》的四卷的划分与"人—物—诉讼"三大块的内容之间并无直接的逻辑关系。事实上，这样四卷的划分与盖尤斯时期制作书籍的实际需要有关。在那个时代，每本书的篇幅事前都有严格的限定：一本书能卷成一个卷轴，长短拿起来要顺手。这种呆板性可能使编排显得不那么雅致。虽然到了查士丁尼时代，书籍已经开始具备它们现代的形式，每本书的篇幅根本不再受事先的限定而取决于内容。但这种四分法还是为查士丁尼《法学阶梯》所沿用，并且一直为后世许多法律著作和现代民法典所承袭。后世作者在面对自己所处理的材料和作为模本的《法学阶梯》之时，总会产生一些困惑，并且做了许多不同的尝试，把自己认为适当的主题归到某个类别里面，于是导致分类呈现多样化的状态。归根结底在于，查士丁尼并没有创建起一个令人满意的分类模式，在具体的分类和体系方面并不那么尽如人意。②

随着瓦卡利乌斯 1143 年左右从波伦亚大学到达英格兰并讲授罗马法开始，查士丁尼《法学阶梯》便开始在大学中获得了广泛的影响，有一份他讲授《法学阶梯》的底稿幸存了下来。③ 然而，就查士丁尼《法学阶梯》能否作为整合和系统化英国法的模本这一点而言，英格兰法学家无疑面临着比欧洲大陆法学家更大的困难：第一，英格兰法中最为关键的地产法律

---

① 参见斯奇巴尼为《法学阶梯》中译本所撰写的序言，载〔古罗马〕优士丁尼《法学阶梯》，徐国栋译，中国政法大学出版社，1999，第 III ~ IV 页。
② 参见〔美〕艾伦·沃森《民法法系的演变及形成》，李静冰、姚新华译，中国政法大学出版社，1992，第 92 页。
③ 参见〔美〕艾伦·沃森《民法法系的演变及形成》，李静冰、姚新华译，中国政法大学出版社，1992，第 90 页。

制度是古老的封建制度的结果，而这在相当程度上根源于历史的原因，而在罗马法当中关于土地的所有权和关于其他物的所有权却并没有实质性的区别。① 第二，英格兰的实体法和程序法互相纠缠在一起，甚至程序先于权利，② "无司法救济即无权利"，③ 而在罗马法中实体法和程序法有着严格的区分。第三，英国的契约法是晚近才发展起来的，甚至可以说仅仅始于 19 世纪与 20 世纪，④ 早期王室法院不予受理有关契约的诉讼，后来则用侵权这个程序取代了有关的诉讼。⑤ 事实上，也正是因为这个原因，布莱克斯通在《释义》中只用几十页的篇幅讲述契约法。无疑，罗马法对于英格兰法产生了持久而深入的影响，罗马法不仅是大学法律教育的主要学习对象，而且其概念、方法、思维方式等都对英格兰法有着实质的影响。不过，需要我们注意的是，罗马法，包括罗马法的体系精神的持久而深刻的影响，并不必然意味着罗马法经典文本查士丁尼《法学阶梯》的结构可以直接拿来为英国学者所用。事实上，正因为存在上面刚刚讨论的种种困难，直到 17 世纪为止，英格兰并没有出现《法学阶梯》式的法律著作。

历史上第一次试图用某种方法来整理英国法的是一部被称为《格兰维尔》的著作，⑥ 其主要方法是列出王室法院的令状并加以注释和评论。⑦ 它成书于 1187～1189 年，至于这部著作的作者究竟是不是格兰维尔，在法律史学界尚无定论。这部著作的关注点主要集中于王室法院，并且主要内容集中于令状而非成文法令，由此也可以看出英国法根植于法院的实践以及

---

① 关于罗马法中物的分类，请参见〔意〕彼德罗·彭梵得《罗马法教科书》，黄风译，中国政法大学出版社，1992，第 185 页以下。

② 参见〔法〕勒内·达维德《当代主要法律体系》，漆竹生译，上海译文出版社，1984，第 299 页。

③ 〔美〕阿瑟·库恩：《英美法原理》，陈朝璧译注，法律出版社，2002，第 179 页。

④ 参见何勤华主编《英国法律发达史》，法律出版社，1999，第 263 页。

⑤ 参见〔法〕勒内·达维德《当代主要法律体系》，漆竹生译，上海译文出版社，1984，第 301～302 页。

⑥ 其实，格兰维尔这部著作的书名其实是《论英格兰法的法律和习惯》，与布拉克顿的著作同名。不过，现在法律史学界一般径直将这部著作称为《格兰维尔》。参见 J. H. Baker, *An Introduction to English Legal History*, 4th ed.（Butterworths, 2002），pp. 175 - 176；T. F. T. Plucknett, *A Concise History of the Common Law*, 3rd ed.（Butterworth & Co. Ltd.，1940），p. 229。

⑦ 参见 T. F. T. Plucknett, *A Concise History of the Common Law*, 3rd ed.（Butterworth & Co. Ltd.，1940），p. 229。

具体案件救济的传统。[1] 全书共 14 篇。《格兰维尔》发挥积极影响的时间比较短，部分原因在于法律的变化，而更为重要的原因在于布拉克顿《论英格兰的法律和习惯》的出现。过去一直认为布拉克顿这部著作成书于 13世纪 50 年代，最近有学者认为成书时间是 1220～1230 年。这是一部未完成的著作，布拉克顿可能是最后的编辑者之一。这本书很大程度上依然基于令状制度，同时从诉讼案卷和罗马法、教会法中借鉴了不少内容。[2] 这部著作有一个导论性质的部分，很大程度上是受到了罗马法的影响，其中罗马法中的"人—物—诉讼"是一个基本的分类，不过该部分篇幅非常短。布拉克顿很可能试图用罗马法的分类方式来整合英国法，不过，在他的时代，英国法不太方便被归类在这样的标题下，因此他就按照材料的性质进行了不同的安排。该著作的主体部分被分为许多不同的题目，分别处理那些王室法院最为重要的诉讼。[3] 从笔者手边的一本拉英对照的版本来看，著作的标题大多很长，并没有广泛地使用一般和抽象的概念，而且基本上是从解答当事人诉讼问题的角度来排列的。[4] 因此，梅特兰认为布拉克顿的著作可以简单地概括为"罗马法的形式，英国法的内容"，但他在将内容赞誉为"天才式的工作"的同时，对它的结构却并不满意。[5]

此后英国法的重要著作是利特尔顿的《土地保有法论》。该书问世于1481 年，普通法制度发展到这一时期已经基本定型，[6] 而土地制度也已经发展到了一个非常复杂的程度。[7] 该书对普通法中的不动产制度作了清晰

---

[1] 参见 J. H. Baker, *An Introduction to English Legal History*, 4th ed. （Butterworths, 2002），pp. 175 - 176。

[2] 参见 J. H. Baker, *An Introduction to English Legal History*, 4th ed. （Butterworths, 2002），p. 176。

[3] 参见 W. S. Holdsworth, *A History of English Law*, Vol. 2 （Methuen & Co. Ltd. , 2012），pp. 241 - 242。

[4] 参见 *Bracton on the Laws and Customs of England*, Translated, with revisions and notes, by Samuel E. Thorne, Published in Association with the Selden Society, The Belknap Press of Harvard University Press。

[5] 参见 F. Pollock & F. W. Maitland, *The History of English Law Before the Time of Edward I*, Vol. 1 （Cambridge University Press, 1923），pp. 207 - 209。

[6] 参见 J. H. Baker, *An Introduction to English Legal History*, 4th ed. （Butterworths, 2002），pp. 187 - 188。

[7] 参见 T. F. T. Plucknett, *A Concise History of the Common Law*, 3rd ed. （Butterworths & Co. Ltd. , 1940），p. 246。

而准确的梳理和概括。该书分为三篇，与以往的著作不同，它并非用拉丁文而是用法语写成，同时也没有受罗马法的影响，而是以《年鉴》为基础；它也没有把程序放在首要的地位，而是侧重讨论法律的实体内容。因此，无论从形式还是从内容而言，这都是一部典型的普通法著作。

与利特尔顿的著作一样，柯克的《英国法概要》也属于典型的普通法著作，没有受过多少罗马法的影响。这是第一部对英国法所有部门进行全面论述的著作，并对先前的判例和学说进行了极为杰出的整理、重申和评述。全书分为四卷，不过他在世的时候仅仅看到第一卷出版（1628 年），第二卷是按年代顺序对于成文法令的描述，第三卷是按字母顺序对于刑事上诉案件的记述，第四卷是关于法院管辖权问题。柯克对于体系性的著作丝毫没有兴趣，甚至他自己都一定认识到自己著作结构和体系的混乱。①

就结构而言，布莱克斯通很难直接从上面这几部英国法经典著作中借鉴多少思路。当然，在布莱克斯通之前，英格兰还存在着其他几种法律著作形式，例如成文法令的汇编、法律词典等，② 但这似乎都无法满足布莱克斯通的体系化的要求。③ 事实上，在布莱克斯通的另一部著作《英格兰法分析》中，他对英格兰法历史上受罗马法影响而写成的著作作了简单梳理并进行了简要评价。④ 由此，可以看出布莱克斯通《释义》结构的某种渊源。其中，值得注意的有如下三点。

第一，在布莱克斯通之前，已经有不少学者企图用罗马法结构来整合英国法内容，比如芬奇（Henry Finch）的著作和伍德（Thomas Wood）的著作。芬奇和伍德的著作在结构的外观上尽管与查士丁尼《法学阶梯》较

---

① 参见 J. H. Baker, *An Introduction to English Legal History*, 4th ed. （Butterworths, 2002），p. 189。

② 参见 Lobban, "Blackstone and the Science of Law", *The Historical Journal* 30 （1987），pp. 313 – 314。

③ 事实上，按照结构形式的标准，我们可以大致把布莱克斯通之前的英国法著作分为两类，一类是普通法式的简单分类、汇编、评注式的著作；而另一类则试图用罗马法的体系来整合英国法内容，典型的便是《法学阶梯》式的作品，布拉克顿的著作虽然也试图用罗马法的体系来整合英国法的内容，但当时英国法的状况使得这种整合根本无法实现。

④ Blackstone, *An Analysis of the Laws of England*, 转引自 Watson, "The Structure of Blackstone's Commentaries" *The Yale Law Journal*, Vol. 97, 1987, pp. 798 – 799; Lobban, "Blackstone and the Science of Law", *The Historical Journal* 30 （1987）, pp. 318 – 321。

为相像，却并未用《法学阶梯》的结构作为整合和分析英国法的工具。①

第二，也正是因为这个原因，布莱克斯通将他的著作与考埃尔（John Cowell）的著作区别开来。考埃尔的著作 Institutiones Iuris Anglicani 出版于 1605 年，是一部非常准确地按照查士丁尼《法学阶梯》的篇章结构来组织的著作，实际上在这一时期，在欧洲各个国家出现了许多以属地法为基础，但又带有明显《法学阶梯》痕迹的著作——它们不仅直接以《法学阶梯》的结构为模本，而且径直就将自己的著作冠以"法学阶梯"的名字。② 布莱克斯通认为这样的结构安排是不自然的并且存在缺陷，由此看来，他并不准备简单照搬查士丁尼的结构。

第三，与此相反的是，布莱克斯通承认从黑尔（Matthew Hale）著作 The Analysis of the Law：Being A Scheme，or Abstract，of the Several Titles and Partitions of the Law of England，Digestedin to Method（以下简称《法律分析》）那里受到了启发。不过，从表面的结构看来，黑尔的著作受查士丁尼的影响并不明显，而且在这部著作的序言中黑尔声称，准备将这部书归为普通法、成文法或是讲罗马法的方法和概念类别之中。③

三 《释义》与《法学阶梯》、《法律分析》在结构上的承继关系

正是在这样的历史背景中，布莱克斯通开始了对于《释义》结构的安排。布莱克斯通并不准备对查士丁尼《法学阶梯》亦步亦趋，他清楚地认识到，英国法与罗马法之间存在的巨大差异会使这种结构的完全移植变得不自然并存在很大缺陷，而他认为黑尔的著作则兼顾了罗马法结构的合理性和英国法内容的实际特点。黑尔一般被认为是继柯克之后最伟大的普通法法学家，除培根外，他是当时英格兰为人所知的最为训练有素的法学家

① 参见 Lobban，"Blackstone and the Science of Law"，*The Historical Journal* 30（1987），pp. 318 – 321。

② 参见〔美〕艾伦·沃森《民法法系的演变及形成》，李静冰、姚新华译，中国政法大学出版社，1992，第 94 页。

③ 参见 Alan Watson，"The Structure of Blackstone's Commentaries"，*The Yale Law Journal*，Vol. 97，1987，p. 799。

和英格兰所有法律学科的大师，撰写了《普通法史》等著作。① 因此，布莱克斯通有足够的理由相信黑尔本人足够了解普通法的内在特点以及将罗马法结构应用于英国法内容的实际困难，而这些困难同样也摆在布莱克斯通面前。

我们在前面已经列出了《释义》的整个结构安排，即在导论之后，第一卷是关于自然法和人的权利，第二卷是关于物的权利，第三卷是关于对个人权利的不法行为，第四卷是关于公共不法行为。

首先是导论，这与查士丁尼《法学阶梯》中的序言相对应。查士丁尼在序言中"以我主耶稣基督的名义"，向"有志学习法律的青年们致意"，并且阐述了学习法律的意义和方式，"皇帝的威严光荣不但依靠兵器，而且须用法律来巩固……"，"这样，你们便可以不再从古老和不真实的来源中去学习初步的法律知识，而可以在皇帝智慧的光辉指引下学习；同时，你们的心灵和耳朵，除了汲取在实践中得到的东西之外，不致接受任何无益的和不正确的东西。因此从前须先学习三年之后，才能勉强阅读皇帝宪令，现在你们一开始就将阅读这些宪令"。② 而布莱克斯通也在导论中向那些在牛津大学听讲的贵族青年们致意，并阐述了学习英格兰法的意义和方法。他说，学习法律对于公民个体而言，可以借此更好地保护个人的生命、自由和财产等权利；对于公共生活而言，由于公民可能会担任陪审员，可能去参加议会选举，并且担任国家公职，因此知晓法律，能够更好地遵守、保护、改进和实施法律。然后，他回顾了英国法律的发展，包括法律教育发展的历史，指出了大学与以律师会馆为代表的职业法律机构的分离状态，并且分析了法律教育的种种问题，他同时告诉学生，"他的课程应被视为关于英国法的一幅全景式地图"，③ 他希望通过他的课程能够对法律教育的种种问题有所改进。

值得注意的是，在《释义》的第一卷关于自然法和人的权利的部分，布莱克斯通在阐述了自然法中人的绝对权利（第一章）之后，紧接其后的

---

① 参见〔英〕戴维·M. 沃克编《牛津法律大辞典》，北京社会与科技发展研究所组织翻译，光明日报出版社，1988，第 394～395 页。

② 〔罗马〕查士丁尼：《法学总论——法学阶梯》，张企泰译，商务印书馆，1989，第 1～3 页。

③ William Blackstone, *Commentaries on the Laws of England*, Vol. 1 (J. B. Lippincott Company, 1859), p. 33.

是：第二章：议会（Of the Parliament）；第三章：国王及其权力（Of the King and his Title）；第四章：王室成员（Of the King's Royal Family）；第五章：国王之咨议会（Of the Councils Belonging to the King）；第六章：国王之义务（Of the King's Duties）；第七章：国王之特权（Of the King's Prerogative）；第八章：国王之税收（Of the King's Revenue）；第九章：下级文职官员（Of Subordinate Magistrates）；第十章：人民，包括外国人，外籍居民，本国人（Of People，Whether Aliens，Denizensor Natives）；第十一章：牧师（Of the Clergy）；第十二章：婚姻状况（Of the Civil State）；第十三章：军队和海事身份（Chapter the Thirteenth：Of the Military and Maritime States）；第十四章：主人与仆人（Of Master and Servant）；第十五章：丈夫与妻子（Of Husband and Wife）；第十六章：父母与子女（Of Parent and Child）；第十七章：监护人与被监护人（Of Guardian and Ward）；第十八章：社团（Of Corporations）。

上述目录表明布莱克斯通对于人的权利的安排非常复杂，甚至包括了和人的权利并无直接关系的权力机关，比如议会、国王的咨议会等，有学者指出这实际上属于现代意义上的宪法内容，这和黑尔的结构甚至查士丁尼《法学阶梯》的结构有着明显的不同。不过，在布莱克斯通那里，自然人的权利可以分为绝对的权利和相对的权利两类，他认为绝对权属于特定的人们，仅仅通过单独的行动或个人即可实现，而相对权则适用于当人在社会中和他人发生关系的时候。由于英国当时还是一个等级划分比较严格的社会，有些人，例如国王、议员等无须和他人发生关系即可拥有一些权利甚至特权，这种与身份相连的权利即为绝对的权利，而普通民众除了自然权利之外，更多的权利则是在与他人发生关系时才会拥有和实现。①

当然，这种解释其实并未直接而清晰地说明布莱克斯通在其中对于议会、咨议会这些机构包括其权限的详细阐述，并且径直以这些机构的名称而非"议员"或是"咨议会成员"为标题的原因。在笔者看来，布莱克斯通的这种结构安排还是可以从查士丁尼《法学阶梯》中获得某种启发，尤其是将查士丁尼《法学阶梯》与英国的实际情况结合起来进行考察的时

---

① 参见 Alan Watson，"The Structure of Blackstone's Commentaries"，*The Yale Law Journal*，Vol. 97，1987，pp. 803 – 804。

候，会发现这样的安排乃是十分合乎情理的。

首先，查士丁尼《法学阶梯》的第一卷第二篇在谈到自然法之后，在谈到"人—物—诉讼"的区分之前，就对法律作了成文法与不成文法的区分，"我们的法律或是成文的，或是不成文的，正如希腊的法律，有些是成文的，有些是不成文的。成文法包括法律、平民决议、元老院决议、皇帝的法令、长官的告示和法学家的解答"。① 接着查士丁尼又依次对这些法律渊源进行了说明，包括说明了相应的机构。② 而我们回头再来看布莱克斯通的《释义》，就发现从议会到国王再到咨议会这些机构实际上也同样意味着某种法律渊源的发布机构，而牧师则要遵循教会法的内容。在布莱克斯通的时代，从议会到国王都有权制定种种法令，而同时又存在着教会法。因此《释义》在阐述自然法之后就紧接着阐述种种法令的发布机构（包括机构中的人员的权力）和牧师，可谓顺理成章。

其次，在查士丁尼《法学阶梯》接下来的篇章中，也即从第一卷第三篇开始，实际上也阐述了处于相互关系中的人的不同的权利，比如自由人和奴隶之间的区分、③ 生来自由人与被释自由人的区分、④ 受自己权力支配和受他人权力支配的人、⑤ 家长权、⑥ 婚姻、⑦ 收养、⑧ 监护。⑨ 这与布莱克斯通《释义》的第一卷后面几章婚姻状况、主人与仆人、丈夫与妻子、父母与子女、监护人与被监护人等，大体一致。而《释义》中所多出的"军

---

① 〔罗马〕查士丁尼：《法学总论——法学阶梯》，张企泰译，商务印书馆，1989，第7页。
② 〔罗马〕查士丁尼：《法学总论——法学阶梯》，张企泰译，商务印书馆，1989，第7~11页。
③ 参见〔罗马〕查士丁尼《法学总论——法学阶梯》，张企泰译，商务印书馆，1989，第12页。
④ 参见〔罗马〕查士丁尼《法学总论——法学阶梯》，张企泰译，商务印书馆，1989，第12~15页。
⑤ 参见〔罗马〕查士丁尼《法学总论——法学阶梯》，张企泰译，商务印书馆，1989，第17~19页。
⑥ 参见〔罗马〕查士丁尼《法学总论——法学阶梯》，张企泰译，商务印书馆，1989，第19页。
⑦ 参见〔罗马〕查士丁尼《法学总论——法学阶梯》，张企泰译，商务印书馆，1989，第19~23页。
⑧ 参见〔罗马〕查士丁尼《法学总论——法学阶梯》，张企泰译，商务印书馆，1989，第23~26页。
⑨ 参见〔罗马〕查士丁尼《法学总论——法学阶梯》，张企泰译，商务印书馆，1989，第29~47页。

队和海事身份""社团"这两章,与当时英国的实际状况有关。

布莱克斯通《释义》第二卷是关于"物的权利",这与前述黑尔著作的第 23 章至第 28 章以及查士丁尼《法学阶梯》的第二卷和第三卷相对应。而契约法的内容(第 30 章)依然如同黑尔的处理一样,被作为一种获得财产的方式而放在了关于物的权利之下。至于《释义》的第三卷和第四卷,对应于黑尔著作的第 39 章到第 54 章以及查士丁尼《法学阶梯》的第四卷。

《释义》的第三卷常常会令现代读者困惑,以为第三卷的标题"Private Wrongs"和现代的侵权法相对应,而实际上该卷主要处理的是英国法上的民事诉讼程序,即针对权利的种种救济方式。在当时的英国,侵权法还刚刚处于发展的萌芽阶段,而且实体法和程序法之间还相互纠缠在一起,因此摆在布莱克斯通面前的困难便是如何处理这纠缠在一起的一般意义上的侵权法和民事诉讼的内容。无论他是将这一部分整体等同于查士丁尼《法学阶梯》的第四卷,还是设法用另外一种方式来安排民事诉讼的内容,这都意味着实体法和程序法的某种分离,也即将第一卷中人的权利和第二卷中物的权利视为实体法,从而与后面的诉讼程序区别开来。我们也许会问,布莱克斯通不这样处理可以吗?问题的回答其实很简单,倘若如此,那么就根本无法实现他的将英国法体系化的目标,不仅无法安排第三卷和第四卷的内容,甚至连第一卷和第二卷也无法安排。在某种意义上,体系化就意味着分类和概括。布莱克斯通有着良好的罗马法知识,并且熟悉英国法律史上类似的将罗马法结构与英国法内容整合在一起的前人的努力。这种体系化的需要加上理论上的准备,使得从结构上对于实体法和程序法的分离成为可能。需要注意的是,这里的"分离"仅仅是结构上的分离,而并不意味着实质内容上的分离。

布莱克斯通认识到,任何一个民事诉讼的提起都意味着存在一种权利(包括人的权利和物的权利)以及权利被别人侵犯的事实。由此,他可以将民事诉讼作为法律上的个人不当行为来处理,同时也可以将一般意义上的侵权法的实体内容放在个人不当行为的标题下面。也就是说,布莱克斯通认识到,人们感受强烈的首先并非一种肯定性的对权利的占有,而可能是权利被侵犯或剥夺时的一种否定性观念,而只要着眼于权利被侵犯(以及相应的民事诉讼)的事实,便可以相应地说明了权利。① 这样，根据这种观念，他便可以将原本纠缠在一起的实体上的权利和程序上的诉讼在结构上实现某种分离。

当然，在布莱克斯通之前，黑尔实际上也已经这样做了。黑尔在他的《法律分析》序言部分将私法分为权利和救济，在第一章的开头，就认为救济可以与针对权利的不当行为联系起来。当然，在黑尔那里，权利与救济之间的区别并不那么显著。不过，黑尔并没有在章节上用"rights"和"wrongs"这样简洁而对称的方式来安排整个结构。也许有人会认为布莱克斯通将"权利"（rights）作为第一卷第二卷的标题、将"不当行为"（wrongs）作为第三卷和第四卷的标题，显得过于夸张。而事实上学者们常常难以抵抗这种对称、美观的形式的诱惑，② 不要忘了，布莱克斯通毕生都是一位诗歌韵律的爱好者。

布莱克斯通《释义》的第四卷对应查士丁尼《法学阶梯》第四卷的最后一篇"公诉"。造成篇幅差距如此之大的原因，主要在于当时英格兰刑法方面的法律已经占据了一个相当重要的地位。③ 而查士丁尼时期的法学家并不那么重视刑法。

至此，布莱克斯通通过对查士丁尼《法学阶梯》和黑尔《法律分析》的参照，已经构建了一个以权利（rights）为核心的对称优美的结构。

四 简短的结论

在布莱克斯通所处的时代，英格兰已然存在两种悠久的法律传统，

---

① 在这里，我们必须理解罗马法和普通法之间的某种区别，在普通法中不存在罗马法意义上的对物诉讼（in rem），也没有单独针对占有的救济手段。因此，财产法上的某些救济手段只能通过主张权利受到不当行为的侵犯而得到解决。如果占有人打算主张自己的占有权以反驳他人提出的异议，他必须宣称后者实施了侵犯其权利的某种侵害行为（trepass）；如果争议所涉及的是对物的权利，则必须宣称发生了侵占物品的某种侵占行为（conversion）或者要求返还被侵占的物品（detinue）；如果他主张的是某种地产权，他必须提出另外的相应的侵权行为的指控；等等。参见〔英〕巴里·尼古拉斯《罗马法概论》，黄风译，法律出版社，2000，第236~237页。另外，当代经济学家的一些研究也可以加深我们对这一问题的理解，在某种意义上，只有通过否定性的权利观念，常常才能更好地界定权利，并且界定权利的边界。参见〔美〕R. 科斯、A. 阿尔钦、D. 诺斯等《财产权利与制度变迁——产权学派与新制度学派译文集》，刘守英等译，上海三联书店、上海人民出版社，1994，第166~178页。

② 参见 Alan Watson，"The Structure of Blackstone's Commentaries"，*The Yale Law Journal*，Vol. 97，1987，pp. 804–806。

③ 参见 G. J. Postema，*Bentham and the Common Law Tradition*（Clarendon Press，1986），pp. 263–301。

即罗马法传统与普通法传统。① 就法律教育层面而言，前者通过大学承接，而后者则通过律师会馆延续。就法律著作层面而言，前者主要表现为《民法大全》，特别是其中的查士丁尼《法学阶梯》，还有对罗马法经典文献进行阐释、评注、研究的著作。而后者则大致有以下几种形式：第一类是对种种令状、判例进行整理、评注和汇编的著作，在结构上显得较为凌乱，律师除非浸淫已久，否则很难对其进行很好的把握，而这一类著作可以视为最能体现普通法传统特色的著作。第二类法律著作存在一定的体系性，但基本上依靠的是日常简单的分类标准，如成文法令的汇编、法律辞典。第三类是试图用罗马法结构特别是查士丁尼《法学阶梯》的结构来整合英国法内容的法律著作。到 17 世纪，开始有学者完全以查士丁尼《法学阶梯》的结构为模本来整合英国法的内容，如考埃尔于 1605 年出版的 *Institutiones Iuris Anglicani*，是一部非常准确地按照查士丁尼《法学阶梯》的篇章结构来组织的著作，此后还有芬奇和伍德等人的类似著作。但这种简单照搬的整合方式，并不能够令布莱克斯通感到满意。

布莱克斯通对于利用罗马法结构来整合英国法内容的种种困难有着清醒的认识。不过，讲授英国法的任务使得他必须将英国法体系化，因为以众多散乱的判例和令状为基础的英国法根本不适合在大学中进行讲授。由于他曾经在牛津大学获得过民法博士学位，所以自然而然地将查士丁尼《法学阶梯》的结构以及著名的"人—物—诉讼"作为参照的模本。为了将英国法体系化，布莱克斯通必须将英国法中本来纠缠在一起的实体法与程序法在结构上作出某种分离。他认识到，诉讼程序可以视为一种针对不法行为的救济手段，而不法行为本身则是对于权利的侵犯，于是他实行对权利和不法行为的二分法，并且顺理成章地将诉讼程序安排在以不法行为为标题的篇章中。同时，针对当时英国法中契约法尚处萌芽阶段的现状，他将契约作为一种获得财产的手段而放置在了物的权利下面。当我们考察英格兰历史上的法律著作的时候，可以发现布莱克斯通处理问题的方式与黑尔之间的相似性。在利用罗马法结构整合英国法内容的作者中，布莱克

---

① "普通法传统"是庞德教授最早提出来的一个词语，后来又有许多学者相继使用并阐释这个概念。参见〔美〕罗斯科·庞德《普通法的精神》，唐前宏等译，法律出版社，2001；〔美〕卡尔·N. 卢埃林《普通法传统》，陈绪纲等译，中国政法大学出版社，2002。

斯通并非第一人，但他是最为成功的。布莱克斯通以查士丁尼《法学阶梯》为模本，并从黑尔那里借鉴了一些克服困难的方法，最终构建一个适应当时英国法内容的全面细致并且优美对称的结构框架。这在形式上满足了他将英国法体系化的要求。

（本文原载《中国政法大学学报》2007 年第 1 期，收入本书时有改动）

公共性与宪法研究

——戴雪《英宪精义》意图考

何永红 *

戴雪的《英宪精义》，这部外国宪法的教科书，之所以在汉语读者中产生持久的影响力，绝不仅仅是因为它权威阐述了其本国的宪法条文——在严格意义上，我们甚至不能说它有所谓宪法条文的存在。在很大程度上，这样的作品一定是其民族精神的代表，并以某种独特的方式跃出专业人士的圈子，成为人们了解其历史和政制的不二法门。

只有具备公共性的作品才会产生这样的效果。20 世纪 70 年代后的欧美、90 年代后的中国，随着大学的普及化和专业知识的体制化，总体而言，传统的具有公共关切的知识分子逐渐为韦伯所说的"没有精神的专家"所取代。但在维多利亚时代的英国，对公共文化和公众生活的关注，是知识分子的应有属性，这种天然的公共性，恰如中国古代儒士对"天下"的关切。也正是在这个意义上，20 世纪的思想史家科里尼将我们熟知的法学家，如奥斯丁、梅因、斯蒂芬和戴雪，径直称作"公共道德家"（public moralist）——即今日所谓的"公共知识分子"。[1] 这里的公共性，含有三个要素，即作者为了公共利益，谈论公众事务，并面向公众写作，

---

* 何永红，西南政法大学行政法学院副教授。

[1] 参见 S. Collini, *Public Moralists: Political Thought and Intellectual Lifein Britain 1850 – 1930* (Clarendon Press, 1991), pp. 251 – 307。但是，这两个术语间仍有一个重大的区别，"公共道德家"在科里尼那里，是指英国社会中那些统治精英集团中的成员，就此而言，这些人论述政治、法律和公共生活的作品因之比圈外作者的作品通常享有更高的地位和权威。今日的"公共知识分子"则没有这层意谓。对于这一点，科里尼在更早的《那高贵的政治科学》中作了详细阐述，参见 S. Collini, *That Noble Science of Politics: A Study in Nineteenth Century Intellectual History* (Cambridge University Press, 1983), Ch. XI。

这和学院化、专业化的写作方式构成鲜明对比，因为后者意味着狭窄的学术主题、封闭的学术圈子，远离公众的行话，以及知识分子作为一个阶层与公众、社会和历史的逐渐疏远。

然而，戴雪在《英宪精义》前面的"研究大纲"中明确表示：这是一部专业的法学著作，它的目的是为法律人解析出英国宪法的两三条主导性原则，借此走出长久以来一直处于"混沌和黑暗的王国"。为此，戴雪特意将这种法律研究方法与白芝浩的政治视角和弗里曼（Freeman）的史学方法区分开来。那么戴雪到底是专业的法学家，如梅特兰那样，还是科里尼所谓的"公共道德家"？换言之，《英宪精义》的公共性和专业性之间具有怎样的张力？戴雪意欲何为？这正是我们要深入考察的。

一

让我们从《英宪精义》这个译名谈起。

本书书名，即 *Introduction to the Study of the Law of the Constitution*，直译作"宪法性法律研究导论"。*The Law of the Constitution* 究竟如何翻译一直未有定论，汉语法律学人在"英宪之法""宪法律""宪律""宪法法律""关于宪法的法律""宪法性法律"等分歧间莫衷一是。但是，多数仍采行"宪法性法律"的称谓，最直接的意思是"具有宪法重要性的法律"。

那么，什么是"宪法"（constitutional law）呢？戴雪说："就其在英格兰的使用方式而言，似乎包括直接或间接影响国家最高权力的分配或行使的所有规则。"在这里，戴雪特意用了"规则"（rules）而不是"法律"（laws）这个字眼，因为这些规则包含了两类完全不同的东西：

> 第一套规则是严格意义上的"法律"……它们都是由法院实施的规则。这些规则构成了严格意义上的"宪法"，以示区别，可将其统称为"宪法性法律"（the law of the constitution）。
>
> 第二套规则是由惯例、默契、习惯或常规组成，尽管它们也可以调整握有最高权力的几个成员、全体部长或其他官员的行为，但因为不是由法院实施的规则，所以实际上根本不是法律。同样以示区分，

宪法的这部分内容可称为 "宪法惯例" （conventions of the constitution）或宪法道德。

可见，"宪法性法律" 和 "宪法惯例" 是相对而言的，它们共同组成了广义上的宪法。由于英国没有宪法典，所以通常所讨论的宪法，在英国只能以 "宪法性法律" 名之。不过，"宪法性法律" 和 "宪法惯例" 之间的区分，以及对前者的强调，可不仅仅是称谓的问题。相反，戴雪说：

> 它是正在讨论的问题的根源所在。一旦把握住 "宪法" 这个词背后的双关性，与此相关的所有问题就会全然各安其位。这样，一位职责在于把宪法当作英国法的一个部门来讲授或研究的法律家，就不大可能看不清这一学科的性质和研究范围。

不仅如此，戴雪甚至明确交代，"只有名副其实的宪法才是法学家真正关注的对象"，该书的目的就是要阐明这个真正的对象即宪法性法律；至于宪法惯例，则属于政治学的范围，法学家若要讨论，其范围也仅限于它与宪法性法律的关联。

20 世纪 30 年代，雷宾南先生将译名定为《英宪精义》，主要理由是，该书的主要内容是阐明英国宪法的三条大义，即宪法惯例的作用、议会主权和法治，而且戴雪的研究虽侧重宪法性法律，但不弃置宪法惯例，故而，出于 "信" 和 "雅" 的原则，以此名译之。① 这一译名在汉语读者中已深入人心，自无疑义，但是就准确凸显戴雪的主旨而言，《宪法性法律研究导论》似乎更为妥帖。

戴雪并非不关注宪法惯例，他的意思只是，如果宪法性法律没有得到真切的说明，惯例的效力也无从真正理解。事实上，在《英宪精义》中，戴雪从严格的法律视角展示了公共道德（public morality）如何服从于法律；在后来《法律与公众意见》一书中，他又从另一种视角揭示了公共道德如何对法律施加最终的约束力。很少有学者能像戴雪那样，对现代民主

① 参见〔英〕戴雪《英宪精义》，雷宾南译，中国法制出版社，2001，"译者序" 第 1～2 页。方便起见，本文在提及书名时，仍作《英宪精义》，但正文的引用，一律出自 A. V. Dicey, *An Introduction to the Study of the Law of the Constitution*, 8th ed. （Macmillan, 1915）。

政体中的法律和道德之间的关系作出如此深入而系统的考察。道德和舆论之于法律权威的重要性，在戴雪那是显而易见的：法律和道德的日益疏远只会导致"法治精神的衰落"，但是在《英宪精义》中，他的目标之一就是要刻画出一种连贯一致的宪法概念，以让"宪法"这一学科成为法律学术的持久研究对象。

简言之，戴雪是要推进法律的科学化。唯有如此，才能将法律学徒在律师会馆习得的零碎知识整理成连贯一致、层次分明的体系。这样的工作恰与奥斯丁的"法理学范围之限定"相类似，或者说，戴雪的研究方法，正是奥斯丁的实证主义在宪法学领域的应用。奥斯丁的目标是，在总体上为法学奠定足够系统和科学的根基——正像其迅猛发展的相邻学科那样，所以，他才不厌其烦地澄清"实在法"与"神法"和"实证道德"间的区别。而戴雪，在这一点上显然也是充满自觉的："英国法学教授的任务，首先是说明构成宪法的那些法律是什么；其次是整理它们的门类，然后是解释它们的含义，并在可能的情况下展示它们之间的逻辑关系。"

这样的研究任务是专门而独特的，不同于普通法学家（如布莱克斯通）对普通法的疏解，更不同于史学家和政治学家的工作。尽管戴雪也承认，此前的法学大师、法史学者或政治哲学家，在同一论题上曾作出杰出贡献，但他认为，先前的努力并没有抓住英国宪法的法律性质。法学大师（尤其是布莱克斯通）所论多有浮夸之词；史家虽注重史实，但因嗜于考古，反而忽略制度的当代状况；政治哲学家的论述虽然富有洞察力，但以法科学生的眼光来看，却离宪法的研究对象尚远。非现实性、好古癖和墨守成规这三种缺憾，正是戴雪所要克服的。

对于在新时代，法科学生该如何学，法学教授该如何教的问题，戴雪有一段经典的总结："当前，听宪法课的学生，既不是为了批评宪法，也不是为了表示崇敬，而是为了理解它。讲宪法课的教授则应该认识到，自己既不是批判家，也不是辩护士，更不是颂扬者，而仅仅是一位解释者；他的职责不是抨击，不是捍卫，而只是解释它的法律。"从戴雪的这些话中，我们不难看出，在《英宪精义》首版（1885 年）年代，英国的法律学术和法学教育还相当"幼稚"。难怪戴雪孜孜以求，要对"宪法性法律"进行"初步研究"。

二

毫不夸张地说，从 17 世纪到 19 世纪中期的英国，不存在任何真正意义上的法律教育，传统上，律师们的从业技艺只能通过学徒制在律师会馆获得。1846 年，下议院法律教育专门委员会在一份调查报告中尖锐地批评道，英国的法律教育不仅是"残缺的、极端令人失望的"，而且还落后于"欧洲所有其他更为文明的国家和美国"，实际上，"此时的英格兰和爱尔兰，不存在算得上具有公共性质的法律教育"。[①] 此外，这一致力于法律教育改革的专门委员会还特别指出，旧教育制度的弊端在于缺乏体系性的教科书，以及用科学的方法来讲授法律和从事法律学术的法学家，学生们的时间和精力都耗在大量琐碎的法律技术问题上。这印证了此前奥斯丁的判断："从英国法研究转向罗马法研究，你就好像从一个混沌和黑暗的王国中逃离出来，进入一个相比之下充满了秩序和光明的国度。"[②]

戴雪就任牛津大学瓦伊那英国法教席前后，这一"混沌和黑暗"因为以下因素而加剧了。首先，英国的法律体系（如果说有的话）是根植于诉讼形式中，但是 1875 年对旧的诉讼形式的废止，使得在概念上重构英国法的任务显得尤为紧迫。其次，英国法正被输往帝国的各个殖民地，尤其是印度，因此如何把英国法以体系化的面貌呈现给殖民地人民便是一个非常现实的问题，这激励着英国法学家利用大陆法的分类方法来改组英国法，要让它看起来是能够被体系化安排的诸原则的集合，而且是奠基于合理的逻辑推演，而不是赤裸裸的权力。最后，1865 年第一次出版的《法律汇编》加深了人们对普通法所特有的

[①] *Report from the Select Committee on Legal Education* （25 Aug. 1846），p. 526. 转引自 W. E. Rumble，*Doing Austin Justice*：*The Reception of John Austin's Philosophy of Law in Nineteenth-century England* （Continuum，2005），p. 37.

[②] J. Austin，"On the Use of the Study of Jurisprudecne"，in *Lectureson Jurisprudence or The Philosophy of Positive Law*，Vol. 2，5th ed.，Rev. and ed. by Robert Campbell （John Murray，1885），p. 58. 奥斯丁对英国法律学术的贡献，并非那本枯燥无趣的《法理学的范围》所能呈现。韦伯曾赞扬，直到奥斯丁，英国才有真正的法律学术出现。

庞大冗长、结构松散的印象。① 在 1870 ~ 1907 年的这段时期内，许多法学家诸如戴雪、波洛克、安森（Anson）和萨尔蒙德（Salmond）等都有一种强烈的使命感，要将英国法自身展现为一种清晰有序的整体，并将它写进教科书中——因为在那个时代，教科书代表着英国的法律教育、科学和学术，是"令法学教授们最感兴趣，或许也是他们最为重要的领域"。应该说，这是一场充满自觉意识、影响广泛、史无前例的知识创造行动，戴雪的工作并非偶然，也不是一个特例。

法律教育改革势在必行。成果之一就是 1846 年"法律教育理事会"的组建，该理事会在各大律师会馆设立了若干个高级讲师职位。梅因就是其中之一，他在 19 世纪 50 年代的讲稿后来形成了《古代法》一书。更为重要的是，"法律教育理事会"在皇家委员会的建议下作出了明确规定，凡未取得大学学位者，必须通过入学考试，才能进入律师会馆学习。1871 年，四大律师会馆联合决定，实行出庭律师资格强制性考试制度，并授权"法律教育理事会"负责选任教师和考官。这大大增加了法学教师和教科书的需求。

在 1850 ~ 1907 年的这段时期内，英国的大学任命了一大批职业的法学教师，他们的主要任务就是要跳出当代法律教育和法律学术的"混沌和黑暗"的王国，创造一个"充满秩序和光明"的世界。对这些法学教师自身而言，完成这一任务也是必须的，因为要想在英国大学中争取一席之地，就必须找到一种可靠的途径来确立自己的身份，这一身份是双重的，一方面要显示自己作为法律家的可靠性；另一方面又希望在大学中具有一定的正当性。换言之，"对戴雪、布莱斯、波洛克、安森、霍兰德、萨尔蒙德和其他古典的大学法律教师而言，要想在富于怀疑精神的大学里和一个怀有大量敌意的行当中获得职业的正当性，他们就必须找到并维护一种由法学家所独占的专长"。但是，这一特殊专长是什么呢？

奥斯丁的研究恰好可以满足这两方面的要求。他把法学家的领地严格限定在描述、分析和解释的范围内。《法理学的范围》这本名著的重点在

---

① 每一个初次了解到英国法的《法律汇编》的人，都可能会被它的庞大数量震住。而且，它一直在以惊人的速度增长，到戴雪的时代，其数量已达到 1300 ~ 1500 卷。难怪戴雪说，那种像柯克、布莱克斯通甚或半个世纪以前的坎贝尔勋爵一样阅读法律的方式已经过时了，如果他们还有精力将整个的英国法通读一遍的话，那么在这个时代已经绝无可能了。参见 A. V. Dicey, *Can English Law Be Taught at the Universities*? （Macmillan, 1883）, pp. 15 - 17。

于"划界"本身。与此同时，他再三强调自己的研究主题是实在法，是对"法的存在"的描述，而不是对"它的优劣"的讨论。这一源于奥斯丁并由戴雪应用于公法领域的研究方法，之所以在19世纪和20世纪之交取得了显赫的地位，很大程度上是因为它刚好迎合了19世纪后半期涌现的新一代学术法律人的智识目标：将法律展现为由一般法律原则主导的融贯体系，并借此把看起来非理性的、混乱的普通法改造成一个内部逻辑一致的规则体。这样，"法律最终就会受到与自然科学的规律类似的原则的支配，并因而有资格作为一门独立的学科在大学中占有一席之地。这正是新兴的职业法学家和大学法律教育的存在理由"。

没有人比戴雪对这一理由的阐明更详尽而复杂的了。在那篇著名的《英国法能够在大学教授吗》的就职演讲中，戴雪强烈质疑那种只能在实践中学习法律的传统观念。在简短地分析现有法律教育体系的优点之后——可以将其概括为"现实性"，即学生们能够接触到现实的法律业务，戴雪直截了当地指出："英国的法律教育具有严重缺陷，与哪怕只是五十年前的状态相比，当今的具体情势让这些缺陷显得更为突出……缺陷是三重的。在律师会馆学到的法律知识是零碎的，不成体系，而且是对时间和精力的浪费。"戴雪的意思很明确，在实践中学习法律只会导致对"法律原则"的不完整掌握，原则而不是细节才是困扰律师和法官的问题所在。正在此处，法律教授的作用就显现出来了："学者活动的适当领域，就是矫正由单方面的实践训练体系所直接或间接导致的缺陷。法学教授的任务就是将法律作为一个连贯的整体来阐释：分析并界定法律概念，将浩如烟海的法律规则简化成一系列有序的原则，以此来协助、激励和指导法律文献的改革和创新。"①

一般说来，就职演讲可能是演讲者的学术意识和学术专长的集中表达和展现，也可能反映了那个时代共同的学术问题。事实上，戴雪在这篇著名演讲中对现行法律著作的批评，得到了法学界和实务界的积极响应。毫无疑问，在这场法律教育改革运动中，是戴雪这类学术法律人而不是从业者起到了主导作用。把研究得来的成果写进法律教材，并通过大学课堂和考试将之传授出去，

————————

① A. V. Dicey, *Can English Law Be Taught at the Universities?* (Macmillan, 1883), p. 18. 戴雪甚至还说，如果说我们的法律汇编之所以如此丰富，是因为有那些伟大法官的不朽创作，那么，我们的法律著作之所以如此贫乏，肯定是因为此前没有法学教授。参见该书第 22 页。

这是古典法学家的专长。在大约 30 年的期间里，一少部分的精英分子就彻底使绝大多数法学核心科目改观。正是这场由法学家们所力主的教育变革，让他们在这份新兴职业中的正当性得以最终确立。正如休格曼所说：

> 一些法学家，尤其是奥斯丁、梅因、戴雪和波洛克，对法律和国家施加了空前强大的影响力。法律能够成为一门可以进行学术研究的专业，能够将其自身与其他学科区分开来，以及能够将某些主题和方法提升到法律教育和法律学术的中心，而将另外一些边缘化甚至使之归于沉寂，这在很大程度上都要归结于 1850～1907 年这段时期内发生于法律教育和思想领域内的重大变革。这段时期是英国法律学术的真正古典或黄金时代。也正是在这段时期，那些学术法律人与法院一道，彻底重构了英国法的形式与内容。他们是现代法的真正编纂者。他们使混乱的普通法变得清晰和精确的程度不可谓不大。

在很大程度上，戴雪就是那个时代的立法者，他的教科书就是一部新的法典。戴雪对此也毫不隐晦，他希望他的著作和教义不仅可以改变法律的形式，还可以改变法律的实质，以至于能够像鲍狄埃（Pothier）、萨维尼、温德沙伊德和兰德尔所做的那样，来塑造整个法律部门。戴雪不仅做到了，而且还做得很成功。在整个 20 世纪，《英宪精义》一直被英国学者誉为其所拥有的"唯一成文宪法"。成功的关键毋宁在于，《英宪精义》把自柯克—洛克—布莱克斯通以来的普通法传统成功地转化成了当代所能接受的法律语言和法律思想，进而重构了整个普通法。

普通法不仅以法官为中心，而且还把法官看成个人自由的保卫者，这与戴雪那个时代的精神相契合。在那个古典自由主义盛行的年代，普遍认为有一个独立于法律和国家的私人领域，为实现自己的利益的个人在该领域的所有活动都受到司法保护，这就是自由的法律边界理论，即认为自由是有限度的，但法律同样也是有限度的，当且仅当法律是为了个人自由不受其他人的侵害这一目的时，它对私人领域的干涉才是正当的。① 在这样

---

① 关于自由的法律边界理论，最经典的表述当属密尔的这句话："对于文明群体中的任一成员，所以能够施用一种权力以反其意志而不失为正当，唯一的目的只是要防止对他人的危害。若说为了那人自己的好处，不论是物质上的或者是精神上的好处，那不成为充足的理由。"参见〔英〕约翰·密尔《论自由》，程崇华译，商务印书馆，1959，第 10 页。

一种法律框架中，司法独立与司法权威被看成英国宪政的基石，司法是否独立决定了法治的存与废，最终决定了个人自由能否得以维持。戴雪正是在这一立场上调和了议会主权和法治原则，他的意思是指，对法院判决的质疑和批判就等于是贬损法律权威和摧毁法治原则本身，因此，法官享有宪政秩序之守护者的至高荣誉，也承担着保护个人自由的重大责任。在一个日益民主化的社会，坚守这一点就显得更为重要，独立的法律行业和自治的法律体系是个人自由的可靠保证，或者反过来说，国家的正当性正越来越依赖于一个独立自治的法律职业界的存在。法律教育和法律职业（尤其是律师业）的改革以及法典编纂就应运而生了，戴雪和其他法学家通过教科书的形式一道推动并引导了这一发展进程，这也是他们作为学术法律人为这个时代所作出的真正贡献。

三

然而，戴雪及其《英宪精义》的成功，在某种程度上就是一个谜。从纯粹学术的角度来看，书中观点有大量值得商榷甚至错误的地方。事实上，该书自诞生以来，也一直不乏严厉的批评者。有学者甚至称他是一个"古怪的思考者、顽固的比较语言学研究者、蹩脚的历史学家"，他在著作中"易于激动任性、错误地回应了当时的政治环境"。① 既然如此，戴雪的文本又何以影响了一代又一代的政治家和法律人呢？很显然，仅仅说这是因为它满足了当代法律人的需求，并不足以解除我们的全部困惑。

有一点可以确定，那就是，戴雪采行"描述的分析方法"在一定程度上是真实的。他对"议会主权"和"法治"两大原则的论述，并不是一种规范的证明，而是对经验的总结，也就是他所说的，对已有的法律材料进行整理和说明，而不是批判或捍卫。但细读文本后发现，并不完全是这么回事。

以法治原则为例。在《英宪精义》的第四章"法治的性质及其一般性

---

① J. W. F. Allison, *The English Historical Constitution: Continuity, Change and European Effects* (Cambridge University Press, 2007), p. 165. 将戴雪称为"比较语言学研究者"和"历史学家"似乎有些奇怪，但埃利森在这里的意思是指，戴雪在《英宪精义》中大量地征引历史，频繁地作出比较分析，而这些引用和分析又是如此的不可靠。

应用"中，戴雪用了 1/3 的篇幅来分析和阐释他那著名的法治原则，而其余 2/3 的篇幅都在引用历史和比较评论。在参照对比的过程中，戴雪诉诸"外国的观察家"，如伏尔泰和德·洛尔默（De Lolme），而引入他们的开篇词也比较有意思：他们"对如下事实的印象实较英国人自身都要深得多，即英格兰绝不同于欧洲的其他任何国度，它是一个根据法治原则来进行统治的国家"。戴雪开篇用了一页篇幅来说明英国宪法的两大特征，即议会主权和法治，然后用了三页篇幅来证明"法律主治是英国制度的区别性特征"——在这部分中，戴雪的主要论据是托克维尔在英国和瑞士之间的批判性比较。

对于法治的第一层含义"政府没有专断权力"，戴雪给予的解释仅用了 8 行，但为了证实他的论点，却花了 5 页的篇幅来作历史比较。他特别提及伏尔泰游历英格兰时的感受："当伏尔泰来到英格兰时——他代表了他那个时代的看法——他最强烈的感受显然是，他已经离开了一个专制王国，来到了另一个国度，在那里，法律可能有些严苛，但人们只受制于法律，而不受制于突如其来的念头。"戴雪甚至补充道，1717 年，伏尔泰曾因一首不是自己写的诗，被投入巴士底狱，因此他有充分的理由知道英法两国的差异。戴雪说法国人庆贺法国革命成功的狂热，实为 20 世纪的英国人所不能理解。原因是，在法国人为攻陷巴士底狱而感慨万千的时候，法治原则早已在英格兰确立很长时间了。戴雪接下来以同样的方式详细阐明了法治的第二层和第三层含义。第二层含义是"任何人都必须遵守普通法院所实施的普通法律"，戴雪用了一页半的篇幅予以解释，然后把它与法国行政法进行比较，最后的结论是，行政法的观念在英国根本不存在，而且与英国的传统和习俗是相悖的。第三层含义是"宪法的一般性规则形成于国内的普通法律"，戴雪同样只花了一页半的篇幅予以解释，但是用了五页半的篇幅来把它与比利时和法国的成文宪法条款作对比，以支撑他的论点。在此，戴雪特别强调英国宪法的实践性和实效性的救济方式。

戴雪在英国和欧陆国家之间的比较，远不止上述展示的这些。《英宪精义》第 12 章的章名就叫"法治与行政法的比较"。在这一章中，戴雪大量地依赖托克维尔对法国行政法院（Conseil d' Etat）的批评，以证明违法的行政官员能够得到旧制度和行政法的保护。托克维尔本人是一个纯理论派的自由主义者，他所批判的是以法国大革命前的枢密院（Conseil du

Roi）和之后的行政法院为象征的中央集权的行政国家。就像在诉诸伏尔泰对法国旧制度的批判一样，戴雪同样在诉诸一个批判法国公法的法国评论家，而不管他的论点是否可靠，以及其本国的实际发展状况如何。在"法治"篇（全书共分三篇）余下的所有章节中，戴雪运用比较方法不断地强调英国法的相对开明和优越。

事实上，欧陆国家的发展与以下这些术语密切相关，如西班牙的宗教法庭、旧秩序和旧制度，法国大革命、恐怖行动以及路易·波拿巴等，但在戴雪等普通法法律人那里，它们或多或少都是一种贬义。19世纪的辉格党历史学家如哈勒姆（Hallam）和加德纳（Gardiner）在他们各自的著作中都回应了上述欧陆现象。比如，哈勒姆就在英国公民的平等权利和法国人在旧制度下对"贵族、平民和奴隶"的等级划分之间作了对比。哈勒姆的这种"自鸣得意"对戴雪来说是合乎常情的，因为这对于"一个目睹英国制度的持久繁荣，又亲见了外国调和自由与秩序的改革失败的英国人来说是很自然的"。大陆国家尤其是法国的各种败象，刚好是英国成功避免了的，这无疑激发了英国人的民族自豪感，而辉格党史家则又使英国人对欧陆国家的印象得以长久保存下来，戴雪以及英国历代学生都摆脱不掉这种观念的影响。

种种证据表明，戴雪不仅深受辉格党史家的影响，而且他对议会主权和法治原则的法律分析，本身就贯穿着一种十足的辉格史观。① 正像艾利森所评价的那样："如果柯克是早期最有影响的辉格党历史学家，那么可以认为，尽管戴雪贬损了解读宪法的历史观点，但他仍然是晚近最有影响的辉格历史的拥护者——这一影响是通过他有关宪政的法律学说发挥出来的。"可以说，戴雪宪法学说中的法律分析和历史观点呈现一种相互依存的关系。

什么是辉格史观？巴特菲尔德对此作过极好的概括：它的总体特征是"把某种形态强加于整个历史叙事中，并制造一个通史的体系，认为历史注定会完美地朝着现在的方向发展——古往今来的所有事件都证明了进步

---

① 詹宁斯在一篇歌颂戴雪的著名文章中，频繁使用"Whig"一词，并把戴雪定性为"辉格党人"，如"戴雪是带着辉格党的眼镜看待1885年的英国宪法的，他的原则就是辉格党的原则……他的著作浸透着辉格党的观念"。参见 W. I. Jennings，"In Praise of Dicey 1885 – 1935"，（1935）*Public Administration* 123，pp. 125 – 128。

这一自明的原理在起作用"。① 当柯克等普通法法学家把《大宪章》（Magna Carta）抬高到一个足以对抗王权的高度，并把它颂扬成一部保障人民自由的法典的时候，他们就在进行一种辉格党的历史叙事。因为《大宪章》并不像怀有本土情结的辉格党人所描绘的那样，是一份具有解放作用的文件，与其说它是为了保障全体英国人的自由，不如说是为了少数人的特权。这种有关由过去进步到现在的历史叙事假定了"事件之间的虚假延续"，强加了一种价值判断。辉格党的历史是一种"贫困的历史"，因为它忽略了历史的微妙性和复杂性。辉格党史家对过去的阐释无非都是为了满足当前的需要，历史也因此成为支撑当前价值的工具。在一个缺乏成文宪法，制度发展又具有相当延续性的国家，这样的历史叙事的确能够增加宪法的吸引力。

从 17 世纪的柯克到 19 世纪的辉格党历史学家，诸如哈勒姆、弗里曼和加德纳，他们的历史观念影响着一代又一代的读者，而且他们对英国宪政史的这种进步论阐释已经成为政治思想的核心。尽管戴雪批评哈勒姆等历史学家的"好古癖"，说他们过于关注宪法的古代形式而忽视了它的当代状况，但从他对历史的引用和参照来看，他持有一种与哈勒姆相同的历史观。

仅举数例。戴雪认为，自诺曼征服以来，法治和国王至上（现已变成议会主权）始终是英国政治制度的主要特征；王室官员因其错误的逮捕行为要承担个人责任这一法律原理，至少可以追溯到爱德华四世时代。还有，戴雪认同和赞赏 17 世纪宪政冲突中热心拥护普通法的爱国人士对斯特亚特王朝专制的抵制，因为这场冲突以星宫法院的废除和枢密院专断权力的消失而告终。此类叙述还有很多，可以说遍及《英宪精义》各处，其范围之广程度之深，远远背离了他要将看待宪法的历史视角和法律视角区分开来的初衷。

值得注意的是，戴雪对历史的引用是有高度选择性的。在某些段落中，戴雪把古老性和连续性说成一种优点，但在另外的场合，他又认为根

---

① H. Butterfield, *The Whig Interpretation of History*（Norton & Company, 1965），p. 12. 这是一种缩略和删节以及过度简化的历史解释。在辉格史观中，历史是通过具有转折意义的重要事件来划分的，比如 16 ~ 17 世纪的天主教改革运动，或者 17 世纪王权与议会之间的冲突等。对于超出的范畴，辉格党的历史学家们并不关心。

本性变革是一种胜利。他对历史的引用也并不是在阐释关于先例的学说，而是要为他的法律原则附加历史根据。

实际上，法治原则本身的分析性含义相当简单，它并不是严密的逻辑论证，但意义很重大，关键在于，这些含义中还包含了对英国历史和英国宪法的本质的理解。就像艾利森所指出的那样："戴雪的《英宪精义》是辉格党的比较史学的法律变体，换言之，是巴特菲尔德所谓的辉格历史的法律变体，但是加上了一个比较的维度，而且重点在法律上。"事实上，在论述法治的所有章节中，戴雪所要着力证实和宣扬的就是英国宪法的成就，以回应来自欧陆国家过去和现在的危险事物，在不断地比较过程中，简短的法治含义变得生动和丰满起来。但同时我们必须意识到，戴雪的引用和比较往往与他的主题并不直接相关，而且其引证的论据也未见得可靠。所以，戴雪这种选择性的甚至是任意的历史和比较，其目的就是增加英国宪法的权威和魅力。

戴雪的历史和比较，如果借用白芝浩的术语，构成了英国宪法中"富于尊严的部分"。它们赋予英国宪法一种历史的正当性，同时在与欧陆国家的对比中，又获得了一种无可比拟的优越性。那些赞同戴雪观点的读者，会认为这种历史体现了英国宪法的本质——一种渐进主义的胜利，特别是与欧陆宪政变迁中的动乱和痛苦相比时，更是如此。

四

《英宪精义》最令人感兴趣的一点就是，它既是一部寻求学术认同的法律教科书，同时又是一篇赞美英国历史发展之独特性的华丽颂词。这一点着实让人感到惊讶。正如上述，这本书的研究范围，本来是限定在对现行英国法的详细说明上，它既不批评和诋毁，也不捍卫和颂扬它所要研究的对象，但实际上，戴雪已超越了自己所设定的研究界限。

戴雪的直接目的当然是整理零散的法律文献，解析宪法的主导原则，推进法律教育改革，但其旨意又不限于此。否则，他就没有必要大量比较英国与欧陆的差别，赞颂英国的历史和政制，这样做绝不是因为疏忽或学术不够严谨。很显然，戴雪不仅力图将英国宪法引入公众视野，还要将它与英国的历史和政制勾连起来，使得人们把法律作为英国民族特性的聚焦点。这就是我们所说的，戴雪的公共性之意涵。

要做到这一点，首先是在写作姿态上须面向公众。同是维多利亚时代的学术法律人，戴雪和梅因及梅特兰在这点上就有些不同。梅特兰本人毕生恪守在自己的法律史领域，其受众与其说是当代的法律人，还不如说是研究中世纪的历史专家，在这个意义上，梅特兰的确达到了学术专业化的更高阶段。① 即便是与梅因相比，戴雪的公共性也更为突出，也就是说，把法律语言和法律思想置于英国人理解其自身历史和政治的中心，戴雪做得更为成功。虽然梅因的《古代法》和戴雪的《英宪精义》都采取的是讲稿形式，但戴雪的著作明显更为普及。关键原因在于，戴雪所用的材料都是法律人所熟悉的，而且受众基本上都是学生；相比之下，梅因的大胆推断主要是基于国际学术界的最新发现，其受众基本上都是同行。《英宪精义》的语言简洁明了，许多表述令人印象深刻。比如，"我们这里"（with us）这个短语，戴雪几乎是随口说出，而又不乏强调意味；"普通的"（ordinary）这个词几乎是贯穿全书各处；等等。这些用来表达英国制度的特殊性和日常性的词汇，无疑拉近了作者与读者的距离。

其次，公共性不仅要求语言形式的大众化，还要求谈论的主题涉及公众事务。法律当然涉及公共事务和公共利益，但是，这里的意思毋宁是指，要让法律（尤其是宪法）成为公众感兴趣的事务，特别是，要让法律与人们对历史和政制的已有理解密切相关，甚至成为人们理解历史和政治制度的枢纽。

上面已经谈到，戴雪的办法是，将法律嫁接在英国人的历史和民族意识当中。还是以戴雪的"法治"解释为例。它"三层相互关联却又彼此不同的含义"，暗合了传统上的两种著名观点。前两层含义，即"政府没有专断权力"和"任何人都必须遵守普通法院所实施的普通法律"，基本上是在重述 18 世纪对英国的典型看法（尤以伏尔泰为例），即英国是现代欧洲唯一一个不存在任意逮捕和专制权力的国家；第三层含义，即"宪法的一般性规则形成于国内的普通法律"，主要是法国大革命之后的看法，实

---

① 但科里尼坚持认为，梅特兰仍以一种间接的方式参与了 20 世纪初期的政治论争，这主要体现在他对菲吉斯（Figgis）、拉斯基（Laski）和巴克（Barker）等著名政治学家的影响上。参见 S. Collini, *Public Moralists: Political Thought and Intellectual Life in Britain 1850 – 1930* (Clarendon Press, 1991), pp. 65 – 71。

际上是伯克理论的现代翻版，即空洞的权利宣言与普通法对特定权利的实际保护之间存在巨大差别。戴雪说，英国的法律"没有宣告任何原理，也没有规定任何权利，但它们在实用性方面，抵得上一百个为个人自由担保的宪法条文"。这样的法治，其权威的确不在于某个宪法性文件，而在于"法院的日常运行"；法院所以能有效运行，又在于英国的独特历史和制度。欧洲其他许多国家，如比利时，想要效仿英国宪法，但是，它们只能移植那些表面上看得见的部分，对于那些盘根错节的历史，它们却无能为力。

正是通过这样的叙述和解释，戴雪得以坚定地告诉读者，"法治"就是"英国宪法的真正特质或优点"所在，英国政制的独特性，其根源就在于，当欧洲其他国家还不知法治为何物的时候，它就已经在英国牢牢地确立起来了。这就向人们传达出这样一种观念：英国法是英国天才的绝对独创，是上天偶然赐给英国人的福利！

所以，戴雪的贡献，不只是重构了英国法，还重构了英国的历史和政制，在此基础上，法律人所特有的语言和观念成为人们理解英国历史和政制的中心范畴——尽管这种思考方式尚没有发展成一般性的理论框架。正像科里尼所评价的那样：

> 梅因和戴雪都将毕生的大部分精力致力于创办和改善法律教育，并为其提供正当理由的事业之中，然而我们又不得不说，他们倡导系统的法律教育其实有着更为复杂而深远的目的，那就是要最终推广法律人的智识文化，以及让法律更为接近维多利亚女王时期公共生活的中心。

这样做的效果是，在对英国历史之独特性的颂扬，和对英国政制之优越性的赞美过程中，法律话语起到了支配作用。换言之，法律教育的改革、法律职业的发展和法律话语的主导，对人们理解英国历史和政治制度的特性，起到了形塑作用；法律语言的盛行，从根本上改变了英国人的思维，或者说，英国人的国民性格；"法治"从此不再是一套抽象的、外来的宏大话语，而是深入人们的骨髓中，成为日常生活的一部分。这样的法治岂有不被遵从之理？

最后，公共性还要求站在公共立场上为公众说话，这个问题相对要复杂些。在真理和革命的叙事被颠覆以后，知识分子代表"人类整体利益和良知"的主张只能是一种虚妄，但是，我们也断难接受关于知识分子的"皮毛理论"，以为知识分子这撮"毛"只能附在要么是剥削阶级要么是工人阶级这张"皮"上。知识分子本来就是一个悖论的存在。

因此，分析戴雪的阶级属性，或者，宣称他的宪法学说代表人类的整体利益或前进方向，是毫无裨益的。但我们又的确可以说，梅因、斯蒂芬和戴雪这一代学术法律人，不仅仅是给出某种技术性建议的专家，还是广大统治阶层的知识羽翼中的一员，只不过他们的政治宣言采取了一种独特的法学变调。《英宪精义》面世一年之后，时任首相格莱斯顿（W. E. Gladstone）就开始在议会中大声朗读它，并把它引证为权威。这间接说明，戴雪等法律人和政治家结成了一个更大的共同体。戴雪本人在《英宪精义》等学术著作之外，撰写了大量的时事评论，大多发表在当时的《民族》（the Nation）杂志上，主要关涉大众立法机构的命运、宪法独裁者、领袖和爱尔兰等问题。相关研究也表明，戴雪的"法治"原则不是学理分析的成果，也不纯粹是对现实政治制度的描述，而是在面临英国的宪政危机时所提出的积极应对之策。换句话说，"法治"这个被戴雪视为英国宪法的支柱性原则，是戴雪的哲学信念、政治立场、法律视角和职业关怀综合作用的结果，是戴雪的思想及其时代的独特产物。① 既然如此，我们就不能认为，这批法学家只是在自治的法学学科中活动，相反，应该把他们更多地看作在以某种方式参与公共辩论。他们那代知识分子、政治家或权力人士所共有的偏见，包括对英国独特而幸运历史的颂扬和对扩大之民主的担忧，都毫无例外地体现在戴雪和梅因等法学家身上。

在这个意义上，梅因、斯蒂芬和戴雪都同属于"学术—政治"的社会阶层，他们在法律、行政、教育和新闻业等领域内出入，并不限于自己的学术圈内；索性可以说，他们就是统治阶层的一员，尽管是以学术的面貌出现。统治，就是最大的公共问题和公共事务，无论普通民众、知识分子还是政治家，都逃避不了或统治或被统治的命运，问题只在于如何统治。

---

① 参见 B. J. Hibbits, "The Politics of Principle: Albert Venn Dicey and the Rule of Law"（1994）23 *Anglo-American Law Review* 1. 希比茨还总结道：戴雪不是一个政治傻子，尽管他宣称政治和法律不是一回事，但他可能是他那个时代最能理解这二者之间的关系的法学家。参见 Hibbits，第 31 页。

当一个知识分子，是在这个层面上思考问题，或向公众传授有关统治的知识，他就是公共的知识分子。

戴雪那个时代，经济活动的重心正在从工业转向金融领域，社会上的相互联系日益紧密，地方化意识逐渐淡薄，城市也越来越具有世界大都市的色彩。因此，英国的精英阶层逐渐意识到，自己是泱泱大国中的普通公民，而不是一个小型社会中的权贵大亨。① 这是一种了不起的现代公民意识。知识分子的责任，就是将精英阶层的这种意识传播开来。从维多利亚时代后期开始，政治在英国历史和文化想象中的中心地位已经开始被法律取代。这在很大程度上要归功于 19 世纪中期的法律教育改革，因为它直接导致了法律职业在英国社会内部的日益突出和崛起，并进一步使得法律在英国民族意识中确立起它的优势地位。这一转变过程并非一蹴而就，而是英国人不断反思自身文化和历史的结果；不是某个天才人物独自奋斗的产物，而是整个法律界阶层共同努力的成果，只不过，戴雪比任何同代人都更热衷于这一事业。

五

文章结尾，我们还必须指出，戴雪的伟大之处正在于，他对现实政治的关怀并没有使他忘记法律人的本分，当他试图从学术法律人的角度来解除他所谓"集体主义"的危险时，仍坚守着学术与政治、学者与政治活动家的基本界限。因此，《英宪精义》并不是一部简单宣泄政治理念的宣言，而是用那个时代所能接受的法学语言撰写的一部严肃的学术著作。

如果所谓的公共性，只是空疏地谈论文化，或者一味地纠缠于政治意识形态，而不是做扎实的学术研究，那它也只能是一时热闹而已。反过来，如果学术变成了只是极少数专业人士才看得懂的符号和代码，就内部而言，一个统一的公共知识分子阶层将不复存在，他们会被分割或分化；就外部而言，由于写作姿态和创作目标的变化，他们会与公众逐渐疏远，渐变成一个孤芳自赏的群体。戴雪令人心生敬意的地方，就在于他妥善地

---

① 参见 J. Harris, *Privatelives*, *Public Spirit*: *A Social History of Britain*, *1870 - 1914* (Oxford University Press, 1993), pp. 17 - 23。

处理好了自主和入世之间的平衡，让二者同时得到了发展。

虽然说，在天然具有公共性的维多利亚时代的法学家那里，问题是他们在超出其知识领域的政治活动中，如何展示自己的专门知识和权威，如何专职从事于自己的学术生产，而不是变成政客，但在雅各比所谓"公共知识分子消亡"的今天，问题却是，知识分子在高度学院化和专业化的背景下，如何重建公共性。就当代中国而言，如何从专业的法律领域，进入到最重要的公共生活——政治，这才是学术法律人应该关心的核心问题。

（本文原载《政法论坛》2012 年第 5 期，收入本书时有改动）

第三编　英国法的制度构建

论英国普通法土地保有权的
建构及其内涵特征

咸鸿昌[*]

财产权是民法的基石，也是一个国家法律制度的基础。英美法系和大陆法系作为当今世界影响最大的两个法系，其各自的财产法律制度在具体的概念、规则和技术方面存在明显差异。英美法系的财产法是以英国普通法上的土地保有权为基础建立起来的，而大陆法系的财产法则是以所有权为基础建立起来的。因此，在某种意义上，两种财产法律制度的差异集中体现在两种财产权的差异上，这种差异也反映了两种不同的财产法律建构视角。长期以来，国内学术界通常将英美法系的土地保有权等同于占有，并在此基础上将其与大陆法系上的占有进行比较，试图寻求两种财产法律制度的差异。其实，基于特殊的制度背景，英美法系上的土地保有权有自己独特的内涵，它尽管与占有密切相关，但是并不能简单地等同于占有。本文试追溯英国普通法上的土地保有权的建构历程，并结合普通法有关规定分析其内涵和特点，以寻求英美法系建构财产法律制度的独特视角。

一

普通法法系的土地权利制度源于中世纪的英国。当初在建构其土地权利制度时，英国普通法并没有遵从任何先验的财产理论，而是采用经验主义的方法将当事人在土地上享有的权益在法律上确认下来，将人们在现实生活中的具体权益上升到法律的层面，形成具体的土地保有权。从这个意

---

[*] 咸鸿昌，南京大学法学院副教授。

义上讲，普通法产生时的土地制度，不仅为土地保有权的产生提供了现实的土壤，赋予了土地保有权特定的法律内涵，也为这种权利产生后的现实运作提供了基本的制度框架，因此，我们只有结合这一制度背景才有可能解读土地保有权的内涵，寻求普通法财产权体系的建构视角。在英国土地法律史上，这一制度就是诺曼征服后在英国建立的普遍的土地保有制。

保有制（tenure）在拉丁语中为 tenor 或 tenor investiture，本义指领主（lord）向保有人（tenant）封授土地时设定的条件。在英国土地法上，用该词表示保有人以某种役务（service）为条件向领主持有土地。① 就其内容而言，保有制包含着领主和保有人彼此之间的权利和义务：对保有人而言，他取得土地收益的同时要向领主提供役务并负担相应的附属性义务（incidents）；② 对领主而言，他从保有人那里获得收益的同时必须保证后者的人身、财产安全。就其性质而言，土地保有制包括两个方面，即土地的分封与保有人对领主的身份依附关系，它既是一种土地利益的分配方式，也是一种体现分配者身份地位的法律关系模式。

诺曼征服以前，英格兰的封建制度尽管有一定程度的发展，但是还没有产生明确的土地保有制的理论，③ 土地持有人对土地的占有与他对领主的身份依附关系之间没有必然的联系。此外，各地方的土地制度彼此之间存在巨大的差异，在许多地区存在不向任何领主持有的自主地（allodial）。由于没有一种统一的土地法律关系模式，统一的土地法还不具备产生的基本条件。1066 年，诺曼底公爵威廉挥师入侵英格兰，史称诺曼征服。征服英格兰后，威廉继受了盎格鲁萨克森王室的大片土地，没收了反抗威廉的英吉利人的土地，并宣布国王为全国土地的最高领主，从而在法律上废除了英格兰原有的自主地这一土地法权形态，排除了在未来土地权利体系中

---

① 参见 Lyttleton, *His Treatise of Tenures: in Frenchand English*, trans. by T. E. Tomlins（Russell & Russell, 1970），p. 1。

② 这种附属性义务的内容依据保有制类型差异而各不相同。以军役保有制这种封建社会早期典型的保有制为例，保有人承担的附属性义务包括向领主行臣服礼（homage）、宣誓效忠（fealty）、向领主交纳助钱（aid）、交纳继承金（relief）、服从领主的监护（wardship）及其对其婚配（marriage）的决定。在索克保有制下，保有人尽管无须行臣服礼和宣誓效忠，但同样承担着交纳助钱、继承金的义务，领主同样也享有监护和决定保有人婚配的权利。参见 A. W. B. Simpson, *A History of the Land Law*（Clarendon Press, 1986），pp. 16 - 22。

③ 参见 A. W. B. Simpson, *A History of the Land Law*（Clarendon Press, 1986），pp. 2 - 3。

产生土地所有权的可能性。威廉一世将征服得来的土地的一部分留作己用，其余部分以保有制的形式分封给自己的军事随从和贵族、教士等持有。后者成为国王的直属封臣（tenant in chief，或称 tenant in capite），向国王提供各种役务并承担各种相应的附属性义务，双方以土地的封赐和持有为基础结成第一等级的土地保有制关系。直属封臣将从国王处取得的土地的一部分留作己用，其余部分以某种役务为条件再次分封，与受封赐者（次级封臣）结成第二等级的封建土地保有制关系。依次类推，层层封授，直到占据并实际耕种土地的保有人（tenant in demesne）。在理论上，法律对于再分封的阶梯并无限制，随着土地的再分封，在同一块土地上可以同时存在多个保有制关系，据梅特兰记载，爱德华一世在位时期，在同一块土地上曾同时存在八个保有制关系。[①] 1086 年 8 月 1 日，威廉一世在索尔兹伯里召开效忠宣誓会，所有的土地保有人都向威廉一世行臣服礼（homage），[②] 宣誓永远效忠于威廉国王、反对威廉的敌人，从而在法律上正式确立了英国全部土地都最终向国王持有的基本原则。同年，为了保证这一原则的实施，威廉一世又派官员奔赴各地调查土地封赐状况，调查结果编成了所谓的《末日审判书》（Domesday Book）。在此次调查中，凡是土地持有人不能提供领主封赐证据的，其土地一律被国王没收。威廉一世一系列加强王权的措施，将英格兰所有的土地关系都纳入土地保有制的模式之下，使土地保有制成了一种普遍的土地法律关系模式。

诺曼征服后建立的土地保有制涵盖了社会各个等级和不同类型的社会关系。按照中世纪的法律，人们依据保有人所提供的役务的性质不同，将土地保有制分为自由保有制（free tenure）、不自由保有制（unfree tenure）和租赁保有制（lease hold）三类。所谓自由保有制，指保有人向领主提供的役务具有确定性（certainty）的保有制形式。根据保有人所提供役务的具体内容，又可将其进一步分为军役保有制（knight service）、教役保有制（frankalmoin）、侍役保有制（serjeanty）、索克保有制（socage）四种。不自由保有制又称维兰保有制（villeinage），指庄园居民以某种不确定性（uncertain）

---

① 参见 F. Pollock and F. W. Maitland, *The History of English Law before the Time of Edward I*, Vol. 1, 2nd ed. (Cambridge University Press, 1978), p. 233。

② Homage 是保有制关系成立的标志，在行臣服礼后，领主和保有人之间的保有制法律关系才正式确立。

的役务为条件向领主持有土地的保有制形式。租赁保有制指承租人以支付租金的形式向出租人定期租赁土地的法律关系和保有制形式。13 世纪以后，随着封建制度的逐渐衰落，保有制的身份依附性色彩不断淡化，不同种类的自由土地保有制之间的差异逐渐消失，军役保有制和侍役保有制逐渐向索克保有制转化。1925 年以后，英国所有的土地保有制一律转化为自由的索克保有制。时至今日，英国全部的土地都以自由索克保有制的形式直接或间接向国王持有，土地保有制依然是英国基本的土地法律关系模式。

与同期的欧洲大陆各地相比，诺曼征服后在英格兰建立的土地保有制具有普遍性、完备性的特点。中世纪时，欧洲大陆尽管也在某些地区建立了封建土地保有制，但这种保有制仅限于军役保有制，[①] 并没有包含所有的土地关系。此外，在欧洲大陆许多地区仍存在许多没有领主的自主地。从总体上看，中世纪时，欧洲大陆各地土地法律关系始终处于分散状态，不同地区之间彼此差异很大，土地关系的这一特征不仅使统一的土地权利制度长期无法形成，也为罗马法复兴后建立以所有权为基础的土地权利制度提供了现实的物质基础。尤其是到中世纪后期，随着商品经济的发展和身份依附关系的衰落，欧洲大陆许多地区原本发展程度就非常有限的保有制关系也很快消失，对土地法的发展并没有产生直接的影响。与此形成鲜明对比的是，诺曼征服后，英国土地保有制不仅适用于社会各个阶层，而且涵盖了政治、军事、经济、社会生活等各个社会关系领域，土地保有制成了各种社会利益赖以存在的基础。保有制以其自身特有的社会内涵决定了社会各阶层在社会中的地位，也决定着各种土地权益彼此间的逻辑关系。普通法产生后，当人们主张土地权益时，这种土地权益必然受到保有制的制约，在具体的法律形态上以保有制的模式体现出来。

二

诺曼征服后英格兰的土地保有制为普通法土地保有权的形成奠定了基础，而亨利二世时期的司法制度的变革则直接将这种土地保有权确认下

[①] 参见 W. S. Holdsworth, *A History of English Law*, Vol. 2, 2nd ed. (London, 1925), p. 199。

来。1154 年，亨利二世登上英格兰王位后，针对斯蒂芬时代社会秩序混乱、王室权益受到损害的状况，采取了一系列加强王权的措施，确立了一系列司法原则，最终将自由保有制土地的司法管辖权从各级领主法庭转移到王室法院手中。[①]

择要而言，亨利二世时期确立的司法原则包括以下四个方面。第一，一个人依自由保有制取得的土地未经法庭审判不得被侵夺。从 1155 年开始，亨利二世主持审理了一系列领主剥夺保有人土地的案件，逐渐确立了这一原则。第二，无论在领主法庭还是在王室法院，自由保有制下的土地权益必须以王室令状提起诉讼。为了提起诉讼，原告必须花一笔钱从国王的官员手中购买令状，"除非有国王或其政法官的令状，一个人没有义务在他的领主法庭中就自己的自由持有物（free tenement）应诉"。[②] 对领主而言，他们从这种司法管辖中没有获得任何收益，因而渐渐失去了管辖自由保有制土地案件的兴趣。到 13 世纪时，"领主很少主张对自由持有土地的管辖权，因为他们从中很少或根本无利可图"，[③] 而国王根据这一原则轻易地将自由保有制土地的案件由领主法庭转移到郡法院或王室法院。第三，以权利令状在领主法庭中提起诉讼时，如果被告选择以大咨审团（grand assize）的方式答辩，领主法庭应当将案件移交给王室法院管辖。由于大咨审团审判比此前的司法决斗更加合理，在诉讼中被告通常选择采用大咨审团审理。与此同时，自由保有人以占有性令状（petty assize）提起的诉讼只能由王室法院管辖。上述诉讼程序的变革，使领主法院失去了对许多自由保有制土地案件的管辖权。第四，国王作为全国最高的领主，有权监督所有的土地案件使之都能得到公平审理。在实践中，王室法官常基于这一司法监督原则以案件审理不公为借口将案件从领主法庭转移到王室法院审理。伴随着这一系列司法原则的确立，王室司法管辖权得到长足的发展，与此同时，领主司法管辖权迅速萎缩，到 14 世纪时，王室法院取得

---

① 但教会法院拥有一部分自由保有制土地的司法管辖权。至迟到 15 世纪中期，涉及用益制采邑让与的案件依然出现在教会法院的档案中。参见冷霞《中世纪教会法对英国衡平法的影响》，《华东政法大学学报》2008 年第 3 期。

② Ranulhp de Glanville, *A Treatise on the Laws and Customs of the Kingdom of England*, trans. by J. Beames（Florida, 1999）, p. 303.

③ F. Pollock and F. W. Maitland, *The History of English Law before the Time of Edward I*, Vol. 1, 2nd ed.（Cambridge University Press, 1978）, pp. 287, 288.

了彻底的胜利，"中央法院集权化进程最终完成"。①

　　自由土地保有制司法管辖权的变更，对土地法的产生和发展也产生了深远的影响。质言之，这些影响集中体现在以下两个方面。第一，伴随土地司法管辖权的集中，土地保有制关系逐渐摆脱各级领主法庭的控制，在内容方面逐渐消除地区性差异，其类型和规则逐渐统一，适用于各地自由保有制的"普通法"逐渐形成。王室法院在规范各地方保有制关系的过程中，法官们以超然的心态看待各种地方习惯和保有制当事人之间的约定，对各地的习惯进行分析和评价，定其取舍，逐渐排除、否认保有制中各种不确定性的地方习惯，"倾向于执行一种王室法院中实施的更加普遍的习惯。这种习惯在全国各地均得到适应而不是仅仅适用于个别地区"。② 第二，随着越来越多的土地案件被提交给王室法院审理，王室法院管辖的案件越来越广泛。这必然促进司法管理手段的规范化、制度化。司法制度的这一变革具有原动力特征，合乎逻辑地促进了观念和实体法的变革。随着土地法律知识的积累，王室法院逐渐形成了相对固定的认识和规范土地关系的思维方式和视角，保有制下的土地权益作为一个独立的范畴被确认下来具有了现实的可能性。

　　自 12 世纪开始，在规范土地关系的过程中，王室法院逐渐发展出一套完整的不动产诉讼程序（real action），用以保护和规范自由土地保有制关系。综合起来看，普通法上的不动产诉讼程序主要有以下四种，即权利令状诉讼（writ of right）、新近侵占令状（assize of novel disseisin）、收回继承地令状（writ of mort d'ancestor）、进占令状（writ of entry），其中后三种被称为"占有性诉讼"（assize）。

　　权利令状诉讼是最早产生的不动产诉讼制度，但是，在以该令状提起的整个诉讼程序中，法庭并不关心原被告哪一方是土地的所有权人，或诉争土地的所有权归哪一方所有，而仅仅通过比较原被告的身份特征来决定诉讼两造哪一方最有资格赢得诉讼。换句话说，在审判中，法庭关注的并不是土地权利的内涵和效力，而是当事人的身份。因此，该诉讼程序尽管被冠以"权利"之名，但它所关注的仅仅是解决当事人之间的纠纷，"反

---

① A. W. B. Simpson, *A History of the Land Law* (Clarendon Press, 1986), p. 3.

② J. Hudson, *Land, Law, and Lordship in Anglo-Norman England* (Clarendon Press, 1997), p. 273.

映了法律关注的主要问题仅仅是对纠纷作出判决的时代——一个还没有分析所有权和占有概念的时代"。① 权利令状诉讼程序的"身份性思维"方式，决定了它没有也不可能产生土地权利的概念。此外，权利令状程序复杂拖沓，对原告要求太过苛刻，② 且判决结果过于严厉。③ 随着更加快捷高效的占有性诉讼程序的兴起，原告总是尽可能避免选择权利令状进行诉讼。"早在 13 世纪，人们就认为权利令状是一种具有风险性的救济方法，并尽可能避免使用它"，④ 因此权利令状诉讼很快衰落。

新近侵占令状是根据 1166 年亨利二世《克拉伦敦诏令》（Assize of Clarendon）规定产生的。与权利令状相比，新近侵占令状在程序上具有明显的优越性，因而很快成为规范自由保有制土地关系最重要的司法程序。该令状的具体格式如下："国王问候郡守！D 向我们抱怨说，从……时起⑤，T 不合理且未经审判地非法侵占了他在某庄园的自由保有物。⑥ 因此我们命令你，如果 D 向你保证他提起的权利请求真实可靠，你应当重新占有该保有物及其动产，并不得再就该保有物发生冲突，直到我们的巡回法庭法

---

① W. S. Holdsworth, *An Historical Introduction to the Land Law* (Clarendon Press, 1927), p. 13.

② 在权利令状诉讼中，与原告相比，被告明显处于优势地位：在诉讼中，由原告负举证责任，被告无须对原告主张的某一事项作特别说明，只需概括性地回绝原告的请求即可完成答辩；此外，被告有权决定采用何种方式验证，如果他不选用大咨审团，即可迫使原告接受决斗或神明裁判，即使他选择了大咨审团验证，大咨审团所要解决的是"原、被告哪一方取得权利的时间更早"这样一个模糊的问题。被告的这一有利地位使人们根本不必担心自己成为诉讼中的被告，常常会出现被告驱逐原告并利用该诉讼中的有利地位谋取不正当利益的情况。参见 F. Pollock and F. W. Maitland, *The History of English Law before the Time of Edward I*, Vol. 1, 2nd ed. (Cambridge University Press, 1978), p. 47.

③ 法庭判决一方胜诉后，另一方及其继承人就永远地失去了土地，"没有比这更具终局性的判决了"。参见 F. Pollock and F. W. Maitland, *The History of English Law before the Time of Edward I*, Vol. 1, 2nd ed. (Cambridge University Press, 1978), p. 63。

④ W. S. Holdsworth, *A History of English Law*, Vol. 2, 2nd ed. (London, 1925), p. 12.

⑤ 必须在令状中注明侵占行为发生的具体时间，以表明该行为是一种"新近的"（novel）行为。这一制度是英国法上复杂的不动产诉讼时效制度的起源。在英格兰，该期间的起算时间以国王命令为准，且历史上不断变化，不同的时限要求增加了当事人举证的困难，这也是中世纪后期该程序逐渐衰落的一个重要原因。F. Pollock and F. W. Maitland, *The History of English Law before the Time of Edward I*, Vol. 1, 2nd ed. (Cambridge University Press, 1978), p. 51.

⑥ 根据具体的诉讼标的不同，这一令状中的表述也会发生相应的变化，每一种诉因均产生一个单独的新近侵占令状。格兰维尔曾记录了 5 个这种令状。参见 Ranulhp de Glanville, *A Treatise on the Laws and Customs of the Kingdom of England*, trans. by J. Beames (Florida, 1999), pp. 334 – 338。

官到达该地举行审判时为止。同时，你应当召集附近地区 12 名自由且守法的人调查该保有物，并将他们的名字签于此令状上。届时由适当的传讯官传唤他们到上述巡回法庭法官面前准备审理案件。上述的 T 应当交纳质物以保证届时他自己或自己不出庭时由自己的管家（bailiff）出庭接受审判。届时应当提供传讯官的姓名、质物和本令状"。

与权利令状相比，新近侵占令状在程序上更加便捷、高效。更为重要的是，新近侵占令状还表现出与权利令状不同的实体法思维方法。在诉讼中，原告起诉的是被告的侵占行为，因而法庭审理程序均围绕着这样一个问题展开——被告是否像令状中描述的那样在指定的时间内以原告声称的方式侵占了其土地？如果陪审团查明问题属实，被告应当将占有的土地返还原告；如果不属实，法庭驳回原告的诉讼请求，被告继续占有土地。整个诉讼过程自始至终没有涉及土地的所有权，它所要解决的仅仅是保有制下土地应当由谁占有的问题。根据这一令状程序，一个人因为占有了土地所以能够获得王室法院的司法救济。反过来讲，他占有土地的事实因为受到法律的保护并成为司法救济的客体，所以他在法律上享有了一种确定的权益。新近侵占令状通过判定土地占有的归属，将保有制下的权益在法律上确认并保护下来，于是在英国普通法上合乎逻辑地产生了一个实体法概念——保有（seisin）①。保有权概念的产生，表明英国已经开始脱离具体的保有制下的身份依附关系，将当事人在保有制下享有的权益作为一个独立的法律范畴确认下来。

继新近侵占令状之后，1176 年的《北安普顿诏令》（Assize of Northampton）又设立了收回继承地令状，在法律上确认了保有权的可继承性。在上述两种令状的基础上，王室法院在司法实践中逐渐发展出进占令状，②进占令状通过审查权利人取得保有权的依据（title，即产权），明确了保有权

---

① seisin 在拉丁语中为 seisina，seisin 是诺曼征服后引入英格兰的一个词，本意为"占据土地"（sit upon land）。在中世纪初期，seisin 与 possession 之间没有明确的区别，但是到了中世纪末期，两个词之间有了明确的区分，各自具有了特定的含义。国内学界通常将 seisin 译为"占有"，笔者认为，这种译法既不能将它与普通法上其他形式的占有（possession）区分开，也容易与罗马法上的占有混淆，不能准确表述出该词的特有内涵，结合 seisin 一词自身的保有制内涵，将其译为"保有"或"保有权"或许更加恰当一点。

② 参见 A. D. Hargreaves, An Introduction to the Principles of Land Law, 4th ed.（Sweet & Maxwell, 1963），p. 22。

的流转规则。

这样，随着这一系列诉讼程序的不断发展完善，自由保有人基于保有制享有的权益不仅在普通法上被确认下来，而且，普通法的司法实践进一步确立了有关保有权的取得、变更和消灭等规则，确立了一套较为完整的保护土地保有权益的制度。到 13 世纪初，随着统一的王室司法逐渐取代分散的封建领主司法管辖制度，英国土地法的观念和制度均发生了重要的变化，土地法律制度进入了一个保有制当事人均拥有财产权的时代，即普通法土地保有权的时代。

三

与大陆法系借助立法理性设计建构财产权利的制度模式不同，英国普通法上的土地保有权是借助司法规范技术产生的。基于英国特殊的历史和制度背景，这种保有权尽管以占有的形式表现出来，但又与大陆法上的占有之间存在明显的差异。为了进一步深入理解保有，我们有必要将这两者加以比较，对保有权的构成要素加以分析，以此来揭示其内涵和特征。

在大陆法系各国，法律尽管也在一定程度上保护占有，但从根本上看，占有是与所有权对立的一个事实范畴。所有权是权利人依法支配物并排除他人干预的权利。不享有权利的支配和占有，就超出了以所有权为线索建构土地权利体系的法律思维空间。尽管基于特定的社会需要，法律有时不得不保护没有权利或非所有人的事实占有，但是，这种保护仅仅是法律上的一种例外性的、暂时的规定。在大陆法上，一种占有要取得法律保护必须具备两个构成要素：占有的事实要素（对物的控制）和主观要素（将物据为己有的意思），即所谓的体素和心素。在占有的构成要件上体现了一种以权利主体为中心的法律思维方式。但在英国土地法上，保有权始终依存于土地保有制关系，法律也是按照保有制关系的逻辑确定其构成要素的。具体来讲，普通法上的土地保有权包括以下四个构成要素。

（一）客体要素

从亨利二世时开始，一个保有制关系下存在两种保有权，即领主的保有权和保有人的保有权。这两种保有权的客体是不同的，保有人保有权的客体是作为有体物的土地，领主保有权的客体则是他基于保有制取得的领主权益。①

通过保有制的分封，土地上的利益在领主和保有人之间作了分割。保有人对土地的关系体现为一种直观的占有，所以在亨利二世时法律很容易地采用与占有同义的"seisin"一词来表述保有人的权益。那么，法律为什么也用这一概念表述领主的权益呢？笔者认为可以从以下三个方面进行分析。第一，保有制关系下，领主权益和保有人权益两者是相互依存、互为条件的。领主将土地封赐后，其权益是以保有人对土地的占有为基础的。如果没有保有人对土地的占有，领主权益自然无从谈起。换句话说，领主不能脱离保有人的占有主张自己的权益，这决定了其权益必然借助对土地的占有表现出来。第二，保有制下领主的权益包括保有人的役务（service）和附属性义务（incidents）两个方面的内容。保有人必须亲自履行对领主的役务，如果他不履行或怠于履行役务，领主可以扣押土地而不论土地被转让给谁。由此产生了这样一种法律观念，即只要土地存在，领主的权益就不受影响，领主的权益是一种附加到土地上的、对物的权益。就保有人的附属性义务而言，这是一种附加在土地上的领主法定权益。12世纪以后，保有人的役务逐渐被折算成固定数额的货币，随着货币不断贬值，这种役务对领主而言越来越不重要，而保有人的附属性义务则随着土地的升值变得日益重要。在此背景下，法律将领主权益"视为无体物，与土地相分离但又来源于土地"就是理所当然的事情。② 第三，从亨利二世时开始，法律上发展起来的占有性诉讼程序同样用于保护领主权益，"就像该程序保护占有土地的保有人一样"，③ 领主基于保有制享有的权益就成了法庭诉讼的标的物。"在诉讼中，一方占有它，另一方也主张占有并可能声称自己被非法地侵夺了对它的保有。一切可用于恢复土地占有的程序均可用于恢复地租：一个人在令状中只需用10先令（地租）代替10英亩的土地即可。即便进占令状也同样如此；说一个人进占了地租，或被从地租上驱逐

---

① 国内现有的著作在分析和阐述保有权时，仅限于保有人对土地的保有权，很少提到领主的保有权，这种看法是不全面的。

② F. Pollock and F. W. Maitland, *The History of English Law before the Time of Edward I*, Vol. 1, 2nd ed. (Cambridge University Press, 1978), p. 125.

③ A. W. B. Simpson, *A History of the Land Law* (Clarendon Press, 1986), p. 36。

没有任何的不合适。"① 如此司法拟制的后果之一，就是将保有权的概念同样适用于认识和规范领主权益，领主的权益自然被视为一种保有权。

从布拉克顿时开始，法律还用"物"的概念统一指称保有制下两种保有权的客体，保有人保有权的客体是一种有体物——土地，而领主保有权的客体（即领主权益）则被认为是一种无体物。法律对待领主权利时"就像这些权利是实在物一样……对于这些物，他们也适用保有权的理论，就像他们将这一理论用于土地本身一样"。② 这样，在普通法上，一个保有制下存在两种各有自己独立客体的保有权，其中一种保有权被侵占，并不影响另一个保有权，"两种保有彼此如此地独立以至于第三人驱逐保有人的行为并不构成对领主权益的侵占"。③

无论保有人的保有还是领主的保有，其客体均不包括动产以及不能依据保有制持有的财产。

（二）主体要素

保有制当事人一方既可以是一个人，也可以是多个人，所以普通法上的保有权既可以由单独的主体享有，也可以由多个主体共同享有，即便法人团体也可以成为保有权主体。④ 围绕着保有权主体的资格以及共同保有人的问题，在普通法上发展出一系列复杂的规则。

在长期的司法实践中，普通法逐渐明确了未成年人、监护人、妇女等特殊主体的保有资格问题。在法律上，未成年人是适格的保有权主体，不过在其未届成年以前由监护人对其人身和土地进行监护。在监护期间，被监护人尽管并不实际占有着土地，但他仍享有土地保有权，他可以不经监护人同意自行处分土地保有权益。⑤ 监护人尽管占有着被监护人的土地，但是并不取得土地的保有权，仅仅在被监护土地上享有一种特殊的收

---

① F. Pollock and F. W. Maitland, *The History of English Law before the Time of Edward I*, Vol. 1, 2nd ed. (Cambridge University Press, 1978), p. 132.

② A. W. B. Simpson, *A History of the Land Law* (Clarendon Press, 1986), p. 48.

③ F. Pollock and F. W. Maitland, *The History of English Law before the Time of Edward I*, Vol. 1, 2nd ed. (Cambridge University Press, 1978), p. 125.

④ 参见 F. Pollock and F. W. Maitland, *The History of English Law before the Time of Edward I*, Vol. 1, 2nd ed. (Cambridge University Press, 1978), p. 40。

⑤ 在成年后，他有权撤销该处分行为并适用专门的诉讼程序追回土地。

益。在军役保有制下，监护人的这种收益还是一种获益丰厚、可以买卖的权益，如果监护人被他人驱逐，他可以适用占有性诉讼程序保护自己的这一权益，只不过在诉讼时他只能主张被侵占了监护权，而不能主张被侵占了土地。① 当被监护人成年时，监护人应当将土地移交给被监护人。

未婚的妇女也是保有权的适格主体，但她出嫁后，在婚姻关系存续期间失去了保有权的主体资格，由丈夫取得她土地的保有权，并代替她向领主履行保有制役务。② 丈夫有权自行处分妻子的土地，在丈夫去世后，妇女的保有权主体资格恢复，她不仅可以通过专门的诉讼程序追回被丈夫私自处分的土地，还对丈夫生前土地的 1/3 享有终身性的保有权益。

当保有制一方当事人为两个以上的人时，就出现多个主体同时享有一个保有权的情况。到 15 世纪末，共同保有权在法律上有了细致的分类，相关的法律规则也逐渐成熟。与大陆法上将共有区分为按份共有和共同共有的做法不同，③ 普通法上的共同保有分为四种。第一，联合保有（joint tenancy）。这是英国土地法上特有的一种共有形式，④ 指两个或两个以上的保有人基于同一个产权（比如同一个封赐转让行为或同一份遗嘱）共同享有一个保有权，如果其中一个共同保有人死亡，其生前的份额自动转由活着的其他共同保有人取得，最后一个共同保有人死亡时由其继承人取得保有权益。⑤ 第二，混合保有（tenancy in common）。这是指多个保有人分别基于不同的产权取得一个保有权，其中一个保有人死亡，其份额由自己的继

---

① 参见 F. Pollock and F. W. Maitland, *The History of English Law before the Time of Edward I*, Vol. 1, 2nd ed. (Cambridge University Press, 1978), p. 37。

② 法律最初这样规定是为了解决军役保有制下妇女不能行军打仗的问题，在军役保有制衰落之后，这一规则被保留下来，并一直延续到 19 世纪。

③ 参见薛军《〈物权法〉关于共同共有的规定在适用中的若干问题》，《华东政法大学学报》2007 年第 6 期。

④ 联合保有起源于封建社会早期领主向保有人夫妻同时封赐土地的行为，保有人夫妻同时向领主持有土地，共同取得土地的权益，任何一方死亡后，由活着的配偶继续取得原保有制下的权益。后来，这种封赐对象不限于夫妻，但其中的规则继续保留下来，使得联合保有成为一种常见的共有形式。参见 A. D. Hargreaves, *An Introduction to the Principles of Land Law*, 4th ed. (Sweet & Maxwell, 1963), p. 84。

⑤ 参见 Lyttleton, *His Treatise of Tenures: in French and English*, trans. by T. E. Tomlins (Russell & Russell, 1970), pp. 324 – 336。

承人而不是活着的共同保有人取得。① 第三，夫妻联合保有（tenancy by entireties）。这是指夫妻作为共同保有人取得保有权。第四，共同继承的保有（coparceners）。这是指保有权人死后无男嗣但有两个或两个以上的女儿为继承人，如果被继承人死亡时未立遗嘱，则由所有的女儿作为共同继承人依法继承土地保有权。1925 年以后，普通法上的共同保有权只能以联合保有的形式存在且保有人总数不得超过 4 人，在不足 4 人时，当事人可以通过协商一致的方式补足 4 人，其他形式的共同保有权只能作为衡平法上的权益存在。②

（三）客观要素

罗马法将占有视为一种事实，所以占有的构成要素中强调占有主体对客体物的事实控制和管领状态，即所谓占有客体要件中的"体素"。③ 但在普通法上，保有权除了包括主体依保有制对土地的控制和管领以外，还包括保有人对保有物收益的实际享用。之所以有此规定，是因为在诺曼征服后最早建立的军役保有制中，国王封授土地是为了取得保有人提供的军事作战所需的人力、物力，而这必须通过保有人实际占有土地并从中获得收益才能实现。所以保有人在依据军役保有制控制和管领土地的同时，也必须从土地中获取实际收益。后来，军役保有制下的这一规则被适用到其他保有制类型中，成为一条普遍的规则。"在以前的法律观念中，保有权还与享用（enjoyment）的观念密切联系在一起，享用土地或处于享用地位的人取得土地的保有权，向教会推荐了牧师的人被认为享有'圣职推荐权'（advowson）的保有权……获取土地收益被认为是享有保有权的行为，借此保有人将自己的保有权明示给了别人。必须是被享用的保有权在法律上才有效，但是在实践中，一个人必然取得保有权之后才能享用，在占有性诉讼中不要求原告证明自己曾有过享用的行为，他获得保有权的时刻并不一定是他割草或收获谷物的时刻。因此，保有土地不是对土地产物的享用，

---

① 参见 Lyttleton, *His Treatise of Tenures: in French and English*, trans. by T. E. Tomlins（Russell & Russell, 1970）, pp. 342 – 366。

② 参见 R. Megarry and M. P. Thompson, *A Manual of the Law of Real Property*, 7th ed.（Sweet & Maxwell, 1993）, pp. 7 – 8。

③ 梁慧星主编《中国物权法研究》，法律出版社，1998，第 1100 ~ 1101 页。

而是一种可以在适当的时间享用物的状态。"① 保有权可以有多种表现形式，实际控制保有物的人和收益人既可以是同一个人，也可以是不同的主体，但保有权本身并不分割，比如监护人或领主管家尽管也占有土地，但是不能从占有中直接获得保有制收益，所以他们均不享有保有权。

（四）保有制性质要素

12 世纪时亨利二世所提供的一系列诉讼程序仅仅适用于自由保有制，当时各种令状中均指明原告被侵占的是一种自由保有物。1217 年《大宪章》明确规定，未经审判，一个人不得被"剥夺其自由保有物"。② 基于保有制的分类规则，不自由保有人和承租人均不享有自由保有物，因此不自由保有制和租赁保有制都被排除在普通法占有性诉讼程序管辖之外。在这两种土地保有制关系中，维兰或承租人尽管事实上占据着土地，但是他们在普通法上并不享有土地保有权，而是由维兰的领主或出租人享有土地的保有权。维兰、承租人占据的土地如果被第三人侵占，在普通法上被认为是侵夺了领主或出租人的保有权，只能由领主或出租人代替他们到王室法院提起占有性诉讼程序。这表明普通法上的土地保有权具有严格的法定性，即仅指自由保有制下的保有权，而不像大陆法上的占有那样仅仅是一个事实问题。

四

通过上述分析，可以大致这样描述土地保有权的内涵：保有权是指普通法上以不动产诉讼程序保护的自由保有制下的土地权益。它既是一种事实，也是一种权利，英国土地法一开始就没有像罗马法那样出现与权利对立的占有。

作为借助司法技术建构产生的法律范畴，土地保有权的内涵必然是随着司法程序的不断完善而逐渐明确的。普通法产生之初，在土地权利问题上并没有一套现成的概念和规则体系可供借鉴。所以，12 世纪普通法产生

① F. Pollock and F. W. Maitland, *The History of English Law before the Time of Edward* I, Vol. 1, 2nd ed. （Cambridge University Press，1978），p. 34.

② F. Pollock and F. W. Maitland, *The History of English Law before the Time of Edward* I, Vol. 1, 2nd ed. （Cambridge University Press，1978），p. 36.

之初并没有严格界定保有权一词的含义，土地保有权与通俗意义上的占有（possession）之间还没有明确的区分，此时的土地保有还仅仅"是一个简单的描述性的概念，普通人能够理解占有和侵夺占有的含义，他们能够说出琼斯在他死亡的那天是否占有土地，史密斯是否被约翰侵夺了占有"。①在实践中，"保有"一词被不加区别地用于土地、动产和被视为物的永久性权利。"13 世纪时，即便是在最专业的法律文件中，占有也可以自如地用于各种动产，除了占有之外，别无他词。"②

随着普通法日渐专业化、规范化，不动产诉讼程序的适用范围逐渐明确，在与司法救济手段之间的良性互动中，保有权的内涵也逐渐明确。一方面，一个人因为依据自由保有制占有土地，所以能够适用不动产诉讼程序保护自己的权益，占有土地的事实成了法律保护的对象，成了普通法救济程序保护的客体。另一方面，因为不动产诉讼程序保护了他在自由保有制下的权益，所以他在实体法上享有一种确定的土地权益。整个推理过程乍一看似乎是一个从占有到救济，再从救济回到占有的循环重复，但实际上整个过程不是一个简单的循环重复，而是一个螺旋式的进程。在实体性规则与司法救济程序的良性互动过程中，保有权和不动产诉讼程序的内涵均得到明确界定，普通法不动产诉讼程序保护的占有具有了自己特有的内涵，逐渐成为一种具有特殊法律含义的概念。

到中世纪末，法学家们对保有权的含义进行了精确化，整理并精心阐述这一概念，产生了大量有关保有权的规则。一些人尽管依法享有保有权，但是限于客观条件无法及时占有土地。比如在继承制度中，被继承人死后，土地的保有权依法由继承人取得，但是继承人由于各种原因（比如身在外地）不能及时进占土地，此时，在法律上依然将保有权赋予继承人，从而出现了事实上的保有权（seisin in deed）和法律上的保有权（seisin in law）之分，后者明显成了一个法律上的抽象概念。16 世纪时，普通法律师还设计出"推定的保有权"（constructive seisin）概念。根据 1535 年《用益法》的规定，信托土地的保有权从实际占据土地的受托人转移给不占有土地的受益人，这种被转移的保有权完全是一种法律上的拟制。这

---

① A. W. B. Simpson, *A History of the Land Law* (Clarendon Press, 1986), p. 40.

② F. Pollock and F. W. Maitland, *The History of English Law before the Time of Edward I*, Vol. 1, 2nd ed. (Cambridge University Press, 1978), p. 32.

一切表明，此时的保有权已经成了一个具有专门含义的、抽象的法律概念，有明确的法律内涵。中世纪末，"说对动产的保有权就是犯严重的语法错误，保有权作为一个法律术语仅指可依不动产诉讼程序予以恢复的财产——不动产；说承租人的保有权也是一个严重的错误。再者，在庄园内大量的土地尽管由不自由保有人占据着，但是他们的领主享有保有权。保有变得非常复杂，你必须了解法律才能弄清谁享有保有权"。随着法律的发展，"保有权的概念也复杂化并失去了它最初的简单性。保有权变成了一个专业化的东西，法律概念和它赖以产生发展的通俗观念有了明显的区分"。①

由此，我们可以得出这样一个结论：土地保有权作为英国土地法上的核心概念，就其本质内涵而言，最初就是一种占有，只是随着普通法的发展，它才具有了特定的法律内涵。中世纪初期，保有（seisin）与占有（possession）之间并没有明确的区分，这也清晰反映了保有权与占有之间的密切关联。那么，这种在普通法上受到保护的占有体现了一种什么样的法理和政治内涵？换句话说，从亨利二世时开始，普通法为什么保护占有？这是一个贯穿英国土地法发展始终的问题，也是理解英国土地保有权本质的关键。

在罗马法上，占有是与所有权对立的事实范畴，法律为什么保护占有，有时甚至不惜保护与所有权对抗的占有？法学家基于各自的立场分别给出了不同的答案，但至今仍众说纷纭，莫衷一是。综合起来看，不外乎以下四种理论，即"维护公共秩序说"、"人身安全保护说"、"所有权外衣说"和"权利推定说"，② 但这些理论都无法准确解释英国土地保有权的政治和法理内涵。

土地问题作为人类社会最根本的问题之一，不仅仅是私法上的财产问题，而且还在很大程度上具有公法的因素，"在中世纪早期，土地法不仅仅是财产法，在它的准则中还包含了这个国家相当大、可能是最大的公法部分"。③ 这一特点决定了法律对土地关系的调整是综合性的，不局限于某一个单一的法律部门。学界现有的上述四种理论都是在公法、私法划分和

① A. W. B. Simpson, *A History of the Land Law* (Clarendon Press, 1986), p. 41.
② F. Pollock and F. W. Maitland, *The History of English Law before the Time of Edward* Ⅰ, Vol. 1, 2nd ed. (Cambridge University Press, 1978), pp. 39 – 46.
③ W. S. Holdsworth, *A History of English Law*, Vol. 2, 2nd ed. (London, 1925), p. 414.

所有权与占有对立的基础上，基于某一部门法视角提出的，每一种理论都不可避免地带有部门法视野的局限性、片面性，无法准确解释土地保有权的法理和政治内涵。以"维护公共秩序说"为例，在 12 世纪普通法保护保有权时确实有维护公共秩序的目的，比如，新近侵占令状下的侵占行为都被视为一种破坏社会秩序的行为，侵占人要被处以罚金（amerce），罚金的具体数额远远超过他给被侵占人造成的损害后果；而暴力侵占他人土地更是严重的犯罪，为此法官还要调查行为人是否使用了暴力，如果查证属实，即判其监禁和罚款（fine），此外，被告还要向郡守交纳一头牛（the disseisin ox）或 5 先令。但是这一理论也有不足之处。如果普通法保护保有权仅仅是为了维护社会公共秩序，那么法律只要对侵占人处以罚款或者监禁就够了，并不一定使原告收回自己的土地；再者，当原告从侵占人以外的第三人手中取回土地时，这一理论在逻辑上就再次陷入自我矛盾之中，因为第三人在取得该土地时或许根本没有任何暴力侵害行为，而是基于善意的交易行为取得土地的。就"人身安全保护说"而言，13 世纪时，只有在新近侵占令状中，普通法才将侵占人的行为视为对原告的侵犯，即便在这一令状中，如果被告是从侵占人手中取得土地的第三人，他对土地的占有也不构成对原告的侵权。新近侵占令状的适用范围十分有限，在其他的占有性诉讼中，普通法都没有将被告侵占原告土地的行为视为侵权，被告也无须对原告承担赔偿责任。"所有权外衣说"和"权利推定说"都是坚持所有权与占有对立这一前提的，与后者相比，前者更强调诉讼过程中举证的问题。但是这一理论无法解释恶意占有人的占有与所有权之间的关系问题，在逻辑上自我矛盾。在英国，普通法从产生之日起就没有明确的公、私划分，也不存在占有与所有权的对立。所以，大陆法的上述任何一种占有理论都不能圆满地解释普通法保护保有权的原因，"试图依靠罗马法学，建立一套完整的、单一的关于占有及其法律保护的理论是根本不可能的事情"。[①] 我们必须立足于英国的现实，探寻普通法保护保有权的原因，揭示保有的政治与法理内涵。

笔者认为，亨利二世并没有将保有权作为一个抽象的法律范畴进行保

---

① F. Pollock and F. W. Maitland, *The History of English Law before the Time of Edward I*, Vol. 1, 2nd ed. (Cambridge University Press, 1978), p. 44.

护的意图，他的一系列措施，除了具有加强王权、维护王室利益的政治动机以外，更主要的目的是维护诺曼征服以来的保有制秩序。在诺曼征服后建立的封建保有制关系中，领主居于优势地位，12 世纪初，他们常利用这种优势侵夺保有人的土地，破坏保有制秩序。亨利二世的措施在很大程度上就是为了保护保有人免遭领主的侵害。据史料记载，新近侵占令状最初常常是原告以自己的领主或领主的管家为被告起诉的。① 1176 年《北安普顿诏令》设定了"收回继承地令状"，但该法中仅仅提到继承人可用这一程序起诉领主，"该法的目的就是要规范保有人去世后，其继承人受到领主刁难的情况"。② 这清晰地表明，亨利二世开始发展起来的一系列占有性诉讼程序"最初的目的是制裁那些不遵守封建保有制习惯的领主，起初仅仅是一种王室司法监督的制度"，③ 后来这些程序才逐渐被用于对抗保有人、领主以外的第三人，成为保护各种保有制关系的手段。亨利二世一系列令状诉讼形式的有效实施，不仅实现了土地司法管辖权的统一，而且引起了观念和实体法规则的变化，将保有制下的权益分配结果确认下来，催生了保有权的概念。这也从一个侧面表明，亨利二世实行的一系列政策，就其后果而言，已经远远超出了恢复旧的保有制秩序的水平。

因此，普通法之所以保护保有，既不是为了保护所有权，也不是为了将保有制下的权益作为一种抽象的财产权利加以保护，而是在社会变革的基础上，维护诺曼征服以来的保有制秩序，在土地保有制法律关系框架下有序地解决当事人之间的利益冲突。保有权的产生和被保护体现了英国土地法发展、运作过程中独特的保有制关系思维模式。尽管在历史发展进程中土地保有制不断发展变化，但是土地法的这一保有制思维方式没有发生根本变化。

（本文原载《政治与法律》2009 年第 9 期，收入本书时有改动）

---

① 参见 A. W. B. Simpson, *A History of the Land Law* (Clarendon Press, 1986), p. 30。

② A. W. B. Simpson, *A History of the Land Law* (Clarendon Press, 1986), p. 33.

③ A. W. B. Simpson, *A History of the Land Law* (Clarendon Press, 1986), p. 36.

英国法传统中信托受益权的性质

吴至诚*

一　问题的提出

关于信托受益人（cestui que trust）对信托财产享有信托受益权（beneficiary's interest under a trust）的性质，中国学界一直存在争议。《中华人民共和国信托法》一方面没有明确信托财产的归属（第 2 条）；另一方面又突破信托法传统给予委托人大量权利（第 20 条至第 23 条）。立法上的这一模糊态度使得理论上对于信托受益权性质之争论愈加混乱。物权说、债权说、物权债权并存说、特殊权利说等观点，一时间让人眼花缭乱。[1] 要消除这种混乱的状态，在理论上正本清源，最好的方法莫过于直接切入信托制度的起源来进行考察。作为一个产生于英国法传统的独特制度，[2] "信托受益权的性质在英国法中到底如何"是我们讨论包括"信托受益权在中国法中的性质应当如何"在内的其他衍生问题的前提。然而对于英国法中受益权的性质，中国学界存在着广泛的误读。

---

* 吴至诚，中国人民大学法学院助理教授。

[1] 参见温世扬、冯兴俊《论信托财产所有权——兼论我国相关立法的完善》，《武汉大学学报》（哲学社会科学版）2005 年第 2 期；于海涌《论英美信托财产双重所有权在中国的本土化》，《现代法学》2010 年第 3 期；贾林青《信托财产权的法律性质和结构之我见》，《法学家》2005 年第 5 期；何宝玉《信托法原理研究》，中国政法大学出版社，2005，第 47~48 页。

[2] 当然，从历史的角度看罗马法也有类似信托的制度，只是这种信托大体上并不是各国创立现代信托制度的参考依据。参见 D. Johnston，*The Roman Law of Trusts*（Oxford University Press，1988），ch. 1。

有学者认为"双重所有权"（dual ownership）学说是英国的通说，即在根据信托目的将一定的财产转移给受托人时，信托财产在归属于受托人的同时也归属于受益人。① 也有学者将受托人的权利（legal title）翻译为名义所有权，将受益人的权利（equitable title）翻译为实质所有权即衡平所有权，进而得出"信托与大陆法系民法所建立之所有权绝对原则及一物一权主义迥不相同无法调和"的观点。② 另有学者认为用大陆法系的视角，难以解释交换价值和使用价值相分离的双重所有权现象。③ 还有学者进一步用历史发展的产物（即所谓的"英美法历史上普通法与衡平法长期对峙"）以及英美法从来没有发展出绝对、单一所有权观念和制度的这些事实来解释所谓"信托财产所有权的分割性"（split ownership）在英国法中的存在。④ 与此同时，尽管有学者已经意识到受益人的权利是否应该在大陆法系国家被解释为所有权是有争议的，但其并未深入讨论下去，而是转过来坚持了分割所有权的观点，并认为信托的这种双重所有权是其独有的特点；声称如果没有这种所有权分割的情况，信托本身的许多功能就无法发挥等。⑤

中国信托法学界的误读一方面导致我国传统私法学者普遍产生"信托与物权法不兼容"的观点，进而不认为信托在学科归属问题上可以被纳入民法体系。这意味着它只能被单独放置于商法部门之中，使我国信托法实质上成为商事信托法。另一方面，这种误读也影响了我国信托法的立法进程。全国人大法工委在解释信托法立法背景时曾指出，英美法系国家的财产法更注重物的支配，大陆法系国家注重物的归属，因此英美法信托和一般的财产契约有本质不同：即前者"扩充了"物权的内容，信托财产在实

---

① 参见张军建《信托法基础理论研究》，中国财政经济出版社，2009，第48页；陈向聪《信托法律制度研究》，中国检察出版社，2007，第148页；董慧凝《信托财产法律问题研究》，法律出版社，2011，第6、32页；汪其昌《信托财产权的形成与特质》，中国财政经济出版社，2011，第155、158页。

② 王志诚：《信托之基本原理》，元照出版社，2005，第7页；方嘉麟：《信托法之理论与实务》，中国政法大学出版社，2004，第2、29、292、325页。

③ 参见陈雪萍、豆景俊《信托关系中受托人权利与衡平机制研究》，法律出版社，2008，第60页；陈雪萍《信托在商事领域发展的制度空间——角色转换和制度创新》，中国法制出版社，2006，第85页。

④ 参见周小明《信托制度比较法研究》，法律出版社，1996，第29页。

⑤ 参见高凌云《被误读的信托：信托法原论》，复旦大学出版社，2010，第28页。

质上应归属于委托人或受益人，① 这是因为"英美法系国家对信托财产的基本理论是：信托财产的所有权具有双重性，也就是一个财产可以有两个所有权……这种理论在我国难以接受"。② 这显然是值得商榷的。另外，我国《信托法》中饱受争议的第2条之所以回避了信托设立时所有权转移的要件，其原因之一也是当时立法者对英美法系信托法的误读，他们误以为所谓的英美法系受益人的"衡平法上的所有权"与受托人的"普通法上的所有权"形成了"一物二权"，违背了大陆法系的一物一权原则，进而得出了"我国在信托立法时对于所有权的归属问题最好避而不谈"的结论。③

本文试图通过对英国法学说判例的系统梳理来纠正存在于我国学界的两个基本误读，并分别论证：（1）信托受益权虽然看似具有一些不符合对人权概念的特征，但其在英国法上仍然属于债权而非财产权（物权）；（2）所谓的分割所有权（或双重所有权）理论是对英国信托本质的一种完全错误的解释，信托制度的存在并未改变财产法的基本结构和原则。

二 英国法上信托受益权的债权本质

在英国法的权利体系中，信托受益权一直就是作为一种债权而非物权存在，这可以通过对信托受益权的权利性质以及其在英国法历史传统中的演化的考察来加以说明，透过这一考察，我们认识到在英国信托制度中没有分割所有权、双重所有权理论存在的空间。

（一）普遍可诉性的缺失

在英美法传统上，普遍可诉性（universal exigibility）是区分对物权

---

① 参见卞耀武主编《中华人民共和国信托法释义》，法律出版社，2002，第46~49页。
② 卞耀武主编《中华人民共和国信托法释义》，法律出版社，2002，第268页。
③ 参见王清、郭策《中华人民共和国信托法条文诠释》，中国法制出版社，2001，第5页。上述误读不仅在中国存在，在很多大陆法系国家也存在类似的误读，如 Gregory S. Alexandra, "The Dilution of the Trust", in L. Smith（ed.）, *The Worlds of the Trust*（Cambridge University Press, 2013）; William F. Fratcher, "Trust", *International Encyclopedia of Comparative Law*（1973）, Vol. 6, ch. 11, para. 1; Andrew G. Paton and Rosanna Grosso, "The Hague Convention on the Law Applicable to Trusts and on Their Recognition and Implementation in Italy"（1994）43 *International Comparative Law Quarterly* 654; Kent Schenkel, "Trust Law and the Title – Split: A Beneficial Perspective"（2009）78 *UMKC Law Review* 181。

（right in rem）和对人权（right in personam）的核心标准。① 所谓普遍可诉性，即指权利人可以直接起诉任何不法侵犯该权利的他人，并请求其停止侵害、恢复原状或赔偿损失的能力。物权之所以区别于债权，就是其权利人可以针对所有侵犯其权利的他人主张权利，而债权的权利人则只能针对特定的侵犯其权利的人主张权利。根据霍菲尔德的法律相关关系（jural correlatives）模型，任何权利都是对人的，不存在"针对某物"的权利：所谓对物权也只是一人向另一人主张的，与某物有特定联系的权利。但这并不意味着对物权和对人权没有区别：从义务人数量的角度，对人权是一个权利枝、单数权利（paucital right），连接权利人与特定的一个（或几个）相对人；② 对物权则是一个权利束、复数权利（multital right），连接权利人和不特定的多数人。③ 此说大体代表了英美法学界在理论层面区分物权债权的主流标准。④

普遍可诉性的意义在于其可被用作判定一种权利性质的标尺。界定一个被新创设出来的权利是物权还是债权，就需要看这个新权利的持有人有没有普遍可诉能力。众所周知，无论是在大陆法系中的所有权人创设出一个抵押权、质权、地役权、地上权或是永佃权，还是在英美法系中的永久

---

① Peter Birks, *Unjust Enrichment*, 2nd ed. （Oxford University Press, 2005）, p. 180. 普遍可诉性之所以成为英美法区分物权、债权的核心标准，主要基于奥斯丁、霍姆斯等人的早先学说以及霍菲尔德对这些学说的整合。具体可参见 W. N. Hohfeld, "Fundamental Legal Conceptions as Applied in Judicial Reasoning"（1917）26 *Yale Law Journal* 710; John Austin, *The Province of Jurisprudence Determined*（J. Murray, 1832）, Vol 1, 22 – 35; *Tyler v. Court of Registration*（1900）, 175 Mass, pp. 71, 75 – 79 per Holmes CJ。

② 比如，合同债权就是连接权利人 A 对 B 的一枝权利，原则上只有 B 对 A 的权利负有不侵犯的义务。

③ 比如，所有权就可以视为由无数分别连接权利人 A 对 B、C、D……X 等所有人的权利枝所集合起来的权利束，他们均对这项权利负有不侵犯的义务。

④ 这项标准只是在描述方法上受到了一些质疑。比如劳森认为，在陌生人 X 并不知晓且并未靠近 A 的对物权的情况下，X 不应负有对 A 的不侵犯义务。他指出，对物权准确地说依然是一个概括的单一权利而非权利束。不过劳森眼中的对世权依然与对人权利不同，因为前者虽然没有先验的对应义务，却保有了一个产生对应义务的可能性，且这个可能性足以对抗所有人——只要任何 X 接近并知晓了 A 的对物权，X 立即对 A 的对物权负有一个不侵犯的义务，也即 A 事实上对任何靠近自己权利的 X 普遍可诉——这依然是对人权所不具备的。参见 F. H. Lawson, "Rights and other Relations in Rem", in von Caemmerer and others（eds.）*Festschrift für Martin Wolff*（Tubingen, 1952）; J. E. Penner, "The Bundle of Rights Picture of Property"（1996）43 *UCLA Law Review* 711。

产权人（fee simple absolute in possession）创设出一个终生产业（life estate）或是租权（lease），由于此新生权利的权利人 B 均可以对抗（直接起诉）任何侵犯或妨害其保有该他物权的第三人 X 而无须借助自物权人 A 的帮助，所以这些由所有权人分割出的权利具备普遍可诉性的特征，是他物权而非仅仅是一般的对人权。与此相对，所有权人所创设出的权利也可能仅仅是一个债权，比如英美法中的许可或者大陆法中的租赁就不具有普遍可诉性，因而仅仅是一般意义上的对人权。

但是用这一标准衡量信托受益权时，问题就出现了。根据英国判例法的解释和学者的概括，当第三人 X 侵犯了作为所有权人的受托人 A 的物权，进而间接侵犯了 A 的受益人 B 的信托受益权，抑或是第三人 X 直接侵犯了受益人 B 的信托受益权时，因为 X 只对 A 负有不侵犯的义务并违反了这项义务，而 X 对 B 则并不负有此项义务，所以只有 A 有权利起诉 X。同样，因 X 的侵权行为而利益受损的 B 不可以直接向 X 主张权利，他只能借助其受托人 A 的帮助代为向 X 主张权利。① 诚然，历史上受益人 B 可以向衡平法庭申请一项法律救济（relief），责令 A 必须为了 B 的利益起诉 X。然而正如 Smith 教授指出的，B 的这项能力就好比合同第三人丙侵犯合同一方当事人乙的合同标的物从而间接侵犯到合同当事人甲的利益（third party interference with obligations）。② 即使丙不构成法定的第三人侵害债权，甲作为债权人依然有权利请求乙为了甲的合同利益向丙起诉——只是这与物权无关，甲并不会因为有了对乙的影响力就被认为有了针对该合同项下财产的所有权；同理，B 也不会因为衡平法给了他一个对 A 的影响力就被认为有了信托财产上的财产权。这也是 McFarlane 教授指出的用所谓"衡平法上的财产权"（equitable property right）来表述信托受益权的本质是一种很不准确的说法的原因。③ 总而言之，

---

① 参见 *MCC Proceeds v. Lehman Brothers International*（*Europe*）（1997）EWCA Civ 3068，（1998）4 All ER 675；*Leigh & Sullivan v. Aliakmon Shipping Co. Ltd.*（*The Aliakmon*）（1986）AC 785；*DKLR Holding Co.*（*No. 2*）*Pty Ltd. v. Commissioner of Stamp Duties*（1980）1 NSWLR 510，520；A. Tettenborn，"Trust Property and Conversion：an Equitable Confusion"（1996）55 *Cambridge Law Journal* 36；Ben McFarlane，"The Centrality of Constructive and Resulting Trusts"，in Charles Mitchell（ed.），*Constructive and Resulting Trusts*（Hart Publishing，2010）；Ben McFarlane and Robert Stevens，"The Nature of Equitable Property"（2010）4 *Journal of Equity* 1。

② 参见 Lionel Smith，"Trust and Patrimony"（2008）38 *Revue générale de droit* 379。

③ 参见 Ben McFarlane，"The Centrality of Constructive and Resulting Trusts"，in Charles Mitchell（ed.），*Constructive and Resulting Trusts*（Hart Publishing，2010）。

信托受益权无论在英国普通法上还是衡平法上均不具备普遍可诉性，受益人不能直接对抗第三人对信托财产的侵扰，而是必须借助作为所有权人的受托人为其行使。因此，信托受益权本质上应属债权，而非被分割出的新物权。

（二）衡平法并没有创设新物权

双重所有权理论的历史基础在于：基于衡平法传统，存在着一种区别于普通法所有权的衡平法上的所有权。要反驳这一理论，我们必须从普通法与衡平法的关系入手，探讨衡平法是否真正创设了一种新的物权类型？答案是否定的。

《1873 年司法法》（*Supreme Court of Judicature Act 1873*，以下简称《司法法》）第 25 条规定："大体上就所有上面未作特别规定的问题，如果它可适用的普通法规则和衡平法规则存在冲突或差异，衡平法规则优先。"[①] 梅特兰指出，大家理解这个规则的难点在于衡平法与普通法"冲突"的存在与否：有些看似冲突的地方其实没有冲突，信托正是这样的一个例子。[②] 用归谬法可以发现，沿着双重所有权的思路：一方面，受托人可以根据普通法主张所有权人是自己而非受益人，因为普通法只规定受托人是法律上的所有权人；另一方面，受益人可以根据衡平法主张自己是所有权人而受托人不是，因为衡平法规定了受益人是实质上的所有者。进而在 1873 年之后，根据《司法法》第 25 条的规定，因为受托人和受益人分别根据普通法和衡平法主张了同一个权利（所有权），那么逻辑上的结果就是衡平法规则优先——这意味着普通法关于受托人享有所有权的规则将被作废——可事实上普通法关于受托人取得所有权的规则从未被作废过：不管是受托人通过受让委托人的财产而取得信托财产的所有权，抑或是委托人声明自己成为受托人而保有信托财产的所有权。对于《司法法》第 25 条的实证分析说明了关于所有权的归属问题，衡平法从来就没有与普通法出现过不一致或制造过

---

① 该条原文为："Generally in all matters not hereinbefore particularly mentioned, in which there is any conflict or variance between the rules of equity and the rules of common law with reference to the same matter, the rules of equity shall prevail."

② 参见 F. W. Maitland, *Equity: A Course of Lectures*, revised by John Brunyate (Cambridge University Press, 1936), p. 17。

冲突，《司法法》也从来没有废除普通法上关于信托受托人所有权的规则。这就是梅特兰为何一再强调"衡平法从来没有说过受益人是土地的所有权人，它是说受托人是土地的所有权人，只是该受托人为一项义务所束缚，即必须以维护受益人利益的方式持有这块土地"。① 正如他的经典名言所概括的，"衡平法从未去破坏普通法，而是在完善它"（Equity had not come to destroy the law, but to fulfil it）。这句话落实到信托法当中，则恰如来自澳大利亚的 Brennan 大法官在 DKLR 上诉案中所概括的那样，"尽管受益人的权利构成一个衡平法上的权利，它只是被雕刻并镶嵌在了普通法权益之上，而非是从普通法权益中被切割并分离出来的"。② 易言之，英国法中的受益权只是作为一项新的对人负担，由衡平法放置在作为所有权人的受托人头顶。这项权利并未改变任何第三人的消极义务，也从未改变英国财产法体系或是带来一套新的关于所有权取得和保有的规则。

（三）信托受益权的创设方式与时点

第三个论点来自对信托受益权的创设方式和产生时点的探索。对信托受益权的财产权解读和分割所有权解读都违背了"任何人不能给予他人自己没有的财产权"（nemo dat quod non habet）的原则。对于财产的继受取得而言，一项财产权，无论是它的最高级别所有权抑或是低级财产权（他物权），均最终来自原初的所有权。创设出这项财产权的方式本质上无非有两种：第一，切割出所有权中的一部分权能，或称要素（incidents）③，以建构出受让人的一项或数项他物权；第二，切割出所有权中的全部要素，并将全部这些权能转移给受让人以成就对方的自物权。无论如何，如果要适用这种分割所有权的模型，受让人所得到的必须是在转让行为发生

---

① F. W. Maitland, *Equity: A Course of Lectures*, revised by John Brunyate（Cambridge University Press, 1936）, p. 17.

② *DKLR Holding Co.（No. 2）Pty Ltd. v. Commissioner of Stamp Duties（NSW）*（1982）149 CLR 431, 474. McLelland 法官也得出了同样的结论, *Re Transphere Pty Ltd.*（1986）5 NSWLR 309, 309。关于这个结论的推导，具体可参见 William Swadling, "Property: General Principles", in Andrew Burrows（ed.）, *English Private Law*, 2nd ed.（Oxford University Press, 2007）, pp. 273 - 274。

③ 关于普通法世界对所有权的 11 项基本要素的著名解读，参见 A. M. Honoré, "Ownership", in A. G. Guest（ed.）, *Oxford Essays in Jurisprudence: First Series*（Oxford University Press, 1961）。

之前出让人已然拥有的。显然不仅自物权的让渡可以这样解释，他物权的产生也可以这样解释：比如地上权就是从所有权中分割出管理和收益的权能，地役权分割出部分的使用权能，抵押权分割出处分权能，留置权则分割出占有权能等。

但这个模型到了信托领域就不能适用了，因为我们找不到一个事先存在的、为所有权人所拥有的且可以代表信托受益权的权能或者要素。① 英国两个古老的判决早早确立了如下规则：一个永久产权人（fee simple owner）在一开始并不是同时享有普通法上的财产权和衡平法上的财产权，他只有普通法上的财产权，且该财产权承载着全部的权能和要素。② 正如Hope 法官说的那样，以明示信托（express trust）为例，当一个受托人由于委托人（settlor）的意愿而被指定出之后，无论是通过财产转移的方式还是声明信托的方式，该受益人的衡平法上的受益权并没有切割出任何事先存在的要素，完全是以一个全新出现的负担的形式加在普通法所有权（legal title）的顶部。③ 据此，在创设明示信托的过程中，根本不存在一个可以被衡平法从普通法所有权中"分割"出来以供受益人持有的要素。

事实上，分割所有权模型的逻辑矛盾不仅存在于上述基于合意创设的信托中，非基于合意创设的信托也不例外。④ Upjohn 大法官在介绍自动的归复信托（automatic resulting trust）的原理时曾说道，如果一个人自愿让渡出其物上所有的权能，但是由于法律的原因导致此处分行为无效或者部分无效，那么其中的受益权将根据法律的拟制而"保留"在他的手中。⑤ 易言之，拟制信托的法理基础在他看来是出让人对自身衡平法上权利的保

---

① 或许有人质疑，收益权是否可以理解为这里被切割出的权能或要素。且不说收益权在这里并不是一个"事先"存在的权能，即使事先存在，收益权也不同于信托受益权：因为它在存续期间内并不属于受益人，而是属于受托人。具体可参见于海涌《论英美信托财产双重所有权在中国的本土化》，《现代法学》2010 年第 3 期。

② 参见 *Goodright v. Wells*（1781）2 Doug KB 771；*Harmood v. Oglander*（1803）8 Ves 106。

③ 参见 *DKLR Holding Co.*（*No. 2*）*Pty Ltd. v. Commissioner of Stamp Duties*（1980）1 NSWLR 510。

④ 英美法上的信托在逻辑上可二分为基于合意的信托和非基于合意的信托，四分法（明示、默示、推定、归复）是逻辑上不严谨的分类方法，因为它们互有外延上的交集。但考虑到四分法是历史演变中经典的分类法，我们在遵循它的同时可以大致认为：明示信托、基于事实的默示信托以及推定的归复信托是基于合意的信托；而拟制信托、基于法律的默示信托以及自动的归复信托是非基于合意的信托。

⑤ *Vandervell v. IRC*（1967）2 AC 291，313.

留（Retention of equitable/beneficial interest）。Wilberforce 大法官虽然也同意在该案中适用 Upjohn 大法官的这种直白解释，但同时也承认这种解释并不严谨，忽视了使用更为精炼的理性化术语（more refined intellectualities）。[1] 至于究竟何为归复信托中的理性化术语，Browne-Wilkinson 大法官在另一著名案件中指出，一个完全的永久产权人从一开始就不享有衡平法上的财产权，是他手上唯一的、普通法上的财产权承载着物的全部权能和要素。"除非存在着普通法和衡平法财产权能和要素的'分离'，不然不可能存在着衡平法财产权的分割，进而'保留衡平法财产权'的说法也就是没有意义的了……我们真正要考虑的问题是该案的转让行为是否足以构成一个法律上的信托，若是，则受益权从这个（归复）信托出现的那一瞬间起首次问世。"[2] 而 McLelland 法官指出，事实上这种"分离"（separation）的说法（即认为财产权可以被分成普通法上的财产权和衡平法上的财产权）同上面"保留"的说法一样不严谨。他指出，信托的本质不是由衡平法上的权利承载着一部分的权能和要素，而是物的全部要素只由受托人在普通法上的所有权所全部承载，信托只是让受托人负担了一个对受益人的为其利益并依据信托条款而妥善管理信托财产的义务。"就算受益人对应的权利可以被看成某种财产性权益，但这也不是从普通法所有权中剥离出来，而是新镶嵌上去的。"[3] 综合二位法官的观点，我们可以知道将拟制信托的本质解释为"衡平法上权利的保留"也是错误的。

这种观点也能得到来自制定法的支持。《1925 年财产法》（Law of Property Act 1925）第 53 条第 1 款 b 项规定："任何针对土地权益的声明信托（declaration of trust）必须有书面文件作为佐证，且须有声明人的签名。"此项意为：声明信托并非一定要通过书面形式才算有效成立，而是只需要有事后的书面证据证明其存在即可。[4] 本条同款 c 项规定："任何对已存在的衡平利益的处分，必须以书面形式作出，且须有声明人的签名。"此项意为：针对已存在的信托受益权的处分必须要通过书面形式。如果我

---

[1]　*Vandervell v. IRC*（1967）2 AC 291，328。

[2]　*Westdeutsche Landesbank Girozentrale v. Islington LBC*（1996）AC 669，705.

[3]　*Re Transphere Pty Ltd.*（1986）5 NSWLR 309，311.

[4]　*Randall v. Morgan*（1805）12 Ves 67，74；*Forster v. Hale*（1798）3 Ves 696，707；*Rochefoucauld v. Boustead*（1897）1 Ch 197，206.

们沿着分割所有权的逻辑，即信托受益权是从所有权中剥离出的一部分，那么受益权就是一项"已存在"的衡平利益，因为我们不可能分割出一项事先不存在的衡平利益。那么，根据《1925 年财产法》第 53 条第 1 款第 b 项的规定，通过声明信托剥离出一项已存在的受益权，无须以书面形式完成；但是根据第 53 条第 1 款第 c 项的规定，通过声明信托剥离出一项已存在的受益权（衡平权益），则又必须以书面形式完成。归谬至此可知，分割所有权的观念会造成对《1925 年财产法》第 53 条的误读，即人为地造成了第 53 条第 1 款 b 项与 c 项在法律适用上的冲突。其实这两项规则在立法时本不存在冲突，因为立法者根本不认为信托受益权是从普通法所有权中分割出的权利。正确的解释为：信托受益权作为一项衡平利益，它并非事先已存在于所有权中，而是通过包括声明信托在内的种种特定方式被新创设出。如此，我们才能理解英国《1925 年财产法》的这两项规则：英国法中的声明信托本质上是创设新的受益权，而不是将一个已存在的受益权剥离出所有权，进而"书面"并不是其成立的形式要件。

三　信托受益权的物权化现象

前文论述了英国法传统中的信托受益权的债权本质以及不存在分割、双重所有权的解读，但这并不意味着信托受益权债权说在英国一直以来都是毫无争议、不可动摇的学说。哪怕支持债权说的梅特兰都不得不承认，"虽然受益权一直都是对人权（jura in personam），从未成为过对物权，然而随着时间的推移，它逐渐表露出越来越多的疑似的对物权（jura in rem）的端倪"。[1] 易言之，若要全面解释英国法传统中信托受益权的债权本质，其在演变过程中出现的种种类似物权化的现象不应被回避，[2] 以避免潜在的进一步误读。

（一）基于执行豁免和破产豁免的物权化

信托受益权的物权化的第一个表征在于破产法和执行法。受托人所有

---

[1]　F. W. Maitland, *Equity: A Course of Lectures*, revised by John Brunyate (Cambridge University Press, 1936), p. 107.

[2]　集中体现为间接的、事实上的对第三人的消极防御权。参见 R. C. Nolan, "Equitable Property" (2006) 122 *Law Quarterly Review* 232。

的有两种财产,一种是没有负担信托的财产;另一种是负担了信托的财产。若受托人不能偿还个人债务,第一种财产可以作为受托人的个人债权人的执行标的,第二种财产却不能被这些债权人执行,此为受益权在执行层面的物权化。① 若作为公司的受托人因不能偿还个人债务而进入破产程序,那么第一种财产可以作为破产财产供债权人团体分配,但第二种财产则不能为债权人团体所取得,② 此为受益权在破产层面的物权化。可是这两个现象真的可以说明信托受益权变成了物权吗? 不能。简言之,破产豁免是基于商法政策考量的产物而非基于民法权利属性判断的产物;执行豁免则是一个片面的假象,因为它不适用于受托人管理信托事务本身所产生的债务。

1. 受益权在破产法层面的物权化

其实破产法有这样的规定本身并无不可,问题在于此规定不能用于判断其规定背后的权利性质。在英美法上普遍认可的一点是,破产法规则的取舍在很大层面上与法院的判例法及逻辑分析并无关联,而是更与制定法背后的政策考量有关。依大陆法语言,此意为:破产法规则的存废更多的是基于商业立法政策的需要,而非传统私法概念体系的衔接。一个简单的例子是,在私法中我们所普遍认可的物权债权区分原则在破产法立法者们的眼中并不总是那么重要——例如不管是英国法还是中国法,破产财产(破产财团)的范围显然不仅包括债务人公司所有的有体物和无体物(知识产权),还包括各种形式的债权。③ 如根据我国《最高人民法院关于适用〈中华人民共和国企业破产法〉若干问题的规定(二)》第1条的规定,只要一项权利符合"可以用货币估价并可以依法转让"的要求,破产法就可以将其认定为债务人财产。破产法对债务人无体财产的外延的突破反映了其与传统罗马法体系中无体物概念的发展方向背道而驰,④ 也反映了其与私法中根据注重权利本质将物权债权严格区分的做法大相径庭。破产优先

---

① 参见 David J. Hayton and others (eds.), *Principles of European Trust Law* (Kluwer, 1999) Arts I (3), III (2)。此现象在中国法中的对应为《中华人民共和国信托法》第 17 条。

② 参见 Insolvency Act 1986, ss 283 (1) (a) and 283 (3) (a)。此现象在中国法中的对应为《中华人民共和国信托法》第 16 条。

③ 尤其是可执行合同(executory contract)和执行过后的合同(executed contract)中债务人公司履行了自己的合同义务之后对其债务人的金钱请求权的对应价值。

④ 关于传统罗马法体系中无体物概念的演变史,参见方新军《盖尤斯无体物概念的建构与分解》,《法学研究》2006 年第 4 期。

权的分配也不例外。哪些权利可供一般无担保的债权人分配，哪些权利可供有担保的债权人全部取回，哪些权利只可以由浮动担保债权人（floating charge holder）部分取得，① 这些都是立法者的政策考量，而非权利的本质使然。正如有学者总结的，从破产法的角度判断物权的存在与否是一种结果主义的（consequentialist），非基于演绎或归纳的推理。② 这种结果主义的产物本身无可厚非，但一来它不可以成为独立于财产法外并与之平行的另一套判定物权的标准；二来即便可以，它也只能限于破产法内部使用，就像我们不能将破产财团那样宽泛的"财产"定义适用于传统民法中那样。

2. 受益权在执行层面的物权化

诚然，"信托财产免于受托人的个人债权人的追索"等于是说受益人对受托人的各项请求权（尤其是金钱请求权）相对优先于受托人的所有个人债权人；若个人债权人非法获取了这笔钱，则受益人可追索之。法国学者 Lepaulle 的双重财团理论（dual patrimony）正是对信托财产此特征的一个很好的大陆法解释。③ 但正如 Smith 教授在批判 Lepaulle 的这种物权化误读时提到的，执行豁免并不足以说明物权性质的原因在于这个视角只看到了信托财产在财产持有层面的特征，却忽视了它在责任承担层面的另一个特征：受托人处理信托事务所产生的债权人不同于受托人个人的债权人，前者可以在执行债务的时候将信托财产纳入执行标的；受益人在权利实现的层面与之平等，并不享有相对的优先权。④ 比如在 Smith 举的例子中，受托人有一个负担了信托的房屋，如果他邀请工人修缮这个房屋（为了受益人的利益）并拒付工资，那么这个工人可以从信托财产中执行债权，且不会受到受益人的执行豁免权的制约。Honoré 也对这个问题给出了很好的解释。他认为这种基于执行豁免的"衡平法财产权"的说法是错误的，因为它忽视了这种豁免优先权不是受益人的专有品，该权利同样也为其他的信托债权人所

---

① 参见 Insolvency Act 1986, s 176A。

② 参见 William Swadling, "Policy Arguments for Proprietary Restitution"（2008）28 *Legal Studies* 506。

③ 参见 Pierre Lepaulle, "An Outsider View point of the nature of trusts"（1928 – 1929）14 *Cornell Law Quarterly* 54；George Gretton, "Trusts without Equity"（2000）49 *International and Comparative Law Quarterly* 599。

④ 参见 Lionel Smith, "Trust and Patrimony"（2008）38 *Revue générale de droit* 379。

平等地享有。比如当信托财产缩水时，如果受托人为打理信托财产而邀请的律师和会计对信托财产行使了他们的报酬请求权，受益人也只得吞下无收入的苦果，他不能追索这些信托债权人实现的债权——但这类信托债权人（诸如信托上的律师和会计）显然对信托财产不享有物权。① 既然这种豁免优先权不是一种排他的权利，那么我们就不能只是根据受托人的个人债权人的执行豁免便轻易地把受益权看成物权，否则我们就很难解释为什么受托人的另一部分债权人可以执行到信托财产，且这个过程就仿佛和受托人从这笔信托财产中获得收入的过程一模一样。

（二）基于所有权基本要素分离的物权化

之前反驳过基于执行豁免的物权说的 Honoré 却也并不是一位传统债权说的绝对支持者，因为他关于所有权的另一套理论似乎与关于信托法的分割所有权理论相呼应。② 他从自己创立的所有权 11 项基本要素的学说出发，认为虽然受益权不是物权，但信托本身依然破坏了所有权的完整结构。Honoré 指出，"一个完整的所有权的本质是一束权利和要素（incidents）的集合体，并以此构成一项专有……但是当这些要素和权利束被分离时，比如信托，那么这项垄断就不复存在了"。③ 这种基于所有权基本要素的分析本身非常正确，但这种思路极易给不了解其背景的读者们造成误解。正如有学者所准确概括的，他提出这个学说的背景在于探索出一种可以用普通法的权利理论所解释的绝对所有权概念，因此他的模型力图展示出一个完整的、最高的、无负担的所有权概念的内涵。④ 这就是说，Honoré 并无意通过他的基本要素模型去解释物权（财产权）的取得方式，我们不能因为某一项基本要素在某种特定情况下被剥离，就贸然断定一项他物权甚至新所有权的产生。例如其理论中第 2 项基本要素使用权（right to use）的分

---

① 参见 A. M. Honoré, "Trusts: The Inessentials", in Joshua Getzler (ed.), *Rationalizing Property, Equity and Trusts: Essays in Honour of Edward Burn* (Lexis Nexis, 2003)。

② 参见 A. M. Honoré, "Ownership", in A. G. Guest (ed.), *Oxford Essays in Jurisprudence: First Series* (Oxford University Press, 1961)。

③ A. M. Honoré, "Trusts: The Inessentials", in Joshua Getzler (ed.), *Rationalizing Property, Equity and Trusts: Essays in Honour of Edward Burn* (Lexis Nexis, 2003).

④ 参见 J. E. Penner, "The Bundle of Rights Picture of Property" (1996) 43 *UCLA Law Review* 711。

离就不一定导致一项物权的继受取得。① 反过来看，这些被剥离了基本要素的原初权利虽然已不是那种完整的、最高的、无负担的所有权，但这依然未改变其作为所有权的本质。当然，这种基于基本要素的标准用在信托受益权的属性判断上，也确实易于造成"信托受益权物权化"的推论，包括收益权、处分权和安全保障权三个层面。首先来看收益权的问题。

收益权（right to the income）是最具争议的一个基本要素。从表面上看，我们可以发现受托人并不具备独享或任意处理信托财产所产生的孳息及其他收益的资格，他必须将这些收益或是按信托文件的规定交予受益人，或是为了受益人的利益将这些孳息妥善保存并继续经营。然而此规则不足以进一步推导出收益权已然从完整所有权中被剥离的结论，因为二者并没有逻辑关系。首先，试想某甲通过与所有权人乙的合意，约定该所有物将来取得的全部收益都必须归甲所有而不得为乙独享，但这显然不意味着乙因为一纸合同丧失了所有权，或是甲因为一纸合同取得了所有权中的收益权权能；其次，在信托关系中，受益人不能直接从信托财产的日常经营中取得收益，他必须从受托人已取得的收益中请求——且受托人取得收益的名义并不是基于代理或者行记，而是基于作为所有权人固有的收益权能。易言之，如果信托财产的经营中第三方拒绝给付作为收益的价金，真正有权向该第三人请求给付价金的人是受托人而非受益人；② 如果信托财产的收益被第三人侵犯，有权起诉该第三人承担侵权责任的也是受托人而非受益人。③ 诚然有人可以反驳：当信托终止时所有的收益都将归于受益人，受托人必须全数交付，或许这也可以理解为收益权最终归于受益人。然而我们探讨的问题是在信托关系存续期间内收益权的归属，而非信托关系终结之后孳息和收益的归属——要知道如果信托关系结束且财产交割完毕，则受益人保有收益的理由也并不是基于此前受益人的身份而是所有权

---

① 比如大陆法上的租赁、借用和英美法上的许可（licence）都是这种分离的产物，但他们都不是物权。

② 比如甲为乙的利益以信托方式持有一份股权，请求股息分红的权利（收益权）仍然属于作为受托人的甲，而非作为受益人的乙，只不过在股息红利进入甲的信托账户后，甲需要依照信托文件的规定分配对应的价金给乙而已。

③ 参见 *MCC Proceeds v. Lehman Brothers International*（*Europe*）（1997）EWCA Civ 3068，（1998）4 All ER 675；*Leigh & Sullivan v. Aliakmon Shipping Co. Ltd.*（*The Aliakmon*）（1986）AC 785。

人，且再也没有受托人这一角色存于其间了。总而言之，收益权并未被信托从所有权权利束中抽出，它依然归属于作为所有权人的受托人。

第二个争议来自对处分权（right to the capital）归属的判断。一个完整的所有权包括了自由处分标的物的权能，无论是转让、毁坏抑或放弃。Honoré 指出，在信托关系中受托人既不能绝对自主地处分标的物（必须受制于信托文件和受信关系），也不能使用这份信托财产冲抵个人债务（即不能成为个人债权人的执行标的）。[1] 但这两点并不足以成为受益权物权化的证明。前文已述，限制所有权人的"自由"的方式既可以是一个新物权，也可以是一个债权。事实上从霍菲尔德开始，大家就已经意识到自由权虽然是宪法意义上所有权的重要元素，但在私法层面用自由权的存在与否来判断一项权利的物权/债权属性是很不稳妥的，更为准确的标准应当是排他性（excludability）的存在与否。[2] 因为且不论用一项对人合同就可以限制住所有权人的自由权；就算是 Honoré 所指的完整的、最高的、无负担的所有权，其基本要素中也包括第 9 项即禁止有害使用（prohibition of harmful use）这一条对自由权的限制内容。至于信托财产不能成为受托人个人债权人的执行标的，这看似是受益人享有针对物的处分的消极防御权，但其本质只是：如果信托财产为个人债权人所取得，一般情况下受益人也只能基于与受托人的信托关系请求受托人以原所有权人的名义得到该财产的返还——只有在特殊情况下，比如第三人构成事实受托人（trusteeship de son tort），[3] 或知情接受（knowing receipt），[4] 或不诚实帮助（dishonest assistance），[5] 受益人才得以直接追究该人的财产返还性责任（liability to account），且这种直接责任对应的权利为对人权，而非对物权。[6]

---

[1] 参见 A. M. Honoré，"On Fitting Trusts into Civil Law Jurisdictions"（2008）Oxford Legal Research Paper Series Paper 27/2008 〈http：//users. ox. ac. uk/ ~ alls0079/preview. htm〉accessed 16 August 2013。

[2] 参见 W. N. Hohfeld，"Fundamental Legal Conceptions as Applied in Judicial Reasoning"（1917）26 *Yale Law Journal* 710；J. E. Penner，"The Bundle of Rights Picture of Property"（1996）43 *UCLA Law Review* 711。

[3] 参见 *Dubai Aluminium Company Ltd. v. Salaam*（2002）UKHL 48。

[4] 参见 *Royal Brunei Airlines Sdn Bhd v. Tan*（1995）2 AC 378。

[5] 参见 *Barnes v. Addy*（1874）9 Ch App 214。

[6] 参见 Simon Gardner，*An Introduction to the Law of Trusts*，2nd ed.（Oxford University Press，2011），p. 260。

第三个争议来自对安全保障权（the right to security）归属的判断，这是上诉法院在 2010 年作出的一个极富争议的判例所引发的新兴问题。① 从本案中抽象出的事实和法律为：如果第三人 X 因为疏忽而违反了其不能侵犯 A 的土地所有权的义务（即陌生人 X 侵犯了 A 的所有权），而 A 的该物权上有一个以 B 为受益人的信托，则 X 不仅要赔偿 A 的直接和间接损失，也应对 B 遭受的间接经济损失承担侵权责任，至少当 B 参加了 A 对 X 的诉讼时情况就是这样。如果本案的裁判是正确的，那么它就从侧面承认了信托受益人的对世防御权，至少所有权中的安全保障权要素不再仅仅属于受托人，受益人也得以享有并对侵权人行使了。然而这个判例的正确性在英国遭到了广泛的批判。首先，这个判决无限放大了 X 要承担的责任——因为无论 X 知晓受益人的存在与否，都要对他们的间接损失负责，而受益人的间接经济损失和受托人的间接经济损失在内容上往往是不同的，那么如果一个信托财产上存在多个受益人，则 X 的间接经济损失赔偿责任就会被不公平地翻倍。② 其次，这个判决违反了先前的判例法——即如果 A 以 B 为信托受益人而保有一个有体物，那么陌生第三人 X 并不对 B 负有一项不侵犯该有体物的义务（该义务的权利人只是 A 而不包括 B）。③ 再次，正如 McFarlane 所指出的，这个判决本身也存在逻辑问题——法院不可以一方面把受益人 B 视为"实际"所有权人（real owner），而另一方面却将纯粹经济损失作为 B 的请求权基础（众所周知，所有权人因其财产被侵犯而承受的间接损失不可能是纯粹经济损失）；法院也不可以援引基于"原告和被告的特殊关系"而产生的纯粹经济损失的赔偿，因为侵权人 X 在侵权行为发生时甚至都尚未了解受益人 B 及其利益的存在。④ 退一步说，即使本案不被推翻，它也不能成为受益权物权化的判例依据。因为本案讨论的问题

---

① 参见 *Shell UK Ltd. v. Total UK Ltd.* （2010）EWCA Civ 180，（2011）QB 86。

② 参见 A. Scott and A. Rushworth，"Shell UK Ltd. v. Total UK Ltd.：Total Chaos"（2010）*Lloyd's Maritime and Commercial Law Quarterly* 536；P. Turner，"Consequential Economic Loss and the Trust Beneficiary"（2010）*Cambridge Law Journal* 445；K. Low，"Equitable Title and Economic Loss"（2010）126 *Law Quarterly Review* 507。

③ 参见 *Earl of Worcester v. Finch*（1600）2 and 162，123 ER 600；Lord Compton's Case（1580）2 Leon 211，74 ER 485；S. Douglas，*Liability for Wrongful Interferences with Chattels*（Hart Publishing，2011），pp. 39 – 47。

④ 参见 Ben McFarlane，"The Numerus Clausus and the Common Law"，in Nigel Gravells（ed.），*Landmark Cases in Land Law*（Hart Publishing，2013）。

是作为所有权人、受托人参与侵权损害之诉时，受益人是否可以获得赔偿：受益人最终获赔的原因之一也正是受托人以所有权人的名义对被告主张了损害。这意味着，法官在论述时顺带提及的所谓"受益人可以视为实际所有权人，可以独立主张损害"的观点和本案争议事实无关，因而此观点在本案中只是附带意见（obiter dictum），并不构成判例法中具有约束力的判决理由（ratio decidendi）。

总而言之，我们不能基于某些基本要素在信托中的疑似缺失而得出信托受益权物权化的结论。另外，虽然 Honoré 的确说过信托"分割"了所有权，不过这句话的实际意思和我们平时看到的所谓"分割所有权"的误读是完全不同的。Honoré 用分割所有权这个词组只是在强调信托抽出完整所有权中的一部分的基本要素，但这并不等于抽出的那部分属于受益人的基本要素就组成了"衡平法上的所有权"，且这种基于所有权基本要素的"分割说"也根本推导不出受益人享有物权（财产权）的结论。

（三）基于财产取得权的物权化

与上述两个受益权物权化的论点不同，此论点立足于英国法中悠久且通俗的语词选择：一是在基于合意的信托中特定情况下委托人或者受益人以优先取回信托财产为内容的财产性请求权（proprietary claim）；二是在非基于合意的信托中特定情况下权利人从推定受托人手中优先取回标的物或价金的财产性救济（proprietary remedy）。如果仅仅望文生义，逻辑上很容易得出的结论就是受益权在特定情况下的物权化——但若对这两处语词选择的背后本质作出解释，我们就会发现事实并非如此。

先来看第一种情形中的财产取回权。一般而言，明示信托是不可撤销的，委托人和受益人也不能在受托人无过错的情况下取回信托财产。但例外有二：其一，如果一个明示信托的受益人是一个或多个未成年人，那么当这些受益人均成年并且具有法律上的行为能力时，他们可以随时与受托人解除信托关系并因此而取回全部的信托财产，成为它们的所有权人。[1]受益权的这一特性与典型债权不同，因为在一般的债权债务关系中，合同

---

[1] 参见 *Saunders v. Vautier*（1841）4 Beav 115, 49 ER 282。

第三人不能解除合同一方为该第三人的利益而与合同另一方缔结的合同并取回该合同项下的特定标的物。另一个例外来自英国的一个涉外财产执行判决。① 该案中，委托人创立了一个可撤销的归复信托且撤销事由于事后成立，于是委托人的债务人向法院申请执行这份受益权项下的财产。依据本案适用的准据法，此请求实现的前提须为被执行人的权利被定性为财产权。法院支持该请求的理由为：虽然传统意义上可撤销信托中的撤销权只是一种形成权（power），但委托人保留了撤销权的信托财产取回权类似于财产权（tantamount to property），故而也可以成为执行的标的。

其实这两个案件背后所反映的核心问题是我们对"物权取得权"（right ad rem）性质的界定。提及此概念就不得不交代其提出者霍菲尔德对权利理论的第三个贡献：权利阶段的观念。② 霍菲尔德认为，法律关系在不同的阶段会表现出不同的权利，彼此间不能混同也不能传导。若某人对他人在下一阶段的权利表现出对世性，这并不代表上一阶段该权利就必然是对物权。比如执行阶段债权人可以申请法院只针对某特定物权进行强制执行，但这并不意味着只有对物之诉的执行才能针对这样特定的某个物权。这就是说，如果一个权利在下一阶段体现为物权取得权，这并不能当然地推导出它在上一阶段就是具有对世性的物权（right in rem）。此观点在信托中也被承袭，如 Swadling 指出，把一个财产权放在信托的后面并不能改变该财产权的本质——比如把一个银行账户（对银行的债权）放入信托也不能使得受益人对该银行账户的权利变成物权，他所享有的仍然是一个债权。③ 事实上物权取得权在很多合同中也普遍存在，比如保险受益人在保险合同解除后或者保险事由发生后取得保险项下的对应财产的权利就是物权取得权，但我们不能说保险受益人因此就一直对保险合同享有"物权"；又比如买卖合同中已给付货款的一方对出卖人的请求交付货物的权

---

① 参见 *Tasarruf Mevduati Sigorta Fonu v. Merrill Lynch Bank and Trust Company*（*Cayman*）*Ltd.*（2011）UKPC 17。

② 参见 W. N. Hohfeld, "Fundamental Legal Conceptions as Applied in Judicial Reasoning"（1917）26 *Yale Law Journal* 710. 他的前两个贡献分别为法律对应关系（jural correlatives）的普遍存在以及复数权利（multital rights）和单数权利（paucital rights）的区分观念。此两点在本文第二部分已有提及。

③ 参见 William Swadling, "Property：General Principles", in Andrew Burrows（ed.）, *English Private Law*, 2nd ed.（Oxford University Press, 2007）, p. 271。

利也是物权取得权，但我们也不能因此就说买受人此时获得了对货物的"物权"。

从第二种情况即非意定信托的角度也不能得出物权化的结论。信托的分类有很多种，按照发生原因可以分为基于合意的信托、基于不当得利的信托、基于侵权的信托以及基于其他特定事由的信托。① Birks 教授通过对罗马法传统和普通法传统在返还制度方面的比较，提出了"由不当得利触发的信托本质上是对利益受损人的财产性回应（proprietary response）"的观点。② 此说在英美法中有判例支持：原则上自始的不当得利能触发物权性返还，嗣后的不当得利只能触发债权性返还。③ 但此说无法在大陆法中找到参照，因为在传统大陆法民法中，作为债的发生原因的不当得利和侵权行为不可能触发财产性（物权性）救济。虽然 Birks 成功概括了普通法世界的非意定信托在功能层面的价值，但是准确地说，这种"财产性"救济本质上并不是财产权（物权）。它之所以被称为财产性救济，只是因为在结果上权利人可以优先于他人得到这笔财产，在最终效果上部分类似于担保物权（实际上与担保物权完全不同）。故而这里有必要继续解释一下英国法上非基于合意的信托（即基于法律规定的信托）的内容及其与物权的区别。

与意定信托相比，基于法律规定的信托在内容上有三个特点。其一，这里的受托人不像基于合意的信托中的受托人那样，他并不对受益人负担一个义务群（如保管义务、经营义务、知情义务等），而是只有单一的义务，即在对应权利人主张权利时，须返还特定标的物的物权或者返还特定数量的金钱的义务。④ 此时受益人对应的权利自始至终也只有一个，即向推定受托人请求转移对应物权或支付对应价金的请求权，这种对人权和对世性的物权显然相去甚远。其二，这种义务须黏附于一项权利上，即必须

---

① 参见 Peter Birks, "Rights, Wrongs and Remedies" (2000) 20 *Oxford Journal of Legal Studies* 1。

② Peter Birks, "Retrieving Tied Money", in William Swadling (ed.), *The Quistclose Trust: Critical Essays* (Hart Publishing, 2004).

③ 参见 *Chase Manhattan Bank NA v. Israel – British Bank (London) Ltd.* (1981) Ch 105; *Re Goldcorp Exchange Ltd.* (1995) 1 AC 74; *Neste Oy v. Lloyds Bank Plc* (1983) 2 Lloyd's Rep 658。

④ 参见 William Swadling, "The Fiction of the Constructive Trust" (2011) 64 *Current Legal Problems* 399。

存在一项有该义务可负担于其上的权利（a duty burdened right）——此处的"权利"不像物权那样被限定为某个特定的有体物，一项请求权或者形成权也足以在此适格，① 比如它也可以是一项可以特定化执行的（specifically enforceable）承诺或合同标的，② 甚至是一组内部成分可以不断替换的财产集合（a collection of properties）。③ 其三，受托人的核心义务不管在意定信托还是非意定信托，不管在创立阶段还是执行阶段，都是一项消极的"核心受信义务"（core trust duty），④ 这个义务的核心要求是受托人不仅不得基于其受信地位和控制地位直接或间接获利（no profit rule），也要避免个人利益与受信利益的冲突（no conflict rule），否则全部不当获利的财产将归于受益人。这和创设了他物权的自物权人的义务不一样，因为有他物权负担的自物权人仍然可以在不妨碍他物权人的利益的情况下为了自己的利益开发使用该物并从中获取收益，比如一个有地上权负担的所有权人依然可以在土地上设置抵押，又比如一个有担保物权负担的所有权人依然可以在土地上设置低顺位抵押。综合以上对基于法律规定的信托（拟制信托）在内容上的三点分析，我们可以知道这种基于语词的受益权物权化也不能得出受益权变为了物权（财产权）的结论。总而言之，我们不可以因为看到通俗的所谓"衡平法上的财产权"（equitable property right）等语词就望文生义，认为它就当然地具有对世性。信托受益权从未物权化，它在概念上一直都隶属于债权范畴，并没有分割所有权，也没有在衡平法上另创一套关于所有权取得和保有的规则。

四　结语

19世纪英国著名法学家梅特兰在讨论法律移植的话题时曾说过，

---

① 参见 Ben McFarlane, *The Structure of Property Law*（Hart Publishing, 2008）, p. 24。

② 参见 Lionel Smith, "Philosophical Foundations of Proprietary Remedies", in R. Chambers and others (eds.), *Philosophical Foundations of the Law of Unjust Enrichment*（Oxford University Press, 2009）。

③ 参见 J. E. Penner, "Duty and Liability in Respect of Funds", in J. Lowry and L. Mistelis (eds.), *Commercial Law: Perspectives and Practice*（LexisNexis Butterworths, 2006）。

④ Ben McFarlane, "The Centrality of Constructive and Resulting Trusts", in Charles Mitchell (ed.), *Constructive and Resulting Trusts*（Hart Publishing, 2010）.

"……从历史的经验中可以得出如下的道理，如果我们甚至不知道自己将要做什么的时候就贸然援引域外词汇，这是非常危险的。"① 这句话不应仅限于比较侵权法和诉讼形式的讨论，它对于信托法的比较研究也具有一定的启发意义：我们固然可以创设新的概念来解释信托受益权从而使信托在离开普通法世界之后仍然可以和当地法律体系并行不悖，但这并不等于传统英国信托法的模型也可以随之被这些新概念重构。其实大陆法学者用双重所有权、分割所有权甚至物权说去重构本土的变种信托制度是无可厚非的，重构变种信托的学说在某些国家已经被普遍认可，并且成为当地变种信托法的理论基础。比如在法国，Lepaulle 的双重财团理论（dual patrimony）② 成功影响了 2007 年法国物权法的修改，为将来法国引入信托奠定了传统民法上的基础——这个理论恰恰就是双重所有权理论的变种，只不过受益权的客体不再是某个特定物，而变成了一个财团（patrimonium）。苏格兰也受到了同样的影响。③ 又比如在南非，Honoré 将来自荷兰的托管制度（bewind）④ 和英美法系信托制度结合，使得信托财产根据南非法既可以约定由受托人拥有所有权，也可以由受益人拥有所有权⑤——这个模型就可以理解为立足于信托受益权的物权说。再比如在加拿大魁北克省，信托没有所有权人，信托财产的基本要件被分割，受托人只是一个管理人⑥——这个模型就可以理解为由于分割所有权从而导致所有权在逻辑上无人享有。然此种种现象并不意味着我们就可以套用这些理论去解释英美法信托的原貌，以至于以讹传讹，掩盖了英美法传统中信托受益权的本质。易言之，本文并不是否定分割所有权、双重所有权或是受益权的物权化等诸多学说在自身逻辑上的合理性，只是若用这类模型去解释甚至重构英国传统信托法将会导致严重的错误，并与英国信托法中的诸多制度和判例互不兼

---

① F. W. Maitland, *Equity also the Forms of Action at Common Law* (Cambridge University Press, 1913), p. 372.

② 参见 Pierre Lepaulle, "An Outsider View point of the nature of trusts" (1928 – 1929) 14 *Cornell Law Quarterly* 54。

③ 参见 George Gretton, "Trusts without Equity" (2000) 49 *International and Commercial Law Quarterly* 599。

④ 即管理人不享有所有权，而由受益人享有所有权的制度。因此这种制度虽然在通俗意义上被称为"bwind trust"，但其实在荷兰法中，它本质上并不被认为是信托。

⑤ 参见 Trust Property Control Act 1988, s 1。

⑥ 参见 Quebec Civil Code, Art 1261。

容。我们必须分清"离开了普通法世界的变种信托受益权可以怎样重构"和"普通法世界中传统的信托受益权是怎样的"这两个命题。前者固然可以任意解释并使之在大陆法中尽可能发挥自己的制度功能，而后者则不可以用我们的自创语词来随意重构，应当尽可能地遵循其自身的传统。哪怕这种传统的思维并不为我们所熟悉掌握，我们也不该在解读时随意扭曲它的本来面目。当然，如果突破物债二分体系，允许将信托受益权定性为第三类权利的话，就需另文论述了。

（本文原载《北方法学》2015 年第 5 期，收入本书时有改动）

土地发展权与土地增值收益分配

——中国问题与英国经验

彭　錞[*]

一　引言：土地发展权与土地增值收益分配的中国问题

土地增值收益分配是中国当下土地制度改革的一个核心议题。2013年，中国共产党十八届三中全会对此作出"一体两翼"的战略部署。[①]"一体"是改革目标，即"建立兼顾国家、集体、个人的土地增值收益分配机制，合理提高个人收益"。"两翼"为改革进路，包括集体经营性建设用地产权流转和集体土地征收补偿安置两个领域的增值收益分配机制改革。2015年2月，全国人大常委会授权在全国33个地区暂停实施《土地管理法》的有关规定，全面铺开改革试点。2015年底，中共中央办公厅、国务院办公厅联合发布《深化农村改革综合性实施方案》，在部署深化农村土地制度改革时，重申"一体两翼"的方向与举措。

改革现实的迅速发展要求学术理论的回应。中国语境下，一个亟待解决的理论和实践问题是：土地增值收益向集体和农民倾斜，无论是在征收补偿安置中还是以集体经营性建设用地入市的方式实现，都需要一个法律

* 彭錞，北京大学法学院助理教授。
① 十八届三中全会通过的《中共中央关于全面深化改革若干重大问题的决定》相关原文为："建立城乡统一的建设用地市场。在符合规划和用途管制前提下，允许农村集体经营性建设用地出让、租赁、入股，实行与国有土地同等入市、同权同价。缩小征收范围，规范征地程序，完善对被征地农民合理、规范、多元保障机制。扩大国有土地有偿使用范围，减少非公益性用地划拨。建立兼顾国家、集体、个人的土地增值收益分配机制，合理提高个人收益。完善土地租赁、转让、抵押二级市场。"

上的"说法"，即在农地转用过程中，集体与农民获得更多土地增值收益的法理依据究竟何在。众所周知，在我国传统的土地管理制度下，集体和农民几乎无法获得农地转用中的土地增值收益；现有物权法律体系也缺乏相应术语对应或表达取得这种收益的权利。在此背景下，近年来，作为舶来品的"土地发展权"概念受到不少学者的青睐，被视作土地增值收益的法律载体，为"一体两翼"之改革提供了法理基础。需要说明的是，中文学界当下对"land development rights"有两种翻译："土地开发权"和"土地发展权"。比较而言，前者更准确。因为正如下文即将展示的，"开发"一词更能中性地表达改变土地利用现状的活动，而这些活动并不必然带来土地价值的提高，即发展。但为了与对话的主要文献保持一致，本文采用土地发展权。

那么，何谓土地发展权？我国目前的通说认为它是对土地利用进行再发展的权利，即变更土地用途或改变土地利用强度的权利。[1] 事实上，这一定义同英语世界中的学理和制度共识并无二致。如英国现行的1990年《城乡规划法》第55条将"development"界定为：在土地上进行建设、工程、采矿或其他工程，或对土地或建筑用途作出实质性改变。在美国，学者将其界定为"改变土地现用途为其他用途的权利"。[2] 纽约州的《一般城市法》（General City Law）第20条则定义为"根据分区法规或地方法规，在某片、块或区域的土地上允许实现特定用途、范围、强度、容量和建筑物高度等的权利"。因此，土地发展权可以一般性地界定为改变土地利用状态的权利。在此基础上，中文学界围绕这一概念，对农地转用过程中的增值收益为何以及如何向集体和农民倾斜，提出了两种对立观点。

一种可称为"土地发展权私有论"。[3] 在我国土地公有制的语境下，

────────────

[1] 参见胡兰玲《土地发展权论》，《河北法学》2002年第2期；王小映《全面保护农民的土地财产权益》，《中国农村经济》2003年第10期；王万茂、臧俊梅《试析农地发展权的归属问题》，《国土资源科技管理》2006年第3期；刘国臻《中国土地发展权论纲》，《学术研究》2005年第10期。

[2] Arthur Nelson, Rick Pruetz and Doug Woodruff, The TDR Handbook: Designing and Implementing Transfer of Development Rights Programs (Island Press, 2013), p. 5.

[3] 程雪阳：《土地发展权与土地增值收益的分配》，《法学研究》2014年第5期；程雪阳：《也论中国土地制度的宪法秩序：与贺雪峰先生商榷》，《中国法律评论》2015年第2期。

这里的"私有"并非指"私人所有",而是指"非国家所有",即集体所有。相关论述的基本内容为:第一,土地发展权是土地所有权的一部分,故作为农村土地所有者的集体天然享有农地发展权。第二,土地增值收益是土地发展权的自然延伸,故土地发展权所有者应在一次分配中享有土地增值收益。这解决了农地转用增值收益向集体和农户倾斜的法理依据问题。第三,出于地利共享之目的,在土地增值收益分配的具体制度设计上,土地发展权所有者不能垄断全部土地增值收益,国家应以土地增值税等方式在二次分配中取得部分增值收益。显然,这要求颠覆性地改变国家垄断建设用地一级市场和农地转用增值收益的现行制度,让集体和农户直接享受一次分配,国家退居二线。简言之,私有论的逻辑链条可总结为"土地所有权—土地发展权—土地增值收益一次分配归私,二次分配归公"。

另一种观点是"土地发展权国有论"。[①] 其认为土地发展权在理论上源于国家土地管制而非土地所有权,实践中业已为我国现行土地管理制度确认为国有。因此,作为土地发展权的自然延伸,土地增值收益一次分配应归国家,只是在二次分配时应注意适当提高失地农民的补偿安置水平,并同时对不面临征收的农民作均等化的转移支付,从而更好地实现地利共享。换言之,国有论下,农地转用增值收益向集体和农户倾斜的法理依据并不在于其拥有土地发展权,而是出于社会再分配和公平的需要。具体的制度构建则是在基本维持现状的前提下加以完善。由此,国有论的逻辑是"土地管制权—土地发展权—土地增值收益一次分配归公,二次分配归私"。

两相比较,上述观点的相同之处在于都视土地增值收益为土地发展权之结果或自然延伸,将两者绑定,认为谁享有土地发展权,谁就有权在一次分配中取得土地增值收益。两者的不同之处在于对土地发展权来源和归属判断不同,进而在土地增值收益分配制度的建构上有明显差异。

但无论是私有论或是国有论,抛开具体路径区别,似乎都可为土地增值收益向集体和农民倾斜提供法理依据和实践路径。那么,改革设计究

---

① 陈柏峰:《土地发展权的理论基础与制度前景》,《法学研究》2012 年第 4 期;贺雪峰:《中国土地制度的宪法性质》,《文化纵横》2013 年第 6 期。

应选择哪种观点？问题是，在"一体两翼"的改革路向观照下，两者都存在不足。一方面，土地发展权私有论无法解释提高农地征收补偿安置水平的改革进路，因为这是在土地增值收益一次分配归公（即国有论）之前提下，二次分配向集体和农民倾斜；另一方面，土地发展权国有论无法证成集体经营性建设用地不经征收、直接入市的改革方向，因为这实际上是土地增值收益一次分配归私（即私有论）。如何理解并处理两种流行学术观点与改革现状的这种不吻合？是兼采、择一还是并弃？

值得注意的是，两派论点都认为土地发展权的概念和制度源于英国，并把英国实践作为值得参照的国际经验加以分析。但所得结论截然相反。国有论认为 1947 年英国《城乡规划法》规定土地发展权国有表明土地发展权来源于国家管制，并以此为基础性理由论证土地发展权国有、增值收益一次分配归公、二次分配归私等结论。① 私有论则主张这种解读存在偏差，指出在英国历史上，土地发展权并非源自国家管制，而一直是"土地所有权的重要组成部分"，故土地发展权属于土地所有权人，土地增值收益一次分配归私、二次分配归公。② 可见，对于英国相关经验的认识极大地影响甚至决定了中国学者对于本国问题的判断。到底哪一种观点更符合事实？在理论与实践中，土地发展权与土地所有权、国家土地管制和土地增值收益之间的关系究竟如何？

要回答上述问题，就必须深入把握英国的真实经验，并以此观照中国的真实问题。但这并不意味着必须以英为师——中国近百年土地革命和改革所造就的独特情境，意味着简单移植任何别国制度既不可行，也不可取。需要做的，是还原英国制度的生成场景，历史性地理解英国经验，抽象出那些可能具有普遍意义的问题、理念和逻辑，为中国改革提供智识参考。

因此，本文并不会聚焦于既有研究所关注较多的 1947 年英国《城乡规划法》。诚然，以后世眼光观之，该法是英国现代土地管理制度的起点，其第三章第 12 条规定任何土地开发均应获得政府许可，被视为土地发展权国有法律制度的开端。既有研究的视野也基本局限于此。③ 然而该法实际

---

① 参见陈柏峰《土地发展权的理论基础与制度前景》，《法学研究》2012 年第 4 期。

② 参见程雪阳《土地发展权与土地增值收益的分配》，《法学研究》2014 年第 5 期。

③ 参见刘国臻《论英国土地发展权制度及其对我国的启示》，《法学评论》2008 年第 4 期；张新平《英国土地发展权国有化演变及启示》，《中国土地》2015 年第 1 期。

上并非起点，而是最终结果。其真正的理论和思想基石须回溯到 1942 年的《厄斯瓦特报告》（*Uthwatt Report*）。这份奠基性的文件首次详细阐明了英国的土地发展权概念、1947 年土地发展权国有化的动因与考虑以及土地增值收益分配机制的设计思路。事实上，半个多世纪以来，《厄斯瓦特报告》对上述问题的阐释始终未被推翻，所以，只有重温这份前无古人、后无来者的报告，我们才能深刻把握英国现代土地发展权与土地增值收益分配的经验。

本文余下内容分为两大部分。第一部分以《厄斯瓦特报告》为中心，细致考察英国土地发展权和土地增值收益分配制度的时代背景、推理逻辑和后续发展。第二部分清理土地发展权国有化和土地增值收益两个核心概念，厘清土地发展权与国家管制权和所有权以及发展权与增值收益之间的两对核心关系，提炼英国经验对思考中国问题的启示。本文的基本观点是：第一，土地发展权国有论和私有论均不能有效解释和引领改革，应一并摒弃；第二，应承认我国土地发展权国有的制度现实，更新对其合法性基础的理解；第三，将土地发展权和土地增值收益的配置脱钩，让集体和农户在一次和二次分配中都能获得增值收益，进而更加公平地实现地利共享。

二　土地发展权与土地增值收益分配的英国经验：以《厄斯瓦特报告》为考察中心

（一）土地发展权国有化的动因：《厄斯瓦特报告》的问题意识

《厄斯瓦特报告》全名《英国建设与规划部补偿与增值专家委员会最终报告》（*Final Report of Ministry of Works and Planning Expert Committee on Compensation and Betterment*）。由于起草该报告的专家委员会主席是厄斯瓦特法官（Augustus Uthwatt），故称《厄斯瓦特报告》（以下简称《报告》）。其核心在于如下两个问题：第一，对土地使用公共控制（public control of the use of land）中的支付补偿（payment of compensation）和收回增值（recovery of betterment）问题展开客观分析。第二，建议从现在至战争结束期间应采取何种措施防止战后重建工作受到阻碍。特别是考虑：（1）如何稳定待开发或须重新开发的土地的价格；（2）是否需要扩张或修正任何政府权力，从而使社会能够公平地取得这些土地。① 简言之，报告旨在提出一套处理国家土地管制对土地价值产生正负影响的办法，便利战后国家重建。因此，要理解这份报告，首先需简要回顾英国之前的土地管理制度。

众所周知，作为先发工业国，为解决高速工业化和城市化带来的土地利用低效和无序问题，英国在世界上最早建立了现代土地管理制度。1909年《住房和城市规划法》（以下简称1909年《规划法》）是其现代规划和开发控制法律制度的起点。该法有以下几个特点：第一，首次授权地方政府制定规划（第54条）。第二，规划范围不包括建成区和乡村，只针对城镇（第54条第1款）。第三，地方政府可以自行决定是否制定规划（第54条第2款）。第四，规划具有法律效力，土地使用者无须提前申请开发或建设许可，但必须遵守，否则将面临被拆除的风险（第57条）。第五，如果私有土地的价值因规划受到负面影响，土地主有权要求地方政府补偿损失的潜在收益（第58条第1款）。第六，如果规划导致私有土地升值，地方政府与土地所有者对半分享土地增值（第58条第3款）。这是英国第一次以成文立法规定规划导致的土地增值部分归公。但其土地"涨价归公"传统要远早于此。事实上，早在中世纪，为了补贴公共开支，英国就已经开始收回公共基础设施建设给私有土地带来的涨价。② 第七，为实施规划，地方政府可强制购买（purchase compulsorily）（即中文语境下的"征收"）私有土地（第60条）。

作为第一步，1909年《规划法》的局限也是非常明显的。首先，规划涵盖范围狭窄，不包括乡村和城市建成区，无法有效应对英国当时正在经历的快速城市化。其次，地方政府对于是否制定规划享有裁量权，而非法定义务，结果最终真正制定规划者寥寥。到了1919年，英国总共只有13个地方制定了规划。③ 再次，用地者不必提前申请开发许可，但仍须遵守规划方案。这使其不敢在制定规划过程中进行开发，以免与日后通过的规划相冲突。④ 最后，尽管地方政府有权依规划征地，但根据1845年《土地

① *Expert Committee on Compensation and Betterment*：*Final Report*（H. M. S. O.，1942），p. 1.
② 关于相关历史梳理，Ibid.，p. 106. 最早的一部相关法律出现在1427年。
③ 参见 Phili Booth，*Planning by Consent*：*The Origins and Nature of British Development Control*（Routledge，2003），p. 62。
④ 1914年，一位观察者指出："1909年法案的直接效果就是停止正考虑制定规划的地区的一切建设，驱使建设者选择那些还未受规划保护的区域。"Ibid，p. 77.

条款统一法》（*Land Clauses Consolidation Act*）第 1 条，征地补偿标准是
"对于土地所有者的价值"（the value to the owner），即主观价值。① 之所以
如此，是因为 19 世纪英国的征地多为铁路建设服务，往往由私营铁路公司
发起，故明显具有私人牟利性。在这种情形下，以相较客观标准更高的主
观价值标准补偿被视作更公平。然而在第一次世界大战结束之际，英国面
临大规模的基础设施重建任务，政府须取得大量私有土地。1918 年，英国
战后重建部组织调研如何避免征地成本过高，形成《斯科特报告》（*Scott
Report*）并指出：征地补偿主观标准含有"高度投机性的价值要素"（high-
ly speculative elements of value），不利于政府以较低成本取得私有土地。②

　　1919 年《住房和城市规划法》（以下简称 1919 年《规划法》）和 1919
年《征地法》（*Acquisition of Land Act*）部分弥补了上述不足。前者第 46 条
规定，人口超过两万的城镇必须针对未开发区域制定规划。后者第 2 条则
把征地补偿标准由被征地者的主观价值修改为"自愿卖家在公开市场上期
待实现的价值"。实践中，这种市场价值通常被界定为"收益最大的潜在
用途"下的价值。③ 这是因为所有者在市场上出售土地不可能依照自己的
主观价格，但一般会选择最能反映土地开发潜力的价格。考虑到所有者对
土地可能"敝帚自珍"，市价标准原则上比主观价值标准更低。

　　1932 年《城乡规划法》（*Town and Country Planning Act*）（以下简称
1932 年《规划法》）完成了英国土地管理制度上的"两进一退"。一方面，
如其名称所示，它将规划范围从城镇建成区扩大到乡村和未开发区，从而
覆盖国土全境（第 1 条），同时，将 1909 年《规划法》规定的政府和私人
对半分享土地增值改为政府收取 75% 的土地增值（第 21 条）。这两点修改
均加强了国家对土地开发及其收益的控制。另一方面，与 1919 年《规划
法》要求居民超过两万人的城镇政府必须制定规划不同，1932 年《规划
法》恢复了 1909 年《规划法》的传统，允许而非要求地方政府制定规划
（第 2 条）。

---

① 关于英国征地法律制度的历史与现状梳理，参见彭錞《英国征地法律制度考察报告——
　　历史、现实与启示》，载姜明安主编《行政法论丛》（第 14 卷），法律出版社，2011。
② *First Report of the Committee on the Acquisition and Valuation of Land for Public Purposes*,
　　Cmnd. 8998, 1918, paras. 3, 4, 8.
③ *Expert Committee on Compensation and Betterment: Final Report*（H. M. S. O., 1942），p. 18.

梳理英国早期土地管理制度的历史，一条主线清晰可见：从 1909 年《规划法》初步奠定政府对国土开发的规划控制，到 1919 年《规划法》将规划法定义务化和《征地法》把补偿标准由主观价值降为市场价值，再到1932 年《规划法》扩展规划范围至全境与提高政府获取土地增值的比例，国家土地管制权力一步步扩大，私人土地财产权利一步步限缩。但正如1932 年《规划法》有进有退所表明的，在这个私产保护、市场及法治传统悠久的国度，国家土地管制权力的扩张并非一马平川。尊重私有土地财产权利、维护市场自行运作和限制公权力干预始终是立法者无法忽视的重要价值。

然而历史进一步表明，在高速城市化和工业化进程中，在土地问题上，仅凭私人和市场根本无法达到最优结果。首先，两次世界大战之间的20 年见证了伦敦房屋数量激增 50%。大伦敦地区的人口总数从 400 万跃升至 600 万，其中 125 万是移民。① 这导致原有城市建成区不堪重负。在市场力量的支配下，出于便利运输、节省成本的考虑，大量新建成区沿主干道修建，很快又造成严重的农地流失、交通不畅等问题。② 1935 年出台的《带状开发限制法》（Restriction of Ribbon Development Act）正是为了缓解城市向外蔓延，但收效甚微。③ 同一时期，市场力量主导下的工业化又造成英国境内工业分布极度不均，东南部地区出现大量新设工厂，英格兰北部和威尔士地区则迅速凋敝。④ 1940 年《巴洛报告》（Barlow Report）指出："工业过分集中……给国家的命运和发展造成了严重障碍……政府应采取明确措施解决。"⑤

只有在此基础上，我们才能深刻理解《报告》的问题意识。前文提及，其核心诉求在于推动战后重建。值得注意的是，《报告》对"重建"

---

① 参见 Barry Cullingworth and Vincent Nadin, *Town and Country Planning in the UK*（Routledge, 2006），pp. 8 – 19。

② 参见 Harold Orlans, *Stevenage*：*A Sociological Study of a New Town*（Routledge & Kegan Paul, 1952），p. 21。

③ 参见 John Clarke, "Restriction of Ribbon Development Act, 1935", 17 *The Town Planning Review*, 11.（1936）。

④ 参见 Barry Cullingworth and Vincent Nadin, *Town and Country Planning in the UK*（Routledge, 2006），p. 19。

⑤ *Royal Commission on the Distribution of the Industrial Population Report*, Cmnd. 6153, 1940, para. 413. 该报告的主题是讨论如何在英国全境实现工业的均衡布局。

（reconstruction）定义得极为全面，涉及工农业空间分布、区域协调发展、建成区交通拥堵的舒缓、居民住房的充足供应、绿化带等环保设施的配套、公园空地等社区设施的建设、道路交通系统的更新等。[①] 换言之，第二次世界大战正酣的 1942 年，英国政府已经开始筹划整个国家未来的土地开发、城市建设与空间布局。前文分析表明，这绝非临时起意。在早前数十年间，加强政府土地管制权就一直是相关立法的变革趋势。第二次世界大战后全面重建的需求只是前所未有地凸显了强化国家土地管制的必要性——要避免重蹈此前多年市场和私人主导下土地利用无序和低效之覆辙，政府必须更加积极有为地干预和控制私有土地财产。《报告》正是在此背景下诞生的。

从根本上讲，这触及英国之前数十年不断遇到的难题，即如何处理国家管制权与私人土地产权之间的矛盾。在这一点上，时至 1942 年，《报告》已有相当明确的、日后被证明为英国社会广泛共识的答案——"前提假设就是全国性的规划将是……本国国内事务管理的一个永久性特征"，其目的是"保证土地得到最佳利用"。"这将导致个人利益和土地私有者的意愿屈从于公共利益。这种对规划的理解对于重建政策的成功来说是不可或缺的，因为国家行为的每一个方面都最终要落实到土地上……社会生产组织越复杂，（政府）代表公众对土地利用的控制就应该越发达。"因此，"私人利益必须服从于国家管制。这样一个必然结论并不意味着个人的主动性和创新性将受到压抑，但……国家应决定个人的主动性和创新性在何处运用"。[②]

把国家实施规划控制、公益优先于私利作为前提假设或必然结论，固然出于战后重建的现实需要，也是此前制度变革趋势的延伸。但在最深层次上，这更是对现代社会中土地上权力与权利关系的一个总判断。在这里，至少从英国经验来说，资本主义土地制度的逻辑发生了根本转换：在20 世纪中期以前的自由竞争时代，英国的土地开发利用由私人主导、经市场调配，个人自由是前提，政府管制是例外；20 世纪中期以后，英国在土地问题上进入国家管制时代，土地开发利用由国家规划主导，后者为私人

---

① 参见 *Expert Committee on Compensation and Betterment：Final Report*（H. M. S. O.，1942），p. 7。

② *Expert Committee on Compensation and Betterment：Final Report*（H. M. S. O.，1942），p. 11。

和市场划定边界、提供活动空间，政府管制变成前提，个人自由成为例外。当然，前提和例外转换并不必然表示国家权力无远弗届地膨胀，私人权利被无底线地压抑——作为前提的管制可以很疏松，作为例外的自由可以很强健。但这一转换的确表明现代社会土地制度的设计思路发生的深刻变化：自由竞争时代，如何用地天然是财产主的自由，是所有权的题中之义；国家管制时代，如何用地，包括如何改变土地利用现状，不再是私人的天然自由或所有权的必然内涵，而是进入了公共政策领域。联系前文介绍的土地发展权通行定义，这意味着土地发展权不再为个人独享，而受国家干预。

之所以有上述变化，除了战后重建等短期原因，更根本的则是由于工业化、城市化造成人地关系的空前紧张，英国社会普遍认识到仅凭私人和市场无法保证土地这种有限的不可再生资源得到合理、有效和充分利用。在补偿与增值专家委员会眼中，当时的土地制度未能顺应这一时代的变化：

> 现有状况无法令人满意，在全国各地都构成规划的障碍。① 根本问题出在现行的土地利用法律制度，很大程度上试图在一个高度发达的经济体中保存对土地所有权的纯粹个人主义进路。这在工业化和交通能力有限的早些年间或许是必然选择，但到了现今的发展阶段就不可再延续了，它阻碍我们有限的自然资源获得适当和高效利用。城乡规划本身不是目的，而是确保可用土地依据社会整体利益得到最佳使用的工具。它本质上就不可能是静态的。它必须随着其所应服务的社会的变化而演进。②

那么，英国当时的土地制度究竟是怎样维系了已不合时宜的对土地所有权的"纯粹个人主义进路"？《报告》要实现的扩大国家土地管制权、推动战后重建的目标到底面临哪些现实障碍？《报告》又是如何一步步从私人用地应受国家管制这一前提推导出土地发展权国有化的？

---

① *Expert Committee on Compensation and Betterment：Final Report* (H. M. S. O.，1942)，p. 5.
② *Expert Committee on Compensation and Betterment：Final Report* (H. M. S. O.，1942)，p. 12.

（二）土地发展权国有化与土地增值收益分配机制：《报告》的推理

1. 土地管制补偿制度的财政困难："价值漂浮"与"价值转移"

《报告》就当时的土地管理制度总结出两大问题。首先，地方政府不制定规划。据统计，到 1942 年 6 月，英国仅有 3% 的国土为规划所覆盖。[①]这部分是由于 1932 年《规划法》将规划制定去义务化，但最主要的原因还在于当时的规划和征地补偿制度造成了巨大困难。这也导致《报告》发现的第二大问题：地方政府即便制定规划，也基本都是原样认可土地利用和开发现状，缺乏任何引导或修正功能。[②]其原因在于行使土地管制权力面临的财政困难太严重，以致不能有效控制无序开发。[③]

那么，如何理解"财政困难"？前已述及，根据 1909 年《规划法》，规划造成土地贬值时，所有者有权向制定规划的地方政府索赔潜在收益损失。此外，1919 年《征地法》将征收补偿标准由主观价值替换为基于"收益最大的潜在用途"的市场价值。《报告》指出：在两大地价变化机制——价值漂浮（floating value）和价值转移（shifing value）之下，这样的补偿制度给政府以规划和征收手段管制土地开发带来了巨大的财政困难。

何为"价值漂浮"？《报告》认为：一片土地的开发价值本质上是投机性（speculative）的，反映人们对其是否及何时获得开发的预期。假设一座城市在外扩过程中，东南西北四个方向上的边缘地块都有开发潜力，某项规划禁止城市外扩，由于实际开发完全可能"落"（settle）在其中任何一片土地上，各地块所有者便都有权要求政府补偿其丧失的潜在土地开发收益。然而在真实世界中，未来的土地开发必然受制于社会经济发展状况。历史经验表明，该地区的发展速度只能满足每年开发一个地块。由于开发收益总是潜在、期得、"漂浮"着的，当下无法判断它在特定时间会"花落谁家"。在其落地之前，一旦限制性规划决定作出，各地块所有者就可以同时、分散地向

[①] 参见 *Expert Committee on Compensation and Betterment：Final Report*（H. M. S. O.，1942），p. 9。

[②] 参见 *Expert Committee on Compensation and Betterment：Final Report*（H. M. S. O.，1942），pp. 17 – 18。

[③] 参见 *Expert Committee on Compensation and Betterment：Final Report*（H. M. S. O.，1942），pp. 17 – 18。

地方政府求偿。从弥补个人潜在损失的角度，这一做法固然无可厚非，但其无疑会造成计算补偿数额时出现"估值过高"（over‐valuation）。即所有人主张的补偿额加在一起，必然超过将来某一时刻实际开发所能兑现的收益。① 曾有学者颇为形象地指出，这类似于允许每张彩票的持有者在开奖前要求获得全部奖金。②

当然，土地开发收益的投机性并不完全等于博彩的投机性。在博彩中，永远只可能有唯一的彩券获得大奖。但在遥远的将来，某城市所有的未开发地块确有可能都被实际开发，潜在收益全部实现。此时，对漂浮价值进行分散补偿的总额最终将等于总开发收益。但问题在于，收益是将来、或然的，补偿是现时、确定的，这给政府带来了巨大的财政压力和风险。此外，价值漂浮机制也影响征收补偿。如前所述，1919 年《征地法》的市价补偿标准反映的是"价值最高的潜在用途"。尽管这比主观价值标准要低，但仍要求政府向被征地者支付那些不一定能实现的、漂浮的潜在价值。

《报告》所称的"价值转移"是指规划控制或征地会增加某些土地的价值，减少另一些土地的价值，但不会消灭土地价值。例如某市城郊的一块土地由于规划限制或征收而不能被所有者用于非农建设，该地块价格因此下跌，所有者受损，但随之而来的是该市城郊另一地块或其他城市的某一地块早日被开发的概率增大，地价上涨。此时，前一块地的所有者受到的损失并非是价值的彻底消灭，而是转移到了后一块地上。③ 个中原因在于最终决定地价的是开发总需求/潜能和年均开发速率，二者都不由规划决定，而取决于社会经济发展水平和进程。规划和征收最多影响某个时点土地开发需求在何处实现，进而将受限制/被征收地块的贬值转换成不受限制/未被征收地块的增值。在这种情形下，理想的办法当然是对涨价地块征税，取得增值后补偿跌价地块。但现实中，囿于以下几个难点，这一机制从未被成功地设计出来：第一，价值转移下的土地涨价不是立刻实

---

① 参见 Expert Committee on Compensation and Betterment: Final Report（H. M. S. O., 1942），pp. 14 – 15。

② 参见 Charles Haar, Land Planning in a Free Society（Harvard University Press, 1951），p. 99。

③ 参见 Expert Committee on Compensation and Betterment: Final Report（H. M. S. O., 1942），p. 15。

现，而是期待值，政府只有在将来才有机会收回增值，但必须马上补偿跌价。[①] 在金融学上，这是典型的"短借长贷"，政府的财政压力和风险不言而喻。第二，土地涨价原因千万种，哪一部分增值可归因于规划殊难确定。日后真要收回增值时，中间发生的影响地价的因素恐怕早已不计其数。以法学视角观之，这是典型的"不确定因果关系"。多因一果下，精准确定规划贡献的增值几无可能。

综上所述，英国当时的制度现实是：政府通过征收或规划限制私人土地开发，都须赔付因此丧失的土地潜在开发价值。在价值转移机制下，这种潜在价值其实并未消灭，只是被转移，只不过政府在现实中无法有效、及时地收回转移至其他地块的增值来充抵补偿。在价值漂浮机制下，各所有者在现阶段分散主张的补偿额加起来要远大于将来特定时点实际开发所得的收益，这又进一步加重了政府的财政负担和风险。因此，英国地方政府都不愿行使法律赋予的征地权和规划控制权，国家土地管制由此落空。

如何解决上述困境？《报告》就国家公权干预土地私权如何补偿的问题分析如下。第一，土地所有权从来就不意味着所有者可以毫无限制地使用土地，也不保证实现所有者理想中的经济收益最大的用途。因为它不仅是个人的权利，还包含社会义务（duties to the community）。这种义务可能是要求所有者完全交出对土地的占有和使用权，如征收；也可能是对占有和使用的限制，如规划控制。在英格兰普通法判例法传统中，土地征收要补偿的规则源远流长；而私有土地产权受到国家警察权（police power）的非征收性限制，则是出于公共利益的需要，普通法上并不要求补偿。如果非得补偿，也应由成文立法规定。[②] 第二，在过去的 100 年间，英国政府对土地私产的干预范围和强度在不断扩大。这些非征收性限制是否都可被界定为警察权？带来的成本是否都应由私人承担？在何种情况下国家应该立法给予补偿？[③] 第三，在需要补偿的征收权和无须补偿的警察权之间，对土地私权的干预从轻到重大致可以分为两类。一类是为社会普遍接受、

---

① 参见 *Expert Committee on Compensation and Betterment*：*Final Report*（H. M. S. O.，1942），
   p. 16。

② 参见 *Expert Committee on Compensation and Betterment*：*Final Report*（H. M. S. O.，1942），
   pp. 19，21。

③ 参见 *Expert Committee on Compensation and Betterment*：*Final Report*（H. M. S. O.，1942），
   pp. 20 - 21。

不给受限制者带来过分困扰（hardship）的限制，这属于"好邻居"（neighborliness）的公序良俗所要求，无须补偿；另一类则是超越了好邻居要求、基于地区乃至全国政策考虑而实行的限制，这才构成对所有者财产性利益（proprietary interest）的剥夺（taking away），国家立法理应规定补偿。当然，两者之间没有一道清晰、恒定的界限，而取决于特定社会和时代对"好邻居"或公民义务的界定。定义越宽，土地私产就越应受到管制，求偿空间就越小。但无论在任何时代或社会，总存在某些征收之下、警察权之上的国家管制需要补偿，否则会使被限制者独自承担跌价，他人享受增值，造成分配不公。①

分析至此，公权与私权的矛盾似已不可调和。一方面，《报告》的直接目的是扩张国家土地管制，便利战后重建；另一方面，《报告》亦无法完全放弃对私权的尊重和对特定国家干预措施造成的损失作补偿。但前文分析表明：面临价值漂浮和价值转移两大机制，政府无法有效、及时地取得增值收益去支付跌价补偿。如何解困？

2. 土地管制制度的解困之道：所有权、复归权还是发展权国有化？

《报告》提出的第一项建议是土地国有化（land nationalization）。是的，在这样一个私权昌明的老牌资本主义社会，为了解决价值漂浮和价值转移带来的财政困难，落实国家对私有土地之管制，《报告》认真省视了土地国有的政策选项，将其作为消弭土地上公私利益冲突的永久性方案。《报告》指出：一方面，将解决价值漂浮问题，因为国家有权管制自己所有的土地，私人无权再对规划限制或征收索赔；另一方面，价值转移的麻烦也会消失，因为规划或征收导致的此处跌价、彼处涨价，在统一的所有者国家那里，不过是左口袋进、右口袋出罢了。用经济学术语表述，这是把正负外部性都内部化，进而彻底免去增值收回和补偿支付制度之必要。②

然而，《报告》同时明确指出土地国有化的两条底线：其一，国有化不能无偿；其二，国有化不能影响私人和市场的自主性。③ 换成国人更熟

① 参见 *Expert Committee on Compensation and Betterment：Final Report*（H. M. S. O.，1942），p. 22。

② 参见 *Expert Committee on Compensation and Betterment：Final Report*（H. M. S. O.，1942），pp. 26 – 17。

③ 参见 *Expert Committee on Compensation and Betterment：Final Report*（H. M. S. O.，1942），p. 24。

悉的话语，即不搞没收和计划经济。但即便有此限定，《报告》仍然认为土地所有权国有化政策固然在理论上站得住脚，但在实际操作时会遇到三大障碍：第一，政治争议太大；第二，战后政府缺乏资金购买全国土地的所有权；第三，国家行使土地所有权必然要求建立一套繁复的行政机器（a complicated administrative machinery），这会导致更多问题。

鉴于上述困难，《报告》考虑过的第二种选项是所谓复归权国有化（unification of the reversion）。英国财产法上，复归权指出租人对租户根据合同条件进入租地以及在租期届满后收回土地的权利。① 复归权国有化的法律含义是英国境内的私人土地所有权统一转变为租赁权（leasehold interests），原所有者变成国家的租户。这一变化不要求国家支付补偿，租户也只需给国家缴极低的名义租金（peppercom rent），租期定为99年。转变后，国家有权根据规划对土地原主，即现在的租户提出土地利用上的要求，后者如不遵守，前者便有权进入土地实施干预。这就好比出租人根据租赁合同对租户享有的复归权，违反规划就相当于违反与国家缔结的租约。② 《报告》认为将土地所有者变成租户将促进一种新的社会观念的形成，即持有土地不光是权利，也包含义务。③ 同国有化所有权相比，这种改革的好处在于避免了国家统一管理扼杀私人和市场配置土地资源的自主性。在规划确定的边界内，土地原主仍能像以前那样使用和开发土地，将来租期届满后也可提出续期申请。④ 但恰是基于这一原因，委员会拒绝了上述建议，认为把如何处理租期届满后的问题留待未来，不确定性极大，不利于私人和市场形成稳定预期。《报告》认为当代人有责任对此问题考虑周全，不应把不确定性留给下一代。⑤ 在此情形下，《报告》最终转向土地发展权国有化的方案。

《报告》对"发展"的定义是：（1）土地由农业用途改变为商业、贸

---

① 中文介绍可参见〔美〕约翰·亨利·梅利曼《所有权与地产权》，赵萃萃译，《比较法研究》2011年第3期。

② 参见 Expert Committee on Compensation and Betterment：Final Report（H. M. S. O.，1942），p. 154。

③ 参见 Expert Committee on Compensation and Betterment：Final Report（H. M. S. O.，1942），p. 155。

④ 参见 Expert Committee on Compensation and Betterment：Final Report（H. M. S. O.，1942），p. 155。

⑤ 参见 Expert Committee on Compensation and Betterment：Final Report（H. M. S. O.，1942），pp. 155 – 156。

易、工业等其他用途。（2）建筑的修建，除了服务于农业目的或增加已有住房或其他建筑舒适度的建筑。① 可见，《报告》遵循前文提到的土地发展权一般定义，即改变土地利用现状的权利。在其看来，土地发展权国有化的确切法律含义是指土地原主其他一切权利照旧，但开发土地面临普遍性禁止（general prohibition）。② 这无疑反映了前述英国土地管理制度从自由竞争向国家管制时代的重大转变。那么，土地发展权国有化后，如何解决支付补偿和土地开发两个问题？

首先，《报告》建议以特别方式有偿国有化发展权。中央政府设立补偿总基金（general compensation fund），确定全国总额，然后根据 1939 年 3 月 31 日评估的各地块发展权价值，按比例切分补偿各土地主。不难理解，之所以不允许所有者单个、分散地主张补偿，为的是绕开价值漂浮机制；之所以不让所有者在开发申请受阻时追索补偿，目的是避免价值转移问题。由此，土地发展权被一次性、整体性买断，规划限制从此不存在补偿潜在增值损失的问题。同时，征收补偿标准调整为一般性开发禁止下的土地现用途价值，不包括任何规划限制放松后的潜在开发价值。③ 至于如何确定全国补偿总额，《报告》坦承，这涉及对英国未来经济社会发展走势的预测，因为土地开发潜在价值最终由此决定。但其同时指出，任何对未来的估计都不可能完全精确，故补偿总额很难有标准答案，建议政府在咨询专家后确定。④

其次，关于发展权国有化后的土地开发问题，《报告》设想可由政府首先购买还留在个人手上的剩余权利，谈判不成再行征地，最终通过获得土地所有权来达致对全境土地开发的掌控。随后，出于公共目的的开发建设，如公园、医院等，由政府自办；出于私人目的的，则由政府出租给私人开发。⑤

① 参见 *Expert Committee on Compensation and Betterment: Final Report*（H. M. S. O.，1942），pp. 32，34 – 35。

② 参见 *Expert Committee on Compensation and Betterment: Final Report*（H. M. S. O.，1942），p. 33。

③ 参见 *Expert Committee on Compensation and Betterment: Final Report*（H. M. S. O.，1942），pp. 30，32，47，77。

④ 参见 *Expert Committee on Compensation and Betterment: Final Report*（H. M. S. O.，1942），p. 41。

⑤ 考虑到英国历史上存在为私人目的的征地，这一建议或可视作传统的延续；但国家根据规划征地，然后租给私人开发的设想是首次提出。参见 *Expert Committee on Compensation and Betterment: Final Report*（H. M. S. O.，1942），pp. 61 – 62。

若土地原主和第三人都希望承租，前者享有优先权。之所以设计为土地租赁而非买卖，是因为希望政府借此保有对私人开发的掌控，具体途径在于出租合同要反映规划要求。私人开发者如有违反，国家作为出租人享有进入甚至没收租地的权利。① 从这个意义上讲，《报告》提出的是一套从土地发展权国有到所有权国有的二阶机制：前者避免了规划征地面临的补偿困局，后者则使国家通过成为土地所有者来管制土地开发。

3. 增值收回：土地发展权国有化后的土地增值收益分配

如果说土地发展权国有化解决的是国家如何有效管控土地开发的问题，增值收回机制则解决的是国家如何从土地涨价中获利的问题。如前所述，为了补贴公共建设的成本，也为了地利共享，英国法上长期存在土地涨价归公的传统。《报告》指出英国社会对此早已有广泛共识。② 但"涨价归公"具体操作起来有三个难点。第一，《报告》明确表示土地所有者有权享有非因政府行为带来的涨价。③ 如何区分政府行为和其他因素，如社会发展、人口增长等对地价上涨的影响，进而划定因政府行为导致的涨价？第二，对这部分涨价，政府应收回多大比例？第三，怎样收回？类比税收，前两点是税基问题，第三点是征管问题。

在回顾英国相关立法和政策演变史的基础上，《报告》将增值（betterment）定义为"土地（包括附着建筑）价值因中央或地方政府的行为导致的那部分上涨，这种行为既可以是积极的，如公共建设和基础设施改善，也可以是消极的，如对其他土地施加规划限制"。④ 可见，在《报告》中，土地涨价是广义概念，增值则是狭义的，特指涨价中由政府导致的那部分。为解决增值收回的实际操作问题，报告逐一分析在英国曾实践过的三种方式：回购（recoupment）、抵扣（set-off）和直接收费（direct charge）。首先，回购是指进行公共设施建设的政府提前购买会受到影响的周边土地，

---

① 参见 *Expert Committee on Compensation and Betterment：Final Report*（H. M. S. O.，1942），pp. 34，46。

② 参见 *Expert Committee on Compensation and Betterment：Final Report*（H. M. S. O.，1942），p. 115。

③ 参见 *Expert Committee on Compensation and Betterment：Final Report*（H. M. S. O.，1942），p. 115。

④ *Expert Committee on Compensation and Betterment：Final Report*（H. M. S. O.，1942），pp. 104 - 105.

以现有市场价格补偿原主，从而获得基础设施改善造成的增值。这种方法避免了准确计算增值在涨价中所占份额的麻烦，政府也能取得百分之百的增值，故受到报告青睐。① 但问题是其适用范围有限：对某一个具体的公共建设项目，回购很管用，因为仅涉及相邻土地，政府容易确定购买对象。但对于因规划造成的非相邻地块的增值，回购则力不从心，因为无法确定购买范围。其次，抵扣是指若被征地者未被征收的邻近土地因政府征地后进行的公共建设而增值，则在征地补偿中应扣除这部分增值。《报告》认为，征地后的建设很可能不单给被征收人的邻近土地造成增值，也会给未被征收者的邻近土地带来增值。只对前者抵扣不公平。② 再次，直接收费即土地增值税（levy）前文已述，1932 年《规划法》将税率确定为土地涨价的 75%，高于 1909 年《规划法》的 50%。事实上，在 1932 年《规划法》起草过程中，有人提议定税率为 100%，但未被采纳，理由在于这将彻底消除私人改良土地、创造涨价的动力。《报告》认同这一担忧，故建议保留 75% 的比例，以保存个人改良土地的激励。最重要的是，《报告》坦承：要准确判断哪一个地块因政府行为而涨价，并精细确定政府行为和其他因素对涨价的各自贡献，完全没有任何实际可行性。③ 因此，报告提议"快刀斩乱麻"（cut the gordian knot），彻底放弃以往那种在个案中（ad hoc）寻找涨价、确定增值的进路，转向对全国土地每 5 年一轮统一估价，政府收取土地涨价的 75%。当然，基准地价由现有规划确定用途下收益最大的使用方式所决定，但不考虑规划限制放松后收益更高的用途。④

4. 《报告》的后续发展：英国现行土地发展权和增值收益分配制度

众所周知，1947 年，工党政府出台《城乡规划法》（the town and country planning act 1947，以下简称 1947 年《规划法》），一举奠定英国战后至今的土地管理基本制度。其主要特点如下：第一，规划覆盖英国全

---

① 参见 *Expert Committee on Compensation and Betterment: Final Report*（H. M. S. O., 1942），pp. 116 - 119。

② 参见 *Expert Committee on Compensation and Betterment: Final Report*（H. M. S. O., 1942），pp. 120 - 121。

③ 参见 *Expert Committee on Compensation and Betterment: Final Report*（H. M. S. O., 1942），pp. 123 - 125。

④ 参见 *Expert Committee on Compensation and Betterment: Final Report*（H. M. S. O., 1942），pp. 135 - 139。

境，地方政府有义务制定为期 20 年的规划（第 5 条）；第二，土地发展权国有化，只有经政府颁发许可后，私人所有者才可开发（第 12 条）；第三，国家设立总额 3 亿英镑的补偿基金，一次性买断全部发展权，此后政府拒绝开发申请无须再补偿（第 55 条）；第四，政府有权根据规划购买或征收私人土地，征地补偿标准为土地在规划限制下的现用途价值，排除规划放松后的潜在开发价值（第 48 条）；第五，申请并获得开发许可的土地所有者向政府缴纳 100% 的开发税（development charge），政府收回全部土地涨价。①

不难看出，尽管 1947 年《规划法》几乎原封不动地采纳了 1942 年《报告》，但仍有两点重要调整。第一，在土地开发问题上，前文所言的"土地发展权国有化——所有权国有化"的二阶机制被放弃。国家无须先成为土地所有者然后自办或出租给私人开发，而是直接通过私人申请开发许可来实现。究其原因，主要有两方面。首先，让国家以所有者身份管理和推动国土开发，无疑会重蹈《报告》最早放弃所有权国有化所力图避免的覆辙，即行政系统的繁复；其次，相较国家主导，私人申请开发更符合《报告》所坚持的土地管理不扼杀市场自主性的目的。这让 1947 年《规划法》作出上述选择：在土地利用问题上，国家扮演规划/管理者而非所有者的角色，既避免行政机构膨胀，也利于市场配置资源。时至今日，这一选择已持续近 70 年了。

第二，1947 年《规划法》把开发税的比例从 75% 提升到 100%。这一变化具有重大意义：1942 年《报告》虽放弃对政府行为带来的增值作个案判断，但概念上仍区分广义的涨价和狭义的增值，只是因为精确划定增值份额在实际中不可行，才规定 75% 的统一税率。然而 1947 年《规划法》不再区分涨价和增值，而是将二者等同，认为 100% 的涨价都是因政府行为造成，即都是增值，不应归于私人。这意味着在国有化土地发展权的同时国有化全部土地增值。② 然而这一设计在实践中很快遇到了麻烦：100% 的开发税压抑了私人投资，也阻碍了土地市场的发展——所有者都希望以反映土地开

① 1947 年《规划法》第 70 条第 3 款授权中央土地委员会（Central Land Board）确定开发税数额，后者随后定为 100%。

② 参见 Barry Cullingworth and Vincent Nadin, *Town and Country Planning in the UK*（Routledge, 2006），pp. 196 - 197。

发潜能的价格出售土地，但购买者仅愿意支付反映土地现用途的价格。① 换言之，卖方试图提前获得开发收益，买方则不愿为此埋单，因为最终全部涨价都要归公。因此，战后头几年里，英国土地开发市场极不活跃，严重阻滞国家重建。为解决这一问题，1953 年，新上台的保守党政府彻底废除开发税，让买卖双方可以按照反映土地开发潜力的价格交易。但这很快又带来"双轨制"问题，即如果是政府征地，根据 1947 年《规划法》，补偿标准是现用途价值；如果是市场交易，价格标准则是潜在用途价值。这意味着同一片土地或被低价征收，或可高价出售，同地不同价，英国社会普遍对此感到不满。因此，1959 年《城乡规划法》修改征收补偿标准，恢复了 1919 年《规划法》确定的市场价值标准。这至今仍是英国征地补偿的法定标准。②

值得注意的是，1953 年后的数十年间，土地增值税并未彻底消失，而是几起几落。③ 1967 年，工党政府恢复了 40% 的增值税；1971 年，保守党政府再次废除；1976 年，工党政府对超过 1 万英镑的涨价开征 66.6% ~ 80% 不等的增值税；1980 年，保守党政府将门槛提高到 5 万英镑，税率定为 60%；到了 1985 年，保守党政府再一次彻底废除土地增值税。目前，英国并没有全国性的土地增值税，但这并不意味着土地涨价完全归私。1985 年以后出现两种做法：一种是地方政府与私人开发商进行谈判，与后者签订"规划合同"（planning agreement），后者承诺进行一定的公共基础设施建设，如修建学校、公园、道路等，然后获得开发许可；另一种则是把这些建设直接规定为颁发规划许可的前提，故称"规划义务"（planning obligations）。本质上，这些都是收回增值的方式；经此从私人那里获得的利益被称为"规划收益"（planning gain）。④ 由此，1947 年《规划法》让

---

① 参见 Jerome Rose, *Legal Foundations of Land Use Planning: Textbok - Casebook and Materials on Planning Law* (Transaction Publishers, 2013), p. 494。

② 参见 Law Commission, Towards a Compulsory Purchase Code: (1) Compensatiom (London: TSO, 2002), p. 24。

③ 有关英国现行增值收回机制的讨论，参见 Anthony Andrew, Michael Pitt and Matthew Tucker, "The Evolution of Betterment in the United Kingdom", 6 *Journal of Retail and Leisure Property*, 273 (2007), pp. 273 - 280。

④ Barry Cullingworth and Vincent Nadin, *Town and Country Planning in the UK* (Routledge, 2006), pp. 201 - 205.

政府收回全部土地涨价的做法一去不复返，国家和社会共享地利。

综上所述，在以 1942 年《报告》为中心，考察英国一个世纪以来土地管理制度变迁的基础上，我们接下来挖掘英国经验对中国问题的启示。

三 英国土地发展权与土地增值收益分配制度对中国问题的启示

（一）清理两个概念：土地发展权国有化与土地增值收益

如前文所述，中英两国共享相同的土地发展权概念，即改变土地利用现状的权利。在此基础上，有必要准确理解由 1942 年《报告》首倡、1947 年《规划法》奠定的土地发展权国有制度。一方面，它并不是说土地发展权由国家行使或国土开发由国家亲自进行。《报告》最初设想的"发展权国有——所有权国有"的二阶机制最终被取代，是因为国家以管理者而非所有者身份管控国土开发，更能精简行政成本，激发市场活力。另一方面，土地发展权国有化也不仅指国家管制土地开发或干预私人土地产权，而是其特定形态，确切含义是指国家一般性地禁止私人开发土地。英国经验表明：之所以走到这一步，原因在于现代社会城市化与工业化带来的人地关系紧张、土地利用无序和低效，要求在土地利用开发问题上从私人和市场作主导、为前提，走向国家管制主导，为私人和市场划定活动空间。

在此意义上，现代社会的一般性禁止制度基本都可视为对某种财产权的国有化。如对机动车驾驶的一般性管制就可理解为机动车驾驶权被国有化。对于来自大陆法系的观察者，这听上去也许别扭，甚至荒谬，但在有着悠久"财产束"（bundle of rights）观念传统的英国，这并不难理解。事实上，有英国学者就指出土地发展权国有化可溯源至中世纪封建制，土地所有权上被认为附着多种可分离的财产性权利（estates）。土地国有化就是把其中部分财产性权利从所有者手中拿走。① 从这个角度观察，对于农地

---

① 关于土地发展权国有化的封建起源，参见 Philip Booth，"Nationalising Development Rights：the Feudal Origins of the British Planning System"，29 *Environment and Planning B：Planning and Design*，129（2002），pp. 129 - 139。该文中，作者认为将发展权剥离出土地所有权，其观念来源在于封建时代国王将自己对全境土地享有的所有权分封给领主，后者不享有所有权，但在附带封建义务的前提下享有所有权中的其他权利。这造就了所有权可分的观念传统，为日后英国国有化土地所有权中的一束——发展权奠定了基础。

而言，我国现行用途管制制度本质上就是土地发展权国有制度，即农村集体自行转用开发农地面临一般性禁止。因此，中国学界目前流行的土地发展权私有论严重背离现实。

关于土地增值收益，我国眼下并没有确切的法律或政策定义。土地发展权国有论试图从价值来源的角度准确界定何为土地增值收益，强调农地转用增值收益属于社会发展、国家政策和建设造成的外力增值，故理应国有。① 然而前文分析表明，无论是在理论还是实践中，准确判断个案中土地增值收益究竟缘于何种贡献因素，都是不可能，也是不必要的。1942 年《报告》区分涨价与增值，但承认实践中不可分，故统一划定增值税率。1947 年《规划法》则彻底放弃涨价与增值之分，全部涨价归于政府，但最终改变为地利共享。可见，在国家、集体和农户三者之间，根据对地价上涨的贡献确定分配比例并不可行，而应承认三者都有贡献，但在个案中不作区分。从英国经验来看，具体分配方式和比例随时代变化，很难说有什么可以直接移植借鉴的黄金准则。值得进一步思考的，是这些变化与其社会制度情境之间的勾连与互动，然后将此作为省察中国问题的智识框架。

（二）厘清两对关系："土地发展权—土地所有权/国家管制权"与"土地发展权—土地增值收益"

深入理解土地发展权国有化和土地增值收益的含义之后，回到本文最初的问题：土地发展权到底来源于土地所有权，还是国家管制权？在英国经验观照下，不难看出：土地发展权私有论和国有论看似针锋相对，但都没有错，只是角度不同。一方面，私有论无非说了一句"大白话"（trivial turth）——在英国或世界上任何国家，土地私有古已有之，改变土地利用状态的自由及其造成的涨价在历史上自然都归私人，国家无从也无意置喙。另一方面，国有论则着眼于 20 世纪以降，国家土地管制权不断加强，最终落脚于土地发展权国有化制度，土地开发从此不再是个人自由，而面临普遍禁止。因此，两方都有道理，只是观察的时间段和逻辑起点不同：私有论从古已有之的所有权出发，国有论则从现代土地管理制度开始；前者更多在描述无法辩驳的社会历史事实，而后者则着眼于同样无法辩驳的

---

① 参见陈柏峰《土地发展权的理论基础与制度前景》，《法学研究》2012 年第 4 期。

法律事实。在相互冲突的事实之间抉择，永远无法得出谁更"真实"或"科学"的答案，而只能诉诸价值。但遗憾的是，正是在纠结谁更"真实"之际，无论国有论抑或私有论，均掩盖了真正值得琢磨的交锋点，即如何评价国家土地管制权的正当性？

毋庸置疑，20 世纪中英两国的历史进程极为不同，社会经济制度迥异，但在土地制度设计上曾有过短暂的趋同。从 20 世纪 50 年代的农地集体化，到 1982 年宪法宣布城市土地国有，中国逐步走向土地公有制。1942 年《报告》显示，英国曾考虑过国有化所有权，目的是绕过价值漂浮和转移机制，加强国家土地管制权；也曾设想过国家通过购买或征收、以所有者身份向私人出租土地，据此管控土地开发；1947 年《规划法》更是规定土地涨价全盘国有。联系中国的土地公有制道路，两者的惊人相似让人无法不感叹！

然而与中国路径不同，半个多世纪以来，英国最终没有选择无偿的所有权国有化，而是有偿的发展权国有化，国家土地管制体系转向以规划——开发许可为中心；涨价全部归公也变为地利共享，这一转变的根本动因在于英国意图解决国家管制权与私人土地产权之间的矛盾，即如何在国家实施土地管制、公益优先于私利的前提下，最大限度地保障私权私益、增进市场活力、限缩行政权力。相较于英国，尽管也接受了土地发展权国有，中国的土地管理制度有三大特点：土地所有权无偿公有化；以指标控制为中心的计划式土地管理体制；[①] 政府低价征收、高价出让导致涨价全部归公。这一公权压倒私权的制度安排造成三大后果：无偿公有化的历史正当性饱受质疑；计划配置土地资源扼杀个人和市场的自主空间，降低效率；涨价全部归公忽视甚至无视集体和农民的利益诉求。这是让中国现行土地管理制度陷入深刻合法性危机的深层次原因，也显然偏离了中国推行土地公有制的初衷。

但这并不意味着改革下一程必须否定中国土地管理制度的根本合法性。在历史上，它或许有极强的意识形态色彩和效法苏联的倾向，但从"八二宪法"开始，宪法第 10 条第 5 款提出"合理用地"要求，以及之后《土地管理法》确定耕地保护目标，都可视为对历史的置换和超越——中

---

① 参见郑振源《土地利用总体规划的改革》，《中国土地科学》2004 年第 4 期。

国推行农地用途管制，即土地发展权国有化的理由，不再是意识形态化的革命追求，而是在一个人多地少、正在经历高速工业化和城市化的国度里，控制农地转用、避免农地流失、提高用地效率。① 正是在强化国家土地管制权这一点上，中英两国殊途同归。这并非故步自封、为现实辩护，而是清醒地认识并拥抱现代社会的普遍趋势。因此，更为稳健务实的改革策略必须是一次精准的"手术切割"：一方面，承认国家土地管制权的根本合法性；另一方面，及时剥离那些压抑市场、损害私人的具体制度安排，进一步提高国家土地管制的效率，巩固其合法性。

由是观之，土地发展权私有论无视中国的制度现实，本质上要求回到土地发展权私有的前现代时刻。这无疑是在开历史倒车，会使国家土地管制权失去根基。然而值得玩味的是，私有论者并不打算彻底取消国家管制，也支持规划控制。② 此处之吊诡非常明显：规划控制即普遍性的开发禁止，就已经是发展权国有了。这说明私有论者既主张土地发展权私有，又赞成土地发展权国有。之所以如此，是因为其并不反对土地管制制度的根本正当性。私有论真正要挑战的，其实是土地管制制度的现行具体安排，即土地开发增值收益全部归公。当下"一体两翼"的土地增值收益分配机制改革正是让增值收益更多向集体和农民倾斜。为了证成这一改革走向，私有论不惜自我矛盾地主张土地发展权私有，其逻辑死结在于把土地发展权和土地增值收益绑定——后者要想归私，前者也必须归私，国家在二次分配中才能收回增值。同样的，目前学界提出的土地发展权国有论虽然承认我国的制度现实，但其实也把两者捆定，主张在土地发展权国有的前提下，增值收益也必须国有，即一次分配归公，二次分配才兼顾集体和农民。

本文揭示的英国经验表明，这种绑定在理论上和实践中既不成立，也不必要。在土地发展权国有的前提下，1942 年《报告》曾设想过两种土地开发模式。一种与我国现行制度极为相似，国家先征收再出租给私人开发，征地补偿按照原用途，出租价格则考虑潜在价值，国家在一次分配中获得土地增值收益。该构想未被 1947 年《规划法》采纳，征收补偿和市

---

① 参见彭錞《八二宪法土地条款：一个原旨主义的解释》，《法学研究》2016 年第 3 期。

② 参见程雪阳《土地发展权与土地增值收益的分配》，《法学研究》2014 年第 5 期。

场交易价格之间的鸿沟随后亦被抹平。50 多年来，另一种开发模式获得青睐，即私人申请取得国家许可后自行开发，国家再通过增值税或其他方式收回增值。在此模式下，国家享有土地开发权，但并非在初次分配中就获得土地增值收益，两者脱钩。更重要的是国家收回部分而非全部增值。借此，数十年来，英国更好地平衡了公权与私益，也实现了加强国家土地管制的宏观目标与具体制度安排之间的协调。

中国目前推行的从计划到市场、土地增值收益向集体和农户倾斜等改革，可视为在承认国家土地管制权的根本正当性基础上，完善具体制度安排，变公权压倒私益为两者平衡，进而巩固土地管制制度的合法性。在历史语境下深入考察英国经验，有助于清理土地发展权国有化和土地增值收益两个概念，厘清土地发展权与国家管制和所有权、土地发展权与土地增值收益两对关系。由此可得如下启示：第一，应彻底摒弃土地发展权私有论和国有论之间的无谓争论，接受我国土地发展权国有的制度现实，并更新对其合法性基础的认识。第二，在理念和制度上将土地发展权与土地增值收益脱钩，让并不享有土地发展权的集体和农民在一次分配和二次分配中都能获得增值收益。前者对应农村集体经营性建设用地不经征收直接入市，后者则对应集体土地征收补偿的提高。现存理论与现行改革之两翼不完全吻合的问题迎刃而解。第三，无论是哪种增值收益分配方式，既不能完全归公，也不能完全归私，而应追求公平的地利共享。具体的分配比例与途径有待进一步研究。在这方面，以《报告》为代表的英国百年经验是一座值得继续探索的宝藏。

（本文原载《中外法学》2016 年第 6 期，收入本书时有改动）

英国法律文化研究主要论著目录索引

一　译著

1. 〔德〕K. 茨威格特、H. 克茨：《比较法总论》，潘汉典、米健、高鸿钧、贺卫方译，法律出版社，2004。
2. 〔法〕C. L. 孟德斯鸠：《论法的精神》，彭盛译，当代世界出版社，2008。
3. 〔法〕勒内·达维：《英国法与法国法：一种实质性比较》，潘华仿等译，清华大学出版社，2003。
4. 〔法〕马克·布洛赫：《封建社会》（上、下卷），张绪山等译，商务印书馆，2004。
5. 〔美〕阿瑟·库恩：《英美法原理》，陈朝璧译注，法律出版社，2002。
6. 〔美〕艾伦·沃森：《民法法系的演变及形成》，李静冰等译，中国政法大学出版社，1992。
7. 〔美〕布鲁斯·L. 雪莱：《基督教会史》（第三版），刘平译，上海人民出版社，2015。
8. 〔美〕哈罗德·J. 伯尔曼：《法律与革命——西方法律传统的形成》，贺卫方、高鸿钧等译，中国大百科全书出版社，1993。
9. 〔美〕霍贝尔：《原始人的法：法律的动态比较研究》，严存生等译，法律出版社，2012。
10. 〔美〕路易斯·亨利·摩尔根：《古代社会》，杨东莼等译，商务印书馆，1981。
11. 〔美〕罗宾·弗莱明：《诺曼征服时期的国王与领主》，翟继光等译，北京大学出版社，2008。

12. 〔美〕罗杰·H. 伯恩哈特、安·M. 伯克哈特：《不动产》，钟书峰译，法律出版社，2005。

13. 〔美〕罗斯科·庞德：《法律史解释》，邓正来译，商务印书馆，2013。

14. 〔美〕罗斯科·庞德：《普通法的精神》，唐前宏等译，法律出版社，2001。

15. 〔美〕迈尔文·艾隆·艾森伯格：《普通法的本质》，张曙光等译，法律出版社，2004。

16. 〔美〕迈克尔·V. C. 亚历山大：《英国早期历史中的三次危机：诺曼征服、约翰治下及玫瑰战争时期的人物与政治》，林达丰译，北京大学出版社，2008。

17. 〔美〕约翰·亨利·梅利曼：《大陆法系》，顾培东等译，法律出版社，2004。

18. 〔美〕詹姆斯·戈德雷：《现代合同理论的哲学起源》，张家勇译，法律出版社，2006。

19. 〔美〕朱迪斯·M. 本内特、C. 沃伦·霍利斯特：《欧洲中世纪史》（第十版），杨宁等译，上海社会科学院出版社，2007。

20. 〔日〕大木雅夫：《比较法》，范愉译，法律出版社，1999。

21. 〔日〕小岛武司等：《司法制度的历史与未来》，汪祖兴译，法律出版社，2000。

22. 〔印度〕摩奴：《摩奴法论》，蒋忠新译，中国社会科学出版社，1986。

23. 〔英〕F. H. 劳森、B. 拉登：《财产法》，施天涛等译，中国大百科全书出版社，1998。

24. 〔英〕P. S. 阿蒂亚：《英国法中的实用主义与理论》，刘承韪、刘毅译，清华大学出版社，2008。

25. 〔英〕P. S. 阿蒂亚、〔美〕R. S. 萨默斯：《英美法中的形式与实质——法律推理、法律理论和法律制度的比较研究》，金敏等译，中国政法大学出版社，2005。

26. 〔英〕R. C. 范·卡内冈：《英国普通法的诞生》，李红海译，中国政法大学出版社，2003。

27. 〔英〕S. F. C. 密尔松：《普通法的历史基础》，李显冬等译，中国大百科全书出版社，1999。

28. 〔英〕爱德华·甄克斯：《中世纪的法律与政治》，屈文生等译，中国政法大学出版社，2010。

29. 〔英〕保罗·维诺格拉多夫：《中世纪欧洲的罗马法》，钟云龙译，中国政法大学出版社，2010。

30. 〔英〕戴雪：《英宪精义》，雷宾南译，中国法制出版社，2001。

31. 〔英〕丹宁勋爵：《法律的训诫》，杨百揆等译，法律出版社，1999。

32. 〔英〕亨利·梅因：《古代法》，沈景一译，商务印书馆，1997。

33. 〔英〕梅特兰：《普通法的诉讼形式》，王云霞等译，商务印书馆，2009。

34. 〔英〕梅特兰：《英格兰宪政史》，李红海译，中国政法大学出版社，2010。

35. 〔英〕梅特兰等：《欧陆法律史概览：事件，渊源，人物及运动》，屈文生等译，上海人民出版社，2008。

36. 〔英〕威廉·布莱克斯通：《英国法释义》第一卷，游云庭等译，上海人民出版社，2006。

37. 〔英〕约翰·哈德森：《英国普通法的形成——从诺曼征服到大宪章时期英格兰的法律与社会》，刘四新译，商务印书馆，2006。

38. 〔英〕约翰·托什：《史学导论：现代历史学的目标、方法和新方向》，吴英译，北京大学出版社，2007。

二　编著

1. 陈绪纲：《法律职业与法治——以英格兰为例》，清华大学出版社，2007。

2. 程汉大、李培锋：《英国司法制度史》，清华大学出版社，2007。

3. 程琥：《历史法学》，法律出版社，2005。

4. 高富平、吴一鸣：《英美不动产法：兼与大陆法比较》，清华大学出版社，2007。

5. 高鸿钧等主编《英美法原论》（上、下），北京大学出版社，2013。

6. 高全喜主编《西方法政哲学演讲录》，中国人民大学出版社，2007。

7. 何勤华、魏琼主编《西方民法史》，北京大学出版社，2006。

8. 何勤华主编《外国法律史研究》，中国政法大学出版社，2004。

9. 何勤华主编《英国法律发达史》，法律出版社，1999。

10. 洪荞：《英国土地法悖论研究》，中国人民大学出版社，2017。

11. 金俭：《不动产财产权自由与限制研究》，法律出版社，2007。

12. 李红海：《普通法的历史解读——从梅特兰开始》，清华大学出版社，2003。

13. 李秀清：《日耳曼法研究》，商务印书馆，2006。

14. 李宜琛：《日耳曼法概说》，中国政法大学出版社，2003。

15. 马克垚：《英国封建社会研究》，北京大学出版社，1992。

16. 梅夏英：《财产权构造的基础分析》，人民法院出版社，2002。

17. 孟广林：《英国封建王权论稿——从诺曼征服到大宪章》，人民出版社，2002。

18. 潘华仿：《英美法论》，中国政法大学出版社，2007。

19. 彭小瑜：《教会法研究：历史与理论》，商务印书馆，2011。

20. 钱乘旦、许洁明：《大国通史——英国通史》，上海社会科学院出版社，2007。

21. 沈达明编著《衡平法初论》，对外经济贸易大学出版社，1997。

22. 沈汉：《英国土地制度史》，学林出版社，2005。

23. 施天涛、余文然：《信托法》，人民法院出版社，1999。

24. 王利明：《民法总则研究》，中国人民大学出版社，2003。

25. 王人博、程燎原：《法治论》，山东人民出版社，1998。

26. 王卫国：《中国土地权利研究》，中国政法大学出版社，1997。

27. 咸鸿昌：《英国土地法律史——以保有权为视角的考察》，北京大学出版社，2010。

28. 叶秋华、王云霞主编《大陆法系研究》，中国人民大学出版社，2008。

29. 于明：《司法治国——英国法庭的政治史（1154—1701）》，法律出版社，2015。

30. 余辉：《英国信托法：起源、发展及其影响》，清华大学出版社，2007。

31. 赵廉慧：《财产权的概念——从契约的视角分析》，知识产权出版社，2005。

32. 赵文洪：《私人财产权利体系的发展——西方市场经济和资本主义的起源问题研究》，中国社会科学出版社，1998。

33. 周枏：《罗马法原论》，商务印书馆，2002。

34. 周小明：《信托制度比较法研究》，法律出版社，1996。

三 论文

1. 白艳：《英国冲突法晚近发展动向》，《比较法研究》2004年第6期。

2. 陈灵海：《英国法史学的"汉马克拉维"——纪念弗里德里克·梅特兰逝世 100 周年》，《中外法学》2006 年第 4 期。

3. 陈颐：《博丹立法主权理论的论证及其意义》，《比较法研究》2010 年第 1 期。

4. 陈勇：《英国土地制度及其实践》，《山东国土资源》2007 年第 2 期。

5. 崔明霞、彭学龙：《信托制度的历史演变与信托财产权的法律性质》，《中南财经大学学报》2001 年第 4 期。

6. 程汉大：《允执两端 求中致和：英国法律文化的二元平衡精神》，《河南省政法管理干部学院学报》2006 年第 6 期。

7. 程汉大、李栋：《韦伯"法律理想类型"在英国法中的困境及辩正》，《甘肃社会科学》2009 年第 3 期。

8. 陈兵：《英国法上早期垄断类型研究——对亨利三世到查理一世时期制定法和判例的简略考察》，《时代法学》2009 年第 6 期。

9. 段厚省、周恬：《英美民事诉讼中诉因制度的历史变迁》，《东方法学》2008 年第 5 期。

10. 董茂云：《英美两国判例法之比较》，《政治与法律》1998 年第 1 期。

11. 郭华：《技术侦查中的通讯截取：制度选择与程序规制——以英国法为分析对象》，《法律科学（西北政法大学学报）》2014 年第 3 期。

12. 仝宗锦：《从查士丁尼到黑尔——关于〈英格兰法释义〉结构来源的知识考古学考察》，《中国政法大学学报》2007 年第 1 期。

13. 高鸿钧：《英国法的主要特征（上）——与大陆法相比较》，《比较法研究》2012 年第 3 期。

14. 高鸿钧：《英国法的主要特征（中）——与大陆法相比较》，《比较法研究》2012 年第 4 期。

15. 高鸿钧：《英国法的主要特征（下）——与大陆法相比较》，《比较法研究》2012 年第 5 期。

16. 高鸿钧：《英国法的主要特征——一个比较观察》，《比较法研究》1991 年第 4 期。

17. 高鸿钧：《比较法律文化视域的英美法》，《中外法学》2012 年第 3 期。

18. 高鸿钧：《英国法的域外移植——兼论普通法系形成和发展的特点》，《比较法研究》1990 年第 3 期。

19. 高仰光:《论日耳曼法中的赔命价制度》,《比较法研究》2006 年第 3 期。

20. 高仰光:《论英国普通法的传统主义法律历史观》,《江汉论坛》2011 年第 4 期。

21. 高仰光:《中世纪英国法发展的教会法背景》,《山西大学学报》(哲学社会科学版) 2005 年第 3 期。

22. 郭义贵:《讼师与律师:基于 12 至 13 世纪的中英两国之间的一种比较》,《中国法学》2010 年第 3 期。

23. 何海波:《英国行政法上的听证》,《中国法学》2006 年第 4 期。

24. 黄泷一:《英美法系的物权法定原则》,《比较法研究》2017 年第 2 期。

25. 何永红:《公共性与宪法研究——戴雪〈英宪精义〉意图考》,《政法论坛》2012 年第 5 期。

26. 何勤华:《布莱克斯通与英美法律文化近代化》,《法律科学 (西北政法学院学报)》1996 年第 6 期。

27. 何勤华、王帅:《中世纪英格兰的巡回审判:背景、制度以及变迁——兼论我国巡回审判制度的构建》,《法律科学 (西北政法大学学报)》2015 年第 2 期。

28. 何勤华、李琴:《英国法社会学研究 70 年——以 "社会—法律" 研究的变迁为重点》,《法学》2017 年第 12 期。

29. 胡大展:《论信托法的源流》,《法学家》2001 年第 4 期。

30. 海静:《论英国法上的允诺禁反言原则》,《社会科学动态》2017 年第 2 期。

31. 〔英〕霍普勋爵:《普通法世界中的混合法系》,刘晗译,《清华法学》2012 年第 6 期。

32. 洪荞:《英国土地法悖论研究》,《政法论丛》2016 年第 2 期。

33. 洪永红:《殖民时期加纳的本土法与英国法》,《西亚非洲》1999 年第 3 期。

34. 《英国司法审查规则——英国最高法院第 53 号令》,姜明安译,《行政法学研究》1993 年第 1 期。

35. 姜战军:《中英名誉权侵权特殊抗辩事由评价、比较与中国法的完善——兼评英国〈诽谤法案 2013〉对名誉权侵权特殊抗辩事由的改革》,《比较法研究》2015 年第 3 期。

36. 〔英〕卡尔文·伍达德：《威廉·布莱克斯通与英美法理学》，张志铭译，《南京大学法律评论》1996 年第 2 期。

37. 刘承韪：《阿蒂亚论英国法的精神》，《比较法研究》2011 年第 6 期。

38. 李蕊佚：《英国法上的人体胚胎规制体系》，《华东政法大学学报》2015 年第 5 期。

39. 廖艳嫔：《英国准合同制度的演变之路——英美法系返还法的滥觞》，《比较法研究》2014 年第 5 期。

40. 刘兵红：《论英国土地保有关系对债作为财产所有权客体的影响》，《河北法学》2012 年第 4 期。

41. 吕岩峰：《英国"适当法理论"之研究》，《吉林大学社会科学学报》1992 年第 5 期。

42. 梁治平：《英国普通法中的罗马法因素》，《比较法研究》1990 年第 1 期。

43. 李秀清：《〈撒里克法典〉若干问题之探析》，《比较法研究》2005 年第 1 期。

44. 李红海：《"水和油"抑或"水与乳"：论英国普通法与制定法的关系》，《中外法学》2011 年第 2 期。

45. 李红海：《亨利二世改革与英国普通法》，《中外法学》1996 年第 6 期。

46. 李红海：《普通法的历史之维》，《环球法律评论》2009 年第 2 期。

47. 李红海：《普通法的内在机制与社会经济发展》，《比较法研究》2017 年第 6 期。

48. 李红海：《普通法的司法技艺及其在我国的尝试性运用》，《法商研究》2007 年第 5 期。

49. 李红海：《普通法研究在中国：问题与思路》，《清华法学》2007 年第 4 期。

50. 李红海：《英国陪审制转型的历史考察》，《法学评论》2015 年第 4 期。

51. 冷霞：《中世纪教会法对英国衡平法的影响》，《华东政法大学学报》2008 年第 3 期。

52. 冷霞：《大法官弗朗西斯·培根与英国衡平法的发展》，《华东政法大学学报》2011 年第 3 期。

53. 〔英〕劳森、冉得：《英美财产法的几个基本概念》，曹培编译，《太平洋学报》2007 年第 10 期。

54. 刘国臻：《论英国土地发展权制度及其对我国的启示》，《法学评论》2008 年第 4 期。

55. 刘书增、冯书先：《近代英法土地所有制产生差异的原因分析》，《石家庄学院学报》2008 年第 4 期。

56. 李巍涛：《英国令状制度研究——兼论传统的价值》，《北京人民警察学院学报》2011 年第 4 期。

57. 李巍涛：《中世纪英国令状制度与普通法的发展》，载曾宪义主编《法律文化研究》第五辑，中国人民大学出版社，2010。

58. 李巍涛：《令状制度对英国法律文化的影响》，《辽宁大学学报》（哲学社会科学版）2007 年第 5 期。

59. 李栋：《英国普通法的“技艺理性”》，《环球法律评论》2009 年第 2 期。

60. 李栋：《司法审判权与政治统治权两权分立理论的“知识考古”及其合理性评说——以英格兰“中世纪宪政主义难题”为线索》，《比较法研究》2011 年第 6 期。

61. 李栋：《试述英格兰法律职业共同体的“普通法心智”观念》，《华中科技大学学报》（社会科学版）2009 年第 1 期。

62. 毛国权：《英国法中先例原则的发展》，《北大法律评论》1998 年第 1 期。

63. 梅夏英：《两大法系财产权理论和立法构造的历史考察及比较》，《私法》2001 年第 1 期。

64. 马俊驹、梅夏英：《财产权制度的历史评析和现实思考》，《中国社会科学》1999 年第 1 期。

65. 庞朝骥：《罗马法对英国法影响的几个问题》，《法学家》2007 年第 6 期。

66. 泮伟江：《英格兰宪政与现代理性官僚制问题——重访韦伯的“英国法问题”》，《天府新论》2013 年第 5 期。

67. 潘华仿：《英国法对代理制度的规定》，《政法论坛》1991 年第 5 期。

68. 彭錞：《土地发展权与土地增值收益分配——中国问题与英国经验》，《中外法学》2016 年第 6 期。

69. 彭学龙：《试论两大法系财产法的差异》，《广西政法管理干部学院学报》2001 年第 2 期。

70. 屈文生：《试论亨利二世的法律改革》，《贵州社会科学》2009 年第 11 期。

71. 屈文生：《法学名词"令状"释义与翻译考辨》，《社会科学论坛》2010 年第 6 期。

72. 屈文生：《论行政令状的司法化与普通法的诞生——兼议中世纪时期英王治理国家方式的转变》，《河北法学》2010 年第 2 期。

73. 屈文生：《试论普通法令状的起源及其嬗变》，《东方法学》2009 年第 5 期。

74. 冉昊：《比较法视野下的英美财产法基本构造》，《法学》2005 年第 11 期。

75. 冉昊：《"相对"的所有权——双重所有权的英美法系视角与大陆法系绝对所有权的解构》，《环球法律评论》2004 年第 4 期。

76. 孙德鹏：《源于"书写"的权利与技术——令状的司法化与普通法的形成》，《现代法学》2008 年第 3 期。

77. 史志磊：《英国法中按揭制度结构模式的演进——以不动产为分析对象》，《北大法律评论》2005 年第 1 期。

78. 沈宗灵：《论普通法和衡平法的历史发展和现状》，《北京大学学报》（哲学社会科学版）1986 年第 3 期。

79. 苏彦新：《中世纪古典教会法论析》，《环球法律评论》2011 年第 4 期。

80. 苏亦工：《香港华人遗嘱的发现及其特色》，《中国社会科学》2002 年第 4 期。

81. 苏号朋、朱家贤：《论英国法中的合同默示条款》，《法商研究（中南政法学院学报）》1996 年第 5 期。

82. 舒国滢：《波伦亚注释法学派：方法与风格》，《法律科学（西北政法大学学报）》2013 年第 3 期。

83. 舒国滢：《评注法学派的兴盛与危机——一种基于知识论和方法论的考察》，《中外法学》2013 年第 5 期。

84. 舒国滢：《欧洲人文主义法学的方法论与知识谱系》，《清华法学》2014 年第 1 期。

85. 石少侠：《对产权概念的法律思考》，《法制与社会发展》1996 年第 5 期。

86. 滕毅：《从英国民族性看英国法特征》，《比较法研究》2000 年第 2 期。

87. 田飞龙：《英国议会主权的思想史演变》，《环球法律评论》2014 年第 3 期。

88. 镡娴娴：《19 世纪晚期以来英国土地所有权的变迁》，《中国农史》2010 年第 2 期。

89. 于明：《爱德华·柯克爵士与英国法学近代化》，《环球法律评论》2009 年第 2 期。

90. 叶秋华：《论英国法制传统的形成与英国法体系的确立》，载《法制现代化研究》第 6 卷，南京大学出版社，2000。

91. 叶榅平：《遵循先例原则与英国法官的审判思维和方法》，《比较法研究》2015 年第 1 期。

92. 于霄：《英国地产权越位制度：解构与评析》，《南京大学法律评论》2012 年秋季卷。

93. 由嵘：《1925 年改革与现代英国财产法》，《中外法学》1993 年第 1 期。

94. 王茂祺：《论英国法履行不能规则的嬗变》，《法学评论》2005 年第 3 期。

95. 王志强：《中英先例制度的历史比较》，《法学研究》2008 年第 3 期。

96. 王铁雄：《布莱克斯通的自然财产权理论》，《河北法学》2016 年第 9 期。

97. 王军、王轩：《英国法上的名誉权保护——以诽谤之诉为考察对象》，《法学杂志》2008 年第 2 期。

98. 王秋雯、姜政扬：《论海商法对于合同相对性的突破——以英国法为视角》，《法学杂志》2011 年第 1 期。

99. 魏建国：《韦伯"英国法悖论"的理性观反思》，《求是学刊》2010 年第 3 期。

100. 吴至诚：《英国法传统中信托受益权的性质》，《北方法学》2015 年第 5 期。

101. 《英国法中基于过失的一般侵权责任——多诺霍诉史蒂文森案》，吴至诚译，《苏州大学学报》（法学版）2015 年第 1 期。

102. 吴一鸣：《英美财产法之契据交付制度研究》，《环球法律评论》2009
年第 5 期。

103. 咸鸿昌：《英国土地自由继承地产的内涵及其法律规范》，《南京大学
法律评论》2009 年秋季卷。

104. 咸鸿昌：《19 世纪英国的土地法改革》，《山东师范大学学报》（人文
社会科学版）2006 年第 4 期。

105. 咸鸿昌：《盎格鲁撒克逊时代英国法制初探》，《山东师范大学学报》
（社会科学版）1997 年第 5 期。

106. 咸鸿昌：《论英国普通法土地保有权的建构及其内涵特征》，《政治与
法律》2009 年第 9 期。

107. 咸鸿昌：《论英国土地保有制的建立及结构特点》，《山东师范大学学
报》（人文社会科学版）2008 年第 4 期。

108. 咸鸿昌：《圈地运动与英国土地法的变革》，《世界历史》2006 年第
5 期。

109. 谢潇：《论普通法中的私法拟制：故步自封与柔性损益的结合》，《私
法研究》2017 年第 2 期。

110. 谢鸿飞：《追寻历史的"活法"——法律的历史分析理论述评》，《中
国社会科学》2005 年第 4 期。

111. 徐国栋：《伊壁鸠鲁学派的快乐主义、边沁功利主义与英国法人性假
设的形成》，《河南财经政法大学学报》2013 年第 2 期。

112. 徐国栋：《宪法一词的西文起源及其演进考》，《法学家》2011 年第
4 期。

113. 徐国栋：《边沁功利主义与英国法人性论特征的形成》，《怀化学院学
报》2015 年第 6 期。

114. 肖永平：《论英美法系国家判例法的查明和适用》，《中国法学》2006
年第 5 期。

115. 席伟健：《理性与意志的悖论：现代司法审查概念的普通法渊源》，
《甘肃理论学刊》2015 年第 3 期。

116. 项焱、张烁：《英国法治的基石——令状制度》，《法学评论》2004 年
第 1 期。

117. 张泰苏、高一宁：《早期现代土地市场中的道义经济制：历史与理

论》,《师大法学》2008 年第 1 期。

118. 展江:《当代英国法中的表达自由及其限制》,《武汉大学学报》(哲学社会科学版) 2018 年第 1 期。

119. 郑云瑞:《英国普通法的令状制度》,《中外法学》1992 年第 6 期。

120. 张文彬:《16—19 世纪大陆法学对英国法律思想的影响》,《法学家》2002 年第 2 期。

121. 曾尔恕:《试论美国宪法制定的法治渊源——英国的法治传统及其在北美殖民地的保留》,《比较法研究》2006 年第 1 期。

122. 张绍欣:《英国政治转型的思想资源——〈英国革命时期法政文献选编〉导读》,《中国政法大学学报》2014 年第 2 期。

123. 张斌:《论英国法刑事证明责任的实质蕴涵——兼评"阶段说"与"分层说"》,《四川大学学报》(哲学社会科学版) 2010 年第 3 期。

124. 左为民、刘涛:《取向与框架:两大法系刑事证据法之比较——兼论中国刑事证据立法的基本走向》,《中国法学》2001 年第 5 期。

125. 谌洪果:《变革之难:谁之利益? 何种正当性? ——边沁对布莱克斯通的批判述评》,《中国法律评论》2014 年第 2 期。

126. 郑戈:《普通法心智与香港政改》,《中国法律评论》2015 年第 3 期。

四 外文论著

1. F. Pollock & F. W. Maitland, *The History of English Law before the Time of Edward I*, Vol. 11, Cambridge University Press, 1978.

2. J. H. Baker, *An Introduction to English Legal History*, 3rd ed. , Butterworths, 1990.

3. R. Allen Brown, *The Normans and the Norman Conquest*, New York, 1968.

4. Marianne Moody Jennings, *Real Estate Law*, 5th ed. , West Educational Publishing Company.

5. Hilary Lim, Kate Green, *Case and Materials in Land Law*, Pitman Publishing.

6. Samuel Moss, *The English Land Laws*: *Being an Account of Their History*, *Present Features and Proposed Reforma*, 1886.

7. Dixon, Martin, *Principles of Land Law*, 4th ed. , by Cavendish Publishing

Limited.

8. B. McFarlane, N. Hopkins and S. Nield, *Land Law: Text, Cases and Materials*, Oxford University Press, 2009.

9. J. Cartwright and E. H. Burn, *Maudsley & Burn's Land Law Cases & Materials*, 9th ed. , Oxford University Press, 2009.

10. B. McFarlane, *The Structure of Property Law*, Hart, 2008.

11. W. J. Swadling, *Property*, Oxford University Press, 2007.

12. S. J. Bright, *Landlord and Tenant Law, Past, Present and Future*, Hart, 2006.

13. David Douglas, *The Norman Achievement*, Berkeley and Los Angeles, 1969.

14. Selden Society, *Select Essays in Anglo – American Legal History*, Vol. 3, Mass, 1909.

15. Edward Jenks, *A Short History of English Law*, Methuen & Co. Ltd. , 1924.

16. Avner Offer, *Property and Politics 1870 – 1914*, Cambridge University Press, 1981.

17. A. H. Manchester, *A Modern Legal History of England and Wales 1750 -- 1950*, Butterworths, 1980.

18. A. W. B. Simpson, *A History of the Land Law*, Clarendon Press, 1986.

19. J. Stuart Anderson, *Lawyers and the Making of English Land Law 1832 – 1940*, Clrendon Press, 1992.

20. Frederick Pollock, *The Land Laws*, Macmillan & Co. Ltd. , 1896.

21. J. H. Baker, and S. F. G. Milsom, *Sources of English Legal History, Private law to 1750*, Butterworth, 1986.

22. W. Stubbs, *The Constitutional History of England*, Vol. 3, 5th ed. , The Clarendon Press, 1891.

23. F. M. L. Thompson, *English Landed Society in the Nineteenth Century*, Routledge & Kegan Paul, 1963.

24. W. Blackstone, *Commentaries on the Laws of England*, edited by W. M. H. Browne, West Publishing Co. , 1897.

25. Bracton, *On the Laws and Cutoms of England*, trans by S. E. Thorne, Vol. 4, Harvard University Press, 1983.

26. W. R. Cornish, Clark, G. de N. , *Land and Society in England 1750 – 1950*,

Sewwt & Maxwell, 1989.

27. A. V. Dicey, *Lectures on The Relation between Law and Public Opinion in England during the Nineteenth Century*, 2nd ed. , Macmillan & Co. , 1948.

28. C. H. S. Fifoot, *History and Sources of the Common Law*, London, 1949.

29. Fustelde Coulanges, Numa Denis, *The Origin of Property in Land*, trans by M. Ashley, Swan Sonnenschein & Co. , 1891.

30. Ranulhp de Glanville, *A Treatise on The Laws and Customs of the Kingdom of England*, trans by J. Beames, Gaunt Inc. , 1999.

31. R. M. Garnier, *History of the English Landed Interest*: *Its Customs Laws and Agriculture*, Macmillan Co. , 1903.

32. M. Hale, *The History of the Common Law of England*, edited by C. M. Gray, Chicago University Press, 1971.

33. W. S. Hodlsworth, *A History of English Law*, Vol. 3, 3rd ed. , 1923; Vol. 7, 1st ed. , London, 1925.

34. J. Hudson, *Land, Law, and Lordship in Anglo – Norman England*, Clarendon Press, 1997.

35. F. W. Maitland, *The Contitutional History of England*, Cambridge University Press, 1946.

36. J. A. R. Marriott, *The English Land Syestem*, Jonn Murray, 1914.

37. S. F. C. Milsom, *The Legal Framework of English Feudalish*, Cambridge University Press, 1976.

38. E. V. Morgan, *The Structure of Property Ownership in Great Britain*, the Calrendon Press, 1960.

39. R. S. Trevor, Allan, *Law, Liberty, and Justice—The Legal Foundations of British Constitutionalism*, Oxford University Press, 1995.

40. Cf. R. Cross, *Precedent in English Law*, 3th ed. , Clarendon Press, 1979.

41. Cf. A. V. Dicey, *Introduction to the Study of Law of the Constitution*, 7th ed. , Macmillan and Co. Ltd. , 1908.

42. Taisu Zhang, *The Laws and Economics of Confucianism*: *Kinship and Property in Pre-industrial China and England*, Cambridge University Press, 2017.

编辑部章程

第一章　总则

第一条　《法律文化研究》是由中国人民大学法律文化研究中心与北京市法学会中国法律文化研究会组织编写、曾宪义法学教育与法律文化基金会资助、社会科学文献出版社出版的学术集刊。

第二条　《法律文化研究》编辑部（以下简称编辑部）负责专题的策划、征稿、审定、编辑、出版等事宜。

第三条　《法律文化研究》为年刊或半年刊，每年出版一或二辑。

第二章　组织结构

第四条　编辑部由编辑部主任一名、副主任两名、编辑若干名组成。编辑部主任负责主持编辑部的日常工作，统筹《法律文化研究》刊物的总体策划与协调。

第五条　《法律文化研究》实行各辑主编责任制，负责专题的拟定、申报（或推荐）和稿件编辑工作。每辑主编采取自荐或者他人推荐的方式，经编辑部讨论后确定。

第六条　编辑部成员须履行下列义务：（1）遵守编辑部章程；（2）积极参加编辑部的各项活动，连续两年不参加活动者视为自动退出。

第七条　编辑部每年召开一次编务会议，审议稿件并讨论第二年的工作计划。

第三章　经费使用

第八条　编辑部经费来源于曾宪义法学教育与法律文化基金会。

第九条　编辑部给予每辑主编一定的编辑费用，由各辑主编负责编辑费用的管理、支配和使用，并按照主办单位的财务要求进行报销。

第十条　编辑部不向作者收取任何费用，也不支付稿酬。作品一旦刊发，由编辑部向主编赠送样刊 30 本，向作者赠送样刊 2 本。

第四章　附则

第十一条　本章程由《法律文化研究》编辑部负责解释。

第十二条　本章程自 2014 年 4 月 1 日起施行。

征稿启事

《法律文化研究》发刊于 2005 年，是由曾宪义教授主编，中国人民大学法律文化研究中心、曾宪义法学教育与法律文化基金会组织编写的学术集刊。自创刊以来，承蒙学界同人的支持，至 2010 年已出版六辑，并获得学界的肯定，在此向支持《法律文化研究》的各位专家学者致以诚挚的感谢。

自 2014 年度起，《法律文化研究》改版续发，每年年底由中国人民大学法律文化研究中心、北京市中国传统法律文化研究会组织，编辑部审议所申报的选题，并决定次年的出版专题。《法律文化研究》由曾宪义法学教育与法律文化基金会资助，社会科学文献出版社出版，每年出版一辑或二辑。选题来源于各位同人的申报以及编辑部成员的推荐，申报者自任主编，实行主编负责制。

改版后的《法律文化研究》，向海内外学界同人诚恳征稿。

图书在版编目（CIP）数据

法律文化研究. 第十四辑, 英国法律文化专题 / 洪
荞主编. -- 北京：社会科学文献出版社, 2020.12
ISBN 978 - 7 - 5201 - 7539 - 5

Ⅰ.①法… Ⅱ.①洪… Ⅲ.①法律 - 文化研究 - 丛刊
②法律 - 文化研究 - 英国 Ⅳ.①D909 - 55

中国版本图书馆 CIP 数据核字（2020）第 207608 号

法律文化研究 第十四辑：英国法律文化专题

主　　编／洪　荞

出 版 人／王利民
责任编辑／芮素平

出　　版　社会科学文献出版社·联合出版中心（010）59367281
　　　　　　地址：北京市北三环中路甲 29 号院华龙大厦　邮编：100029
　　　　　　网址：www. ssap. com. cn
发　　行／市场营销中心（010）59367081　59367083
印　　装／三河市尚艺印装有限公司

规　　格／开 本：787mm × 1092mm　1/16
　　　　　　印 张：22　字 数：357 千字
版　　次／2020 年 12 月第 1 版　2020 年 12 月第 1 次印刷
书　　号／ISBN 978 - 7 - 5201 - 7539 - 5
定　　价／118.00 元

本书如有印装质量问题，请与读者服务中心（010 - 59367028）联系